不明實相無以煥菩提之心　不破妄塵無以悟眾生之性

楞嚴經直解

通幽洞微　非二乘所賾　開物成務　乃十地攸宗

孫仲霞居士◎著

圓瑛老法師七四德相

諸供養中法供養最當知
佛法可以覺悟人心維持世道
若依之修證必能離苦得樂
普願自覺覺他攝歸勸化同
發菩提心齊成無上道

三求堂主人圓瑛題

圓瑛

印行楞嚴經直解緣起

春囘大地萬物皆生風起長空無孔不入大矣哉無量無邊之佛法實衆生苦海中一大慈航焉小子崇信佛教雖近十年但對於教義常有不得其門而入之慼緣文理艱深不易了解而諸家疏注區分過繁殊令人生望洋之嘆去歲大愚法師來滬駐錫印心精舍小子皈依 法座得聞 常惺法師講演圓覺辭旨詳明有條不紊得斯引導幸得及階然入室升堂則端賴 孫仲霞居士之講演楞嚴矣居士本吾國文學大家窮研內典垂三十年殫見洽聞久爲海內同人所欽服

以楞嚴七處徵心十番顯見兩科與習密宗者有密切之關係遂從　陳元白居士之請來精舍講演爲後覺作導師言簡意賅皆大歡喜固不獨小子人一獨得利益也此兩科文甫畢而聽衆心猶未足僉要求繼續以竟其功幸承居士慨諾並出示客歲在紅卍字會講釋此經時所編直解都三十萬言蓋集四部之精華參以多年心得而成者也辭晰理辨蘊義悉彰捧誦迴環不忍釋手亟欲代印以廣流傳俾後來學佛不得門徑如小子其人者藉此可得一線曙光焉惟以個人貲力棉簿未敢承斯重任然耿耿中懷固未嘗不時時念茲在茲也二月間陡

患急症危險萬分因念及修法未成輪迴難免乃於病亟時心發大願若得餘生永宏　佛法當以首刊此直解爲嚆矢發願後心大安釋調攝三日體竟霍然謂非我　佛加被焉能厥疾早瘳嗣卽商於　孫居士整理修飾付諸手民幸荷　聶雲台居士等共相贊助　楊完生居士等襄同校勘遂底功成然以盛暑從事孜孜終日精力間有不逮亥豕魯魚仍或不免是則尙希冀海內同參隨時函示俾再版時得依修正庶臻盡美而減錯誤之愆幸甚幸甚

中華民國十八年夏六月佛弟子萬武少石氏謹識

楞嚴直解正誤表

卷數	頁數	行數	字數	正字	誤字
一	三	二	二九	至	云
一	六	十二	一	此字下漏一「云」字	
一	一七	十三	十四	驗字下漏「則猶之」三字	
一	二九	二	十二	處字下漏「而能」二字	
一	三一	小注六	二	縛字下漏一「存」字	
一	三一	小注七		果所惑也	存果惑也
一	三二	二	十四	在字下漏一「外」字	
一	六四	九	三二	中字下漏「他念」二字	
一	七一	四	一	遷字上漏一「彼」字	
二	七〇	三	十六	合字下漏一「乃」字	
三	一〇	三	二七	千	干
三	五三	六	二三	自	白
三	六二	七	七	拄	耶
六	四九	四	三	者字下漏一「分」字	
六	五〇	七	一	多「覺也」二字	
九	一四	六	三一	處定	定處

楞嚴經直解卷一

皖北居士孫仲霞　謹述
長沙居士楊完生
當塗居士端木璜生
沅州居士劉治齊　謹校
昭平居士萬少石

雪浪恩公楞嚴科判略圖

第一卷

第二卷

第三卷

第四卷

第五卷

第六卷

第七卷

第八卷

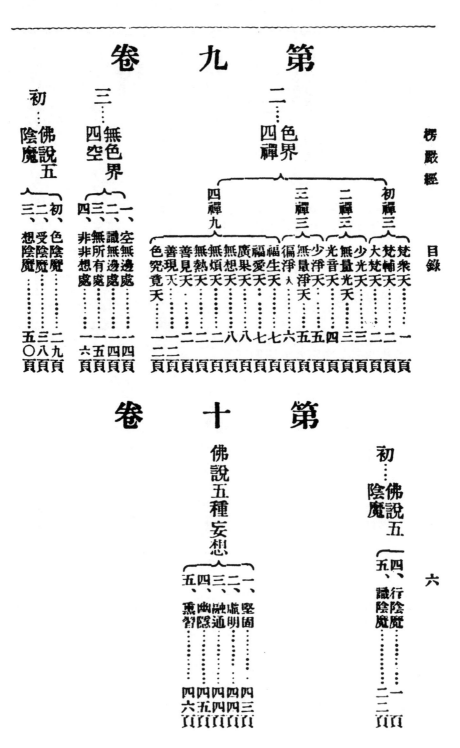

第九卷

第十卷

大佛頂如來密因修證了義諸菩薩萬行首楞嚴經

如來一代時敎。所結諸經。皆以敎行理三互爲因緣而起。敎不離行。行不離理。理解不明。不能深入經藏。敎法不行。不能卽證理體。三者缺一不可也。此經名大佛頂者。云世界現行諸法。卽大佛頂之理體也。大佛頂亦卽世界理體之代名也。首楞嚴大方平等。含裹十方。實諸佛之心要。一路湼槃門也。經首二十字分七段。一題該盡全經。一大。二佛頂。三如來密因。四修證了義。五諸菩薩萬行。六首楞嚴。七經。七段共成一題。其中有虛有實。有通有局。一二七三段爲虛而通。三四五段爲局而實。六段爲局而通。第一段言大者。稱讚之詞。具洪闊。包含。周徧。衆多。深奧。元始。恆常。超勝。八義。稱大佛頂。又具尊貴。玄妙。二義。由此諸義。故稱爲大。總攝一切色心二法。開出五陰。六入。十二處。十八界。七大等。一法不遺。第二佛頂。合而言之。卽如來之無見頂相。如春山吐日。層出不窮。不可見其終極之相。分而言之。佛者覺也。頂者相也。覺攝一切心法。相攝一切色法。不異不一。不卽不離。世出世間。皆不出此色心二法。第三如來密因。如是不變義。來是隨緣義。二乘如而不來。凡夫來而不如。亦如亦來。故名如來。密者言如來以妙明不生不滅。合如來藏。圓照法界。一爲無量。無量爲一。小中現大。大中現小。不動道場。周徧法界。含十方無盡虛空。於一毛端現寶王刹。坐微塵裏。轉大法輪。非卽非離。

非一非異。滅塵合覺。發眞如妙覺明性。放之可彌六合。卷之而退藏於密。此密卽涅槃所謂咸安秘藏之密。因者以不生不滅之法。爲本修因。非生滅法中之因。第四修證了義。修者修無修修。非鍊磨治習有能有所之修也。證者忘心默契之證。非能證所證不忘能所之證也。了者無不究竟之了。非分證分知之了也。義者不落言思之義。非依文解義之義也。第五諸菩薩萬行。菩薩名覺情。上求大覺。下化有情也。言諸菩薩者。卽本經中分證諸聖由十信十住。十行。十迴向。四加行。十地至等覺。五十五位諸菩薩也。萬行者。廣六度而行佛事也。卽經文自七卷後半阿難請位。至末結經名以前。卽此萬行也。第六首楞嚴。大定之總名也。凡菩薩出定入定。爲定之別相。有出入之邊。爲局而不通。楞嚴大定無出無入。無去無來。無動無靜。無一時不在定中。故爲局中通。所云妙湛總持不動尊也。第七言經。經是常義。如來教法。古今不易。十方三世皆准則之。故凡聖教皆以經名。卽取常而不變之義。所云虛而通者詮上四實法。故曰虛。徧詮諸法。故曰通。此二十字總攬全經。妙含無盡世出世法。無一不是大佛頂之妙用也。

唐天竺沙門般剌密諦譯，

天竺西域國之總名也。此翻月邦。云小國中之大國。衆小國如星。此邦如月也。沙門。釋子通稱也。又謂之勤息。勤行善法。息滅惡事也。又云息心達本源。號為沙門。般剌密諦。此云極量。譯主別名。即生於天竺。有大智慧之僧也。譯者翻梵文為華文也。此經傳自東土不易。當時天竺國禁止流傳他方。般剌密諦。欲將此經傳於震旦。冒禁屢竊。皆被獲回。後以微妙細氈書之。破臂藏於皮中。航海東來。達廣州。遇房相筆受此經。

烏萇國沙門彌伽釋迦譯語。

烏萇國北天竺之別名。彌伽釋迦。此云能降伏。譯語者。度語也。即裁度兩方正理。翻梵語而成華言也。

菩薩戒弟子。前正議大夫同中書門下平章事房融筆受。

菩薩戒。即二百五十戒也。弟子者。歸依三寶者也。前正議大夫者。云其雖謫在廣州。仍以舊職稱之也。同者同僚也。中書門下者。左右相府之名也。平章事者。平章百姓均理政務也。房融。即房琯之父。父子俱相。武后末年。遭謫廣州。筆受者。秉筆確定文字而潤色者也。

如是我聞。

四念處　觀身不淨　觀受是苦　觀心無常　觀法無我

波羅提木叉　大乘戒。亦即解脫戒也

如是者。言如來之妙法。無實法與人。一切佛法皆如如也。經首三四五段。言局而實者。亦是代名。若云究竟亦不過以如如智證如如理。無有少許之實法可得也。我者阿難自稱也。云此經是我親從佛聞。非自己之臆說也。昔世尊將涅槃時。阿難以三問問佛。一問佛涅槃後。云何依止。二問佛滅度後誰當作師。三問一切經首作何等語。佛言我涅槃後。當依四念處。從今日後。波羅提木叉是汝之師。一切經首。當安如是我聞四字及世尊涅槃後。阿難陞坐說法。三疑競起。一疑佛再生。二疑他方佛來。三疑阿難成佛。阿難舉如是我聞句。三疑頓息。故經首皆以此冠之。

一時佛在室羅筏城。祇桓精舍。

時者。時分也。時分本無長短。一劫能爲七日。七日能爲一劫。論長論短者。皆人之分別計較心也。若推而廣之。世出世間之生滅法。皆在此一時。世界之成住壞空。人生之生老病死。心相之生住異滅。皆是同時。而萬有之境界。萬有之感想。各各不同。此非時分有差別。皆人之妄念與妄境有差別也。若知萬年一念。一念萬年。則即知常住之佛法不遷。常住之心法亦不遷也。今言一時者。是第三時說楞嚴時也。室羅筏云豐德也。祇者。祇陀也。波斯匿王太子之名也。桓者。林也。精舍者。即給孤長者所建之寂靜處也。

衆有四衆
常隨衆常隨佛也
影響衆有感而來也
隨緣衆隨緣而來也
發起衆乞請說法也
三迦葉
優樓頻螺
伽耶
那提
三人於過去勝觀如來出世時。共立刹柱。以此因緣。令爲三兄弟。初事外道。佛

與大比丘衆千二百五十人俱。

大有三義。一數多。二名重。三德隆。比丘亦有三義。一乞士。二破惡。三怖魔。千二百五十者。初度陳那等五人次度三迦葉兼徒一千。舍利目連各兼徒一百耶舍長者五十人。經舉大數。故減五人此衆皆先事外道勤苦累劫。一無所證遇如來方得聖果。因感佛恩常隨佛化。爲常隨衆也。

皆是無漏大阿羅漢。

此言果位。有同而不同之處。二乘無漏。超三有。菩薩無漏。更越三空。大者修聖行以證正果。非證偏眞之菩薩也。蓋二乘應供。止於天上人間。菩薩應供。通於世出世間。二乘無生分段方脫。菩薩無生變易亦離。二乘殺賊。四住剛斷。菩滅殺賊。五住已窮。

佛子住持、善超諸有、能於國土、成就威儀。

佛子者。已付家業。眞爲佛子。非滯草庵者可比也。住持者。住法王家。持如來藏而不失也。諸有者。略言三有。廣開二十五有。總指三界受生處也。以三界人天。不忘因果。故曰諸有。小乘

化出家皆得道果。

三有：欲界、色界、無色界

三空：生空、法空、俱空

生空者於五蘊中不執有我亦名我空。法空者於五蘊法不計實有。俱空者我法二執既遣能空之空亦空。

五住

以出三界爲超。不名爲善。今則卽三界而出三界。非若小乘畏三界如牢獄。故曰善超也。謂而熟之曰成。卽而順之曰就。能自成就。亦成就他人所謂不起滅盡定而現諸威儀。非若昔日躭寂滅。而不肯成就衆生也。小乘出三界不敢入三界。故不能於同居國土而現威儀。菩薩善超諸有出三界而能入三界。故能於同居國土而成就威儀也。

從佛轉輪、妙堪遺囑。

此云上助佛化也。從佛轉輪者。謂助佛揚化。隨佛轉大法輪。非若昔日但念空寂也。轉有流行不滯之相。輪有摧碾運動之功。蓋佛轉法輪。能摧碾衆生煩惱薪。能運衆生出生死海也。妙堪遺囑者。如來以家業付之謂之遺。以後事託之謂之囑。今既受佛法。又能度生。故曰妙堪。蓋小乘有智而無悲。雖領受佛遺。尙不堪付囑。大菩薩能悲智雙運。故佛入滅時。囑累菩薩宏法廣度含靈也。

嚴淨毗尼、弘範三界。

此下度衆生。初盡本界也。毗尼。戒之總名也。嚴淨有三義。一嚴謂止持諸惡。淨謂作持諸善。又嚴以禁身口。淨以制心意。又於事戒則嚴。於道戒則淨。弘開擴也。範師範也。三界者。卽欲

見惑爲一住。名見一切處住地。分別煩惱障。思惑分三住。欲界、色界、無色界爲愛住地。俱生煩惱障。塵沙惑無明惑合爲一住。名無明住地。根本所知障。

二十五有

四洲四惡趣。六欲幷梵天。四禪四空處。無想卽那含。

初聲聞衆

界色界無色界也。弘範三界者。言小乘於戒有缺漏。未能嚴淨。豈能弘範。惟大菩薩能出入三界無礙。方能弘範三界也。

應身無量、度脫衆生。

此云度生又盡十方。緣感則應。隨類化身也。應身無量者。卽隨無量衆生有感卽應。無刹不現化身也。度脫衆生者。令衆生度煩惱河。脫淪溺苦。慈航普度也。

拔濟未來、越諸塵累。

此云度生又盡於未來也。拔者。拔之出苦。濟者。接之使過。未來者。後世無量刼中也。塵累者。塵勞也。越諸塵累者。言菩薩於未來諸衆生皆令其出塵勞。不令塵累墜於生死苦也。

其名曰大智舍利弗。摩訶目犍連。摩訶拘絺羅。富樓那彌多羅尼子。須菩提。優波尼沙陀等。而爲上首。

此略舉居上首菩薩名也。舍利弗在聲聞衆中智慧第一。因所知障未了。故仍居聲聞地。摩

四見　能見　所見　行見　受見

次緣覺衆

三菩薩衆

訶者。廣大義也。目犍連神通第一。拘絺羅辯論第一。係舍利弗之舅。卽長爪梵志。因舍利弗從佛剃度。同佛辯論。佛問其以何爲宗。拘絺羅答曰。我以一切不受爲宗。佛曰。汝還受四見否。若說一切不受。誰知誰見。若云已受。何云不受。此蓋云受固受矣。若云不受。又將不受之意見受去矣。拘絺羅當卽屈服。亦求佛剃度。富樓那彌多羅尼子。曰滿慈。其父名滿。母名慈。合父母名曰滿慈子。說法第一。須菩提解空第一。能析相爲空。又名空生。優波尼沙陀善觀六塵之性空體空第一。此諸羅漢各有過人之能。故在聲聞衆中。而皆爲上首也。

復有無量辟支、無學、並其初心、同來佛所。

此云他方來佛所者。謂雲集衆。不比前常隨衆也。辟支者。出無佛世。寂居觀化。自悟得道。爲之獨覺。出有佛世。觀十二因緣得道。爲之緣覺。無學者。羅漢位也。非前三果有學之初二三果也。初心者。總該二乘有學位也。同來佛所者。以此二衆臨期而同來聞法。不謀而至。不約而同也。

屬諸比丘休夏自恣。十方菩薩、咨決心疑。欽奉慈嚴。將求密義。

屬者。適當也。遇也。首言大比丘衆爲表時帶言之。此云諸比丘者。正敘菩薩衆也。休夏者。蓋

普感後至衆

比丘當初夏時。卽結制禁足安居。不出外乞食。亦名休夏．亦名坐臘。自恣者。於三月後解制之日。自知有過。恣其自陳。所以考九旬之德業也。十方者。言盡十方界普遍之意也。菩薩者。覺情也。上求大覺．下化有情也。咨．問也。決通也。云心有疑而不明之理。請問而求解決通曉也。欽敬也。奉承也。慈者攝受也。嚴者折伏也。如來具攝折二門。故敬承也。密義者。密修潔證不落言思也。將求者。不獨求決通疑滯。更欲求祕密之了義也。

卽時如來敷坐晏安。爲諸會中宣示深奧。

卽時者。順機應機而說法。要於當時也。敷坐者。展坐具而晏然安居也。宣示深奧者。爲說如來密因修證了義之甚深法也。

法筵清衆。得未曾有。

法筵者。云說法之處如筵席也。清衆者。云凡來之衆。皆係清白梵行也。得未曾有者。云清衆雲集不易。說法不易。爲希有之時也。

迦陵仙音、徧十方界。恆沙菩薩、來聚道場。文殊師利而爲上首。

迦陵仙音者。迦陵頻伽之鳥也。此鳥音聲美妙。佛音似之。故以爲比也。徧十方界者。言如來圓音一演。不但異類等解。並能普徧十方世界也。昔目連窮佛音聲。盡其神力。歷恒沙界。終不能窮其究竟也。恒沙菩薩來聚道場者。云佛之音聲。遍滿法界。十方菩薩聞佛音而皆來赴道場也。文殊師利而爲上首者。云文殊是大智慧菩薩。同佛可以問答。能知佛意。能代佛宣言法要。故居爲上首也。

時波斯匿王、爲其父王諱日營齋、請佛宮掖。自迎如來。廣設珍饈。無上妙味。兼復親延諸大菩薩。

此匿王請佛至王宮。虔誠供奉也。波斯匿。卽舍衛國王。諱日卽忌日也。人子於親亡之日不忍言亡。故隱死日曰諱日。營齋者。供佛設齋。人子代親乞冥福也。宮掖者。王之內庭左右掖也。自迎者。敬如來之德。忘人主之勢也。羞進也。珍羞者。言所進之膳。皆世間貴重之物也。延亦迎也。旣自迎佛。復迎僧也。諸大菩薩者。卽佛之弟子。諸菩薩及阿羅漢也。

城中復有長者居士、同時飯僧、佇佛來應。佛勑文殊、分領菩薩、

及阿羅漢、應諸齋主。

此云舍衛國臣民同時齋供也。長者。福德俱隆者也。居士者。清淨自居者也。同時飯僧者。與國王齋供同在一時也。佇者俟立也。如主之待賓恭敬而久待賓至也。佛勅文殊分應者以平等心應諸齋主也。

唯有阿難、先受別請。遠遊未還、不遑僧次。

阿難者。义名慶喜。佛之堂弟也。先受別請者。謂自恣之前先受別請。此卽誤墮之第一緣也。不遑者無暇也。應供常規輪次而出。今阿難既受別方之請尙未還歸故無暇列於衆僧之次也。

既無上座、及阿闍黎。途中獨歸。

此云無侶獨歸。爲誤墮之第二緣也。上座者。云其上卽無人。名上座。座有三位次。行持十年爲下座。二十年爲中座。三十年爲上座。一福慧上座。能有宣講之明說法利生。亦爲上座。一法性上座。一聞卽證頓悟甚深法門。亦爲上座。阿闍黎者。能糾正弟子行者軌範師也。律制一僧遠出。必以二師隨從。所以嚴行止。不單獨行動也。今乃缺二師爲侶。故云途中獨歸也。

其日無供。卽時阿難執持應器。於所遊城、次第循乞。

此因無供循乞。誤墮之第三緣也。其日無供者。無延請供齋之人也。阿難既不得供齋之人。故執持應器之鉢行乞也。應有三義。色相應。鉢係灰黑色。不起愛也。體相應。鉢質非貴重之器。不起貪也。大小相應。鉢器應量。不過量也。乞者上乞法以養慧命。下乞食以養生命也。乞食不過七家者。一化而不再化也。次第者。不踰越行乞也。今阿難次第循乞者。卽不分貧富以平等心行乞也。

心中初求最後檀越以爲齋主、無問淨穢。刹利尊姓。及旃陀羅。方行等慈。不擇微賤。發意圓成一切衆生無量功德。

此誤墮之第四緣也。尋常聲聞乞食常法。惟乞淨家。今乞難因無齋供。故不擇淨穢也。雖然是平等行乞。一有求最後檀越之心。已落於分別知見矣。既有分別知見。存無問淨穢之念。卽有了淨穢之心。有了淨穢之心。說平等已不平等矣。所以聲聞能以不變。不能隨緣。能破相分而不能破見分。皆是分別知見未破也。最後擅越者。未曾飯僧之施主也。刹利。王家也。旃陀羅。牟殺者也。方行等慈者云不是常行等慈也。因無供而卒起是心也。既曰初求。又曰方行。皆是遇緣而起也。發意即作意也。眞正平等行慈。無能無所也。既云發意圓成。還有無量功德之心。有無量功德之心。仍是貪着之念未忘也。

阿難已知如來世尊訶須菩提、及大迦葉、爲阿羅漢、心不均平。欽仰如來。開闡無遮。度諸疑謗。

此云發意行乞。是隨順佛語。不由中出也。蓋往日須菩提行乞。常懷化人慳吝之心。捨貧從富。大迦葉行乞。常懷代人造福之心。捨富從貧。一爲富者集德。一爲貧者種因。皆是善行也。然雖是善行。猶有分別貧富之心。既有貧富之心。卽非平等心矣。故如來訶須菩提大迦葉心不均平。不均平行乞。卽恐人疑謗。疑者偏於乞貧。恐人疑詭名乞食。故作捨富之心也。謗者偏於乞富。恐人謗其仰慕尊貴。猶有賤貧之心也。開闡無遮者。解開遮蔽也。今阿難欽仰如來昔日之語。發意不分貧富行乞。一以闡平等無遮無礙之慈。一以度他人生疑生謗也。

經彼城隍。徐步郭門。嚴整威儀。肅恭齋法。

隍者、卽城外無水之池。郭門、城門也。齋法者。臨齋法則也。經彼者。經歷城隍也。徐步者、不急不緩。規行矩步也。嚴整威儀者、莊嚴之態也。此四句卽描寫阿難乞食時之情狀。卽云此等情狀。皆是作意而來。可入淨而不可入穢。可入佛而不可入魔。可比丘而不可菩薩。二乘菩薩能出世而不能入世者。卽病在此作意之時也。

爾時阿難因乞食次。經歷婬室。遭大幻術。摩登伽女。以娑毗迦羅先梵天咒、攝入婬席。

次者、處也。卽乞食之處也。婬室者、妓室也。經歷者、因阿難行乞。不擇貧富貴賤、故經歷婬室也。幻術者、虛幻之術。惑人心目者也。摩登伽。此云本姓。卽婬室中之妓也。娑毗迦羅。卽金頭黃髮偏於苦行之外道也。呪術稱先梵天者。妖術僞稱也。攝入婬席有三因。一因阿難與摩登伽有宿世婬愛之因。二因阿難具佛相好之因。三因阿難受呪巾覆食。爲咒力所惑之因。此段文正敍隨緣之難。阿難發心行平等乞食。何嘗不是。不過發是平等心。行平等乞。因無供而卒起之心。還是作意。既有作意。正是分別知見。有此知見。不變之體。已有染緣。有淨染。即有不淨染。雖云外緣惱亂。總因本心不淨。此事在大菩薩行之。入淨入穢。可以無礙。而阿難在聲聞位中。祇可以不變。究不可以隨緣。道力薄弱。故攝入婬席而不能自主也。

婬躬撫摩。將毀戒體。

摩撫者。即六塵中之觸塵也。戒體者。即清白梵行全二百五十戒之色身也。戒有身戒。有心戒。身戒除外緣。心戒淨意根。凡守戒祇能束身。不能束心者。皆不能爲之淨戒。末法修心者。有兩種弊不可不知。一種高談玄妙者。自謂本心清淨。即婬房出入亦無礙無妨。試問此心能隨緣不變否。一種專修枯寂者。自謂其心堅定。即聲色當前亦不憎不愛。試問此心能不變隨緣否。一爲不守梵行放浪形骸者。一爲誤守枯禪錯修灰斷者。此二皆不知戒定慧三缺一不可也。將毀戒體者。即云阿難縱能多聞。有慧力而少定力也。

如來知彼婬術所加。齋畢旋歸。王及大臣長者居士。俱來隨佛、願聞法要。

放光顯色塵
法說顯身塵

四悉檀
悉檀者偏施也
一世界悉檀
得觀善益
二爲人悉檀

如來具五眼。無遠不在目前。知阿難爲婬術所加。故齋畢速歸。蓋如來常儀。齋後必說法。今如來未說法即歸。必有特別緣因。故大衆俱隨佛來。知佛必說大法。皆願聞法要也。

於時世尊頂放百寶無畏光明。光中出生千葉寶蓮。有佛化身結跏趺坐。宣說神咒。勅文殊師利、將咒往護。

於時者。正阿難將毀戒體。尚在未毀之時也。頂者即春山吐日。如來之頂相也。百寶者。無善不具也。無畏者無惡不摧也。光明者大智慧光明。如百千萬億日月之光明也。出生寶蓮。有佛化身結跏趺坐者。以化身佛說咒。正示咒心是不動智也。勅文殊將咒往護者。因文殊是大智。以大智人持咒而往護。全咒是人。全人是咒。以此咒加之婬根。如湯沃雪。如明破暗也。神咒具四悉檀。含極深之妙理。有不測之威力。再勅以智大之人往護之。故立將婬火化爲智火。婬念化爲正念。此正顯神呪爲如來密因中密中之密也。

惡咒銷滅。提獎阿難、及摩登伽歸來佛所。

惡呪之力亦大。能變無爲有。化有爲無。阿難爲惡呪所惑。迷昧本性。故將毀戒體。今有大智

得生善益 三對治悉檀得破惡益 四第一義悉檀得入理益

止有三止 體眞止 當體即眞。無所分別。隨緣止 觀一切如幻隨緣不

之人以神咒加之。邪不勝正。故惡咒銷滅。惡咒銷不但阿難返復本性。即摩登伽亦感受神咒之力化除婬邪之心同來佛所也。經文至說咒止爲別序以下爲正宗

阿難見佛、頂禮悲泣恨無始來一向多聞、未全道力。殷勤啓請。十方如來、得成菩提妙奢摩他、三摩、禪那、最初方便。

此因誤墮。知定力不堅而請大定也。頂禮悲泣者。感如來神咒往護之恩也。無始者。永遠刧也。一向多聞未全道力者。阿難自述恨從前修行偏重多聞。未肯進修。故道力不堅也。殷勤啓請者。欣佛果而請因地心也。十方如來者。云十方一切如來也。得成菩提者。得成無上究竟之果也。奢摩他。是止義。空義。不變義。空如來藏義。三摩是觀義。幻有義。隨緣義。不空如來藏義。禪那是隨緣不變。不變隨緣義。空不空如來藏義。即止即觀即空即假即中義。所云妙者。奢摩他即定之慧。三摩即慧之定。禪那性俱雙融。即定即慧。此三實修行最初方便一路涅槃門也。此段文是阿難自述其一向多聞。諸佛秘密法要皆已盡知。惟因未修未證。故爲魔力所攝。若不修因終難得果。故啓請十方如來最初方便何由而得開悟。何由而得證入。知一心三觀之妙理。若不眞實體驗。說食終不飽。畫餅終不充飢也。

變。能以不變即止。息二邊分別止。

不落二邊。不落有無。當體即是。中道。

空有三觀　析空觀

看山河大地、將來必壞、析而爲空。此雖空五塵、還有法塵未空。如禪家內守幽閑、執

所云方便者。若在見道分。以破心顯見爲最方便。若在修道分。以耳根入門爲最方便。若在證道分。以不生不滅因心爲最方便。欲得菩提果覺。必先入妙奢摩他三摩禪那。如來藏心爲因地。欲入如來藏心。必住耳根返聞。爲修行方便中之方便

於時復有恆沙菩薩。及諸十方大阿羅漢辟支佛等。俱願樂聞。退坐默然、承受聖旨。

此云大衆同欣聞如來說法也。如來所說妙奢摩他。三摩。禪那。之法。不但權教菩薩不能盡知。及其深處。即等覺菩薩。亦所應聞。故大衆均願承受聖旨。靜領法音也

佛告阿難。汝我同氣。情均天倫。當初發心。於我法中、見何勝相。頓捨世間深重恩愛。

此最初番知見也。阿難既請三觀成佛之因。如來不如是答。而反詰其最初發心者何也。蓋妙之一字。是如來自證法門。向人輕吐不得。須循循善誘。逆探其源。汝我同氣。情均天倫者。所以先安慰阿難之心也。意謂他人請問。皆盡情以告。何況同條共本者也。恩愛者。即人之

此見分。爲眞也、此二乘說偏眞之處。

體空觀

通敎菩薩。不用分析。對諸名相。了不可得。知一切法。本自無生。當體卽空。

眞空觀

對世間相。無有可思想者。無有可觀念者、不着空、不

根本煩惱也。人之不能修道者。皆難割捨世間恩愛也。汝能頓捨世間恩愛。發心求道。誠屬不易。然受道必有求道之知見。汝發心時。於我法中。究見何勝相而發起菩提心也。

阿難白佛。我見如來三十二相、勝妙殊絕。形體映徹、猶如瑠璃。常自思維、此相非是欲愛所生。何以故。欲氣麤濁、腥臊交遘、膿血雜亂。不能發生勝淨妙明、紫金光聚。是以渴仰。從佛剃落。

此卽阿難初發心時。以思維分別爲心。不知常住眞心也。如來立竿探影。欲顯常住之眞心。先破遷留不息之妄心。阿難有淨穢心。卽有欣厭心。有欣厭心。亦是成佛之因。不過要由妄返眞。不可執妄爲眞耳。我見者。卽見分。卽我能見之見分。三十二相。卽相分。卽我所見之相分。此見相二分。卽是根塵混合。眞妄難分之處。凡夫以爲離塵無所見。離根無能見。殊不知所執着者。皆妄境。能分別者。皆妄心。妄境薰妄心。妄心取妄境。和合妄生。和合妄死。皆是迷昧常住眞心。隨業流轉也。若能觀境是假。則塵空矣。觀心無常。則妄息矣。阿難不知能見所見。皆屬依他。分淨分穢。又生偏計。故曰此相不是欲愛所生。以欲氣麤濁。不能生勝淨妙明

眷不忘。以不思議心。觀不思議境。轉不思議業。絕對待無方。所性空眞空。圓融法界。

在內曰見分
在外曰相分

三細：業相　轉相　現相

六麤：
智相　法執俱生分別
相續
執取　我執俱生分別
計名

也。此厭麁濁而欣淨明。皆是識心分別計度。所謂染相不忘爲魔。轉淨相不忘爲佛。雖佛魔有異。淨穢差殊。無非知見立知。總是合塵背覺。勝妙殊絕者。超萬類而首出曰勝。處五濁而不染曰妙。混衆形而獨異曰殊。在諸聖而特尊曰絕。形體者。長短大小曰形。百骸四肢曰體。映徹如琉璃者。內外洞明。故以琉璃爲喻。阿難見佛三十二相。勝淨妙明。如紫金光聚。故渴仰從佛剃落。此中所說見相是三細中之轉現。思維是六麤相。爲一經之發脈。故下文先破六麤。次破三細。次顯如來藏心。次第細參。卽見深旨。

佛言善哉阿難。汝當知一切衆生、從無始來生死相續、皆由不知常住眞心。性淨明體。用諸妄想、此想不眞、故有輪轉

此雙標眞妄爲一經之綱宗也。凡佛言善哉有三意。一者讚美意。讚其言之善也。二者喜幸意。喜得其本意。而可以施敎也。三者安慰意。將欲破斥而先以愛語安慰也。此番言善哉者取後二意也。一切衆生。凡夫外道權敎小乘皆兼有之。佛告阿難曰。汝能割愛出家。莫善如之。惟汝一念厭染愛淨。還是衆生知見。正是汝之妄心。趨逐色塵。流溢奔色也。此從發業潤生二種無明流出。生死相續。卽由於此。凡三界未超分段生死者。皆不知常住眞心性淨明

清楚
受苦
人天乘
眞者隨緣不變
妄者隨緣而染

體也。歷古今而終不變易曰常。無往來之迹。不住而住爲住。不隨幻妄生滅者曰眞。在萬法而不動搖曰性。在汙濁而不染曰淨。在欲氣而不昏曰明。人人本有此心體本有勝淨妙明。本周遍法界自家之勝淨妙明之心體不知反向外認如來妙明之相。而生渴仰此卽捨此自己家珍。而妄羨他人珍寶也。衆生迷昧常住眞心。日日所用者皆用此妄心。攀緣妄境。此卽衆生無始刼來生死根本故曰此想不眞。卽爲生死流轉也。

汝今欲研無上菩提眞發明性。應當直心酬我所問。十方如來同一道故、出離生死。皆以直心。心言直故。如是乃至終始地位、中間永無諸委曲相。

此云求佛者須心口如一。不可有隱諱委曲之心。有疑直問。有問直答。不可强以爲知。强以爲證凡有思量裁度之處皆是委曲之相禪宗所謂當下卽是疑心卽差也。淨明經云直心卽是道場。由直故能出生死由直故能證菩提十方如來皆以直心直言爲造道之始心言既直內外一如頭頂虛空脚踏實地若有一毫委曲相卽落衆生知見。阿難尊者有分穢分淨之心。此心早成迂曲矣。發明性與無明性對待而顯。爲世間法所擾。迷昧眞理者。卽無明性。不爲世間法所擾。了悟眞理者。卽發明性。究竟佛性是一。因迷悟而有差別。上根人能知無明實性卽佛性。迷卽無明。悟卽佛性。狂心若歇。歇卽菩提。卽心卽佛。不假外求。了悟眞空。不離跬步當下卽是道場。卽應念化成無上知覺。

阿難。我今問汝。當汝發心緣於如來三十二相。將何所見。誰爲愛樂。

此細審衆生知見也。阿難尊者不明常住眞心。處處緣六塵緣影。以心目爲兩事。如來令阿難尊者自己認取。故作是問。將何所見者云將甚麽去見。誰爲愛樂者云能愛樂者究竟是誰。此何字誰字最有深義。執着衆生知見者。一定云是我目所見者。然目能見物。何有視而不見之時也。目有視而不見之時。則能見之見究竟是何所見。既不明能見所見之本源。則能愛樂者。卽指定是我愛樂。殊不知此我是四大五蘊和合而有。忽生忽滅。究竟愛樂者是誰。此能愛樂之我。亦不知在何處。阿難尊者不能自己搜尋妄本。故下文答處。他落於衆生知見

阿難白佛言。世尊。如是愛樂、用我心目。由目觀見如來勝相、心生愛樂。故我發心。願捨生死。

阿難尊者。不脫衆生知見。故答曰能愛樂者。是我之心。能觀相者。是我之目。由我目觀見如來勝相。故我心生愛樂。此見相生心。即是根塵相接妄境薰妄心之時。此即衆生生死之根。欲脫生死。不明大道。總是在生滅法中討生活。愈尋愈遠。阿難尊者雖發心願捨生死。然究不知眞心所在。故下文七處徵心。總是以識心計度。而終不知眞心遍滿法界。不落能所也。

佛告阿難。如汝所說。眞所愛樂。因於心目。若不識知心目所在。則不能得降伏塵勞。譬如國王。爲賊所侵。發兵討除。是兵要當知賊所在。使汝流轉、心目爲咎。吾今問汝。唯心與目、今何所在。

此細審衆生知見之生處也。阿難尊者認定見者是目。愛者是心。不知生死顚倒。正坐於此。

七處徵心
(一)執心在內
世間有三
情世間
器世間
正覺世間
十種異生

國王者。卽自證分。賊卽所知覺也。凡人自以爲知之時。正是被所知覺障蔽。討賊者卽始覺也。本覺爲所覺障。以爲我能知。卽此能知正是障。蓋眞正性識明知覺明眞識遍滿法界。無所不識。無所不明。無所不知。稍有能所。卽局而不通。局而不通。卽將無量無邊之眞性。爲能所障蔽矣。本覺爲所知覺轉故迷。不爲所知覺轉卽悟。心目在阿難尊者身上。卽是賊。心目在佛身上。卽是正知覺。一爲物轉。一能轉物也。如來令尊者知賊所在。卽令尊者自己體認。使人流轉者。唯心與目。引人入道者。亦唯心與目。迷卽是家賊。悟卽是家親。如來問尊者之心目何在者。卽明示尊者由妄處尋眞之所在也。尊者若眞知心目所在。則一切塵勞。不待降伏。而自降伏矣。

阿難白佛言。世尊。一切世間十種異生。同將識心居在身內。縱觀如來青蓮華眼、亦在佛面。我今觀此浮根四塵、祇在我面。如是識心、實居身內。

十種異生者。俱計度有心在身中。衆生本有十二。今祇云十種者。除去無色無想二種。因此

衆生有十二類。今祇云十種者。除去無色無想二種。因此二種無身心二相故。此總計十二類衆生。有色衆生　色界天日月星辰之類。無色衆生　無色界空散消沉之類。有想衆生　有想天鬼

二種無身相無心相故也。世間有三。一情世間。衆生一分浮虛妄想凝結而有知者。成根身爲情世間。二器世間。衆生一分浮虛妄想凝結而無知者。爲器世間。三正覺世間。如來藏包羅萬象、隨緣不變、不變隨緣。運同體悲、行平等慈、應用無方。於同居土中、普度衆生。爲正覺世間。今云一切世間者、專指情器兩世間而言也。識心者。指意識言。非真心也。青蓮華者。云如來目淨修廣、如青蓮也。阿難尊者。不悟真心遍一切處。處處落衆生知見。意謂自凡至聖、莫不眼在外而心在內。殊不知眼能顯色。不能辨色。計量分別。皆是識心作用。此識心離塵無體。不但人之肉團心非心。卽對境而起思量者。亦是妄心也。人之俱生我執。從無始刼來卽堅固不捨。謂之俱生無明。亦謂之堅固妄想。非金剛道後不能空此異熟種子。阿難尊者。未斷無明。故究不知真心之所在。故曰識心實居身內。

佛告阿難。汝今現坐如來講堂。觀祇陀林。今何所在。世尊。此大重閣清淨講堂。在給孤園。今祇陀林。實在堂外。

此先顯境之內外也。觀境有內外。必先由內而見外也。境之內外有一定之所。令阿難尊者自言者。審定之意也。

神之類　無想衆生　無想天　土木金石之類　非無色衆生　傳送鬼之類　非有色衆生　水母浮實之類　非想衆生　非想天　冬蟲夏草之類　非非想衆生　非非想天

阿難。汝今堂中。先何所見。世尊。我在堂中、先見如來。次觀大衆。如是外望、方矚林園。

此審定見有次第也。人有所見。必先觀其近者。後觀其遠者。如謂能先見遠者。而不見近者。無是理也。阿難尊者答曰先見如來。次觀大衆。外望方見林園。自以爲不錯誤。殊不知此喩已將識心在內之理。自證明其非矣。蓋心若在內。則極切近之臟腑。應早已洞見矣。旣不能先見臟腑。而謂能遠觀人面者。卽尊者亦自知其非也

阿難。汝矚林園、因何有見。世尊。此大講堂。戶牖開豁、故我在堂。得遠瞻見。

此論遠見之因由也。戶牖洞開。可以見外。戶牖關閉。應可見內。在外境上。可以言開豁。可以言見內見外。而無形之心。實無開豁也。人之開眼時能見外。閉眼時實不能見內。旣不見內則識心實不居身內。此理最明。人若於夢中見物時。觀察之卽了知識心實非肉團心之作

梟鳥附塊之類

胎生衆生　含藏而出之類

卵生衆生　依殼而兆之類

濕生衆生　假潤而生之類

化生衆生　無而爲有之類

浮塵根　粗爲地水火風　細爲聲香味

用也。

爾時世尊在大衆中。舒金色臂。摩阿難頂。告示阿難、及諸大衆。有三摩提、名大佛頂首楞嚴王、具足萬行。十方如來一門超出妙莊嚴路。汝今諦聽。阿難頂禮。伏受慈旨。

此先示三觀之體。爲開佛知見之本也。摩頂者慈愍攝受。將示以大法也。三摩提者等持也。即大佛頂全定總名也。首楞嚴王者。諸三昧中最上之稱也。具足萬行者凡佛菩薩之行皆具。不但具足諸定。即萬行無一不具也。十方如來一門超出者。云十方如來皆因此一門超出妙莊嚴路也。大佛頂含裹十方。周徧含容。無法不具。無行不圓。不可以智知。不可以見見。以思維心測度如來頂法。終不能見。如來問尊者誰見誰愛樂。即直指妄心處所。阿難尊者。答以目見心生愛樂。正是無始以來虛妄心。以攀緣爲自性也。所謂任汝盡思量。不能測佛智者。即墮在有思維心。以六塵緣影爲心也。

異熟　分別心異樣。皆無始刼來成熟種子。但有思量分別。皆係異熟發現種子。

三觀者　觀空　觀假　觀中　觀空者。觀世間相一切皆空也。觀假者。觀世間相一切皆虛幻也。

佛告阿難。如汝所言。身在講堂。戶牖開豁。遠矚林園。亦有衆生在此堂中、不見如來。見堂外者。阿難答言世尊。在堂不見如來、能見林泉、無有是處。

此破妄心實不在身內。令阿難尊者自家明了也。由近瞻遠。人所亦明此理。若云祇見遠而不見近者。即無是理。故阿難尊者亦云無是處也。

阿難汝亦如是。汝之心靈、一切明了。若汝現前所明了心、實在身內。爾時先合了知內身。頗有衆生。先見身中、後觀外物。縱不能見心肝脾胃。爪生髮長、筋轉脈搖、誠合明了。如何不知。必不內知、云何知外。是故應知汝言覺了能知之心、住在身內。無有

觀中者。不落空假二邊。得中道理體。卽空卽假卽中也。

（二）執心在外

是處。

汝亦如是者。卽所喻不見近處見遠處之喻也。汝云覺了之心在內。汝當先見汝內腑。然後方能外矚也。汝既不能先見汝內腑而又能先外矚。則汝之識心實不在內矣。既不知內如何知外。汝亦云不見如來能見林泉無有是處。然汝不見內腑而能外矚。亦同此理也。是故應知。汝云識心在內。無有是處。

阿難稽首而白佛言。我聞如來如是法音。悟知我心實居身外、所以者何。譬如燈光燃於室中。是燈必能先照室內。從其室門、後及庭際。一切衆生不見身中。獨見身外。亦如燈光居在室外、不能照室。是義必明、將無所惑。同佛了義。得無妄耶。

阿難尊者。因如來言心不在內。當卽轉計在外。此因三界唯心之理。故轉計其心在外。蓋三

四種食
(一)摶食。屬作一口可摶取故。
(二)觸食。如見沙養命。便不絕。
(三)業食。如地獄業無食而活。

界唯心。是云眞心遍滿三界。心外無法法外無心也。並非有內外之分也。若計內外。卽是心所心。若有所還是依塵而起。塵有生滅。識心隨之生滅。而眞心實無生滅。所云心生法生心滅法滅者。皆指妄心而言也。心外之法。皆是唯心所現。離塵無體。尊者一時轉計在外。初未曾從自身上着想。心若在外。則自身中卽無心。自身中無心。則能知覺者又是何物。以燈喻者。以爲燈光在外。照內祇能見表。不能見裏。所以祇見人面而不見內臟也。尊者執情甚深。故曰此義當無疑惑。同佛了義當無妄也。

佛告阿難。是諸比丘、適來從我室羅筏城、循乞摶食。歸祇陀林。我已宿齋。汝觀比丘、一人食時、諸人飽否。阿難答言。不也世尊。何以故。是諸比丘。雖阿羅漢。軀命不同。云何一人能令衆飽。

如來欲破尊者執心在外之非。先引一事證明之。曰汝云此心在外。則身卽可以無知覺矣。身若無知覺。則外有知而內無知矣。我已宿齋者。云我身有知。我知飽矣。我一人食。我一人知飽。諸比丘未食。諸比丘亦飽否。諸比丘未食未飽。則有知覺之心實未離身也。此義汝以

(四)識食。無色衆生。識想相續。子縛盡者斷見思惑也。果縛者又爲存果惑也

何如。尊者答曰。不也。蓋亦知此理之非也。然雖知此理之非。仍不知眞心周遍。又轉計曰。諸羅漢。子縛雖盡。果縛猶存。不能合衆爲一體。故不能一人食而令衆人皆飽也。

佛告阿難。若汝覺了知見之心。實在身外。身心相外。自不相干。則心所知。身不能覺。覺在身際。心不能知。我今示汝兜羅綿手。汝眼見時、心分別不。阿難答言。如是世尊。

此直破心不在外也。如來直示尊者曰。汝云覺了知見之心。實在身外。我且問汝。心若在外。則此心與汝身兩不相干也。心之有知則身不能知。身所覺者心不能覺。我今以手示汝。汝眼見時。心分別否。若云眼見無分別。則不但無知覺之心。亦無可見之眼。若云眼見心有分別。則此心仍未離乎汝身。尊者答曰如是者。蓋眼見時心實分別也。

佛告阿難。若相知者、云何在外。是故應知、汝言覺了能知之心、住在身外。無有是處。

（三）潛伏根裏

佛因尊者答曰如是者。隨卽告之曰。汝眼見時。汝心已知分別也。汝心既知分別。則汝之心何曾在外也。是故應知汝云此心在無有是處。此段文言內外者皆因分段之身未破故妄計心有內外。若從能知之心所知之物兩面觀之。不但心無內外。卽物亦無內外。有形之色可云內外。無形之聲香味觸。何內何外。既聲香味觸。非內非外。而見聞嗅嘗覺知亦非內非外。若能打破處所內外推尋一總無。則卽明了眞心之妙用也。

阿難白佛言。世尊。如佛所言、不見內故、不居身內。身心相知、不相離故、不在身外。我今思惟、知在一處。佛言。處今何在。阿難言此了知心、既不知內、而能見外。如我思忖、潛伏根裏。

此第三又計潛伏根裏也。尊者以爲心必有處所。既不在內。又不在外。必有一處。因憶從前如來談法相時。云四緣生識。又誤認眼根爲心。故曰我今思忖此心當潛伏根裏

猶如有人、取瑠璃椀、合其兩眼。雖有物合、而不留礙。彼根隨見、

四緣生識　空明　此二爲外境　心　此心爲識心　眼　此爲內根。但能對色而不能分別。此亦是心所緣之境。勝義根　眼如葡萄朵

隨卽分別。然我覺了能知之心、不見內者、爲在根故。分明矚外、無障礙者、潛根內故。

此尊者以眼根爲心也。蓋四緣生識者。因有空明之外境。由眼見而心知。然眼祇能見而不能知。眼無能知。如何以心喩之也。眼是根。境是塵。單根不生識。單鏡不生識。亦非根生。亦非境生。合四緣而生。空明眼三緣皆可指呈。惟識心無形相。既無形相。妄指爲有處所。故愈尋愈遠。尊者以爲了知之心在根。殊不知根雖屬內分。亦是心所緣之境也。內根與外塵相對。識生其中。此識心離根塵不能自生。故根塵識三處皆無也。三處既無潛根之喩又非也。

佛告阿難。如汝所言、潛根內者、猶如瑠璃。彼人當以瑠璃籠眼、當見山河、見瑠璃不。如是世尊。是人當以瑠璃籠眼、實見瑠璃。

此正破心不潛根也。當見山河見琉璃之問。是云眼既有潛根之心在內。縱有琉璃籠眼。當應見山河大地也。尊者爲理所窮。不得不直言酬對曰是人當琉璃籠眼時。實見琉璃。不能

舌如新偃月
耳如新卷葉
鼻如雙垂爪
身如腰鼓顙
意如幽室見

見眼。

佛告阿難、汝心若同瑠璃合者、當見山河、何不見眼。

此云心若潛伏眼根。不但能見山河。並可以見眼。何以能見山河。而不見眼也。

若見眼者、眼卽同境、不得成隨。

此云若見眼者。則眼雖是內根。眼還是境。眼是心家所緣之境。卽不是能知之心。則汝所計彼根隨見。隨卽分別。則不得成隨。

若不能見、云何說言此了知心潛在根內、如琉璃合。是故應知、

汝言覺了能知之心、潛伏根裏。如瑠璃合。無有是處。

此云彼根不能隨見隨卽分別。則心仍不在眼根。蓋心若在眼根。隨見卽能分別。則潛根之說。無有是處。

（四）內外兩在

阿難白佛言。世尊。我今又作如是思惟。是衆生身、腑臟在中。竅穴居外。有藏則暗。有竅則明。今我對佛、開眼見明、名爲見外。閉眼見暗、名爲見內。是義云何。

此第四雙計內外也。尊者因如來說法性時。說眼能見明。亦能見暗。因見明見暗。又生出見內見外之計度。殊不知眼能見明見暗。眼不能分別明暗。能分別明暗者還是識心用事也。何況明暗之代謝。皆是色塵邊事。於識心兩不相干也。凡夫不知外境是幻。處處爲境所轉。故處處不離六塵。所云內外者。因有色身而分內外。以爲身以內爲內。身以外爲外。殊不此分段之身。皆是妙明心中所含裹之物。計內計外。皆是迷境而不悟本心也。尊者以爲開眼爲見外。閉眼爲見內。此尙不知眼之本源。見之出處也。蓋開眼祇可爲見明。閉眼祇可爲見暗。若分內外。皆落衆生知見。皆墮於能所。何況見明之時。見非是明。見暗之時。見非是暗。見外之時。見非是外。見內之時。見非是內。明暗內外皆所也。若有方所。皆非眞心所住之處。所云眞心者。非明非暗。非內非外。隨緣而現。無定體也。稍有塵擾。皆是識心分別執取。尊者初計在內。佛以不見臟腑破之。次計在外。復招身心相離之難。又計潛根。復示眼即同境之非。三計皆窮。故以內外兩在之義以請示如來。

佛告阿難。汝當閉眼見暗之時。此暗境界、為與眼對。為不對眼。若與眼對、暗在眼前、云何成內。若成內者、居暗室中、無日月燈。此室暗中、皆汝焦腑。若不對者、云何成見。

此單破見暗為見內之非也。佛告阿難曰。汝云見暗為見內。此暗為與眼對。為不與眼對。若云此暗與眼對。祇可云暗。不可云內。若云是內。則暗室無明時。豈不都成汝焦腑耶。若云不與眼對。即不可云見。故云若不對者云何成見。

若離外見、內對所成、合眼見暗、名為身中。開眼見明、何不見面。若不見面、內對不成。見面若成。此了知心及與眼根、乃在虛空、何成在內。

此破眼無反視之理。離外見者。卽云合眼之時也。內對所成者。卽云合眼可以見暗。名爲身中。然既名爲身中。何以合眼祇見暗。既閉眼不能見臟腑。開眼又不見己面。則內對又不成矣。卽如云見面之義若成。則汝之了知心。豈不在虛空耶。既在虛空在內之義又非矣。

若在虛空、自非汝體。卽應如來、今見汝面、亦是汝身。

若云了知心在虛空。則此心卽離體。汝之知覺當在虛空。此身卽非汝體矣。若云心眼在虛空又能見己面。又還在身中。則凡能見汝面者皆可爲汝之身也。他身若成己身。則今見汝面之如來身。豈不卽是汝之身也。

汝眼已知、身合非覺。

既能見之眼離體而有知。則所見之身。有所合而非覺矣。

必汝執言身眼兩覺、應有二知。卽汝一身、應成兩佛。是故應知、

（五）隨所合處

汝言見暗名見內者、無有是處。

此言若執定身眼兩覺俱有。則一人應有二心。一身即成兩佛。有是理乎。故見暗祇可云對暗。不可云對內。若云對內。云何不見焦腑。見明祇可云對明。不可云對外。若云對外。云何不見己面。既開眼時不能反觀己面。閉眼時又不能反觀身中。則見明名見外者見暗名見內者。無有是處。

阿難言。我常聞佛開示四衆、由心生故、種種法生。由法生故、種種心生。我今思惟、即思惟體。實我心性。隨所合處、心則隨有。亦非內外中間三處。

此第五計心在隨所合處也。尊者往昔聞如來開示四衆時。說心生法生。法生心生。以為思惟體。當是我心。此不認肉團心。又執着緣慮心。此緣慮心正是人之生死根本。處處依他而起之分別識心也。如來云心生法生。法生心生者。謂心境皆從業識變起。同時妄有。如二交

此言思惟心。皆依法而生。其實無體。

塵。互相依倚。離心無境。離境無心也。非謂心能生境。境能生心也。蓋單根不生。單境不生。亦非心生。亦非境生。心法互生者皆因相待而有也。無心無法。無法無心。心有法有。心空法空。但了唯心。妄法自滅。如來所說之心生法生。云妄心一動。法必隨起也。尊者謬以從法處認心。以爲隨所合處卽是心。殊不知隨可合處皆因緣所生之虛妄法也。世人迷眞逐妄者。正病在此。終日全是妄心用事。依法而起。以對待之法爲主體。以爲法生而心生。法滅而心滅。此殆不知法法之生滅。皆妄心操縱之也。而無性之法塵實非主體也。無性之法塵。法法不相知。法法不相到。能相知相到。而仍不隨法塵起滅者。方是妄處之眞也。尊者以爲不是內外中間者。雖不落有形之能所。而又墮於無形之能所也。

佛告阿難。汝今說言由法生故種種心生。隨所合處心隨有者。是心無體、則無所合。若無有體、而能合者、則十九界因七塵合。是義不然。若有體者。如汝以手自拄其體、汝所知心、爲復內出、爲從外入。若復內出、還見身中。若從外來、先合見面。

此云眼能見。心祇能知、而不能見也。殊不知能見者、是心非眼也。

此正破心不隨合也。世間一切相。皆謂之色法。能分別一切色者。卽是心法。然色有體相。而心無體相也。有體與有體者可合。有知與有知者可通。色是有體。心是無體。卽不可云合。色是無知。心是有知。亦不能相通。法與心尚不可云合。隨所合者更不可言心也。蓋思惟之心元是浮想。實無自體。旣無自體。則無合處也。若以無體之心。而强曰合者。則十九界與七塵亦應相合。此義不成。故曰不然。然縱云有體者。亦必有去來之處。若有來處。必有出入。若有出入。必有內外。汝觀所知心。有出入之相否。若云內出。必先見身中。若曰外入。必先合見面。此言內外者。復蹈前非也。

阿難言。見是其眼、心知非眼、爲見非義。佛言。若眼能見、汝在室中、門能見否。則諸已死、尚有眼存。應皆見物。若見物者。云何名死。

尊者以謂見是眼見。非是心見。心祇能知不能見。故曰心知非眼。若以心爲見。卽爲非義。佛言若眼能見。汝在室中。門能見否。此以門喻眼。室中之人喻心。室中有人方能見。室中無人。則如門之眼。卽無功用矣。室中之人不能見。卽眼中無心不能見也。譬如已死者。其眼尚存。何不能見也。若云能見。云何名死耶。此正顯能見在心。徒有眼而無心。終不能見也。愚法聲

若咸覺者。則無挃處也。若。有所。則分一支四支。一體卽不成矣。同前所。者。卽前四支一體也。

聞。其病卽在根識不分處也。

阿難。又汝覺了能知之心。若必有體。爲復一體、爲有多體。今在汝身、爲復偏體、爲不偏體。若一體者。則汝以手桎一支時、四支應覺。若咸覺者、桎應無在。若桎有所、則汝一體、自不能成。若多體者、則成多人。何體爲汝。若偏體者、同前所桎。若不偏者、當汝觸頭、亦觸其足。頭有所覺、足應無知。今汝不然。是故應知、隨所合處、心則隨有、無有是處。

此示法無定相。心無定體也。心若有定體。卽不能徧知。既非一體。又非多體。若云一體。則觸一處而全身皆知也。何觸頭而足不知耶。亦非多體也。若云多體。則一人卽成多人矣。亦非偏體也。若云徧體。則觸一支而四支應知也。亦非不徧也。若云不徧則觸頭頭知。觸足足知。

故非不徧也。若知心體非一非多。非徧非不徧。則知心無定體也。心無定體。則隨所合處。實非心也。是故如來告阿難言。隨所合處。心則隨有。無有是處。

（六）執在中間

阿難白佛言。世尊。我亦聞佛與文殊等諸法王子。談實相時。世尊亦言心不在內、亦不在外。如我思惟。內無所見、外不相知。內無知故、在內不成。身心相知、在外非義。今相知故、復內無見、當在中間。

此第六又引昔教謬執心在中間也。實相者。無相無不相也。何謂無相。無能所也。何謂無不相。如來藏一切相皆具足也。蓋如來所談實相云無在無不在也。非執定心不在內。不在外。爲內外所局也。尊者祇知半面文章。未領全義。卽從兩不在之言。又有妄計矣。尊者思惟。既內無所見。則心不在內矣。外不相知。則心不在外矣。內無知則在內之義不成。身仍有知。則在外之言非義。今身心又相知。又不能見內。以意度之。當在中間。此時尊者若知。既不在內。

標物以顯中曰表

亦不在外。從兩不在處。悟知心無定在。即可悟入實相無在無不在之理。可惜一轉計爲中間。又將無量無邊之眞心落於方所矣。

佛言。汝言中間。中必不迷。非無所在。今汝推中。中何爲在。爲復在處。爲當在身。若在身者。在邊非中。在中同內。若在處者。爲有所表。無表同無。表則無定。何以故。如人以表。表爲中時。東看則西。南觀成北。表體既混。心應雜亂。

此先審定中間而示中無定方也。佛問阿難曰。汝言在中。是有所在也。今問汝中在何處。爲復在身。爲復在身之何處也。若云在身。在邊非中。在中同內。若云在處。爲有表也。爲無表也。無表色則無色。有表色則無定。譬如標物爲中。東看則西。西看則東。南觀成北。北觀成南。表體之中尚不定。何況在中之心耶。

阿難言。我所說中。非此二種。如世尊言。眼色爲緣。生於眼識。眼

增上緣者有增上力用能與餘法爲緣也。若云無礙能見。則難與餘法爲緣也。所緣緣者。謂心所法。所慮所託也。

物體雜亂者。言無知之物。不能與有知之心體並立也。物非體知者。云物非體有知也。

有分別。色塵無知。識生其中。則爲心在。

此尊者拋除實處。又着了虛處。世尊言眼色爲緣者。以眼爲增上緣。有眼能與餘法爲緣也。色爲所緣緣。心所法之所慮所託也。然眼雖有增上緣。而能分別者非眼。色雖爲所緣緣。而能知覺者非色。識生其中者。因眼色相對而生也。眼無色不生識。色無眼不生識。眼與色對待。識生其中者。正是虛妄心依塵而起也。此虛妄心離根塵而無自體。所謂根塵識三處都無也。尊者誤以眼能分別。以爲識生其中。卽有心在。此認定識心必有處所。故雖不着於實處。仍着於虛處也。

佛言。汝心若在根塵之中。此之心體。爲復兼二。爲不兼二。若兼二者。物體雜亂。物非體知。成敵兩立。云何爲中。兼二不成。非知不知。卽無體性。中何爲相。是故應知。當在中間。無有是處。

此言根塵兩處。皆無心體在其中也。佛問阿難曰。汝之心體。介乎根塵相對之間。爲兼二乎。爲不兼二乎。若云兼二合生。則心有知。物無知。有知與無知共生。物體雜亂矣。物非體知者。

非知者云根有性中相知用中相背之處。故曰非知。非知非不知者。言此心體既不是根。又不是塵也。兼二不成者。言心體與根塵全不連屬也。

（七）執一切無着

一有知。一無知。豈不成敵禮相反。有無並立。墮於二邊耶。既墮二邊。不得爲中矣。若云不兼二。則心不自知。必假物而知。設離根塵。則無所知。然根是非知。塵是不知。根塵俱無體性。非知之根。與無知之塵。全無連屬。更有何相爲中也。是故應知。云在中間亦無是處。

阿難白佛言。世尊。我昔見佛與大目連。須菩提。富樓那。舍利弗。四大弟子。共轉法輪。常言覺知分別心性。既不在內。亦不在外。不在中間。俱無所在。一切無着。名之爲心。則我無着。名爲心不。

此第七計一切無着也。在尊者以爲心既無處所。則一切無着。當是心也。因憶世尊在般若會中。談無着眞宗。常言心不在內外。不在中間。一切俱無所在。當下思惟一切無着。當是心此又尊者錯解處也。如來所說不在內外中間者。云心無處所也。但有所住。皆是塵相不空。今尊者云一切無着者。又執了一個無形之我爲心。意謂此心一切不着。當卽是心。此執卽是外道以空明爲自體。以空暗爲自體相類也。如來所云一切無着者。正明妄心無體。以顯眞心無不在也。尊者不知妄心隨境生滅。原無實體。而認爲實有者。隨言生解。故觸處皆迷。

非無則相者。云不是無即有相也
相有則在者。云有相即有所在也

殊不知心若一切無着。則分別形形色色者是何物也。故大品經云。若住一切法。爲不住般若。不住一切法。方住般若。若住法則不見般若。若住般若則不見一切法。諸法皆有相。而般若無相。諸法皆有生滅。而般若無生滅。眞心遍一切處。而一切無染。妄心亦遍一切處。而一切攀緣。尊者不明眞妄。以妄爲眞。以攀緣心緣有緣無。以爲將心不着一切。應當可名爲心。不知將心不着一切。此妄心早已着了一切。不着說名不住。早是住矣。

佛告阿難。汝言覺知分別心性。俱無在者。世間虛空。水陸飛行。諸所物象。名爲一切。汝不着者。爲在爲無。無則同於龜毛兔角。云何不着。有不着者。不可名無。無相則無。非無則相。相有則在。何云無着。是故應知。一切無着名覺知心。無有是處。

此以有相無相。有在無在。雙破一切不着也。佛問阿難曰。汝云不着者。以有相之心。不着一切法耶。抑以無相之心。不着一切法耶。若云以無相之心不着一切法。則汝之心已同龜毛

乞示修路

兎角。此心本無。云何以無而不着一切也。若云以有相之心。不着一切法。則汝之心先已有着相。云何復言不着也。汝以有在爲不着耶。抑以無在爲不着耶。若云有在爲不着。則有在卽已着。云何言不着也。若云無在爲不着。則在已本無。不着何着。蓋有相不可名無着。無相亦不可名無着。以纔說無相。卽墮有相也。有在不可名無着。無在亦不可名無着。以纔說無在。卽落有在也。如來言一切無着者。云心體雖遍法界。一切不染也。尊者言一切無着者。忘其本來心體。一切落空也。故佛破之曰。汝以一切無着爲覺知心無有是處也。如來七處徵心。七番問答。皆是破識心無處所。破妄顯眞。破到無可破處。卽是密顯眞心。尊者不知眞心無在無不在。故觸處皆非。初計在內。在外。潛根。雙計。隨合。中間。皆以心爲有在。故世尊皆以無在破之。及至七番。又計心爲無在。故世尊以相有則在破之。重重破執。方顯無在無不在之妙旨。如來初問阿難曰。唯心與目。今何所在。此在字卽從三十二相之相字發起。故七處徵心。至第七番以相有則在一語爲結。

爾時阿難。在大衆中。卽從座起。偏袒右肩。右膝着地。合掌恭敬。而白佛言。我是如來最小之弟。蒙佛慈愛。雖今出家。猶恃憍憐。

眞際者眞理。所到處也。詣者造詣也。闡提者斷善根也。隳者破除也。彌戾車惡知見也。

放光表智震動破識六種者震、吼、擊、動、踊、起、一表聲、一表色。

所以多聞未得無漏。不能折伏娑毗羅咒。爲彼所轉。溺於婬舍。當由不知眞際所詣。唯願世尊大慈哀愍。開示我等奢摩他路。令諸闡提隳彌戾車。作是語已。五體投地。及諸大衆傾渴翹佇。欽聞示誨。

阿難尊者。爲多聞第一。今因七番問答。方知向昔所聞者。若未得無漏智。終歸無用。不知眞際所造詣之處。誤以多聞爲實證。故爲魔所轉。自悔自咎。求佛開示奢摩他路。

爾時世尊。從其面門。放種種光。其光晃耀。如百千日。普佛世界。六種震動。

如來欲顯示本明。不離當處。先在六根門頭放光動地。六種者。震吼擊動踊起也。震動者將

發閉令開

世界合一

欲破六識。故先表現聲塵。色塵。以顯六根之大用也。

如是十方微塵國土。一時開現。

衆生爲五陰遮蔽。常處幽暗。故耳不能遠聽。見不能超色。今如來顯無量智境。放無量智光。故十方國土一時開現也。

佛之威神。令諸世界。合成一界。

衆生執法執我。分別自他。故衆塵隔越。今如來顯現一眞法界之妙用。故合衆他世界成爲一世界也。

其世界中所有。一切諸大菩薩。皆住本國。合掌承聽。

世界中菩薩。皆住本國能聽如來說法者。正顯三科七大一切諸法皆是不動周圓也。一切衆生皆具本光。昧而不知。全爲三科七大所局。故於器世間不能超越。若能內瑩發光。根塵識應時銷落。卽應念化成無上知覺。見聞通鄰。合開成就。所謂十萬億佛土。究不隔一毫端也。

佛告阿難。一切衆生。從無始來。種種顚倒。業種自然。如惡叉聚。諸修行人。不能得成無上菩提。乃至別成聲聞緣覺。及成外道。諸天魔王。及魔眷屬。皆由不知二種根本。錯亂修習。猶如煑沙欲成嘉饌。縱經塵刧。終不能得。

此云衆生不能得成無上菩提者。皆因不知眞妄二種根本。處處顚倒。故終不得菩提也。業種者。卽下文別業。同業。循業。發業。業本皆從此業種流出也。聲聞緣覺者。背大心而證小果者。聲聞悟四諦法。緣覺悟十二因緣法。皆非無上佛果也。外道者。不修正道。而趣邪道者。諸天者。修十善業而生天。仍不能出離三界者也。魔王者。耽護欲境。惱亂正修者也。煑砂不成嘉饌者。云本修因不正。不能得成正果也。縱經塵刧者。云不悟眞理。卽永遠修行終不得入湼槃門也。

此示眞妄二種根本

無始者在世間法說有始有終在出世法說無始無終。

惡叉。毒樹名。其樹生子必三。同一蒂。譬喩惑業苦三苦道也。

生死根本生死者在凡夫說分段生死。在菩薩說變易生死在佛說涅槃不生不死攀緣者依他起性用識心攀緣也能攀者是見分所攀者是相分

無始涅槃淺者八識之妄精者八識之

云何二種。阿難。一者。無始生死根本、則汝今者與諸衆生用攀緣心爲自性者。

無始生死根本者。即根本無明也。此由最初一念迷一法界。不覺心起而有其念。一念認明。因明立所。生滅與不生滅和合而爲阿梨耶識。此識即爲藏識。爲三細中之業相。業相妄成。即生妄能。此即三細中轉相。即能見之見分。既立見分。即攬外塵之相分。此相分即三細中之現相。見相二分。亦即是色心二法也。攀緣心者。即能見之見分。處處由妄能執取外相。不捨棄一取一。執內執外。攀此緣彼。念念不停。無暫止息。所謂妄心遷流不息也。由六粗中之智相分別。念念相續。計名執取。起惑造業。受苦輪轉生死。此生死根本。即人之東攀西緣以爲自性者。亦即是別成聲聞緣覺天魔外道。七趣之根本也。

二者。無始菩提涅槃元清淨體、則汝今者。識精元明、能生諸緣、緣所遺者。由諸衆生遺失本明、雖終日行而不自覺。枉入諸趣。

眞。元明者自本明而出不因明而明之也。

辨斷心目

菩提涅槃果覺也。元清淨體因心也。元者本來也。不假修而有者也。迷者即衆生。悟者即佛。清淨體者。即現前第八微細精想名爲識精。本來具足元明圓照一眞法界。不爲生死所轉。不爲涅槃所淨。不爲無明所迷。不爲菩提所覺。此清淨體雖不與妄染相應。然能生諸緣。由不守自性。隨緣而生種種妄想。既緣此妄想。即以爲心性。遂反將元明之體。遺而不顧。殊不知即此遺而不顧者。即是菩提涅槃之根本也。識精者。即自證分也。元明者。證自證分也。衆生遺此元明眞體。終日逐妄還眞。故終日行而不自覺。枉入諸趣也。此兩種眞妄根本最微細。生死根本者。即根境對待時。前五識領納前境。第六識隨境分別。第七識妄行不停。故使八識受薰持種。此即無始生死根本。涅槃根本者。即根塵不交。前五識不領受前塵。第六識不分別前塵。第七識不起業運。使八識精湛不搖。復還眞精元明之體。此即菩提涅槃根本

阿難。汝今欲知奢摩他路、願出生死。今復問汝。即時如來舉金色臂、屈五輪指。語阿難言。汝今見不。阿難言見。佛言、汝何所見。阿難言、我見如來舉臂屈指、爲光明拳、耀我心目。佛言、汝將誰

見。阿難言。我與大衆、同將眼見。

此如來欲破妄識。先徵能見之見是誰。以示奢摩他眞際之路。佛問阿難曰。汝今見否。如來此問。正提醒尊者令尊者辨晰心目也。又問何所見。尊者答曰。我見如來光明拳耀。我心目此時尊者仍不知能見之目非心。能知之心非目。心目不分。故如來又問曰。汝將誰見。此誰字。即明示能見之見是見精發明處。可惜尊者不悟。開口又落衆生知見。云我與大衆同將眼見。第一問是標明能見。第二問是標明所見。第三問汝將誰見。是直示奢摩他路。令尊者明了能見之見。主體在何處。尊者若知見而不分別時。是眼非心。則不爲眼迷。若知見而分別時。亦是妄非眞。則不爲見迷。至下文見不見見之處。方知如來三問。即是令尊者當下識取眞見也。

佛告阿難。汝今答我如來屈指爲光明拳。耀汝心目。汝目可見。以何爲心、當我拳耀。阿難言、如來現今徵心所在、而我以心推窮尋逐、即能推者、我將爲心。佛言咄。阿難。此非汝心。

矍然失措說

佛因阿難仍是心目不分。故直問曰。汝目可見。以何爲心。尊者至此。盡情吐露。直將無始刧來生死根本之分別妄心捧出。直告如來曰。卽我能推窮尋逐者我將爲心。此不認內團心而又執緣慮心也。此緣慮心皆依他起性。離塵無體。終日攀緣外境計名執取。尊者最初發心。思惟愛樂。皆是此心。如來云用諸妄想。遂處攀緣。皆指此心而言也。佛見阿難執定妄心不捨。故大聲急呼曰。咄。此非汝心。

阿難矍然避座。合掌起立白佛、此非我心。當名何等。佛告阿難。此是前塵虛妄相想。惑汝眞性。由汝無始至於今生。認賊爲子。失汝元常。故受輪轉。

尊者一往執定虛妄之心爲心。今一旦被呵責非心。當下實爲驚怖。故矍然避座曰。此非我心。當名何等。如來此一喝。是揭破衆生無始以來之迷情。衆生迷倒於相見二分之中。起惑造業。受苦。皆是爲此妄心所迷。認賊爲子。一旦斥爲非心。無論誰何。無不驚懼。佛見尊者驚疑不定。故直示之曰。汝之能推測者。正是前塵虛妄影子也、此心離前塵無體。名爲妄心。處處依他徧計。迷惑汝之眞性。皆由汝從無始來。卽執此妄心不捨。此卽汝生死根本。認此爲眞卽遺失汝本元常住不動之眞心。遺失汝常住眞心。認此遷流不息之妄心。遂造出種種，虛妄之因。結成種種虛妄之果。生生死死。死死生生。故常受輪廻之苦。

阿難白佛言。世尊。我佛寵弟。心愛佛故。令我出家。我心何獨供養如來、乃至徧歷恆沙國土、承事諸佛、及善知識。發大勇猛、行諸一切難行法事、皆用此心。縱令謗法、永退善根、亦因此心。若此發明不是心者。我乃無心。同諸土木。離此覺知、更無所有。云何如來說此非心。我實驚怖。兼此大衆、無不疑惑。惟垂大悲、開示未悟。

此因聞非心之斥。故驚怖不安也。尊者歷述往昔種種行事。無論善惡。皆用此心。今如來斥

上愛下者摩頂
下敬上者捧足
一性一切心
一切心一性

爲非心。則是無心也。無心卽無知覺。無知覺卽同土木。此云不但我聞之驚怖。卽大衆亦無不驚怖。故仍求如來開示也。

爾時世尊。開示阿難、及諸大衆。欲令心入無生法忍。

此示眞心實有眞體。不落斷滅。去妄卽是眞。非除妄另外覓眞也。無生法忍者。謂證此理於三界內外。不見法生。不見法滅。對於諸法。不起有見。不起無見。以如如智證如如理。忍可於心。此卽不生不滅之正因。亦卽眞正堅固之理體也。衆生遺眞趨妄者。皆由誤認識心爲眞。故於此忍而不能入。佛欲破生滅法而顯不生不滅性。故此下摩阿難頂安慰其驚疑。並開示大衆也。

於師子座。摩阿難頂。而告之曰。如來常說、諸法所生、唯心所現。一切因果、世界微塵、因心成體。阿難。若諸世界一切所有、其中乃至草葉縷結。詰其根元、咸有體性。縱令虛空、亦有名貌。何況

所了知者。以六識之現行。皆由六塵所引。塵爲能引。

清淨妙淨明心、性一切心、而自無體。

此云不但眞心有體。即世間一切所有皆有體性也。如來常說世間萬有諸法。皆唯心所現、不過法雖心現須有識顯。故三界唯心。萬法唯識。一切因果謂之正報。世界微塵謂之依報、莫不因心而成體也。極至一草一葉。一縷一結。窮其本源。皆有體性。即虛空亦有蒼蒼之色可表。妙淨明心者言眞心不妄不變。本妙而常淨。不因淨而淨。本妙而常明。不因明而明也。迷。即感業苦。悟即妙淨明。性一切心者。一性一切心。一切心一性。性即法身德。悟則全相成性。迷則全性成相。衆生迷倒見相之中。即患在以識心取相。要知眞心本無體相。因心成體者。還指妄心依他起性而言也。妙淨明心無相無不相。無體無非體。不即不離不一不異。即一切相。離一切相。即一切法。離一切法。性一切心者。即以法界爲自體也。若云心無自體。是誰證無生法忍耶。

若汝執悋分別覺觀、所了知性、必爲心者。此心即應離諸一切色香味觸諸塵事業、別有全性。

了知爲所引。

法塵有二。一第六意識。迷緣前五塵落謝之影、爲生法塵。二一切不緣。唯是內守幽閑定境爲滅法塵。內守者、制伏

此令尊者自己審諦妄心無體也。執悋者。執舊習慣而不改也。分別者。對塵而起能推之心。覺觀者。卽唯識所云尋伺之心。前粗後細。所了知性。正是妄識之用。佛告阿難曰。若汝執定此了知性爲心。此心卽應離前塵而自有全性。汝自審察汝所執了知性。離前塵是有是無耶。

如汝今者承聽我法、此則因聲而有分別。縱滅一切見聞覺知、內守幽閑、猶爲法塵分別影事。

此云聽法還是依聲塵而有分別也。若無聲塵。則無可分別。卽使離外塵。滅却見聞覺知。外塵相雖空。而見分猶存也。猶如禪家躭着禪味。內守幽閑。此雖不染外塵。而躭着內塵。卽此還是法塵緣影。意根用事也。

我非勑汝執爲非心。但汝於心微細揣摩。若離前塵有分別性、卽眞汝心。若分別性離塵無體、斯則前塵分別影事。塵非常住、

之心。猶爲內緣之影、所守者。禪定之塵、尚爲滅塵之非。

念非亡塵而不息、塵非息念而不亡。念亡而塵亦亡、塵亡而念亦息。

若變滅時、此心則同龜毛兔角。則汝法身、同於斷滅。其誰修證無生法忍。

佛告阿難曰。我非勅汝執爲非心也。不過其中眞中有妄。妄中有眞也。汝仔細審之。離前塵而無體者是妄。離前塵而有體者是眞也。汝今所起分別覺觀。皆是因塵而起。汝試觀塵有變滅否。塵非常住。必有變滅。塵有變滅。則汝依塵而起之妄心亦隨之變滅。此即是遷流不息之妄心離塵而滅。而常住之眞心實不因塵滅而滅也。眞心若果隨塵滅。則此心即同龜毛兎角。則汝法身亦同斷滅。法身若有斷滅。則證無生法忍者是誰修證耶。故知心本不有。因塵而生。離前塵而無想可成。除分別而無塵可得。

即時阿難與諸大衆、默然自失。佛告阿難。世間一切諸修學人、現前雖成九次第定。不得漏盡成阿羅漢。皆由執此生死妄想誤爲眞實。是故汝今雖得多聞、不成聖果。

須陀洹爲初果。爲見道分。斯陀含爲二果。爲修道分。阿那含爲三果。亦爲修道分。此三果爲有學。第四果羅漢。爲無學。漏者。如器之有漏巵也。凡夫爲有漏。二乘爲無漏。菩薩爲亦有漏亦無漏。佛爲非有漏。非無漏。

九次第定

此因得如來開示而自失也。默然者。依佛所言。微細自思自揣也。自失者。因佛直呵非心。驚疑不定也。世間修學人。指前三果而言也。九次第定者。以九番次第而入至滅受想定。方超生死。證有餘涅槃。得羅漢果。此定與無想定不同者。一入斷滅思想爲凡定。一伏六識現行。得無分別智爲聖定。今言不得漏盡成羅漢果者。皆由貪着滅盡定。不肯放捨此微細之執也。然此執不忘。猶是法塵影事。謂之微細妄想。由執此妄想。誤爲眞實法。故雖修而不得成眞阿羅漢果。所謂百尺竿頭坐底人。雖然得入未爲眞。故佛告阿難曰。汝雖多聞。滅定尚未進修。幽閑尚未自守。尚執前塵虛妄相想爲心。誤爲眞實而不肯捨。所以不得成聖果也。所云執與守二字有不同之意。執者固執而不捨。守者抱定而不移。執字病深。守字病淺。蓋執字病。有人我執。有法我執。有俱生我法二執。須次第破除。而守字病。不過抱定所得之法。不肯捨去。故謂之內守幽閑。若知法尚應捨。則法塵影事全消矣。

阿難聞已。重復悲淚。五體投地。長跪合掌。而白佛言。自我從佛發心出家。恃佛威神。常自思惟。無勞我修。將謂如來惠我三昧。不知身心本不相代。失我本心。雖身出家。心不入道。譬如窮子

四禪定
四空定
滅受想定
前八是凡定。
後一是聖定。
俱生者。與生俱生。任運而起。
三昧。謂正定也

捨父逃逝。今日乃知、雖有多聞、若不修行、與不聞等。如人說食、終不能飽。

此乃悔妄而求眞也。尊者自昔從佛出家。因佛寵愛。恃佛威神。常思如來必肯惠我三昧。無勞自己進修。此卽尊者依賴之心也。蓋依賴之心最誤修道。現時修行人不能入道者。皆誤在此。蓋修行人必須自修自證。他人絕不能替代也。以如來之神通。尚不能代阿難代修代證。何況凡夫一些功行全無。而妄冀如來之加被。豈不大錯也。此正如父子上山。各自努力。彼此不能替代也。尊者迷卻自己常住眞心。希望如來恩賜。是何異貧窮之子。捨其富貴之父而逃往他方。向他人乞食耶。故尊者雖有多聞。若不進修。等於不聞。如說無上之珍饈。終未嘗得一味也。所謂說得一丈。不如行得一尺也。

世尊。我等今者、二障所纏。良由不知寂常心性。惟願如來哀愍窮露。發妙明心、開我道眼。

二障者。煩惱障。所知障也。亦謂之事障。理障。事障障凡夫。理障障菩薩。煩惱障障事。所知障

眞智洞明

障理。斷煩惱而證生空。斷所知而證法空。事障易知難破。理障易破難知。煩惱障。卽作意分別之見惑。任運俱生之思惑。見惑粗思惑細。總屬我執所起之惑。故名事障。所知障有二一取境所知。謂不知外境唯心。妄爲心外實有。有所希取。此卽分別法執。二法愛所知。於修證時不達自性本空而生愛着。此卽俱生法執。亦是前粗後細。總屬法執。能障法空之理。故名理障。寂者不動搖也。常者無生滅也。尊者因佛開示覺知能推之心。分別攀緣。實無寂靜。起滅虛妄。非能常住。故深求寂然不動常住眞心也。窮露者。無法味資神曰窮。無法衣蔽體曰露。心而曰妙明者。言妙而常明。不因明以有妙者也。明而常妙。不因妙以有明者也。清淨本然之心。體本無對待。本無方所。尊者一向不知此寂常心性。至此方知能推之心是妄。故願世尊發其覆而顯示之。開我道眼者。尊者自知己眼不明。哀求如來示以正法眼藏也。

卽時如來從胸卍字、涌出寶光。其光晃昱、有百千色。

前文如來放光者。是破妄之相。此光是顯眞之相。所謂根本智也。亦卽後文不滅不生。惟妙覺明是也。卍者彼方萬字也。如來胸前萬德吉祥紋也。光從此出。表所開眞智萬德圓融也。光晃昱者。言此光明踰日月之光也。色百千者。言智用等河沙也。

十方微塵普佛世界、一時周徧。

此云眞智宏開。體徧法界。雖有十方。而實不隔一毫端也。一時周徧者。周徧同時。卽常時現前普佛世界也。

徧灌十方所有寶刹諸如來頂。

此云上齊佛界相也。灌頂者。顯諸如來皆同證此不二法門也。

旋至阿難及諸大衆。

此云下等三界相也。生佛法界。本同一體。今既圓照無窮。則生佛法界。無不洞徹也。

告阿難言。吾今爲汝建大法幢。亦令十方一切衆生、獲妙微密性淨明心。得淸淨眼。

幢者。摧邪輔正也。建大法幢者。說大法以破妄顯眞也。性稱微密者。謂隱微秘密。內外一總無。即本寂不於三界現身意也。心言淨明者。謂無染無蔽。本覺照體獨立也。獲妙者。即獲此不思議之理體也。清淨眼者。入諸塵而不雜。應諸根而不染。所言得者。答前尊者求開道眼也。言一切衆生能微密觀照悟本淨明心體。亦可得清淨眼也。

十番顯見

（一）顯見是心

赫容意切

阿難。汝先答我見光明拳。此拳光明因何所有。云何成拳。汝將誰見。

前已斥緣心是妄。今欲顯能見是眞。故重與三問以詳審之。令尊者直心答復。而發揮眞諦。

阿難言。由佛全體閻浮檀金赩如寶山。清淨所生。故有光明。我實眼觀五輪指端。屈握示人、故有拳相。

閻浮檀金。此云勝金。須彌山南。有此檀樹。果汁入水。砂石成金。此金一粒置他金中。悉皆無色。赤𧹞曰赩。如寶山者。言赤𧹞光之火也。清淨所生者。言如來之身如閻浮檀金。非愛欲之所能生。是從無量功德智慧生也。光明者。因清淨故有光明也。我實眼觀者。尊者以直心答如來三問依舊認眼爲能見也。指端者。言如來指皆輪相也。屈握者。屈五指而成拳也。言拳相者。因屈握故有拳相也。如來因尊者仍執眼爲能見。故此下十番顯見。以從妄處顯眞也。

佛告阿難。如來今日實言告汝。諸有智者、要以譬喻而得開悟。

阿難。譬如我拳。若無我手不成我拳。若無汝眼不成汝見。以汝眼根例我拳理、其義均不。

此以手喻眼。以拳喻見也。如來用此譬喻。令尊者領悟。手可喻眼。見實不能例拳也。蓋無手可以無拳。無眼實不能無見。手與拳皆有色質。眼與見則一實一虛也。此喻己暗示見非是眼。云其義均否。是如來試探尊者之意也。

阿難言。唯然。世尊。既無我眼、不成我見。以我眼根、例如來拳、事義相類。

尊者不解佛意。直答之曰事義相類。殊不知手可喻眼。拳不能喻見。以爲相類者。直將非知之根例於寂常心性矣。非知之根有生滅。寂常心性無生滅。無手可以無拳。無眼實不能無見。尊者以爲相類者。正顯愚法聲聞根識不分也。

佛告阿難。汝言相類、是義不然。何以故。如無手人、拳畢竟滅。彼無眼者、非見全無。所以者何。汝試於途詢問盲人、汝何所見。彼諸盲人必來答汝、我今眼前唯見黑暗、更無他矚。以是義觀、前塵自暗、見何虧損。

如來因尊者根識不分。故逐細破之曰。世間無手之人。永不能有拳相。此理易明。汝觀無眼之人。還有見否。若云無見。汝試問盲人有見否。諸盲人雖不能見明。可以見暗。此祇可以云無眼。不可云無見。以是義觀。無手之人。拳畢竟滅。無眼之人見性猶存也。卽云前塵有暗。祇可云前塵自暗。而見性何嘗有絲毫虧損也。

阿難言。諸盲眼前、唯覩黑暗、云何成見。佛告阿難。諸盲無眼、唯覩黑暗。與有眼人處於暗室。二黑有別、爲無有別。如是世尊。此暗中人、與彼羣盲、二黑較量、曾無有異。

甚矣哉根識之難分也。尊者一向將心眼認作兩事。以爲心是心。眼是眼。心祇能知。眼祇能見。以爲無眼卽無見。殊不知能見者是心非眼。眼雖無而心未曾無也。故無眼仍能見暗也。如來恐尊者不信此理。又以有眼無眼人同居暗室。以發明見黑無異之理證明之。二黑無別。尊者已承認之矣。尊者既承認二黑無異。則見性是心非眼證實矣。則前塵自暗見無虧損之理亦明矣。尊者答曰二黑較量無異。不知不覺已墮於如來智海中矣。

阿難、若無眼人、全見前黑。忽得眼光、還於前塵見種種色、名眼見者。彼暗中人、全見前黑。忽獲燈光、亦於前塵見種種色、應名

燈見。若燈見者、燈能有見、自不名燈。又則燈觀、何關汝事。

尊者云二黑無異。故如來就無異處辨其非也。蓋無眼祇可云無眼。不可言無見。因見之主體在心。眼祇有顯色之功也。無眼與有眼。在眼上有異。無見與有見在見上實無異。若執以爲眼見者。則暗中忽獲燈光。應名燈見也。若燈有見則燈卽是見。不應名燈。若眼有見則眼卽是見。不應名眼。燈爲增上緣。但能顯色不能見色。眼亦是增上緣。能以見色。不能別色。卽云燈能觀。則燈能見與汝之能見。又兩不相干也。如此兩相比例。實知見色之性。是心而實非眼也。

是故當知燈能顯色。如是見者、是眼非燈。眼能顯色、如是見性、是心非眼。

此云燈祇能顯色。暗中因燈而有見。而能見者是眼非燈。眼雖能見色。而不能分別。見色而有分別性者是心非眼。如來此番開示。雖是會見歸心。而由妄顯眞。此分別心還是妄也。經文非眼非心兩處。最爲緊要。尊者若知能見者非眼。則知能見者是心。若知能見者尚非心。

(二)顯見不動

三界依正之報。總屬客塵。詇起見思煩惱。所以不成

則由識精圓明處。可以進窺無量智光也。

阿難雖復得聞是言。與諸大衆口已默然。心未開悟。猶冀如來慈音宣示、合掌清心、佇佛悲誨。

七處徵心。前六破有在。後一破無在。執着塵相不捨爲有在。離開塵相爲無在。尊者口已默然。心未開悟者以爲有所在已知其非。何以云無在亦非也。此皆因不明無在無不在無相無不相之妙理也。如來云無在者。直示眞心無處所也。云無不在者。直示眞心遍滿法界也。云無相者。直示眞心不可以相見也。云無不相者。直示世間一切相皆是顯露法身處也。尊者一向全用妄心攀緣外境。一旦示以眞見離彼肉眼。別有自體。此理甚深。故希冀如來慈音重復宣示。

爾時世尊舒兜羅綿網相光手開五輪指。誨勅阿難、及諸大衆。

我初成道於鹿園中。爲阿若多五比丘等、及汝四衆言、一切衆

阿羅漢果。實報方便依正之報亦是客塵誤起無明塵沙煩惱。所以不成無上菩提。阿若多憍陳那之別名也。

攸者所也

生、不成菩提及阿羅漢。皆由客塵煩惱所誤。汝等當時因何開悟、今成聖果。

此如來欲令弟子等自陳所悟。借問答互相證明眞理。故發此問。鹿園者。初轉法輪。說四諦法之處也。五比丘者。佛初爲太子時。王命隨侍之五人也。四衆者。比丘比丘尼優婆塞優婆夷也。五比丘。一阿鞞二跋提三摩訶男四阿若多五迦葉。前三父族後二母族。陳那最初得解。故名阿若多等五比丘也。菩提者。取大乘之果也。羅漢者。耽小乘之果也。客塵者。遷流不住曰客。擕動曰塵。客塵煩惱者。卽言人不悟常住不動之眞心。處處爲塵所擾動。時時生煩惱也。衆生不成菩提及阿羅漢不成聖果者皆由客塵煩惱所誤也。

時憍陳那起立白佛。我今長老。於大衆中、獨得解名。因悟客塵二字成果。世尊。譬如行客。投寄旅亭。或宿或食。宿食事畢、俶裝前途、不遑安住。若實主人、自無攸往。如是思惟。不住名客。住名

三界之中。無一法能住。無一法不動。皆客塵也。

主人。以不住者、名爲客義。

此陳那自呈悟處也。行客者。遷流不息。生滅幻妄之身也。旅亭者。卽旅泊之三界也。不遑安住者。此滅彼生。報盡則遷也。若實主人者。卽指常住不動之眞心。實無攸往也。故住名主人。遷流不息者。皆客也。

又如新霽、淸暘升天、光入隙中。發明空中諸有塵相。塵質搖動、虛空寂然。如是思惟、澄寂名空。搖動名塵。以搖動者、名爲塵義。

佛言如是。

淸暘升天者。喻分別知見。初得慧日也。光入隙中發明空中塵象者。喻慧日有一隙之明。初照見八十一品微細思惑也。塵質搖動虛空寂然者。言塵雖有搖動。而空實不動也。故曰澄寂名空。搖動名塵。佛言如是者。云陳那呈悟之處。正合佛心。故印可之曰如是。

卽時如來、於大衆中。屈五輪指。屈已復開、開已又屈。謂阿難言、

肉眼決不能見緣影決不是心、面上之眼非

汝今何見。阿難言。我見如來、百寶輪掌、衆中開合。

世尊見陳那答出客塵主空二義。要令尊者因客悟主。因塵悟空。以手之開合。喻塵之動搖。汝今何見者。先顯不動之見。衆中開合者。後現搖動之塵也。

佛告阿難。汝見我手衆中開合。爲是我手有開有合。爲復汝見有開有合。阿難言。世尊寶手衆中開合。我見如來手自開合、非我見性有開有合。

此以手之開合表外塵之動搖。欲令尊者自審見性有動搖否。尊者已領納客塵主空二義。故答曰如來之手有開合返觀見性實無開合也。

佛言、誰動誰靜。阿難言。佛手不住、而我見性尚無有靜、誰爲無住。佛言如是。

眼。身中之心非心。

如來見尊者已知見性不動。故深窮究竟曰。誰爲動者。誰爲靜者。誰知動靜者。尊者至此已知能見者無有動搖。遂答之曰。佛手不住。可以言動。而返觀我之見性靜相尚不可得。又向何處尋出無住之誰也。如來見尊者已悟客塵主空之理。知見性非動非靜。故印可之曰如是。

如來於是從輪掌中飛一寶光在阿難右。卽時阿難迴首右盼。又放一光在阿難左。阿難又則迴首左盼。佛告阿難。汝頭今日因何搖動。阿難言。我見如來出妙寶光來我左右。故左右觀頭自搖動。阿難。汝盼佛光左右動頭。爲汝頭動。爲復見動。世尊。我頭自動。而我見性尚無有止。誰爲搖動。佛言如是。

舉手驗見不動。從對待觀。飛光驗見不動。從自體觀。一淺一深也。如來問阿難曰。爲汝頭動。

爲復見動。尊者此時於自體上已了解見性不動。因答曰我頭自動。返觀我之見性。尚無有止相。更何有動相也。所謂縱有千般草。終無兩樣風也。佛因阿難不但不迷於對待更明了。於自體。故又印可曰如是。

於是如來普告大衆。若復衆生以搖動者、名之爲塵。以不住者、名之爲客。汝觀阿難頭自動搖。見無所動。又汝觀我手自開合。見無舒卷。云何汝今以動爲身、以動爲境。從始洎終。念念生滅、遺失眞性、顚倒行事。性心失眞、認物爲己。輪迴是中、自取流轉。

凡有動搖者爲塵。而見性非動搖也。凡不住者爲客。而見性非去來也。對待之手有開合。而見性無舒卷。自體之頭可左右。而見性無動止。以動者爲身。不解不動之主。以動者爲塵。不識寂然之空。衆生從始至終。念念攀緣。以生滅搖動者爲心。而反遺失不動之眞性。豈非顚倒行事而何。既遺失眞常不變之性。而反認外物爲己。念念生滅。故於輪廻顚倒之中流轉不已也。

（楞嚴經直解卷一終）

楞嚴經直解卷二

(三)顯見不滅

阿難密請

爾時阿難及諸大衆聞佛示誨。身中泰然。念無始來失却本心、妄認緣塵分別影事。今日開悟、如失乳兒、忽遇慈母。

尊者前聞如來呵責緣影非心。驚怖不安。後聞妄心離塵無體。又皆自失。今蒙如來開示。已知見性無動搖舒卷。故身心泰然也。念無始來不知本心常住。妄認緣影。是追責前非。今日開悟者。知見性不滅。是慶幸新得之益。失乳兒忽遇慈母者。照應前文心未開悟時。如窮子捨父等。

合掌禮佛。願聞如來顯出身、心眞妄虛實。現前生滅與不生滅、二發明性。

合掌禮佛。是尊者心念密請如來指出身心眞妄虛實處。如來前云。以動爲身者是我執。以動爲境者是法執。此卽現前生滅法也。前塵雖有動搖舒卷之相。而見性中實無動搖舒卷之相。此卽不生滅法也。二發明性者。一發明世間生滅法。二發明出世間不生滅法也。尊者雖蒙如來開示寂常心性。未能造詣眞際。故曰願聞也。

匿王願問迦旃延毗羅胝子。此二皆斷見外道。

時波斯匿王、起立白佛。我昔未承諸佛誨勅。見迦旃延、毗羅胝子。咸言此身死後斷滅、名爲涅槃。我雖値佛、今猶狐疑。云何發揮證知此心不生滅地。今此大衆、諸有漏者、咸皆願聞。

此波斯匿王自陳昔事二種外道。妄執斷滅爲涅槃也。蓋第八識去後來先。爲生死根本。破此執爲之捨藏。卽破生相無明。外道不知此執破後。還有不生不滅眞性在。故以斷滅爲涅槃。匿王今聞如來示誨。雖知此身死後不從斷滅。然未證知眞實地。尚有狐疑之處。故請如來發揮眞實不生滅性。此云不但大衆願聞。卽有漏之凡夫亦皆願聞。蓋寂義雖知。常義尚未明了也。

初明身有變遷

佛告大王。汝身現在。今復問汝、汝此肉身、爲同金剛常住不朽。

新新不住者。如火性滅物。物又成灰。灰灰又成土。土土又成微塵。微塵又成鄰虛。鄰虛又成空、一一皆不住、終成斷滅也、

生死本無定位、隨業所轉、善業必須觀念、觀念即空。

爲復變壞。世尊。我今此身、終從變滅。佛言大王、汝未曾滅、云何知滅。世尊。我此無常變壞之身、雖未曾滅。我觀現前念念遷謝、新新不住。如火成灰、漸漸消殞。殞亡不息。決知此身當從滅盡。佛言如是。

此欲示不生滅性。故先審其生滅也。如來卽在現生處證明之。故問匿王曰。汝云此身終成斷滅。汝現在尚未曾滅也。若現在變滅。則未來亦變滅。若現在不滅。則未來亦不變滅。汝今之現在。卽昔之未來。今之現在不滅。卽是昔之未來不滅。既未來現在皆不滅。云何言死後斷滅也。匿王不悟眞常之理。從色身上觀察。云此身終成斷滅。佛云如是者。云匿王雖未知眞常不變之法。已領會無常之法也。故曰如是。

大王。汝今生齡、已從衰老。顏貌如何童子之時。世尊。我昔孩孺、

始生曰孩。稍長曰孺。皮表曰膚。文理曰腠。

二十三十為長成。七十曰衰老。八十九十曰耄。已近衰老曰迫。逮者及也。言近死也。

殂落。凋謝也。

十二年為一

膚腠潤澤。年至長成、血氣充滿。而今頹齡、迫於衰耄。形色枯悴、精神昏昧。髮白面皺、逮將不久。如何見比充盛之時。佛言大王。汝之形容、應不頓朽。王言世尊。變化密移、我誠不覺。寒暑遷流、漸至於此。何以故。我年二十、雖號年少。顏貌已老初十歲時。三十之年、又衰二十。於今六十又過於二。觀五十時。宛然強壯。世尊。我見密移、雖此殂落。其間流易、且限十年。若復令我微細思惟。其變寧惟一紀二紀、實為年變。豈惟年變、亦兼月化。何直月化、兼又日遷。沉思諦觀、剎那剎那、念念之間不得停住。故知我身、終從變滅。

紀。剎那。最短時間也。

二明性無生滅

觀河驗見

耆婆、華言長命。西國風俗皆非長年天神求壽也。

此匿王迷於分段之色身。惑於虛妄之生滅也。分段之色身。時時變壞。虛妄之生滅。念念不停。匿王若細審此現前不生滅性。實經歷無數刧之生滅。而究竟未滅。若云已滅。則現前能觀察之性是誰。匿王若從能字上一探究竟。則當下卽了悟不生滅性。勿待如來再三示誨也。

佛告大王。汝見變化遷改不停、悟知汝滅。亦於滅時、汝知身中有不滅耶。波斯匿王合掌白佛。我實不知。佛言我今示汝不生滅性。大王。汝年幾時見恆河水。王言我生三歲、慈母攜我謁耆婆天、經過此流。爾時卽知是恆河水。佛言大王。如汝所說、二十之時衰於十歲。乃至六十。日月歲時念念遷變。則汝三歲見此河時。至年十三。其水云何。王言如三歲時、宛然無異。乃至於今年六十二、亦無有異。佛言。汝今自傷髮白面皺、其面必定皺於童年。則汝今時觀此恆河、與昔童時觀河之見、有童耄不。王言不也。世尊。佛言。大王。汝面雖皺。而此見精性未曾皺。皺者爲變。不皺非變。變者受滅。彼不變者元無生滅。云何於中受汝生死。而猶引彼末伽梨等。都言此身死後全滅。

末伽梨。卽迦旃延、毗羅胝子。二外道名。斷見外道也。

如來因匿王已悟色身無常法。卽於現前生滅身中。顯出眞實不生滅性。變化密移者客也。髮白面皺者塵也。如客如塵之生滅法有變有皺。而如主如空之見性不變不皺也。見性本無生滅。奈何溺於斷見。引末伽梨外道而妄計死後斷滅也。見精雖猶帶妄。而見性終不改。匿王若能於妄處返眞。則卽悟見見非見之妙旨矣。

王聞是言。信知身後捨生趣生。與諸大衆、踴躍歡喜。得未曾有。

(四)斷見不失

匿王至此將萬刼疑團一時打破矣。人之身後。捨生趣生。隨其善惡業所轉。謂之輪迴。究竟此性未曾生滅。匿王不知隨緣不變之理。妄執外道斷滅見。遺失寂常不變心體。今被如來拈出眞實不生滅見性。因得未曾有故大衆歡喜踴躍也。

阿難卽從座起。禮佛合掌。長跪白佛。世尊。若此見聞必不生滅。云何世尊名我等輩。遺失眞性。顚倒行事。願興慈悲。洗我塵垢。

尊者所疑之處。以爲如來既云見聞本不生滅。云何說我輩遺失眞性。性既有遺失。豈不是性有生滅耶。此疑皆迷於對待有生滅之法塵也。如來所指見聞之性元無生滅。喩如大海全體。尊者所計見聞之性。依舊局在身中。喩如大海之一漚。人之見生滅者。皆是漚滅。非海滅也。遺失者。卽是認漚不認海也。大海不認。認一浮漚爲體。非顚倒行事而何也。

卽時如來垂金色臂。輪手下指。示阿難言。汝今見我母陀羅手。爲正爲倒。阿難言。世間衆生以此爲倒。而我不知誰正誰倒。佛告阿難。若世間人以此爲倒、卽世間人將何爲正。阿難言。如來竪臂、兜羅綿手上指於空、則名爲正。佛卽竪臂、告阿難言。若此顛倒、首尾相換。諸世間人一倍瞻視。則知汝身、與諸如來淸淨法身、比類發明。如來之身、名正徧知。汝等之身、號性顛倒。隨汝諦觀。汝身佛身、稱顛倒者。名字何處號爲顛倒。於時阿難與諸大衆、瞪瞢瞻佛、目睛不瞬、不知身心顛倒所在。

此言臂本無倒正。衆生因妄生計度倒正。故曰顛倒也。舉世間在臂上分正分倒。皆是在外境上妄生計度。故曰一倍瞻視。若了根境皆唯心所現。則分別上指下垂皆倒也。上指下垂。不過首尾相換。何有倒正。世間人祇認首尾相換之處妄計倒正。此不但遺失能見之性。並不知上指下垂之臂。誰倒誰正。故曰顛倒。執色身色心謂之倒。知執心外有法謂之倒見。凡

瞪。「直澄切」直視也。瞢、「武亘切」昏悶不了也。母陀羅、示印手相好也。

本妙者。不假修證而本具也。圓妙明心。寂而常照也。以感通言。寶妙明性。照而常寂也。以不動言。

夫小乘皆號爲性顚倒。知一心包羅萬法。謂之正知。知萬法而不遺一物。謂之徧知。如來知此。故曰正徧知。尊者不達外境皆唯心所現。如來一問。稱顚倒者名字何處。故大衆皆茫然不解也。

佛興慈悲。哀愍阿難及諸大衆。發海潮音。徧告同會。諸善男子。我常說言。色心諸緣。及心所使。諸所緣法。唯心所現。汝身汝心。皆是妙明眞精妙心中所現物。云何汝等。遺失本妙。圓妙明心。寶明妙性。認悟中迷。

此發明顚倒實處也。海潮音者。應機而發。時至而言。如大海之潮不失其時也。衆生不認無量無邊之身。而妄認四大渺小之身。不認聲色不離見聞之性。而妄認見聞攀緣聲色之性。如來哀愍大衆。興無緣大慈。故垂示曰。我常說言色心互爲諸緣處。及心所驅使處。一切所緣之法。皆是妙明心中所現之物也。色者十一色法也。心者八識心王也。能緣是心。所緣是

悟字指妙明。眞精妙心言。迷字指身心言。以身心二法皆是迷妙明而妄現故。十一色法。除塵指五根六識而言也。心法五識至八識也。

境。故曰諸緣。心所使者。卽五十一心所法也。諸所緣法。卽二十四種不相應。及六種無爲。乃至世出世間染淨依正一切諸法也。唯心所現者。指如來藏心而言也。一切法皆從藏心顯現。則凡有身心者。皆是妙明心中所包羅之物也。此妙明心佛與衆生同具。云何遺失本妙本圓本明之寶明妙性。返認分段之身爲身。攀緣之性爲性。豈不是本無迷悟。而妄從悟中生迷也。

晦昧爲空。空晦暗中。結暗爲色。色雜妄想。想相爲身。聚緣內搖、趣外奔逸。昏擾擾相。以爲心性。一迷爲心、決定惑爲色身之內。不知色身、外泊山河虛空大地、咸是妙明眞心中物。

此發明身心本無迷悟。而妄從悟中生迷也。蓋圓明妙心。本無身心之相。皆由最初一念認明。卽此認明一念。已將無量無邊之妙明心。落於方所矣。已將此第一義空晦昧而成頑空矣。於空昧中結暗而爲幻色。以此幻色。夾雜迷情妄想。隨所想相。以之爲身。聚集妄想緣氣於內搖蕩。趣逐外境。流逸而奔色奔聲。卽以此昏擾擾相爲心性。一迷此爲心。卽遺彼圓明

瀛渤。海之異名也。

（五）顯見不遺

妙心。遂執爲色身之內有心。殊不知本心非在內而妄執爲內。本性未嘗擾而妄爲外塵所擾。本明未嘗昏而爲結暗者自昏之。凡起心動念皆是自心取自心。要知心外無法。法外無心。虛空大地全是妙明心中所現者。何況四大渺小之色身耶。

譬如澄淸百千大海棄之。惟認一浮漚體。目爲全潮。窮盡瀛渤。汝等卽是迷中倍人。如我垂手等無差別。如來說爲可憐愍者。

以海喩之者。海喩法身。漚喩色身。此云不但認漚爲體。更認漚爲海。廣大之心量。爲色身所局。卽執此爲眞。豈不是迷中倍人耶。如我垂手等無差別者。如來云。如我垂手時。實無倒正之分。汝等妄以下垂爲倒。上指爲正。此卽是汝等顚倒所在。汝等之眞心本無遺失。因汝等處處依他起妄。棄眞常之心而不顧。故實爲可憐愍者也。

阿難承佛悲救深誨、垂泣叉手而白佛言。我雖承佛如是妙音、悟妙明心。元所圓滿常住心地。而我悟佛現說法音、現以緣心

允所瞻仰。徒獲此心、未敢認爲本元心地。願佛哀愍、宣示圓音。
拔我疑根、歸無上道。

尊者一向執緣影爲心。一旦被如來指示。於妙明見性尚不能直下承當。故復垂泣請問曰。
我雖承佛妙音。悟此妙明心性。卽是自己本來圓滿常住眞心之體。然我現聞佛說法之音。
還是緣心用事。雖蒙如來指示。得知我實有不動心體。然究不敢認爲眞實。故願佛哀愍。重
爲拔除疑根。歸無上道。此是尊者於眞妄心尚未明了。恍惚不定之時。仍疑緣心實能聽法。
殊不知緣影無性。決無聽法功能。其能聽法者。還是本元常住之眞心體也。

佛告阿難。汝等尚以緣心聽法。此法亦緣、非得法性。如人以手
指月示人。彼人因指當應看月。若復觀指以爲月體。此人豈唯
亡失月輪、亦亡其指。何以故。以所標指爲明月故。豈唯亡指、亦
復不識明之與暗。何以故。卽以指體爲月明性。明暗二性無所

了故。汝亦如是。

此責尊者還是認聲塵而不達法性也。尙字是痛責之辭。言我幾次三番。指示汝離前塵還有心體。汝何不能返觀自性。仍執緣心爲自性。汝仍執緣心聽我所說之法音。則我所說常住心法。卽成汝所緣之境矣。汝既不捨前塵。又安能契此法性耶。汝等聽我說法之時。應當返觀自己見聞之性。說法之聲塵有生有滅。見聞性實無生滅。若以分別法音爲自性。則法音無聲時。汝之自性豈不隨法音同無耶。譬如以手指月示人。彼人應當由指觀月。不可以指爲月。若執指爲月。不但不識月。亦亡其指。不但亡其指。亦復不知明暗。蓋明暗性屬月。既不能識月之體。又何以能知明暗耶。月喩見性。指喩法音。觀指者喩緣心。此直示人。當聽法時。須返觀自己之見聞性。不可以緣心外緣法音。而遺忘自己之見聞性。汝亦如是者。言汝執法音而不達法性。聞性與聲塵不分。與執指爲月。明暗不分者。有何異哉。

若以分別我說法音爲汝心者。此心自應離分別音有分別性。

譬如有客、寄宿旅亭、暫止便去、終不常住。而掌亭人都無所去、

非色非空。正是第七識緣。八屬帶質境。亦是分別心。還非自性。七緣八無間斷

名爲亭主。此亦如是。若眞汝心、則無所去。云何離聲無分別性。

此責尊者認妄心而不肯認眞心也。妄心如客。故有去來。眞心是主。故無來去。此云若認分別法音之心爲眞。則離聲塵。當必有體性。云何此心離聲塵而無分別性耶。

斯則豈唯聲分別心。分別我容、離諸色相、無分別性。如是乃至分別都無、非色非空。拘舍離等、昧爲冥諦。離諸法緣無分別性。則汝心性各有所還。云何爲主。

此云妄心不但離聲無分別性。若以妄心分別我容。離諸色相亦無分別性。如是乃至按伏六識。分別亦無。此非色非空。還是外道執爲冥諦者。蓋緣於空暗。即以空暗爲自體。若不緣空暗。即無分別性。由是觀之。分別聲者。還之於聲。分別色者。還之於色。乃至分別冥諦。還之於冥諦。耳識因聲而有。離聲則無。意識因法而有。離法則無。依他而起之分別性。俱屬客邊。各有所還。汝之常住不遷之主人。竟何所在。汝豈眞無主之沙彌耶。

尙非自性況念念遷流之意識耶。

妙精明心是自體分喻眞月見精是見分喻第二月。

阿難言。若我心性各有所還。則如來說妙明元心、云何無還。惟垂哀愍、爲我宣說。

此因各有所還之處。而乞請不還者也。還者如假借他人。而又還之於他人也。妙明元心。本屬自己之物。本妙而常明。非假借他人者。既不從假借而來。故無可還。尊者不明此理。仍乞開示。殊不知稍有分別。已還之於外境矣。還無可還。正顯本心之妙明也。

佛告阿難。且汝見我見精明元。此見雖非妙精明心。如第二月非是月影。汝應諦聽。今當示汝無所還地。

如來云見我見精明元者。卽指尊者見三十二相時。此光明元是本見。不從日月燈光借來者。故曰明元。此見雖非妙精明心。而實爲第二月也。第一月體喻妙精明心。第二月喻見精第三月影喻緣塵分別。此言見精雖應眼根而緣塵不雜。然體有帶妄。尙存能所。不得互用不得言妙。不過體卽是眞。較之水中之月影不同也。水中之月較之眞月更隔一重。而第二

妄見之所。是
相分喻月影。

月之見精。直接妙精明心。若悟此見精。則從無所還處。可悟妙明元心。即在當下也。

阿難。此大講堂。洞開東方。日輪升天。則有明曜。中夜黑月。雲霧晦暝。則復昏暗。戶牖之隙。則復見通。牆宇之間。則復觀壅。分別之處。則復見緣。頑虛之中。徧是空性。鬱孛之象。則紆昏塵。澄霽斂氛。又觀清淨。阿難。汝咸看此諸變化相。吾今各還本所因處。云何本因。阿難。此諸變化。明還日輪。何以故。無日不明。明因屬日。是故還日。暗還黑月。通還戶牖。壅還牆宇。緣還分別。頑虛還空。鬱孛還塵。清明還霽。則諸世間。一切所有。不出斯類。汝見八種見精明性。當欲誰還。何以故。若還於明。則不明時。無復見暗。

雖明暗等種種差別、見無差別。諸可還者、自然非汝。不汝還者非汝而誰。則知汝心本妙明淨。汝自迷悶、喪本受輪。於生死中常被漂溺。是故如來名可憐憫。

此欲示無還故先標可還之境也。其相有八皆有處所也。凡有處所。皆屬外境。而本妙明心。實不隨外境生滅。外境自生自滅。本心實常住不動。故外境皆有可還之處。而本心實無可還。既無可還。則當下卽是自體也。見精是賓中主。妙淨明心是主中主。尊者所執緣影是主中賓也。此云既不識賓中主之見精。更不知主中主之妙淨明心。故於生死海中。常被漂溺也。此大講堂。喻妙明元心不動之體。明喻智慧。暗喻無明。通喻六根通利。塞喻心性滯礙。分別喻善惡。頑虛喻無記。鬱埻喻昏沉。澄霽喻醒覺。此數種雖無窮幻化。總不出如來妙明元心。元心遍滿法界。明來明現。暗來暗現。通來通現。塞來塞現。四相互現。互有生滅。而妙明心實不隨之生滅。故曰明暗等種種差別。而見性實無差別。人若能於有差別中。尋出無差別者。當下卽摸着本來面目也。

（六）顯見不雜

阿那律佛之從弟也。閻浮提、大千皆有閻浮果。別顯總也。菴摩羅果似桃似李。生熟難分。彼土風俗皆執此果故取爲喩也。

阿難言。我雖識此見性無還。云何得知是我眞性。

此是尊者未能全捨緣心。雖知此見性無還。而對於外境。實不能分何者是妄境。何者是眞性。未眞實明了見性所還之處。故仍求如來開示也。

佛告阿難。吾今問汝。今汝未得無漏清淨。承佛神力、見於初禪得無障礙。而阿那律見閻浮提。如觀掌中菴摩羅果。諸菩薩等、見百千界。十方如來、窮盡微塵、清淨國土、無所不矚。衆生洞視不過分寸。

此言見精緣現量境。不生分別處。即妄處之眞也。見初禪者。有學人慧眼之見量也。見閻浮提、無學人天眼之見量也。見百千界、菩薩法眼之見量也。見微塵國、如來佛眼之見量也。洞視不過分寸、衆生肉眼之見量也。雖五眼不同。五量不同。照境之廣狹不同。然能見之性無不同也。所見之所有差別。而能見之能無差別也。如來欲發明眞性。故先標出此五種見量也。

阿難。且吾與汝觀四天王所住宮殿。中間徧覽水陸空行。雖有昏明種種形像。無非前塵分別留礙。汝應於此分別自他。今吾將汝擇於見中、誰是我體。誰爲物像。阿難。極汝見源從日月宮、是物非汝。至七金山周遍諦觀、雖種種光、亦物非汝。漸漸更觀雲騰鳥飛、風動塵起、樹木山川、草芥人畜、咸物非汝。阿難。是諸近遠諸有物性、雖復差殊、同汝見精清淨所矚。則諸物類自有差別、見性無殊。此精妙明、誠汝見性。

此發明現量中之見精。對現量境。不離不即。要令尊者在萬象中自己審擇。物是他而實非

能見中有行見所見中有受見。

若見不見者。即云能見對方不見之相也既能見對方之不見之相則對方之

自見是自而實非他也。有形可見者皆是物。無形而不可見者。即是能見之見。前塵種種形象皆是物。見而分別者皆是妄心。見而不分別之時。即是見精。若遠若近大小物象。雖有種種差殊。而見性實無差殊。誰是我體者。即云誰是能見之體。誰爲物象者。即云誰爲所見之物。人之分別性。可惜專在物象上分別。若能返觀能分別者是誰。則不雜於物之見精即在當下。故宗鏡云分明可驗。自絕思量。現證無疑。誰分前後。前五識與第八識俱緣現量境。其所不同者。一有所局。一無所局。一落能所。一不落能所也。見性本周遍法界。似鏡常明。若能了鏡本寂。見不自生。則妙明精見。直入平等眞空矣。

若見是物、則汝亦可見吾之見。若同見者、名爲見吾。吾不見時、何不見吾不見之處。若見不見、自然非彼不見之相。若不見吾不見之地、自然非物、云何非汝。

此恐尊者認見是物。故就見物處破之曰。若見是物。則吾與汝同觀外物時。汝亦可見吾之見矣。若謂爾我同見物時。汝能見吾之見。則我離物不見物之時。汝應當見我離物不見之

相自然不是不見之相也。

處。汝何以不見吾不見之處耶。既汝之見不能見吾之不見物之見。此見自然不是有相之物也。此義正顯見能見物不能見見。物有相有處故可見。見無相無處故不可見。既汝之見不能見吾之見。又不能見吾不見之處。則見不是物明矣。既見不是物。則當見物時。其能見者非汝而誰耶。

又則汝今見物之時、汝既見物、物亦見汝。體性分雜。則汝與我并諸世間、不成安立。阿難。若汝見時。是汝非我。見性周徧、非汝而誰。云何自疑汝之眞性。性汝不眞、取我求實。

此發明物不能見之理。以顯見實不是物也。蓋物是所見之相分。見是能見分。見是三細中之轉相。相是三細中之現相。此見分還是第二月眞中帶妄。尊者專從相分上認見。全是執着月影。尚不知第二月之見精見與相不分。故如來即從相分破之日。若見是物。則物亦應有見。物若有見。則物與汝體性紛雜。世間有情與無情。不能安立也。汝細觀之。當汝行見之時。見源實發之於汝。與外物兩不相干也。雖此見覽外物周遍一切。而汝之見性實精純不雜於物也。見性實是汝固有之眞性。本在汝。而汝不以爲眞實。反取我言以求實。豈不是忘却本來面目。迷失本來之見性耶。

㈦顯見無礙

阿難白佛言。世尊。若此見性。必我非餘。我與如來觀四天王勝藏寶殿、居日月宮。此見周圓、徧娑婆國。退歸精舍、祇見伽藍。清心戶堂、但瞻簷廡。世尊。此見如是。其體本來周徧一界。今在室中。唯滿一室。爲復此見縮大爲小。爲當牆字夾令斷絕。我今不知斯義所在。願垂弘慈、爲我敷演。

此由見性周遍非汝而誰二語而來。既見性周偏。而所見之大小差別。爲是見有大小差別。爲是所見之物有大小差別。此還是見相不分。認見爲相。故有此疑。如來從見性周偏處。發明眞性圓滿。而尊者意謂見性既不雜於物。則見性是不變之體。何故在國。唯見一國。在室唯見一室。在廡則唯見一廡。既見性隨處可更。則見性豈不是隨物之大小方圓而變耶。此還是尊者迷相之處。殊不知物有大小方圓。而能見之性。實無大小方圓。此精明之見性。物來則現物。去則空。隨物相而顯現。而實不雜於物也。不變之體者。是不變之理體也。不變之理體。卽妙明精見。不但不屬相分。更不是見分。蓋見分緣現量境。尚有能所。眞處還帶妄。而妙明精見。不但非所見之相。更非能見之見。尊者處處執着攀緣月影爲心。此尚不知第二月之見精。如何能知識精元明之眞體。故復請如來重垂弘慈。開示妙理。

佛告阿難。一切世間大小內外諸所事業、各屬前塵。不應說言見有舒縮。譬如方器、中見方空。吾復問汝。此方器中所見方空、爲復定方、爲不定方。若定方者。別安圓器。空應不圓。若不定者、在方器中、應無方空。汝言不知斯義所在。義性如是、云何爲在。

此總明舒縮大小。在相而不在見也。諸所事業者。卽大小內外明暗通塞等諸事也。前塵者。卽根身器界等諸相也。譬如以下。以器喻相。以空喻見。直示相有舒縮。見無舒縮。相有大小。見無大小。器有長短。見無長短。器有方圓。見無方圓。見性具隨緣不變。不變隨緣二義。其義性本如是也。汝若知見性在方則方。在圓則圓。則知不變隨緣之義。若知方之中是空。圓之中亦是空。方圓有異而空無異。則知隨緣不變之義。大小方圓本無定在。云何汝今必欲求其定在也。此云見性本無大小。隨根器而現大小。亦如虛空本無方圓。隨瓶器而有方圓。如來以無方之辯。除尊者必定之執。所謂隨處拈來無非妙諦也。

阿難。若復欲令入無方圓。但除器方、空體無方。不應說言更除虛空方相所在。

此即是如來所示之妙法也。佛告阿難曰。汝若欲入無方圓之眞際。但析相爲空。即入無方圓之眞際。蓋虛空本無方圓。因瓶器而有方圓。既除器之方圓。而虛空亦還歸本體。空本入空。不應於除器外。更除虛空方圓所在。所謂除器觀空。自無方圓長短。知心是境。豈有高下是非。

若如汝問、入室之時、縮見令小。仰觀日時、汝豈挽見齊於日面、

若築牆宇、能夾見斷、穿爲小竇、寧無續跡、是義不然

此斥尊者所問不當也。蓋入室之時。祇可云室小。不可云見小。觀日時祇可云日在空。不可云見齊日面。牆宇有通塞。祇可云牆宇有隔斷時。而見實無續跡。是義不然者。云尊者所問之義。仍爲物轉而不知眞義也。

一切衆生、從無始來、迷己爲物、失於本心、爲物所轉、故於是中觀大觀小、若能轉物、則同如來、身心圓明、不動道場、於一毛端、徧能含受十方國土。

此云一切衆生。從無始來。迷其本來廣大圓明妙心。於妙圓中。粘湛以成見。攬色而成根。託根而奔色。由是內爲浮塵根所錮。外爲器界所局。中爲業識所持。五陰四大和合爲分段身。將妙明眞性錮蔽。分爲內身外境。故對於前塵長短方圓。起種種分別。其實前塵有長短方圓之相。而見性實無相也。尊者當下若悟眞性遍滿法界。內脫身心。外遺世界。中翻業識。則

妙性圓通。六根互用。如是浮塵及世界。應念卽融爲一眞法界。則身爲法性身。土爲法性土。圓明之知卽無上知覺。不動道場而身遍十方。於一毛端含受無邊國土。眉稍眼角中通爲一大光明藏。世間一切衆生。不肯體認自己眞見性。而向外分大小方圓者。此正生佛之迷悟第一之要關也。

（八）顯見不分

阿難白佛言。世尊。若此見精必我妙性。今此妙性現在我前。見必我眞。我今身心復是何物。而今身心分別有實。彼見無別分辨我身。若實我心。令我今見。見性實我。而身非我。何殊如來先所難言物能見我。惟垂大慈。開發未悟。

尊者從飛光驗見之處。已從分別心中執定這昭昭靈靈頓在目前。故有是我非我之疑。若謂在目前之見精是我。而身心又是誰耶。然我之身心實有分別。彼見實無分別我身之功能。若見性實是我心。令我今時可見。則見是我。而身卽非我也。身若非我。豈不是物能見我耶。若云物能見我。又蹈前非矣。究竟見性是我非我。莫能自決。故仍請如來開發未悟。

佛告阿難、今汝所言見在汝前、是義非實。若實汝前、汝實見者、則此見精既有方所、非無指示。且今與汝坐祇陀林、徧觀林渠、及與殿堂、上至日月、前對恆河。汝今於我師子座前、舉手指陳是種種相、陰者是林。明者是日。礙者是壁。通者是空。如是乃至草樹纖毫、大小雖殊、但可有形、無不指著。若必其見現在汝前、汝應以手確實指陳、何者是見。阿難當知、若空是見、既已成見、何者是空。若物是見、既已是見、何者為物。汝可微細披剝萬象、析出精明淨妙見元、指陳示我、同彼諸物、分明無惑。

尊者不明見性雖遍一切處。而實無相可指陳也。故如來卽於尊者分自分他。分大分小處。

洎許旣

此破不卽也

令尊者拈出何者是見。何者是物。何者是自。何者是他。若此見精。實在汝前。則汝定有相狀可指陳。之既有相狀即有方所。既有方所。決可指陳見在何處。汝旣云見在汝前。汝於森羅萬象中能析出見元指陳示我否。蓋見元實無相狀可指陳示人。如來故作是問者。令尊者自知其非也。

阿難言。我今於此重閣講堂、遠洎恆河。上觀日月。舉手所指、縱目所觀、指皆是物、無是見者。世尊。如佛所說、況我有漏初學聲聞。乃至菩薩、亦不能於萬物象前、剖出精見、離一切物別有自性。佛言。如是如是。

尊者蒙如來指示。已悟萬物中剖不出精見在何處。不但明了自己不能分析。並知由凡夫以至菩薩。皆不能於萬物中指出見精在何處所。如來見尊者能知見不是物。已悟不即之義。故印可之曰。如是如是。

此破不雜也

佛復告阿難。如汝所言、無有見精離一切物別有自性。則汝所指是物之中無是見者。今復告汝汝與如來坐祇陀林更觀林苑、乃至日月、種種象殊。必無見精受汝所指。汝又發明此諸物中何者非見。

上文云一切萬物。皆不能分析何者是物。何者是見。今問尊者於一切萬物中分析何者非見。蓋萬物是相分。離見分而相分不顯。如來欲尊者從相分中認見分。故作此問也。

阿難言。我實徧見此祇陀林。不知是中何者非見。何以故。若樹非見、云何見樹。若樹卽見、復云何樹。如是乃至若空非見、云何見空。若空卽見、復云何空。我又思惟。是萬象中微細發明、無非見者。佛言如是如是。

前文云。尊者不能於一切萬物中。析出何者是見。是破不即也。此云不能於一切萬物中指出何者非見。是破不離也。此二種微細處。即從見相兩處體認。方知不即不離之妙理。若云即一切物而物非是見。若云離一切物而見何所見。蓋見相二分。即是色心二法。無物不顯見。無見不見物。見雖徧一切處。借物而顯。而見實不是物。然見雖不是物。亦不離物。離物而見無所見。尊者又自思惟云萬象中無非見者。是又知見性亦不能離物。如來見尊者又知不離之妙義。故又印可之曰。如是如是。

於是大衆非無學者。聞佛此言、茫然不知是義終始。一時惶悚、失其所守。如來知其魂慮變慴。心生憐愍。安慰阿難、及諸大衆。諸善男子。無上法王。是眞實語。如所如說。不誑不妄。非末伽梨四種不死矯亂論議。汝諦思惟、無忝哀慕。

不死矯亂有四種一者云

我个亦生亦滅、亦有亦無、亦增亦減、二者但言其無、除無之餘、無所言說、三者但言其是、除是之餘、無所言說、四者有無俱見、云亦有即是亦無。云亦無不是亦有。矯亂者執物而不順理、爲矯中無主正乃亂。文殊啓請

此由如來兩番皆印可。故大衆一時茫然也。如來自尊者問寂常心性之後。重重開示。云前塵自暗。見何虧損。是指示見性是心也。又云手自開合。見無舒卷。是指示見性不動也。又云皺者爲變。不皺非變。是指示見性不滅也。又云汝身汝心。皆是妙明眞心所現物。是指示見性不失也。又云若眞汝心。則無所去。諸可還者。自然非汝。不汝還者。非汝而誰。是指示見性無還也。又云物類差別。見無差殊。大小由塵。見無舒縮。是指示見性不雜也。此六番破塵顯見。尚易領解。至此番顯見不分。令尊者就萬象中剖出見精。固不能。又令尊者卽萬象中指示不是見精。又不能。如來兩番皆許可。故無怪大衆皆驚魂不定。疑慮多端。精神恍惚。悚懼不安也。如來心生憐愍。故又安慰大衆曰。凡佛所說。皆眞實語。皆如所證。眞如實理而說也。非末伽梨外道所說也。末伽梨之論議者。謂有卽是無。無卽是有。亦有卽是亦無。亦無卽是亦有。此皆不順理之矯論。無主宰之亂議也。今如來所說者。無是見無非見者。是不卽不離。雙遣是非。二俱不立之正論也。汝等若肯審諦思惟。必得妙理。必不負汝等哀慕之心也。

是時文殊師利法王子、愍諸四衆。在大衆中、卽從座起。頂禮佛足、合掌恭敬、而白佛言、世尊、此諸大衆、不悟如來發明二種精

見色空是非是義。世尊。若此前緣色空等象。若是見者。應有所指。若非見者。應無所矚。而今不知是義所歸。故有驚怖。非是疇昔善根輕鮮。惟願如來大慈發明。此諸物象。與此見精。元是何物。於其中間。無是非是。

此因大衆茫然。莫能請問。以故文殊愍衆而代爲啓請也。蓋精見色空。二種之中。本無是見非見二義。執是執非。皆爲顚倒。文殊見如來兩番印可。大衆不明不卽不離之理。故啓請代問曰。若云色空是見。應當卽萬象而指出能見之見。若云色空非見。應當卽萬象中而一無所見。大衆不知是義攸歸。而驚怖者。其故有二。一者。二乘菩薩等。皆未破微細法執。一旦令其離相而悟見。故茫然不知。二者。見分屬內分。實不能見。未入法性者。僅能破外相。不能悟內見。故不明此理。如來兩番印可者。實明示不卽不離之妙理。以顯出精見妙明。對於色空。非和合非不和合之妙。見精在森羅萬象中。實無一不矚。無一不覩也。文殊見大衆不悟此理。故作是問曰。物象與見精。兩相對待時。於其中間。有是見耶。無是見耶。何以不卽耶。何以不離耶。啓請如來大慈。重爲發明也。

佛告文殊及諸大衆十方如來及大菩薩。於其自住三摩地中。見與見緣、並所想相、如虛空華。本無所有此見及緣、元是菩提妙淨明體。云何於中有是非是。

自住三摩地者。所謂自受用三昧。卽大佛頂首楞嚴王三昧是也。如來究竟。菩薩分證。故皆能知法自性。了諸法空不起分別。不墮是非妄想中見與見緣者有淺深衆生最初一念生相無明。因明立所。眞見與轉相之見分相緣者深。所旣妄立卽生妄能能見之見分與外塵之相分相緣者淺。所緣者雖有淺深。總是虛妄想相而究尋此見及緣之根本皆是妙淨明體之所發源。佛菩薩住三昧正定轉八識成大圓鏡智。卽八識之名亦不可得何況從八識中所生之見分耶。旣見分亦不可得。相分更無從安立。以故如空中花本無所有也。在別敎中於見相二分之外別立自證分。而圓敎中卽於見相二分證自證分見相二分元是妙淨明體。眞心超倫絕待。離過絕非。又何有是是非非之戲論法耶。

文殊、吾今問汝。如汝文殊、更有文殊。是文殊者、爲無文殊。如是世尊。我眞文殊。無是文殊。何以故。若有是者、則二文殊。然我今日非無文殊。於中實無是非二相。佛言此見妙明與諸空塵、亦復如是。本是妙明無上菩提淨圓眞心。妄爲色空及與聞見。如第二月、誰爲是月、又誰非月。文殊。但一月眞、中間自無是月非月。

此借文殊爲比例。以明一眞法界本無是非二相也。言文殊本是獨一無二之眞。不得更有一文殊。又不得謂之無文殊。妄計有無是非者。皆是從獨一無二之眞所起之妄也。文殊是大智慧菩薩。當下即悟本心。故曰即我是眞文殊。無有是文殊者。亦無非文殊者。亦無二文殊者。我實眞文殊。實無是非有無之相。佛言此見妙明與諸空塵。亦復如是者。蓋妙明眞體中。本無是非有無之相。因不覺而起一念認明之妄。有此聞見攬色空爲己。如第二月。又從第二月上妄生計度。有此妄能。處處攀緣妄境。忘却本來之眞月。終日在外境上分別是非。此分別是非者。皆是迷昧眞月也。人若知有一眞實月體。於其中間自無是月非月之妄計也。

是以汝今觀見與塵、種種發明、名爲妄想。不能於中出是非是。由是眞精妙覺明性。故能令汝出指非指。

此云若不明依他無性。觀見是見。觀塵是塵。任汝種種發明。總名妄想。決不能超出是非兩關。見與見緣。即是妙覺明性發明處。若能於相分中觀能見之見。再於見分中觀能立之能。則即超出於有所指無所指之兩疑。此二指即是指是見非見之二指也。蓋迷一眞法界則指是指非。若悟見相不出一眞。則超出是非之外。所以迷現量則是非紛然悟眞性則圓融無礙。

阿難白佛言。世尊。誠如法王所說。覺緣徧十方界、湛然常住、性非生滅、與先梵志娑毗迦羅所談冥諦、及投灰等諸外道種、說

非彼境界者。非彼所證之境界也。與彼自然者。言與外道之自然。必有差別也。外道宗自然。世俗宗因緣。投灰者如拔髮煮鼻灸身臥棘之類。世間法皆無定位。若不落對待。不生分別。不貪執著。

有眞我徧滿十方。有何差別。世尊亦曾於楞伽山、爲大慧等敷演斯義。彼外道等、常說自然。我說因緣、非彼境界。我今觀此覺性自然、非生非滅、遠離一切虛妄顚倒。似非因緣、與彼自然云何開示不入羣邪。獲眞實心妙覺明性。

此言超情者。以自然因緣。皆屬外道權小所執妄情。今言此見性。實異乎此。故云超情。覺緣者。言見性遍緣一切也。湛然常住。性非生滅者。云妙淨明體。隨緣不變。不變隨緣。有隨緣之用。不失不變之體。雖有不變之體。而能有隨緣之用。自然中有因緣。因緣中有自然。二俱不離。絕非執一邊之外道也。梵志者。云淨行也。娑毗伽羅。即黃髮金頭外道。亦婆羅門種也。冥諦者。以空暗爲自體。謂一切法皆從此生也。投灰者。即苦行外道也。眞我者。言神我也。神我有大小不定三種。即云廣大之我。偏十方也。尊者之意。外道計神我偏十方界。而今所說覺緣亦偏十方界。豈不與外道無差別耶。彼外道常說自然。世尊在楞伽山說因緣法破之。我今觀此覺性自然。與如來所說因緣相反。如來所說自然與外道所說自然必有不同。不知

卽世間之出世法也。外道之病。卽執着神我之病。皆不離分別我執也。甄言偵察也。此破自然也。

世尊有何方便。開示我等不入羣邪。獲眞實妙覺明性。

佛告阿難。我今如是開示方便、眞實告汝。汝猶未悟、惑爲自然。阿難。若必自然。自須甄明有自然體。汝且觀此妙明見中、以何爲自。此見爲復以明爲自、以暗爲自、以空爲自、以塞爲自。阿難。若明爲自、應不見暗。若復以空爲自體者、應不見塞。如是乃至諸暗等相以爲自者。則於明時見性斷滅。云何見明。

此破覺體非自然生。以不知不變之體能隨緣也。佛告阿難曰。我見汝不達法性。先破汝妄心。以顯汝見性。次又借見性以顯汝覺性。汝因何仍不識隨緣不變之體而惑爲自然耶。汝若有疑於自然。汝必可指出自然之體以示我。汝試於明暗通塞之中檢出自然之體。若以明爲自然體。則見性只合見明。不合見暗。若以空爲自然體。則見性只可見空。不應見塞。今既明來見明。暗來見暗。隨見隨變。則知此覺性。實非自然之體。云何汝尚疑爲自然耶。況明

此破因緣也。

暗有生滅。而見性實無生滅。見性若有生滅。則可以見前際之明暗。即不復能見後際之明暗矣。

阿難言。必此妙見性非自然。我今發明是因緣生。心猶未明。諮詢如來。是義云何合因緣性。佛言。汝言因緣。吾復問汝。汝今因見、見性現前。此見爲復因明有見、因暗有見、因空有見、因塞有見。阿難。若因明有、應不見暗。如因暗有、應不見明。如是乃至因空因塞、同於明暗。復次阿難。此見又復緣明有見、緣暗有見、緣空有見、緣塞有見。阿難。若緣空有、應不見塞。若緣塞有、應不見空。如是乃至緣明緣暗、同於空塞。

此轉捨自然而計因緣也。資始爲因。助因爲緣。尊者不解隨緣不變之義。又惑爲因緣。故世

無非不非者。卽云無有非處。亦無有不非處。
無是不是者。卽云無有是處。亦無有不是處。

尊又從明暗通塞中。破其非因非緣。蓋尊者惑爲因緣者。誤以見性從因緣生。殊不知有所因有所緣。皆是依他起性也。若外境無則依他之性亦無。而見性是不變之體。如何隨外境而生滅耶。如來先破其非因。次破其非緣。而不卽不離之妙義。卽在其中矣。

當知如是精覺妙明、非因非緣、亦非自然。非不因緣、（原譯無此四字似應增入）**非不自然。無非不非、無是非是。離一切相、卽一切法。汝今云何於中措心、以諸世間戲論名相而得分別。如以手掌撮摩虛空、祇益自勞、虛空云何隨汝執捉。**

精覺者。精純不雜。卽含有不變之義。妙明者。妙而常明。卽含有隨緣之義。此總結顯覺性不變隨緣。隨緣不變。絕待超情也。其執自然者。不解隨緣。執因緣者。不知不變。非因非緣。亦非自然者。雙遮雙破。非不因緣。非不自然者。雙照雙立。蓋見性若是自然。則因緣中卽無見性。見性若是因緣。則自然中卽無見性。離因緣之用。不能顯自然之體。無自然之體。不能起因

(十)顯見離見

緣之用。離因緣無自然。卽用卽體。離自然無因緣。卽體卽用。精覺妙明。不屬因緣。不屬自然。不屬非因緣。不屬非自然。亦無非處。亦無不非處。亦無是處。亦無不是處。離一切相。卽一切法。但有思量分別。皆是爲相所迷。皆非見性。擬心卽差別動念卽妄想種種名言名相。皆是戲論法。故宗鏡云。因緣自然。皆是世間言論。有無眞俗。悉是分別識心。妙覺性中。不許有一絲毫妄念停留。云何汝等於覺性上措心作意也。此何異以手撮空。徒勞執捉耶。

阿難白佛言。世尊。必妙覺性。非因非緣。世尊云何常與比丘宣說見性具四種緣。所謂因空因明因心因眼。是義云何。

尊者以爲妙覺性不屬自然。必屬因緣。不但執情不捨。又引如來昔敎以證明。云世尊昔時曾說見性具四種緣。有空明心眼四種因緣。若云非因非緣。豈不與昔敎相違耶。此是尊者又誤認見精爲妙覺性。蓋空明心眼四種緣可以生識。而妙覺性離空明心眼。而實有不變之眞體。不過假四緣而顯露見精之作用耳。見精之見。尚不可見。何況見妙覺性圓明眞體耶。空明心眼四緣。空明眼爲增上緣。心卽攀緣之妄心。四緣集合卽生識。四緣不俱。識亦不生。所謂根塵識三處都無也。此三處皆生滅法。緣會則生。緣散則滅。四緣可以生識。而不能生妙覺性。蓋妙覺性自有眞體。不藉緣生也。尊者不明隨緣之用。又遺失不變之體。故不知四緣之眞義。而執爲因緣。

佛言阿難。我說世間諸因緣相、非第一義。

諸佛說法。常依二諦。依於世諦。名隨情說。依第一義。名隨智說。雙顯二諦。卽情智並說。蓋昔時如來所說因緣相。是以世諦破邪執。是對治法。非謂第一義中實有因緣也。第一義若藉因緣。則卽非第一義矣。

阿難。吾復問汝。諸世間人說我能見。云何名見。云何不見。阿難言世人因於日月燈光、見種種相、名之爲見。若復無此三種光明、則不能見。阿難。若無明時名不見者、應不見暗。若必見暗、此但無明、云何無見。阿難。若在暗時不見明故、名爲不見。今在明時不見暗相、還名不見。如是二相、俱名不見。若復二相自相陵

奪。非汝見性於中暫無。如是則知二俱名見。云何不見。

此云今說因緣非同昔說因緣也。昔說因緣。云眞如隨緣。破自然之執。今說因緣。云眞如不變。不但妙覺性不屬因緣。卽見精亦不屬因緣也。吾今問汝世人說我能見因何物而成見。既已成見又因何物而不見。尊者不明能見者之主體。又在相分上計度。遂答曰世間人因日月燈光故名見。無日月燈光卽名不見。此則見與不見皆屬因緣也。如來卽迎其機而破之曰。汝云無日月燈光名爲不見。此義不然也。無此三種光明。祇可以云無明。不可云無見。若云無見。應不見暗。若云又能見暗。何名不見也。若名不見。則見暗不見明時。亦可云不見。如是則見暗見明不分別時。俱名不見。有是理乎。若謂明來見明。暗來見暗。則是明暗自相陵奪。而見性不改也。如是則見暗見明皆應名見。云何汝以見明之時名之爲見。見暗之時不名爲見。汝細觀之。明暗皆屬前塵。而此不改之見性。實非暫有暫無之明暗可比也。如是則知見性對於明暗。二俱名見。云何汝對於明暗現前。一名見一名不見耶。

是故阿難。汝今當知、見明之時、見非是明。見暗之時、見非是暗。見空之時、見非是空。見塞之時、見非是塞。四義成就、汝復應知、見見之時。上見字指妙覺智。下見字指見精。見非是見。上見字指妙覺智。下見字指見精。見猶離見。上見字指妙心。下見字指見精。見不能及。此見字指見精。

見見之時、見非是見。見猶離見。見不能及。云何復說因緣自然及和合相。汝等聲聞、狹劣無識、不能通達清淨實相。吾今誨汝。當善思惟。無得疲怠妙菩提路。

先破相分不是見分此又指破見分尚不是自證分。明暗塞空。皆是相分邊事。見聞覺知。皆是見分邊事。此相見二分皆從自證分所起。要從見相二分認自證分。不可執着見相二分。而誤認此卽是眞。尊者不但不知見分。還在相分中討生活。故世尊前破相分。此又破見分。故曰汝復應知見性皆不屬緣生。皆屬自己業識變現。與妙覺智尙隔一層也。妙覺智照見此見性時。尙不與業相和合。何況由業相所起之轉相與現相和合耶。相分不能與見分和合。卽推尋見分與妙覺智不能和合。見分不能見妙覺智。故曰見不能見見。見不能及也。妙覺智非見聞之所及。非思議之所到。尊者誤以最粗之相分。於其中認不生滅之見性。故如來斥爲狹劣無識。不能通達淸淨實相也。見見二字。上見字指妙覺智。下見字指見精。見精緣現量性境。雖不相離。猶存能所。故阿難目爲覺緣。若妙覺智緣眞如境。則理智一如。卽無能所。此見精之所不及也。故淨名經云。法離見聞覺知是也。此見精是凡聖迷悟之要關。故如來令尊者直破見精。不落能所。直入妙覺。莫生息忽。此即是眞正妙菩提路。知此則眞通達清淨實相也。十番顯見至此已將眞實見性之體顯露矣。由後文迴溯前文。方知見之時。見非是見。見猶離見。見不能及之妙義。自初卷尊者云由目觀如來勝相。心生愛樂。是則認浮根為見。認意識為心。故如來先破識心無處。次破識心無體。尊者知緣心是妄。遂有寂常心性之問。乞心乞眼。如來又指出見性是心非眼。又恐尊者執着妄心、又飛光以顯不動之見。觀河以驗不滅之見。垂手以明不失之見。八辯以顯不還之見。歷觀以示周遍。以明不即不離無是無非之見。重重開示。尊者遂執定見精不放捨。以為此即是眞見之體。故世尊又下一頂門之針。而告之曰、見見之時。見非是見。蓋前文皆說第二月之見分。不與相分和合。此云妙覺眞智。尙不與八識精明之體和合。何況第二轉相之見分也。相分由見分所顯。見分由業識所轉。若破業識。則此見性。當下即無上妙覺眞性矣。故曰見猶離見、下文舉別業則曰皆是無始見病所成。舉一國則曰俱是無始見妄所成。舉大千則曰同是覺明無漏妙心。見聞覺知。虛妄病緣。和合妄生、和合妄死、故業識為迷悟之通關。聖凡之共路。前文此非汝心一語、實入道之要門也、

二種妄見

阿難白佛言、世尊、如佛世尊為我等輩宣說因緣、及與自然、諸

和合相、與不和合。心猶未開。而今更聞見見非見。重增迷悶。伏願弘慈施大慧目。開示我等覺心明淨。作是語已。悲淚頂禮。承受聖旨。

此尊者誤以見精卽妙覺性。故有此問。蓋眞見無見無不見。但有對待卽屬。見精爲眞中帶妄。因內爲能所局。外爲所所局也。前五對境。皆落能所。不但能見之轉相。不脫能所。卽最初所立之業相。亦是能所。能轉爲大圓鏡智。卽是轉此八識所立之精明體。故曰五八果上轉也。尊者不知不變之體。不知隨緣之用。以爲非因緣。卽自然。非自然。卽因緣。非和合。則卽和合。卽和合。則非和合。至云非和合。非不和合。則難悟此理。又云見見非見。故重增迷悶矣。蓋執爲因緣者。單執隨緣之用也。執爲自然者。單執不變之體也。因緣是用。自然是體。體用不可分也。若執爲片面。皆不明性體也。和合之和者。參和一切也。合者扣合一切也。蓋妙覺性是獨一無二之眞體。不但不參和相分。亦不參和見分。不但不參和見分。更不參和八識精明之體。尊者對於見相二分。尚不分。故對於見見非見。更不能明了也。然妙覺性不但不參和。亦非和合。蓋八識精明之體。卽由最初一念認明而立此藏識。所以云生滅與不生滅和合。而爲阿梨耶識。此和合不和合之妙理。非到捨藏時。方知此生相無明。實不與業識扣合也。尊者尙未認得轉相。如何能知業相之來源耶。如來云見見非見者。是云八識精明之體。尙不是能見之轉相。如何汝錯認能見之見分爲眞耶。尊者乞求覺心明淨者。卽是求明妙覺性也。此下如來發明見性。卽云三細中見分相分。俱從業識變現而來。故須直除業識。破因明立所之根本無明。無明一破。當下卽是妙覺性。大慧目者能悟到無明實性卽佛性。則幻化身當卽法身也。

爾時世尊。憐愍阿難。及諸大衆。將欲敷演大陀羅尼諸三摩提妙修行路。告阿難言。汝雖強記。但益多聞。於奢摩他微密觀照。心猶未了。汝今諦聽。吾當爲汝分別開示。亦令將來諸有漏者。獲菩提果。

陀羅尼。云總持。謂總一切法。持無量義。卽明淨覺心也。加一大字者。卽云陀羅尼。是一眞法界大總相法門體也。諸三摩提妙修行路者。總指下文三科七大。皆是修菩提之道路也。奢

流注者生住滅三相、相續不斷爲流注

摩他中微密觀照者。止中修觀也。對於外見明見暗謂之覺觀。對於內細密細諦謂之返觀。觀照而曰微密。是云直觀能見之見。破轉相而更窺業相。即可獲妙微密性淨明心也。若依此一門深入。即彈指超無學也。

阿難。一切衆生輪迴世間、由二顚倒分別見妄。當處發生、當業輪轉。云何二見。一者衆生別業妄見。二者衆生同分妄見。

此示見分攬外境之相分。演出二種妄見。爲分段變易二死之根本。亦爲菩提涅槃二果之根本。以此二見皆從無明業識變現而起也。一切衆生輪迴世間背覺性而合無明。處處爲相分所轉。故曰顚倒。以有微細流注。分別根身器界爲親疎。故曰分別見妄。流注有生住滅三相。由無明起業識名流注生。於諸相中和合妄生妄死。爲之相生。相續長刼名流注住。金剛道後異熟空。一念斷根本無明名流注滅。分別見妄。即下文云知見立知之無明根本也。當處發生者。即不覺心起而有其念也。然此念無自性。不離本覺。二妄亦不離眞。故亦爲菩提涅槃之本。當業輪轉者。以依不覺故心動。說名爲業。動則有苦果不離因。故受輪轉。此又顯二妄即是業識。爲二死之本。二種見妄通妄通眞。若處處執着能所。則即是眞中妄。若處處不落能所。則即是妄中眞。別業妄見者。云一人之業報成熟。一人所見根身器界與衆不同也。譬如餓鬼見飯食化爲灰火也。同分妄見者。云多人之業共同此業多人所見根身器界與他方不同。譬如天降災異有現有不現也。同別雖殊。而虛妄則一。世間一切衆生於念念中皆具此同別二種見妄。以故枉受輪迴。若知見見非見。明了圓明普照之眞見。則知凡所有相皆是虛妄。有何見妄而不除耶。

別業妄見

日喻自覺聖智、燈喻本覺眞理、赤眚喻業識、圓影喻根身器界。

云何名爲別業妄見。阿難。如世間人、目有赤眚。夜見燈光、別有圓影、五色重疊。於意云何。此夜燈光所現圓影。爲是燈色。爲當見色。阿難。此若燈色。則非眚人何不同見。而此圓影唯眚之觀。若是見色。見已成色。則彼眚人見圓影者、名爲何等。復次阿難。若此圓影離燈別有、則合傍觀屛帳几筵有圓影出。離見別有、應非眼矚。云何眚人目見圓影。

起信先轉後現。楞嚴先現後轉。

此云一人之無明業識。妄見種種妄相。非他人所同見也。他人若同業則同見。他人若不同業。則單獨妄見。謂之別業。蓋境智本一。如本無能所。因無明一動。因明立所。所既妄立。卽生妄能。由此妄能。卽分內外。內有能見之見。卽是轉相。外有所見之相。卽是現相。佛告阿難曰。譬如世間人本有清淨眼。忽有赤眚之病。外看燈光。別有圓影。此圓影還是燈光本有圓影。還是見之中有圓影耶。若云燈光本有圓影。何以非眚者不同見燈光有圓影耶。此喩如來自住三摩提。見與見緣。本無所有。以顯妙淨明體。一切不染也。而此圓影唯眚之病者自觀之。喩有無明業識。妄見有根身器界也。若此圓影卽見中本有者。則見已成圓影之色。而卽不名見。既不名見。而見圓影者。是何物能見耶。此喩根身器界非從見生。若從見生。則此見已成根身器界。而能見根身器界者。更是何物能見耶。故知根身器界。皆從業識變現而來。非關見性也。若此圓影離燈而有。則他處亦應有圓影。此喩根身器界不離眞如妙性。不是無因生也。若此圓影離見別有。則圓影同見兩不相干。而眼亦不能矚也。此喩根身器界。不能離業識。因有妄能。方有妄見。若無有病之目。卽無圓影之妄見。若云離見別有。云何非眚目者不見圓影。有眚目者獨見圓影耶。

是故當知色實在燈。見病爲影。影見俱眚。見眚非病。終不應言

是燈是見、於是中有非燈非見。如第二月、非體非影。何以故。第二之觀、揑所成故。諸有智者、不應說言此揑根元是形非形、離見非見。此亦如是、目眚所成。今欲名誰是燈是見、何況分別非燈非見。

此發明圓影起處也。色實在燈而燈本無圓影。今見圓影。因淨眼有赤眚故見有圓影。故曰色實在燈。因見病而爲影也。然不獨所見圓影是眚病、卽能見之見亦是眚病。蓋能見之見分、亦是第二月也。目非有眚而不病。燈非有眚而無影。故曰影見俱眚。影見俱眚、卽云見分相分二俱虛妄也。然能見與所見雖妄而不落能所之見非妄。故曰見眚非病。燈見皆是虛妄。故不應於其中分別是燈是見非燈非見。蓋此見亦屬第二月。非體非影、有智之人亦不應在第二月上分別是形非形。是見非見。此亦如是者、云目眚所成者、卽是第二月之見病之妄。相見二分相待而有。若無對待妄無從生。妄既無生處、是燈是見尚不可名。何況非燈非見耶。燈喩有三義。有眞諦俗諦中諦三種喩義。見思惑是慧眼中赤眚。妄於眞諦燈上見

同分妄見

有同居土中五陰五色重叠。塵沙惑是法眼中赤眚。妄於俗諦燈上見有方便土中五陰五色重叠。無明惑是未得佛眼者之赤眚。妄於中諦燈上見果報土中五色重叠。色實在燈者。云性空眞色本具足一切法性也。見病無影者。云九界衆生皆由妄惑建立也。影見俱眚者。云衆生見有內身外境。能見所見無非是妄也。見眚非病者。云見見之時眞見實非妄見可比也。眞見不落有無是非。是燈是見。尚不可言。何況分別非燈非見。此正喻自證本體尚不可得。何況從自證分所發見相二分世之分別是非有無者。皆是虛妄中重增虛妄也。

云何名爲同分妄見。阿難。此閻浮提除大海水。中間平陸有三千洲、正中大洲、東西括量大國凡有二千三百。其餘小洲在諸海中。其間或有三兩百國。或一或二。至於三十四十五十。阿難。若復此中有一小洲、祇有兩國。惟一國人、同感惡緣。則彼小洲當土衆生、睹諸一切不祥境界。或見二日。或見兩月。其中乃至

暈適珮玦、彗孛飛流、負耳虹蜺、種種惡相。但此國見。彼國衆生、本所不見、亦復不聞。

此云衆生同分妄見也。閻浮提。總舉須彌山南方面之洲也。海水即七金山外鹹水海也。平陸平地也。水中可居曰洲。覩諸不祥者。見種種災異也。暈適者惡氣環日爲暈。日食爲適。珮玦者惡氣近日月如珮玦之形也。彗孛者星芒偏指曰彗。芒氣四出曰孛。橫去曰飛。下注曰流。氣背日爲負。氣夾日爲耳。氣映日明爲虹。暗爲蜺。此種種災異。因衆生共業所感。衆皆有分。故得同見也。彼國不見者。因彼國衆生。不與此國同業。故不見也。業力不可思議。五濁惡世。亦是衆生公共業力所造成者。由貪嗔癡三毒。造殺盜淫三惡業。衆生因是同業。不知感覺其非。起惑造業受苦。長此輪廻無有休息。故如來稱爲可憐憫者也。

阿難。吾今爲汝以此二事。進退合明。

二事者。即同別二見之法喻也。進退合明者。即初舉別業之喻。例同分之法。退同合別。以明一人之妄見爲別。次舉同分之喻。例別業之法。進別合同。以明多人之妄見爲同也。別業是自惑。人所易知。同分是衆惑。人實難明。故於別中有同。同中有別。一進一退。以法喻比例合

別業合明

相分妄立。見分俄與。見與見緣、皆虛妄也。故曰似現前境。一念目為我能見光覺即是眚病也。見與見緣者、第一眞見緣、第二帶妄之見精也。

明令知同別皆妄。以顯見見恆眞也。

阿難。如彼衆生別業妄見。矚燈光中所現圓影。雖現似境。終彼見者目眚所成。眚卽見勞、非色所造。然見眚者。終無見咎。例汝今日以目觀見山河國土、及諸衆生。皆是無始見病所成。見與見緣。似現前境。元我覺明見所緣眚。覺見卽眚。本覺明心覺緣非眚。

此進別業喩合明別業法也。佛告阿難曰。如彼衆生妄見燈光所現圓影。雖此妄境現前。非實有也。還屬第二見之目眚所成也。眚是眼家之勞。非燈之色所造也。然眞見無能所無分別。有眚卽謂之見病。無眚卽是淸淨眼。其實見之眚。是從勞見所起者。眞見實無咎也。譬如今日目觀山河大地。皆是無始見病所成。山河大地皆圓影也。見病所成者。卽一念見明結成無明業相。業相妄立。卽生妄能。遂起第二之能見而成所見。故曰見病所成。此卽前文終見見。上見字指妙淨明。下見字指見精。非見眚者。卽云非是能見見眚之眞見也。

彼見者目眚所成也。由無明業相。而起見相二分。如目有赤眚。而見圓影。相見二分亦卽見病中之圓影也。見與見緣。似現前境者。卽業識緣見精。揑目生花。似有第二月現也。然第二月非實有。故曰似現前境也。元我覺明見所緣眚者。謂此見相二分。本來是我本覺妙明心體。因忽起一念而成眚妄。遂有能見之體。與所緣之境也。並不是覺明心體本自有也。此云眚爲見勞。非色所造也。覺見卽眚者。卽由覺體所起之見。卽爲眚也。本覺明心覺緣非眚者。卽云本覺明心。雖在日用尋常之間。徧覺諸緣。實非有眚之妄見可比也。此卽上文所云見眚者終無見咎也。

覺所覺眚、覺非眚中。此實見見。云何復名覺聞知見。是故汝今見我及汝、幷諸世間十類衆生。皆卽見眚。非見眚者。彼見眞精、性非眚者、故不名見。

覺所覺眚者。以本覺明心。覺其所覺之第二見從眚妄起也。此覺既能覺眚妄。卽不是眚中之妄覺矣。此實見見者。卽前所謂見見之時。見非是見也。妙覺性實不妄不變者。則知見精屬見妄明矣。云何汝將此妙覺明性。與見聞覺知之覺。齊稱並列。豈不是以魚目混珠耶。傳心法要云。世人不悟眞性。祇認見聞覺知爲心。爲見聞覺知所覆。所以不睹精明本體。但直下無心。本體自現。故學道人莫認見聞覺知施爲動作。空卻見聞覺知。即言語道斷。心行路絕時。於見聞覺知處認本心。不可於見聞覺知處認外境。於不即不離之時。即朗然獨照時也。是故當知汝今見我並見十二類衆生。此見有能有所。皆是目中帶眚之見。正如病目見圓影相似。此皆是見眚。非是能見眚者之眞見也。彼見眞精者。即云眞而不雜於妄。精而不雜於眚。如明鏡之對物。終日見物。終日而不爲物所轉也。彼眞見實不可以帶眚之見名之。故曰見猶離見。見不能及也。起信論云。若離業識。則無見相。仁王經云。金剛定前。所有知見。皆不名見。唯佛具一切智。無所不知。方名眞知。無所不見。方名眞見。故曰妄知有知。有所不知。眞知無知。無所不知。妄見有見。有所不見。眞見無見。無所不見。若衆生知見。盡佛之知見。當下現前也。

阿難。如彼衆生同分妄見。例彼妄見別業一人。一病目人同彼一國。彼見圓影、眚妄所生。此衆同分所現不祥、同見業中瘴惡所起。俱是無始見妄所生。

此退別業之法。復進別業之喻。合明同分之法也。別業妄見虛而易明。同分妄見。實而難解。雖虛實有異。見妄不同。總是無始見妄所生也。

祇認見聞覺知、不悟覺明。無漏妙心。

例閻浮提三千洲中。兼四大海。娑婆世界、並洎十方諸有漏國、及諸衆生。同是覺明無漏妙心、見聞覺知虛妄病緣。和合妄生、和合妄死。

此退別業之喻。進同分之法。以例大千也。例閻浮提下。展轉推至十方。例一人所見圓影是妄。即盡十方皆是見眚所生也。衆生同具一個無漏妙心因最初一念妄動。轉爲見聞覺知。起虛妄病。緣自緣他。故和合而妄有生死。同是覺明無漏妙心。例一人之目。即多人之目也。此即前文見見非見第一個眞見字。見聞覺知虛妄病緣者。例上目中赤眚。卽第二個見字。和合妄生妄死者。例上燈光圓影。卽所謂明暗空塞等相也。諸有漏國者。同居國有見思漏。方便國有塵沙漏。果報國有無明漏。諸衆生者。九法界衆生也。妄生妄死者。同居土有分段生死。方便土果報土有變易生死也。歷舉同別二例。以合明而見見非見之眞性。靈光獨耀

二種者。同分。別業。二死者。分段。變易。

矣。

若能遠離諸和合緣及不和合。則復滅除諸生死因。圓滿菩提不生滅性。清淨本心本覺常住。

此下發明轉二種見妄。以顯清淨體不妄不變也。諸和合緣者。即發業潤生二種無明。與外境相緣和合而起。卽六粗識相。爲分段生死因。不和合緣者。卽根本無明因背覺突然而起之最初一念名不和合。此卽三細業相。爲變易生死因。若照破發業潤生二種無明。則二死之因永離。二死之果亦絕矣。至此可稱圓滿菩提。明不生滅性。悟清淨本心。得爲本覺常住。若二種見妄未除。錯認見聞覺知之見。不達見見非見之見。總在第二月上認妙覺性。則始終不得見眞性也。

總攬經文。自初卷至此。是一大結局。若澈悟無始生死根本盡。則無始菩提涅槃方得圓滿。故密嚴偈云。如來清淨藏。世間阿賴耶。如金與指鐶。輾轉無差別。諸佛了之成清淨藏。異生執之爲阿賴耶。如眞金隨爐火之緣。標指鐶之異名。眞心隨染淨之緣。成聖凡之異號。認假名而二見俄興。悟眞體而一心圓證。

總衆妄惑

阿難。汝雖先悟本覺妙明、性非因緣、非自然性。而猶未明如是覺元、非和合生及不和合。

計自然者。謂相分外。別有見分可得。則成神我之外道。計因緣者。謂相分外。別無見分可得。則成無我之小宗。計和合者。謂不生滅性與生滅相。兩相夾雜。計不和合者。謂生滅相與不生滅性兩不相干。此總屬戲論分別。佛知阿難。執片面而謬解。故不俟再問而先爲之發明也。

阿難。吾今復以前塵問汝。汝今猶以一切世間妄想和合諸因緣性。而自疑惑證菩提心和合起者。

上文所云和合妄生。和合妄死。祇是世間妄想諸因緣性。所謂眚病事也。非謂所證菩提妙心。從和合起也。汝既未悟衆生本證菩提心體。必將疑其和合起矣。其實生滅與不生滅。非和合非不和合。非一非異。是故如來仍借前塵。以破其非也。

破斥和合
和者參和也。
合者扣合也。
破和

則汝今者妙淨見精、爲與明和、爲與暗和、爲與通和、爲與塞和。若明和者、且汝觀明。當明現前、何處雜見。見相可辨、雜何形像。若非見者、云何見明。若卽見者、云何見見。必見圓滿、何處和明。若明圓滿、不合見和。見必異明、雜則失彼性明名字。雜失明性、和明非義。彼暗與通、及諸羣塞、亦復如是。

和者參和也。如水和土。混而不分之謂也。若謂見精與明和者。且汝舉眼觀明之時。正當明相現前。汝觀見精在何處耶。見精與明相互對時。明可見。所雜見精有何形像耶。若云明相中無見。則明與見兩不相知。云何開眼卽見明耶。若謂明相現前卽是見者。則汝見明之時何異見見。不可說見明也。若必以爲見圓滿一切。則何處可以和明耶。若必以爲明相圓滿一切。則何處能容見精耶。若謂見必異明。明必異見。各各相異。既兩相異則見明相雜。見失其名。明失其字。名字尚無而曰見與明和。決無是義。如是則離亦不可。卽亦不可。一亦不可。異亦不可。和明之義不成矣。暗與通塞其義理亦復如是也。

破合

復次阿難。又汝今者妙淨見精、爲與明合、爲與暗合、爲與通合、爲與塞合。若明合者、至於暗時、明相已滅。此見卽不與諸暗合。云何見暗。若見暗時、不與暗合、與明合者。應非見明。既不見明。云何明合、了明非暗。彼暗與通、及諸羣塞、亦復如是。

合者扣合也。如蓋合函。附而不離之謂也。若謂此見精與明合。則暗相現前。此見亦隨明滅。卽不復與暗合也。云何暗來又能見暗耶。若云雖見暗。不與暗合。則既不與暗合。亦不與明合。明相現前。應不見明也。既不見明。云何明來而了知是明也。今既見明又復能見暗。決知此見不與明合也。云何而言見與明合耶。彼暗與通塞。其不與見合者。其理亦復如是。

計非和合

阿難白佛言。世尊。如我思惟。此妙覺元、與諸緣塵、及心念慮、非和合耶。

尊者承上破和合義。更復轉計見見非見之性。逈然超出於見相二分之外。故曰與諸緣塵及心念慮非和合耶。緣塵指相分。念慮指見分。心指業識。不和合者。不與萬法爲侶也。此又尊者轉計之非也。蓋生滅與不生滅。非即非離非一非異也。迷則爲業識。悟則即如來藏。迷則全性成相。悟則全相成性。第二月雖不是第一月。而妄月總依眞月也。世間無有一法。不從和合而生。衆生爲業識所轉。故和合妄生妄死。若能背塵合覺。不爲物轉。而能轉物。則當下即是理體所發大用。見相二分。皆不離自證分。若悟即離一異之四義。則知萬法不出一心。一心能藏萬法。和合非和合。皆是依他分別起妄也。

佛言。汝今又言覺非和合。吾復問汝。此妙見精非和合者。爲非明和、爲非暗和、爲非通和、爲非塞和。若非明和。則見與明必有邊畔。汝且諦觀。何處是明。何處是見。在見在明、自何爲畔。阿難、若明際中必無見者。則不相及。自不知其明相所在。畔云何成。彼暗與通、及諸羣塞、亦復如是。

破非合

甄察也

兩物異處。方名不和。妙覺之體遍法界本無二體。說和說合。已自不可。况說不和不合耶。故佛先破其非和處曰。吾復問汝此妙見精對於明暗通塞爲非和耶。若云此見不與明和。則明與見是兩物也。明與見若是兩物。則明與見必有二種界限。汝且諦觀。何處是明。何處是見。若明處無見。則誰是見明者。若見處無明。則見不相及。誰知明相之所在。畔義尙不成。云何言非和也。彼暗與通塞。亦復如是。

又妙見精非和合者。爲非明合、爲非暗合、爲非通合、爲非塞合。若非明合。則見與明性相乖角。如耳與明、了不相觸。見且不知明相所在。云何甄明合非合理。彼暗與通、及諸羣塞、亦復如是。

兩不相干。方名不合。見相二分。本屬自證分之本體。說合亦妄起分別。說不合更是法外覓心也。佛告阿難曰。若此見性不與明合。則如牛之兩角。兩相乖離。譬如耳之與明。了無關係也。既見之與明。兩無關係。見尙不知明相所在。如何甄別明之與見合與不合之處耶。彼暗與通塞。其義亦復如是也。此經自阿難請三觀後。世尊即將其最初發心。阿難答以見相而心生愛樂。故我發心。當時尊者雖答出見相生心。而實不知見是何人。相是何物。愛樂者是

陰入處界
入為根

誰。亦不知此相此見從何生起。故世尊重重開示。指出愛樂者是妄想。是緣心。是徧計執。喻如月影。諸修行人不能成聖果。乃至別成聲聞緣覺。及成天魔外道。及魔之眷屬者。皆是意識用事。用攀緣心爲自性者。故破意識以顯見性。次指見精是現量心。相分是現量境。凡依他而起之性。是眞妄之根。喻如第二月。自尊者乞心乞眼之後。世尊託見精以發明眞性。直至文殊請問精見色空是非二義。如來直指見與見緣。元是菩提妙淨明體。此是破見相以直顯藏性也。世尊見阿難不知見相二分。是陀那微細識中變現。故在同別二種見妄處。又破業識以顯藏性。至此空如來藏已顯矣。下文云三科七大。皆是如來藏性。又顯不空如來藏。前文云敎演大陀羅尼諸三摩提妙修行路者。皆指此也。後二十五聖各陳圓通。亦皆從此悟入也。阿難自聞七大周徧之後。方知由假觀入中觀之理。前文云見與見緣。併所想相。本無所有。元是妙淨明體。將根塵識三會歸如來藏性。是云不立一法。以顯堅固之理體也。此言會歸三科七大當體即是如來藏性。是云法法具足。以明堅固之事體也。理由事顯。事由理造。事理無礙。方是圓融之妙境。前文即性以破相。云諸法皆無相。此云即相以顯性。云諸法皆藏性。若知諸法皆無相。則相相寂滅。若知諸法皆藏性。則性性圓通也。

阿難。汝猶未明一切浮塵諸幻化相。當處出生。隨處滅盡。幻妄

處爲塵
界爲識

奢摩他名止
三摩鉢提名觀、
二處見妄、即同分別業二處也、
因緣所生法佛說即是空

稱相、其性眞爲妙覺明體。如是乃至五陰六入、從十二處、至十八界因緣和合、虛妄有生、因緣別離、虛妄名滅。殊不能知生滅去來、本如來藏常住妙明、不動周圓妙眞如性。性眞常中、求於去來迷悟生死了無所得。

此上廣破徧計依他。顯緣成實性。以答奢摩他已竟。此下廣舉三科會歸藏性以明大陀羅尼。以答三摩鉢提之請。佛告阿難曰。汝知二處見妄當處發生當業輪轉。皆不離於妙覺明體也。一切浮塵諸幻化相者。謂色香味觸四塵幻成地水火風四大地水火風四大幻成一切根身器界此即是因緣所生法也。當處出生者如空中華生無來處也。隨處滅盡者。剎那即滅。滅無去處。佛說即是空也。幻妄稱相者云妄爲分別。即有種種名相也。若在相上起觀。皆是虛妄。若在性上起觀。皆是妙淨明體中所現之相也。如是乃至五陰六入十二處十八界因緣和合緣會則生緣盡則滅和合妄生和合妄死。無一不是虛妄之相。若能悟得不動妙眞如性體。於其中求其生死。去來迷悟尚不可得。又何有虛妄之相可分別哉。具足衆德

色法無知覺
也謂之法性、
心法有知覺
也謂之佛性、
色心二法不
可分之處即
是體不離相
處、
六種無爲
虛空無爲
不動無爲
擇滅無爲
非擇滅無爲
滅受想無爲
眞如無爲

曰如來藏。本無去來曰常住。本無迷悟曰妙明。本無生死曰不動。無處不在曰周圓。體萬物而不遺。性一切而不異。曰妙眞如性。惟常住故去來不可得。惟妙明故迷悟不可得。

阿難。云何五陰本如來藏妙眞如性。

五陰者色受想行識也。古翻爲陰。今名爲蘊。陰者蓋覆也。蘊者積聚也。即云積聚有爲法。蓋覆眞性之義也。云何五陰本如來藏者。蓋世出世間總不出色心二法也。色陰攝一切色法盡。受想識攝一切心法盡。行陰攝一切心所。及不相應六種無爲法盡。色心二法互作因緣。相待而有。根塵對待。質礙叢生。色相幻成。心生幻受。領納外境。或順或逆。隨起緣思。是爲幻想。緣思相續。流變無盡。一微涉動。三界全牽。幻行既作。幻識繁興。蓋障功成。業用堅立。五陰具足。一切衆生。一切諸法。皆由此緣起。迷則即有生死去來。悟則即不動妙眞如性。

阿難。譬如有人、以清淨目。觀晴明空。唯一晴虛、迥無所有。其人無故不動目睛、瞪以發勞。則於虛空別見狂華。復有一切狂亂

(一)色陰

澂直澄切直

視貌

非相。色陰當知亦復如是。

此卽因緣所生法也。卽總示中所稱一切浮塵諸幻化相也。清淨目者。不落能所。不妄分別也。此清淨目本來圓照法界。因無故一念認明。久認成勞。勞久眚成。於本無所有之虛空。妄見有空花在。所謂一翳在眼。而空花亂墜也。然空花本無。妄見其有。此有一立。卽將能見之見。落於方所也。此所爲內所由內所成立。又見外所之森羅萬象如眞實。時時緣外相不捨。此卽衆生生死之根本。殊不知外相是空。內相亦是空。一切浮塵諸幻化相。皆是因緣所生之法。緣會則生。緣散則滅。內外推尋。一總無色陰。亦復如是也。

阿難。是諸狂華、非從空來、非從目出。如是阿難。若空來者。既從空來、還從空入、若有出入、卽非虛空。空若非空。自不容其華相起滅。如阿難體、不容阿難。若目出者、既從目出、還從目入。卽此華性從目出故、當合有見。若有見者。去既華空、旋合見眼。若無見者出既翳空。旋當翳眼。又見華時。目應無翳。云何晴空號清明眼。

此云因緣所生之法當體即空也。即總示中當處出生。隨處滅盡。性眞常中求於去來迷悟生死了無所得也。是諸妄華非從空來非從目出此三句標明無生之理也。如是下破外色不從空生也。蓋凡夫外道不知空即是色之理。計眞空爲斷空。以爲從空生色。故如來指而示之曰。若此華從空來者。既從空來。當還從空入也。既有出入則虛空便有內外。既有內外則虛空即不名虛空也。蓋空若不是空則虛空即是實體也。空若是實體。則即不能容納華相起滅也。正如阿難既有實體。更不能容第二阿難在阿難身中出入也。云何而言華生於空耶。次又示內色不從目出。蓋權教菩薩雖知色從內現。然又計爲實色。故如來又直示之曰。若此華從目出者。既從目出亦可從目入。若云此華從目出。則華出時。當可見其華由目出而在空。華歸入於目時。當可見其華由空而入眼。若云無見者。則華出既能遮空。華入合當遮眼。華若能遮眼。則華出目在空。汝眼見華時。即可名爲清淨眼。又何必說晴空無華時。爲清淨眼耶。

是故當知色陰虛妄、本非因緣、非自然性。

色陰虛妄者。是云因緣假名。即總示中所謂因緣和合虛妄有生。因緣別離。虛妄名滅。幻妄稱相也。本非因緣非自然性者。是云自然之體。能起因緣之用。因緣之用。不離自然之體。執著因緣。有用無體。執著自然。有體無用。離因緣不顯自然之體。離自然不起因緣之用。非因緣非不因緣。非自然非不自然。隨緣不變。不變隨緣。此即總示中所謂妙覺明體。不動周圓。不生不滅之眞如來藏也。

阿難。譬如有人、手足晏安、百骸調適。忽如忘生、性無違順。其人無故以二手掌於空相摩。於二手中妄生澀滑冷熱諸相。受陰當知亦復如是。

（二）受陰

此受陰亦是因緣所生諸虛妄相也。受以領納爲義。觸及離是受之邊際。受陰無觸離二種感覺不顯。根境相對曰觸。受根境離開曰離。受喜怒哀樂爲能受。冷煖澀滑爲所受。身受有形之受。心受無形之受。若約法相宗。是徧行心所。領納一切順逆境界而生苦樂等妄情。諸識中皆有受相。惟鼻舌身非合不受。故以兩手摩空爲喻。譬如下喻心念不起時。四肢輕安。百骸調適。未有外境感觸。故性無違順也。受之源起於能造所造。有形之受爲所造。無形之受爲能造。其人無故以二手掌於空相摩。此卽是能造。妄生冷煖澀滑。此卽是所造。二掌若不相摩。則不生冷煖澀滑之相。能造卽是虛妄。所造又從虛妄中生起。故曰受陰虛妄亦如是也。

阿難。是諸幻觸、不從空來。不從掌出。如是阿難。若空來者。既能觸掌。何不觸身。不應虛空選擇來觸。若從掌出、應非待合。又掌出故。合則掌知、離則觸入。臂腕骨髓、應亦覺知入時蹤跡。必有覺心知出知入。自有一物身中往來。何待合知、要名爲觸。

幻觸不從空來。不從掌出。是名因緣所生之法。當體卽空。亦卽當處出生。隨處滅盡。虛妄了不可得也。若空下破幻觸不從空生也。若謂此觸從空生。是義不然。何以故。空無分別。無有檢擇之心也。既可以觸掌。亦可以觸身也。若從下破幻觸不從掌出也。若謂此觸從掌出。則二掌未相摩之時。何以不生冷煖澀滑也。若謂冷煖澀滑之相。必從掌出。則掌合能知其出。掌離應知其入。若必有入。則鄰近之臂腕骨髓。應亦當知其入之蹤跡。若謂能知出入。則必有一物往來身中也。又何必待二掌相合名爲觸耶。微細諦觀受陰之來源。空與掌兩處皆非也。

是故當知受陰虛妄、本非因緣、非自然性。

受陰虛妄。亦是因緣假名。亦即因緣和合虛妄有生。因緣別離。虛妄名滅。幻妄稱相也。本非因緣非自然性者。云受陰本是不生不滅妙覺明之體。性隨緣發現。其性本非生滅法也。受陰是心法。與色法大有區別。心緣外境時。是受有形之色。心緣內影時。是受無形之色。根塵相對。稍起分別。皆謂之受。即云一切不分別。亦謂之受。蓋分別境之好醜時。此受易知。不分別之受。此理難知。蓋說到一切不受時。已將此一切不受四字。領受去了。修行人欲知受陰虛妄。須先從根塵相對時入手。若能對外塵不起分別。塵既不緣。根無所偶。則身無所受矣。若能對內塵不生攀緣。意不亂思。識無所託。則心無所受矣。凡夫不能忘身。處處領納違順二境。而生憎愛。不明虛妄之理。造虛妄之因。故受虛妄之苦果。二乘不能忘心。處處迷昧生滅法塵二境。而不肯放捨。或躭着禪味。或趨向涅槃。法我未忘。仍受變易生死之苦。此皆因不明眞理。全爲受陰所錮蔽。行人若悟到無對待之法界身。觸且不有。又何有虛妄之受耶。

（三）想陰

阿難。譬如有人、談說酢梅、口中水出。思蹋懸崖、足心酸澀。想陰當知亦復如是。

此想陰亦是因緣所生虛妄想相也。想以緣慮爲義。記與忘是想之邊際。有念爲記。無念曰忘。想陰離記與忘不顯。依塵而想曰緣境。離塵而想曰緣影。有當前之想有事後之想。事爲所想。理爲能想。若約法相宗。亦是徧行心所。以能安立自境。緣慮三世境界而生種種思想。遂有種種虛妄影子。此想專屬意識。爲融通妄想。眼耳鼻舌身五識。皆無此功用也。故以虛妄之想像喻之也。譬如下云。酢梅未入口。何以聞酢梅而水從口出。懸崖未在前。何以思懸崖而足心酸澀。談說亦是虛言。思蹋亦非實境。故曰想陰虛妄亦如是也。

阿難。如是酢說、不從梅生、非從口入。如是阿難。若梅生者、梅合自談、何待人說。若從口入。自合口聞、何須待耳。若獨耳聞。此水

何不耳中而出。想蹋懸崖、與說相類。

此辨明想陰虛妄。不從梅生。非從口入。亦是當處生當處滅也。佛告阿難曰。譬如人說酢梅。口中卽生水。汝試觀此水從何而生。若云從梅生者。則梅未入口也。何以口中水出。何況說酢梅者是人說非梅說也。則推尋其理。不從梅生明矣。若云從口生者。則未說酢梅時。口應出水。何待耳聞而口中出水耶。何況聞說酢梅者是耳之功用。何耳不出水。而口中出水耶。則不從口入之理亦明矣。梅處口處兩處皆無。則酢說無根。足徵想陰不實矣。思崖足酸者。此酸又從何來。若云從崖而來。則足未至崖也。若云從足而來。則未思崖時足何不酸耶。然崖與足皆無思想也。比例而觀。思崖足酸與談梅水出同一虛妄想陰也。

是故當知想陰虛妄、本非因緣、非自然性。

想陰虛妄。亦是因緣假名。亦卽是總示中所謂因緣和合。虛妄有生。因緣別離。虛妄名滅。幻妄想像也。本非因緣者。云此想假借外因外緣而生。還是依他而起。若無酢說。而想陰不生。若不思崖。而想陰不生。然想陰雖隨外境忽生忽滅。而不思善不思惡。思盡還源時。還有一個不生不滅之性在。故曰本非因緣也。非自然性者。云此想隨塵起滅也。塵生則想隨之生。

塵滅則想隨之滅。隨塵起滅者。皆虛妄之想像也。非眞實性也。故曰非自然性。眞性既非因緣。又非自然。則隨緣不變之體顯露矣。隨緣不變之體。非外道所執自然之體。不變隨緣之用。非凡小所執因緣之用。想陰雖云虛妄不實。亦是聖凡之共路。以爲有想不可也。以爲無想亦不可也。若執之有想則終日意念紛飛。迷眞性而受輪轉。以爲無想則錯認涅槃灰斷。昧智光而墮頑枯。然想亦不可。無想亦不可。如之何則可耶。欲尋其妙理。即從後文思修之思字細紬之。此思字又何嘗不是想耶。不過此思字是正思。是思盡還源之思。非邪思亂思可比也。所以云。阿難縱強記不免落邪思。其落邪思者。皆因知根雜亂思也。若能正思。又何嘗不是靈丹妙藥也。且下文二十四聖。皆從此思而入。若無此思。即無有入門處。故誤認想陰爲眞實。則即爲虛妄所轉。若知其妄。借賊以殺賊。即轉禍爲功也。大凡修行人。皆須由思想而入眞理。若上根者。不用思惟。當下離心意識。即悟本心。若不能直下承當。還須仗此思想之力。方能造詣涅槃眞際。念一切法。謂之想。即不念一切法。亦謂之想。如圓覺經云。動念息念。皆歸迷悶是也。有想與無想。比例而觀。與其無想落於斷滅外道。何如有想而正思惟。思之思之。要知想陰虛妄中。自有清淨實相也。

阿難。譬如暴流、波浪相續、前際後際、不相踰越。行陰當知亦復

如是。

此行陰亦是因緣所生虛妄生滅相也。行以遷流爲義。生與滅是行之邊際。化無爲有曰生。化有爲無曰滅。行陰不假借生滅不顯。外相之生滅爲色塵生滅。內心之生滅爲法塵生滅。衆生從無始以來長刼輪迴。遷流不息。皆是受行陰驅使之苦。此行陰卽四禪四定亦爲其所束縛。八識雖受遷流之苦而含有不遷謝之主體在。七識遷流最勝。業運無有休息之時。念念不斷。恆審思量。非六識審而無恆可比。故曰亦審亦恆也。審而不間斷者思也。恆而不間斷者行也。因審恆不斷。故以暴流爲喻。此暴流卽陀那微細識習氣所成也。前際後際不相踰越者。云日夜遷流。無有停留之時。行陰卽如是也。

阿難。如是流性、不因空生。不因水有。亦非水性。非離空水。如是阿難。若因空生、則諸十方無盡虛空、成無盡流。世界自然俱受淪溺。若因水有。則此暴流性、應非水。有所有相今應現在。若卽水性、則澄清時、應非水體。若離空水、空非有外、水外無流。

此亦總示中所謂當處出生。隨處滅盡。行陰虛妄於眞常不動心體上求之了不可得也。不因空生者云空無流性也。不因水有者因水不自流因風鼓動也。亦非水性者云水是溼性。能流者是暴流。非水之性也。不離空水者云流性離空水不能顯露也。空喻眞如。水喻業識。若曰此暴流因空而生。則十方虛空應成無盡流。此卽喻行陰若從眞如生則眞如卽成無盡妄行也。世界俱受淪溺者。卽喻佛菩薩亦被行陰所遷流也。若曰流性因水有者。則水與流當有二性。流性應離水之外。別有處所。別有相狀可以指呈也。此喻行陰若因業識有。則此行陰性與業識性應有不同。亦應另有分別相也。若云暴流性卽是水性。則水之澄清時暴流性又應非水體也。此喻行陰非業識也。行陰若是業識。則何以八識不動時。虛妄之行陰失其所依。卽不生起矣。若云暴流離空離水而有。而空無內外。暴流實不能離空。水外無流。暴流實不能離水。此喻行陰雖是虛妄而不離乎八識。無明之風不動。則行陰之虛妄無憑。亦卽性海中水波不興也。波浪不起。則性海澄清。虛妄不生。則眞如寂靜也。

是故當知行陰虛妄、本非因緣、非自然性。

行陰虛妄者。亦卽總示中因緣和合。虛妄有生。因緣別離。虛妄名滅。虛而不實之生滅法也。本非因緣者。云行陰皆從如來藏而起。雖借緣生而體恒不變。卽如波浪因風妄動而溼性

斥識陰

返還曰入
混一曰合

不壞也。非自然性者。即云體雖不變。而常假緣生。例如海無波不顯也。大、海之水波波相續。前際後際不相踰越。故海不澄清。眞如性中念念相續。前念後念不相間斷。故性不寂靜。世界衆生從無始刼來受種種生滅苦。皆是受行陰驅使造善造惡。枉受輪廻。七識業運不停。卽極小時間亦未嘗休息。其流相有前際後際中間三相。前際若不生。後際卽不續。中間亦無住。行人若從不生不續無住三相觀之。卽知諸行妄處。卽是諸行眞處。諸法空處。卽是諸法實處。虛妄之行陰。其實亦卽妙眞如性中之物。迷則卽虛妄之行陰。悟則卽不變眞如體中所發大用也。

阿難。譬如有人、取頻伽瓶、塞其兩孔。滿中擎空。千里遠行、用餉他國。識陰當知亦復如是。

此識陰亦是本智光中分出虛妄精明也。識以了別爲義。湛入合湛。皆是識之邊際。故曰湛不搖處。還是識陰區字。此陰最細。人但知分湛圓性爲視聽覺察是識陰用事。殊不知返流旋一。合於圓湛。猶是識陰用事也、以欲眞已非眞眞如性也。故出流分湛之識易知。返流合湛之識難知。譬如有人。此人字、喩業行。卽七識之業運不停也。頻伽瓶喩生死妄色。卽八識

生爲分段色。死爲中有色。

所執之親相分勝義諸根也。塞其兩孔。卽煩惱所知二障。障塞我法二空也。滿中擎空者。云生死妄色中本無實我實法也。千里遠行用餉他國者。云不悟十方之空。同一眞空。誤執我法二執。將眞空局於方所。往來六道捨生受生也。性覺眞空。本來周徧法界。一迷爲心。惑爲身內。遂爲遷流不息之業行。牽往入六道中妄生妄死矣。若了唯心。種種虛妄。皆了不可得。故曰識陰亦復如是也。

阿難。如是虛空。非彼方來。非此方入。如是阿難。若彼方來。則本瓶中旣貯空去。於本瓶地。應少虛空。若此方入。開孔倒瓶。應見空出。

此總示識陰之虛妄。於眞常不動心體上求之。了不可得也。非彼方來者。云彼方之空。與此方之空。同是一空。此空實不離當處也。非此方入者。云空無形像。空無邊際。此方之空。亦卽彼方之空。實無出入來往之跡也。佛告阿難曰。若云此空從彼方來。則彼方之瓶旣貯空往他方。則彼方之空應減少。汝能見彼方之空減少否。此喩湛然不動之精明體。雖分湛他方。

而本來湛明之體。實無絲毫欠少也。因有法我二執。故分湛不能合於本湛也。若云此空從此方入。則能見其入。即能見其出。何以開孔倒瓶時。不見其空出也。此喻衆生往還六道。彼業行牽識神而走。既不知其何以入。更不知其何以出。其入其出。皆是虛生浪死。而圓明精湛之體。毫無損傷。所謂雖歷百千刼。而一輪無影月。仍在太虛空也。

是故當知識陰虛妄、本非因緣、非自然性。

識陰虛妄者。亦卽總示中所謂和合妄生。和合妄死。生死去來。皆虛妄不實也。本非因緣者。云此識陰雖流溢奔色奔聲。不過由對待而趨逐色聲。其本來精明不動之體。實不與外境之色聲俱生俱滅。識陰離外境不生。而性識明知。覺明眞識。實不藉因緣而隨之生滅也。故曰非因緣也。非自然性者。云此識雖有不變之體。而有圓照法界之用。眞識與識精有同緣外境之功能。分別而隨外境轉者爲妄識。分別而不爲外境轉者。卽是靈明之本體。所謂能轉物者。則爲向佛智也。既能了別物相。不爲物轉。而復能轉物者。故曰非自然性也。五陰中惟識陰最難體驗。蓋識是心法之體。時時與色法不相捨離者也。根塵相對時。識陰當處卽生。根塵不對時。識卽無所識。衆生從無始刼來。始終未曾離開法我二執。處處依他起性。故以妄識爲眞。凡夫執着相分不捨。是虛妄之識陰用事。二乘執着見分不捨。亦是識陰用事。

通教菩薩雖能當體卽空。而能空之智。亦是識陰用事。別教菩薩從見相二分之外。別立一自證分。所別立者。亦是識陰用事。惟圓教知見相二分。卽是自證分。所謂五八果上轉也。本性之識。卽妙明之知。本覺之明。卽性眞之識。迷無明者。亦是此識。悟眞常者。亦是此識。識陰本有不動周圓之妙。惜乎世人不能打破頻伽瓶。故爲識陰所錮蔽。若能悟到聚沫之色。如幻水泡之受。空虛陽燄之想。非有芭蕉之行。不實幻妄之識。無住。則如來大光明藏。當下全身畢現矣。此五陰者。舉體卽是一念。此一念者。全體卽是五陰。所以推求五陰本空。六塵非有。色之與心。畢竟無念。修行人若能以觀無念者。當下卽隨順入眞如境也。

（楞嚴經直解卷二終）

六入。五根六塵十一色法同名內色此別開迷內色者。眼入。

此云因緣所生法。

楞嚴經直解卷三

復次阿難。云何六入本如來藏妙眞如性。

此下顯如來藏不離六根也。根爲能入。塵爲所入。今云六入者。單指六根而言。因根能吸取六塵也。眼根流溢奔色。耳根流溢奔聲。爲能入。眼以虛受色。耳以虛受聲。爲所入。凡夫入三界六塵。二乘入於眞諦。菩薩入於俗諦。佛入中諦。皆名爲入。其實能入所入。皆不出乎一眞法界。故曰六入本如來藏妙眞如性。

阿難。卽彼目睛瞪發勞者。兼目與勞。同是菩提瞪發勞相。因於明暗二種妄塵。發見居中。吸此塵相。名爲見性。

前五陰文共五段。每段文分四節。此六入文分六段。每段亦分四節。皆從總示文中逐細分剖也。此第一節文云因緣所生法。亦即總示文中所謂浮塵諸幻化相也。直視曰瞪。勞因瞪目而發。故曰瞪發勞相。前文云譬如淨目瞪以發勞。別見狂華。是以目睛喩眞性。以瞪喩勞。

此云因緣即是空。

以狂華喩勞相。此言不但狂華是勞相。即目睛亦是瞪菩提心所發勞相也。以見相二分。總屬無明業識所變現故也。明暗二種妄塵對於眼根。眼根即吸收此二種妄塵名爲見性。此正顯目入是因緣所生法也。然明暗二塵己屬空花無性。況由此所發妄見更攬結浮勝二根耶。所云發見居中者。亦不過隨情說耳。其實皆是浮塵諸幻化相也。

此見離彼明暗二塵、畢竟無體。如是阿難、當知是見非明暗來、非於根出、不於空生。何以故。若從明來、暗即隨滅、應非見暗。若從暗來、明即隨滅、應無見明。若從根生、必無明暗。如是見精本無自性。若於空出、前矚塵象、歸當見根。又空自觀、何關汝入。

此一節文亦云因緣即空。亦總示中所謂當處出生。隨處滅盡。性眞常中。求於去來迷悟生死了無所得也。前文如來因阿難尊者認定緣心不捨。遂云緣心離塵無體。欲其捨緣心而認見性。今欲尊者即見性而認眞如性。故言見性離明暗二塵畢竟無體。尊者若能於無所緣處。無所見處。悟知能緣能見者。即於菩提心中瞪發勞相處認得不動周圓之本體也。如

此云因緣是假名、此云因緣即中。

來又逐細剖分眼入虛妄而示尊者曰。阿難當知此見非明暗來。非於根出。不於空生也。此見若從明來則祇能見明而不能見暗。此見若從暗來則祇能見暗而不能見明。蓋明處無暗。暗處無明見不能兩在也。見不能兩在。則知見實非從明暗來也。此見若從根出。則根無自性。離塵無體也。根離塵尚無明暗之相。何有生見之能也。根離塵無所矚。故知非於根生也。此見若從空生。則空能觀塵象。必能觀眼根也。空何以不能觀眼根也。卽云空能觀。然空自觀。與能見之根又不相干也。空既不能兩觀則此見實不於空生也。如是諦觀。實知此見之眞。了不可得也。

是故當知眼入虛妄、本非因緣、非自然性。

此第三節眼入虛妄。亦是因緣假名。因緣和合虛妄有生。來無來處。因緣別離。虛妄名滅。去無去處。亦即總示中幻妄稱相也。第四節本非因緣非自然性者云因緣卽中即妙覺明體卽本如來藏也。卽因緣卽自然者。不可執着因緣。亦不可執着自然也。若執着見性從所見之相生。則墮於因緣。若執着見性從能見之根生。則墮於自然相見皆從自證分變化者。實不可合。亦不可分也。既不可合不可分。故曰非因緣亦非自然也。

耳入。

此云因緣所生法。

阿難。譬如有人、以兩手指急塞其耳。耳根勞故、頭中作聲。兼耳與勞、同是菩提瞪發勞相。因於動靜二種妄塵、發聞居中、吸此塵象、名聽聞性。

此卽觀音大士入理之門也。娑婆衆生耳根最利。能遍聞十方。故此方眞教體。清淨在音聞也。此六中入第二段第一節文亦是因緣所生法。浮塵諸幻化相也。塞耳是耳家之勞。因塞耳故發勞相。若眼見狂華。耳中作聲。皆爲勞相所發。此虛妄因緣所生之法。同是菩提瞪發勞相也。以動靜二塵。總屬無明業識中所幻出也。動靜二塵來於耳根。耳根卽領取二種妄塵爲聽聞性。其實動靜二塵皆生滅法。暫有暫無。毫無實體。發聞居中者。是虛妄因緣生。若究其實處。當下皆無生也。如何以無生之虛妄法。誤執爲聽聞性耶。

此聞離彼動靜二塵、畢竟無體。如是阿難。當知是聞非動靜來、非於根出、不於空生。何以故。若從靜來、動卽隨滅、應非聞動。若從動來、靜卽隨滅、應無覺靜。若從根生、必無動靜。如是聞體、本無自性。若於空出。有聞成性、卽非虛空。又空自聞、何關汝入。

此一節文云因緣卽是空。卽總示中所謂當處出生。隨處滅盡。性眞常中。求於去來迷悟生死了不可得也。聞性假動靜二塵而顯。若離動靜二塵。實無自體。故目犍連尋佛音聲窮盡十方了不可得也。是聞非動靜來者。蓋動靜是生滅法。緣會則生。緣散則滅。皆無自性也。聞性是周遍法界。無來無去者。故曰非從動靜來也。非於根出者。云此根是非知之根。勝義之耳根。亦無實性。其流溢奔聲時。亦依外塵所起。若無動靜時。此聞性卽了不可得。故云非於根出也。不於空生者。云空是無知者也。空不能聞動聞靜也。聞尙不能。故云非從空生也。如來恐尊者不明此理。又詳而告之曰。此聞若云從靜境生者。則動境現時。此聞卽隨靜滅。應非聞動。然又聞萬竅怒號者是誰耶。此聞若云從動境生者。則靜境現時。此聞卽隨動滅。應非聞靜。然又知寂然無聲者是誰耶。若云從根生者。則動靜未生時。亦復無聞。聞之體性尙無。無生中不可言有生也。若云從空出者。則空能聞。應名爲耳。不名虛空矣。然空自能聞。又與耳兩不相干矣。如是諦觀。此聞性實無處所也。

此云因緣是假名。

此云因緣卽中。

鼻入。

此云因緣所

是故當知、耳入虛妄、本非因緣、非自然性。

此第三節耳入虛妄。亦是因緣假名。因緣和合虛妄有生。因緣別離。虛妄名滅。生無生處。滅無滅處。卽總示中所云幻妄稱相也。第四節本非因緣非自然性者。云因緣卽中。本如來藏也。若執着聞性從所聞動靜生。則墮於因緣。若執着聞性從能聞之根塵生。則墮於自然。聞性雖非動靜。然離動靜不顯。若從觀音入理一門超入。則所入之動靜二塵了然不生。能入之耳根亦寂然亡所塵旣不緣。根無所偶。根塵雙方謝絕時。方知因緣所生是虛妄法。自然所生亦是虛妄體。因緣自然皆是假名。眞聞性遍滿虛空。說因緣自然者皆非實法。故曰非因緣非自然性也。

阿難。譬如有人、急畜其鼻、畜久成勞、則於鼻中聞有冷觸、因觸分別通塞虛實。如是乃至諸香臭氣。兼鼻與勞、同是菩提瞪發勞相。因於通塞二種妄塵、發聞居中。吸此塵象、名齅聞性。

鼻無中交。非合方知。所齅是香。能齅是鼻。然香鼻未合時。非知之鼻根實無知覺。其眞能知

生法

此云因緣卽是空

香知臭者。實非鼻之功用也。所以終日添香換水。不知此身卽是道場也。此六入中第三段第一節文。亦是因緣所生法。浮塵諸幻化相也。畜鼻是鼻家之勞。因畜鼻故發勞相。畜久成勞。卽有冷觸。因冷觸而分別通塞虛實。此卽虛妄因緣所生之法。皆是菩提心中所發勞相也。以香臭氣兼鼻與勞。總屬業識中所幻出也。通塞二種妄塵。觸於鼻端。鼻端卽領受二塵爲齅聞性。其實通塞二塵皆無實性。發齅居中者。皆虛妄因緣生。其實當下卽無生也。如何以通塞之虛妄法。認爲齅聞性耶。所以古人道有些氣息亦是病。果能於分別香臭處打失鼻孔。當下卽同三世諸佛一鼻孔出氣矣。

此聞離彼通塞二塵、畢竟無體。當知是聞、非通塞來、非於根出、不於空生。何以故。若從通來、塞則聞滅、云何知塞。如因塞有、通則無聞、云何發明香臭等觸。若從根生、必無通塞。如是聞機、本無自性。若從空出。是聞自當迴齅汝鼻。空自有聞、何關汝入。

此第二節文云因緣卽是空。卽總示中所謂當處出生。隨處滅盡。性眞常中求於去來迷悟

此云因緣是假名

生死了不可得也。齅聞性假香臭二妄塵而顯。若離此二塵。鼻之體性卽不可得。故古人聞本樨香否一語而悟道。此卽悟得能聞之眞性也。是齅聞性非通塞來者。蓋通塞是隨塵而起之虛妄法。通來時而齅聞性非通塞來時而齅聞性非塞。此通塞緣會則生。緣散則滅。齅聞性實無處所。故曰非從通塞來也。非於根出者。云此鼻根無中交。若無香臭二塵現前。則鼻根卽無知覺。故云非於根出也。不於空生者。云空無實體。亦無知覺。既無實體無知覺則齅聞性實不從空生也。如來又重爲發明而告阿難曰。此齅聞性若云從通來。則塞來時汝之性亦滅。汝因何知塞耶。若云此齅聞性從塞來。則通來時當無感覺。汝因何知通耶。若云從鼻根生者。則當香臭二塵未觸鼻端時何無所聞。此聞機本無自性。知通知塞者。皆是虛妄因緣。鼻端中實無通塞也。若云從空出者。則空當遠齅一切山河大地。自當迴齅汝鼻也。汝觀虛空有此功能耶。卽縱云空有齅聞性。然空自聞與汝鼻之知覺兩無關係也。如是諦觀此齅聞性實可對而不可見之妙法也。

是故當知鼻入虛妄、本非因緣非自然性。

此第三節文云鼻入虛妄亦是假名。因緣和合則虛妄生。因緣別離。則虛妄滅。生亦無處所。滅亦無處所。卽所謂幻妄稱相之假名稱也。第四節云本非因緣非自然性者。云因緣卽中

此云因緣卽是中

舌人舐神紙切

此云因緣所生法

本如來藏眞如體性也。眞如海中本無名言。若執着齅聞性從香臭二塵生。卽墮於因緣。若執着齅聞性從能齅之鼻根生。卽墮於自然。其實此齅聞性本不離眞如體。因執爲二邊。落於能所。故不能周遍法界。若能悟到香積國之香。則香塵又何嘗不是佛法耶。因緣自然卽是中道理體惜乎修行人不能細心領悟也。

阿難。譬如有人、以舌舐吻、熟舐令勞。其人若病、則有苦味。無病之人、微有甜觸。由甜與苦、顯此舌根。不動之時、淡性常在。兼舌與勞、同是菩提瞪發勞相。因甜苦淡二種妄塵、發知居中。吸此塵象、名知味性。

此六入中第四段第一節文。亦是因緣所生法浮塵諸幻化相也。舐吻是舌之勞。因舐吻故有勞相。舐久成勞。卽有甜苦兩種味生。舌根不動之時。淡性常在。由甜與苦顯出舌之功用。無病之時。微有甜觸。有病之時。卽有苦味現前。此甜苦二種虛妄。皆是因緣所生妄法。菩提心中所發勞相也。人不明了知味之性。畢竟無有處所。故誤以甜苦淡爲舌體。故於甜苦淡二塵互相感覺時。發知居中。吸此塵象爲知覺性。其實此知覺性由舌而顯。舌體本無知覺也。譬如人之論議時。皆由舌端發揮妙理。其舌體何嘗有文字相耶。若悟知覺性在舌端上非卽非離。則知不卽不離之中。實有廣長舌能發妙音遍滿大千也。

此知味性、離彼甜苦及淡二塵、畢竟無體。如是阿難。當知如是嘗苦淡知、非甜苦來、非因淡有。又非根出。不於空生。何以故。若甜苦來、淡則知滅、云何知淡。若從淡出、甜卽知亡、復云何知甜苦二相。若從舌生、必無甜淡及與苦塵。斯知味根、本無自性。若於空出、虛空自味、非汝口知。又空自知、何關汝入。

此第二節文云因緣卽是空。當處生當處滅。窮其去來生滅迷悟了不可得也。知味性假甜苦淡二種妄塵而顯。若離此二塵。舌之體性卽不可得。聰明者倘能從觸食之理悟入。則卽悟知味者實非舌也。蓋知味性實非甜苦淡二塵來也。若云從甜苦來則如藥之苦能知。如

淡知者卽云淡有知也

此云因緣卽是空

此云因緣是假名此云因緣卽中也

蜜之甜能知。則平淡無味時是誰。故曰非甜苦來。若云從淡來。則淡時實無甜苦二味也。能知甜知苦者又是誰。故曰非因淡有。若云從舌根出者。此舌根無有甜苦淡二塵現前則舌卽無有知味性。故曰非於根出。若云從空生者。則空不能嘗甜苦淡何味也。空實無知味性。故曰不於空生。佛復微細示阿難曰。此知味性若從甜苦來。則淡味現前時則知味性亦隨甜苦滅。卽不復能知淡矣。此知味性若從淡來則甜苦味現前時則知味性亦隨淡滅。卽不復能知甜苦矣。此知味性若從舌生。則舌爲非知之根本無自性之物。云何能有甜苦淡二性也。此知味性若從空出。則虛空自知其味。又非汝舌知也。卽云虛空有知。然於舌入又有何關係耶。如是諦觀。此知味性當下卽空也。

是故當知舌入虛妄、本非因緣非自然性。

此第三節云舌入虛妄亦是假名。因緣和合則虛妄生。因緣別離則虛妄滅。生無生處。滅無滅處。皆幻妄稱相也。第四節云本非因緣非自然性者。云因緣卽中。卽本如來藏妙眞如性也。眞如性中本無能所。隨緣發現各種因緣法。實不離自體。若於甜苦淡來時。執着有所生。則爲因緣所生法迷惑。若於甜苦淡來時執着有能生。則爲自然能生法迷惑。非因緣者。云此知味性。非因緣法之所生。非自然者。云此知味性非自然之體生。蓋執着能生所生。皆落於能所矣。若能能所兩空。當下卽還復眞如性體。故曰本非因緣。非自然性。修行人若對于一切世情味同嚼臘。則可以嘗無上法味矣。

身入

阿難。譬如有人、以一冷手、觸於熱手。若冷勢多、熱者從冷。若熱功勝、冷者成熱。如是以此合覺之觸、顯於離知。涉勢若成、因於勞觸、兼身與勞、同是菩提瞪發勞相。因於離合二種妄塵、發覺居中、吸此塵象、名知覺性。

此云因緣所生法

身以離合違順而顯覺性也。合時有身知其觸。離時有身知其離。所覺是境。能覺是身。冷熱未生時。非知之根身實無知覺。其眞能覺冷熱者。四大和合之幻質實無此功能也。所以功夫做到純覺忘身時。實知幻化之身卽是法身也。此六入中第五段第一節文。亦是因緣所生法。浮塵諸幻化相也。觸手是身之勞。因觸故發勞相。勞久卽有冷熱之相。此冷熱相亦是因緣所生法。皆是菩提心中所發勞相也。以冷熱二種虛妄相。兼身與勞。總屬業識所變現也。冷熱二相來於手邊。此手卽領受二塵。爲覺觸性。冷多從冷。熱多從熱。或離或合。或順或

此云因緣即是空

逆。其實皆無一定之性。發覺居中吸此塵象皆是虛妄因緣所生。若尋其究竟。毫無處所。如何以虛妄法認爲覺觸性耶。若妄執爲覺觸性則當四大分離時何身與手兩無所覺觸耶。

此知覺體離彼離合違順二塵。畢竟無體。如是阿難。當知是覺非離合來、非違順有。不於根出。又非空生。何以故。若合時來、離當已滅、云何覺離。違順二相、亦復如是。若從根出、必無離合違順四相。則汝身知、元無自性。必於空出、空自知覺、何關汝入。

此第二節文云因緣即是空。當處生當處滅。性眞常中求於去來生死迷悟了不可得也。覺觸性無離合違順二塵。身之體性即不可得。是覺觸性非離合來者。云覺觸生時離時無合合時無離。覺不能兩在。故曰非離合來。非違順有者。云覺違時則順滅而違生。覺順時而違滅則順生。違順不能兩有。故曰非違順有。不於根出者。云有物觸身時覺其合。有物離身時覺其離。違則覺違。順則覺順。此離合違順皆外境所感觸。根身實不能自生離合違順也。故曰不於根出。又非空生者。云空本處空。無覺觸性。故曰不從空生。如來又詳以告尊者曰此

此云因緣是
假
此云因緣卽
中
意入

覺觸性若從離觸而生。則覺離時覺合之性已滅。云何復能覺合耶。若云從合觸而生。則覺合時覺離之性已滅。云何復能覺離耶。若云從違有者則有於違。卽不能有於順。若云從順有者則有於順。卽不能有於違。若云從根生者。則身無自性。若無離合違順虛妄因緣。則身卽無所覺觸矣。若云從空生者則無知之頑空。本無體性。如何能覺觸離合違順耶。卽強而名爲空知。然空自覺知。又與根身無有關係也。

是故當知、身入虛妄。本非因緣非自然性。

此第三節文云身入虛妄亦是假名。因緣和合則妄生。因緣別離則妄滅。生滅皆無處所。皆幻妄稱相之假名也。第四節云本非因緣非自然性者。云因緣卽中。亦卽本如來藏體性也。覺觸性本周遍法界。不可云離。不可云合。若執爲有離有合。卽墮於因緣所生。若執爲能離能合。卽迷於自然之體。蓋因緣是假名。自然亦無體性。故曰非因緣非自然性。世人若悟因緣即是中道理體所發之用。則傀儡之幻身。當下卽千百億之化身也。

阿難。譬如有人、勞倦則眠。睡熟便寤。覽塵斯憶、失憶爲忘。是其顚倒生住異滅。吸習中歸、不相踰越、稱意知根。兼意與勞、同是

集知者。集生滅二種妄塵。於意知根也。流不及地者。云前五根但能緣外不能緣內但有緣之功用。無有知之功用也。此云因緣所生法。

菩提瞪發勞相。因於生滅二種妄塵。集知居中。吸撮內塵。見聞逆流、流不及地、名覺知性。

此六入文中第六段第一節文。亦是因緣所生法。浮塵諸幻化相也。意知根通則即八識心王五十一心所攝無不盡。別則獨取第七末那識。以恆審思量爲體相。兼攝第八阿賴耶識。七八兩識本不相捨離。從無間斷眠寤憶忘四種皆有生住異滅四相。初眠時爲生相。正眠時爲住相。將寤時爲異相。已寤時爲滅相。初寤時爲生相。正寤時爲住相。勞倦時爲異相。眠去時爲滅相。初憶時爲生相。正憶時爲住相。將忘時爲異相。全忘時爲滅相。初忘時爲生相。正忘時爲住相。欲憶時爲異相。憶成時爲滅相。如此生住異滅。總名顚倒。無始習氣。刹那不停。如湲逐湲。後不至前。前七轉識之相。類皆若此。勞倦則眠。熟睡便寤者。以此意識攬此根身。領納爲境。令生覺受。安危共同。故曰寤曰寐。以顯根身。此是親相分也。攬塵斯憶。失憶爲忘者。如見奇物而憶忘都無。又覩前異而宛然不失。故曰憶曰忘。以顯器界。此是疎相分也。顚倒生住異滅者。謂此識本是妙圓眞淨妙心。轉不生滅性而成生滅業識。能緣根身器界。故有寤寐有憶忘。是即顚倒生滅也。故人祇知眠寤憶忘爲意之勞相。而不知此意知根亦

吸習者。吸種種習氣也。斷德者。斷惑之德也。吸攝者。吸爲吸收。攝爲攝取　中間相分一頭生。爲獨頭意識用事。同時者。前五現前分別。卽同時意識也。

即是菩提所發勞相也。意知根別無自體。因生滅妄塵。黏湛發知。知精映法。攬法成根也。生滅二塵。生卽攝住。滅卽攝異。若細分之。生滅二塵各具生住異滅四相。欲生爲生相。正生爲住相。生已爲異相。未生爲滅相。此是生塵之四相。欲滅爲生相。正滅爲住相。滅已爲異相。未滅爲滅相。此是滅塵之四相。若準起信論云。人之一念中皆具有此四相。若破生相無明。則即有斷德之功能矣。吸習中歸不相踰越者。謂能含藏相見二分種子皆歸於中。而念念受熏無有間斷時也。集知居中者。圓覺所謂妄有緣氣。於中積聚。假名爲心。所謂聚緣內搖也。吸攝內塵者。謂攬取五塵落謝影子。爲獨頭意識所緣境也。見聞逆流者。云同時意識。爲見聞順流緣於外塵。獨頭意識。爲見聞逆流緣於內塵也。見聞嗅嘗覺爲外塵。爲順流。知根爲內塵。吸攝爲逆流。流不及地者。謂獨頭意識。但能依於意根而緣內塵。終不能反緣其根。既不能反緣其根。如何能名眞覺知性也。

此覺知性、離彼寤寐生滅二塵、畢竟無體。如是阿難。當知如是覺知之根、非寤寐來。非生滅有。不於根出。亦非空生。何以故。若從寤來、寐卽隨滅。將何爲寐。必生時有、滅卽同無、令誰受滅。若

此云因緣即是空
寤者醒也
寐者睡也

從滅有、生卽滅無、誰知生者。若從根出、寤寐二相、隨身開合離斯二體。此覺知者、同於空華、畢竟無性。若從空生、自是空知、何關汝入。

此第二節文云因緣即是空。當處生當處滅。性眞常中求於去來生死迷悟了不可得也。此意知性離眠寤憶忘亦不可得。非寤寐來者。云覺知性若從寤來。寐時即無寤。則在寤之性已滅而昏然熟睡者誰耶。若從寐來。寤時無寐。則在寐之性已滅而清明睡醒時又誰耶。故曰此覺知性非從寤寐來非生滅有者云此性若從生時有。則滅之中卽無性。而受滅者是誰。若云從滅時有。則生之中卽無性。而知生者又是誰。生滅不能兩有。故曰非生滅有。不於根出者。云此性若離寤寐二塵無有體相可顯。單根不能生知覺性。故曰不於根出。亦非空生者。云處空無眠寤憶忘等知覺性。故曰亦非空生。縱卽强名曰空知。然空自知。又不關汝入也。

是故當知意入虛妄、本非因緣非自然性。

此云因緣是假

此云因緣卽是中

十二處

此破妄顯眞也。眼色耳聲各各二法對破。餘皆專破外塵。前文破內六處。此破外六塵也。

此第三節文云意入虛妄亦是假名。因緣和合則虛妄生。因緣別離則虛妄滅。生滅皆無處所。皆幻妄稱相之假名也。第四節文云本非因緣非自然性者。云因緣卽是中。本卽如來藏之體性也。性識明知本來周遍法界。若執爲因緣生。則墮於所生。故曰本非因緣。若執爲自然生。則墮於能生。故曰亦非自然性。此性識明知非意知根可比。不可以知知也。若以知知。則又墮於能知障中矣。意知根處處分別。若能於無可分別之時一反審焉。則無上知覺何嘗不在目前耶。

復次阿難。云何十二處本如來藏妙眞如性。

此十二處爲愚色而不愚心者別開也。處爲處所。以十一色法皆是心之所慮所託處。意之一法。是十一色法所現所生處也。此十二處本一圓融清淨寶覺。由衆塵隔越無狀異生。各分彊宇。故不能混成一統也。凡夫以三界依正爲處。二乘以方便依正爲處。菩薩以實報依正爲處。佛以常寂光土依正爲處。處處無實法。卽空卽假卽中。故曰本如來藏也。此十二處。若破一處則十一處皆破。所以六根中一根得解。其五根同時得解也。初卷七處徵心。是破心無處所。此十二處是破處無處所也。

眼色處

眼與色本如來藏性

阿難。汝且觀此祇陀樹林、及諸泉池。於意云何。此等爲是色生眼見。眼生色相。阿難。若復眼根生色相者。見空非色、色性應銷。銷則顯發一切都無。色相既無、誰明空質。空亦如是。若復色塵生眼見者。觀空非色、見卽銷亡。亡則都無、誰明空色。是故當知、見與色空俱無處所。卽色與見、二處虛妄、本非因緣非自然性

此十二處文有六段。每段亦分四節。初云觀此樹林泉池者。云因緣所生法。卽總示中所謂一切浮塵諸幻化相也。次從於意云何至誰明空色。顯因緣卽空也。三從是故當知二處虛妄。顯因緣皆假名也。四本非因緣非自然性。顯因緣卽中也。後五段文皆准此。皆總示文中細分之文也。佛告阿難曰。汝觀此林泉。爲是先有色生而後有眼見耶。爲是先有眼見後有色生耶。若云眼能生色相。則此眼不見林泉觀空時。林泉之色當卽銷滅。色既銷滅。則能生色相之眼無所觀也。既無能觀之眼。又誰明空質耶。空亦如是者。云色塵若能生眼見。則空

耳聲處
耳與聲本如來藏性

非色塵。空不能生汝見也。空不能生汝見。則汝之見當卽銷亡矣。亡則全亡。而能見空見色者誰耶。是故當知見與色空。俱無實處。皆是幻妄稱相也。本非因緣。非自然性者。云迷則卽是色空互相起滅之虛妄。悟則卽精見妙明不變隨緣之如來藏性也。

阿難。汝更聽此祇陀園中食辦擊鼓、衆集撞鐘。鐘鼓音聲、前後相續。於意云何。此等爲是聲來耳邊、耳往聲處。阿難。若復此聲來於耳邊。如我乞食室羅筏城、在祇陀林則無有我。此聲必來阿難耳處、目連迦葉應不俱聞。何況其中一千二百五十沙門、一聞鐘聲、同來食處。若復汝耳往彼聲邊。如我歸住祇陀林中、在室羅城則無有我。汝聞鼓聲、其耳已往擊鼓之處。鐘聲齊出、應不俱聞。何況其中象馬牛羊種種音響。若無來往、亦復無聞。

鼻香處
鼻與香本如來藏性

是故當知、聽與音聲、俱無處所。即聽與聲、二處虛妄、本非因緣非自然性。

此云耳與聲亦是因緣所生虛妄法也。鼓聲鐘聲前後相續。總屬聲塵邊事。而能聞鐘鼓齊鳴之聞性。實不落方所也。佛因尊者不知聞性實無方所。故詳以示之曰。汝觀此聲爲是聲來耳邊耶。爲是耳往聲處也。若謂聲來耳邊。則此聲已來汝耳邊。他人應不俱聞也。若謂耳往鼓處。則鼓處有耳。鐘處無耳。不合更聞鐘聲也。蓋聲塵是生滅法。聞性是不生滅法。聲塵起處。聞性聞其有。聲塵落處。聞性實不隨其無。聲塵是當處生當處滅虛妄之相也。若云無往來。則當無聞。若云有往來。則實無處所。是故當知聽與音聲。聲實不來於耳根。耳實不往於聲處。聞性周遍。實無往來之迹。不但能聞鐘鼓齊鳴。即十方一切象馬牛羊種種音聲。無不俱聞也。本非因緣自然者。云迷則動靜皆落法塵。悟則本不動周聞隨緣不變之性也。

阿難。汝又齅此爐中旃檀。此香若復然於一銖、室羅筏城四十里內同時聞氣。於意云何。此香爲復生旃檀木、生於汝鼻、爲生於空。阿難。若復此香生於汝鼻、稱鼻所生、當從鼻出。鼻非旃檀、云何鼻中有旃檀氣。稱汝聞香、當於鼻入。鼻中出香、說聞非義。若生於空。空性常恆、香應常在。何藉爐中爇此枯木。若生於木、則此香質、應爇成煙。若鼻得聞、合蒙煙氣。其煙騰空、未及遙遠、四十里內云何已聞。是故當知香鼻與聞、俱無處所。即齅與香二處虛妄。本非因緣非自然性。

此云鼻與香本如來藏性。遇因緣會合而生也。欲尋香之出處實無處所可得也。若云此香從鼻所生耶。則鼻非旃檀。云何有此香氣。若稱鼻可聞香。必有香之出入方可稱聞。既不見香之出入。而說爲聞。是義不然。若云此香生於空者。則虛空常在。香亦應常在。又何必爇爐中之旃檀而後有耶。若云生於木者。則此香氣因爇而成烟。鼻有所聞而何以未蒙烟氣之遠處亦得聞耶。審諦細觀。三處都無。是故當知香鼻與聞俱無處所。齅與香二處亦皆虛妄

舌味處
舌與味本如來藏性

也。本非因緣非自然性者。云聞香之性。本來周遍法界循業發現者。若無鼻與旃檀遇合則聞性不生也。此聞性雖假因緣生而實不隨因緣滅。虛妄因緣中實有不變之體在。故曰非因緣非自然性也。

阿難。汝常二時衆中持鉢。其間或遇酥酪醍醐、名為上味。於意云何。此味為復生於空中、生於舌中。為生食中。阿難。若復此味生於汝舌。在汝口中、祇有一舌。其舌爾時已成酥味、遇黑石蜜、應不推移。若不變移。不名知味。若變移者、舌非多體、云何多味。一舌之知。若生於食。食非有識、云何自知。又食自知、即同他食。何預於汝、名味之知。若生於空。汝噉虛空。當作何味。必其虛空若作鹹味。既鹹汝舌、亦鹹汝面。則此界人、同於海魚。既常受鹹、了不知淡。若不識淡、亦不覺鹹。必無所知、云何名味。是故當知、味舌與嘗、俱無處所。卽嘗與味、二俱虛妄。本非因緣非自然性。

此舌與味亦是虛妄因緣所生法也。窮其本源亦如來藏之體性也。酥酪醍醐各有其味也。若謂此味生於舌中則一舌祇能生一味。知此味卽不能知彼味。獨知一味則卽不名爲知味。若變異而知別味。舌非多體。云何能生多味。是則此味不從舌生明矣。若云此味生於食中則食無知覺。云何自知爲甜爲苦。卽使食能自知。則食之自知。卽同他人食而知味。與汝之舌兩無關係矣。如是則知味之性必不在食中也。若云此味生於空中。汝嘗虛空有何味也。譬如虛空若作鹹味。則世界人將同海魚。既常受此鹹味。必可知其淡味。汝嘗虛空有鹹淡否。若不知鹹淡。則此味實不生於虛空矣。是故當知味舌與嘗俱無處所。亦卽虛妄稱相也。本非因緣非自然性者。云知味性。卽是性識明知循業而起者也。不但能知多味。實能知無上法味。若執爲舌能知味者。皆墮於因緣所生法。其實此知味性。既非因緣之所生。亦非自然性之能生。人能從一味禪處悟入百千味不出一味。則卽知非能非所。非因緣非自然性矣。

身觸處
身與觸本如來藏性

三摩其頭時自誦辭守口攝意身莫犯。如是行

阿難。汝常晨朝以手摩頭。於意云何。此摩所知、誰爲能觸。能爲在手、爲復在頭。若在於手、頭則無知。云何成觸。若在於頭、手則無用、云何名觸。若各各有、則汝阿難、應有二身。若頭與手一觸所生、則手與頭當爲一體。若一體者、觸則無成。若二體者、觸誰爲在。在能非所、在所非能。不應虛空與汝成觸。是故當知、覺觸與身、俱無處所。卽身與觸、二俱虛妄。本非因緣非自然性。

此云身觸亦是因緣所生法。本如來藏性也。觸因離合違順四義而顯。根爲能觸。境爲所觸。此以身顯觸。正顯萬法一體。本無能所合離違順。皆因執着不忘。故衆塵隔越。而不能圓融也。佛常戒勅弟子一日三摩其頭。故從摩頭處而問阿難曰。汝摩頭時。此知觸之知。爲復在手。爲復在頭。若云在手。則頭無知。若云在頭。則手無知。若云手與頭俱有知。則有二知。一人成爲二身矣。若云頭與手一觸所生。祗有一知。則手與頭應成一體。既曰一體。則手摩頭即

若得度世。

意法處

意與法本如來藏性

不名觸。若云二體。則知觸之知究何在。若云在頭。則頭爲能觸。手爲所觸。若云在手。則手爲能觸。頭爲所觸。若云兩俱有知。則有能而無所。若云兩俱無知。則有所而無能。若全屬能觸。則虛空即是所觸。若全屬所觸。則虛空即成能觸。汝試觀虛空有能所耶。虛空實無能所與汝成觸。是故當知覺觸與身俱無處所。身觸實爲虛妄也。本非因緣非自然者。云覺觸性本遍滿法界。因執着有身。故分別有能有所。若到純覺忘身時。則知所生因緣法虛妄。若到覺所覺空時。則不但因緣所生法不可得。卽自然性亦不可得也。身觸本如來藏。故曰非因然非自然也。

阿難。汝常意中所緣善惡無記三性、生成法則。此法爲復卽心所生。爲當離心別有方所。阿難。若卽心者、法則非塵。非心所緣、云何成處。若離於心別有方所、則法自性、爲知非知。知則名心。異汝、非塵。同他心量。卽汝、卽心。云何汝心更二於汝。若非知者、此塵既非色聲香味離合冷煖及虛空相、當於何在。今於色空都無表示、不應人間更有空外。心非所緣、處從誰立。是故當知、法則與心、俱無處所。則意與法、二俱虛妄。本非因緣非自然性。

此云能想之意知根。與所想之法塵。亦虛妄因緣所生法。亦皆不離乎如來藏之體性也。生成法則者。是前五根所取三性現行落謝影子。各有軌則。皆爲意知根所緣之境。名曰、法塵。此意離法塵不顯、若云即心而生。而法塵實不是心。若云離心而生。而法塵實無自性。如來欲尊者明了不即不離之義。故詳示之曰。若謂此法塵即是心。則此法塵與外境不同。不是心家所緣之境。云何有處所也。若謂此法塵離心別有處所。則法塵是有知乎。是非知乎。若以爲知。則應名爲心。不名法塵。若此有知之法塵。不是汝心。則同他人心量。與己無預。若此有知之法塵。即是汝心。則汝一人而成二心矣。若謂此法塵是無知者。則此塵離開色聲香味離合冷煖及虛空相當在何處也。法塵在色空之間。既無表現之處。不應於空之外。更立法塵之處所也。即云法塵在空外。則法塵總屬外塵。又非意知根所緣之內塵也。是故當知生成法則與心俱無處所。意與法二俱虛妄也。本非因緣非自然者。云眞知實無所不知。若執着意知之知。還是依他起性。要知依他者藉因緣而生。實不與因緣同滅。不但因緣所生

十八界　六根六塵六識共十八界也

眼色識界

法。眞性不雜於其中。卽云自然之體中。亦無眞性安立處。不生滅之性。實無處所。故曰本非因緣非自然性。

復次阿難。云何十八界本如來藏妙眞如性。

此十八界開法開心。爲色心俱愚者說也。界者限也。卽六根六塵六識之界限也。眼耳鼻香身意卽六根。色聲香味觸法卽六塵。中間能了別者卽六識。界雖有三六。其實體卽是一。三處皆無處所。隨緣發現。無定方也。十八界有過去現在未來共五十四。有性具五十四。性造五十四。爲百八之結業。迷則隨業所轉。悟則本如來藏妙眞如性也。

阿難。如汝所明、眼色爲緣、生於眼識。此識爲復因眼所生、以眼爲界。因色所生、以色爲界。阿難。若因眼生、旣無色空無可分別。縱有汝識、欲將何用。汝見又非靑黃赤白、無所表示、從何立界。若因色生、空無色時、汝識應滅、云何識知是虛空性。若色變時、

汝亦識其色相遷變。汝識不遷、界從何立。從變則變、界相自無。不變則恆、既從色生、應不識知虛空所在。若兼二種眼色共生。合則中離、離則兩合。體性雜亂、云何成界。是故當知、眼色爲緣、生眼識界、三處都無。則眼與色及色界三、本非因緣非自然性。

此文亦分四節。從初至生於眼識。即是正因緣所生境。次從此識爲復至云何成界。明因緣卽空。三是故當知至三處都無明因緣是假名。四非因緣非自然明空假卽中道。此從因緣所生法。由空假中三義。破法執而會歸藏性。下五段文准此。佛告阿難曰。如汝所明眼色爲緣。生於眼識。此識爲是因眼所生耶。爲是因色所生耶。此識介乎眼色之中究竟以何爲界也。若云此識因眼生。則單根不生識也。若無色空相對時。汝識無所識也。且汝能見之見本不可見。又無色相可表現。則識之界限不能安立矣。若云此識從色生。則單境亦不生識也。卽云有識在色中。則色滅時識亦應滅。識旣隨色滅。則不合識空。又云何識知是虛空性耶。若云色變。汝亦知色變。則是色變識不變也。一變一不變。界又從何安立也。若云色變而識亦變。則從變則全變、界限更無相可見矣。若謂識體是恆。則旣從色生。當恆識色。不合識空。今不但識色更可識空。則又非以色爲界矣。若謂此識從根境二法共生則根境中實尋不出識性在何處。若以爲合。則根境實各各不相知不相到。中間本離。若以爲離。則開眼卽有對待之境。又現見兩合根境體性尚無標準。又從何立此兼二之識界也。如是推求眼色識三處皆無所謂眼色爲緣。生於眼識者此義不成也。非因緣非自然者云此識性實無方所。旣不是因緣之所生。亦不是自然之能生。見性實遍滿法界者實無有此界彼疆之邊際也。

阿難。又汝所明、耳聲爲緣、生於耳識。此識爲復因耳所生、以耳爲界。因聲所生、以聲爲界。阿難。若因耳生。動靜二相旣不現前、根不成知。必無所知。知尚無成。識何形貌。若取耳聞無動靜故、聞無所成。云何耳形雜色觸塵、名爲識界。則耳識界復從誰立。若生於聲、識因聲有、則不關聞。無聞則亡聲相所在。識從聲生、許聲因聞而有聲相。聞應聞識。不聞非界。聞則同聲。識已被聞、誰知聞識。若無知者、終如草木。不應聲聞雜成中界。界無中位、則內外相復從何成。是故當知、耳聲爲緣、生耳識界、三處都無。則耳與聲及聲界三、本非因緣非自然性。

此云耳聲爲緣。亦是因緣所生虛妄法也。動靜不現前者無境也。根不成知者無聞也。耳因動靜而有聞。既無動靜二相現前無所聞也。識何形貌者言無聞則亦無識也。若云耳能生識。則動靜不來。尚無所聞。云何以雜色觸塵之耳名爲識界耶。若云識因聲有。不假能聞之耳根。則無聞時聲且不有。又從何生識。若云識從聲生。則識與聲爲一體矣。聲因聞有聲相。識亦當有相。則聞聲時亦當聞識。若不聞識。則聲非識界。若果聞識。則識亦同聲。當無知覺。識既無知。已被耳聞。則知聞識者是誰。若謂更無有知知聞識者。則汝卽同如草木。既單根不出。獨境不生。不應根塵交雜以成中界而有識界。既無中位。更無內外中間內外皆不安立。耳識又何從安立耶。是故當知耳聲爲緣生耳識界。三處都無耳與聲及聲界三本非因緣。非自然性。皆如來藏性循業發現者也。

鼻香識界

元觸非鼻。云元是身觸非鼻也。

阿難。又汝所明、鼻香爲緣、生於鼻識。此識爲復因鼻所生、以鼻爲界。因香所生、以香爲界。阿難。若因鼻生。則汝心中以何爲鼻。爲取肉形雙爪之相。爲取齅知動搖之性。若取肉形、肉質乃身、身知卽觸。名身非鼻。名觸卽塵。鼻尙無名。云何立界。若取齅知。又汝心中以何爲知。以肉爲知、則肉之知、元觸非鼻。以空爲知、空則自知、肉應非覺。如是則應虛空是汝。汝身非知。今日阿難應無所在。以香爲知、知自屬香、何預於汝。若香臭氣必生汝鼻、則彼香臭二種流氣、不生伊蘭及旃檀木。二物不來、汝自齅鼻

知卽非生者。云若能知香。卽非從香生也。

為香為臭。臭則非香。香應非臭。若香臭二俱能聞者。則汝一人應有兩鼻。對我問道。有二阿難。誰為汝體。若鼻是一。香臭無二。臭既為香。香復成臭。二性不有。界從誰立。若因香生。識因香有。如眼有見。不能觀眼。因香有故。應不知香。知卽非生。不知非識。香非知有。香界不成。識不知香。因界則非從香建立。既無中間。不成內外。彼諸聞性。畢竟虛妄。是故當知。鼻香為緣。生鼻識界。三處都無。則鼻與香及香界三。本非因緣非自然性。

此云鼻香識三處。皆因緣所生法。求其實處亦無處所也。佛告阿難曰。汝觀此識從何為生。若云此識從鼻生。則鼻乃肉質。肉質卽身。身知為觸。名身卽非鼻。名觸卽是塵。鼻尚無名。云何立界。若云此識從齅聞性生。則齅聞性無體。若以肉為齅知性。則肉知卽是身知。何預於鼻。若云此識從空生。則空有知。汝鼻無知。是則虛空卽是汝體。汝身應無在矣。若云此識從香生。則知自屬香。又無預於汝。若云香從鼻生。則知旃檀之香不應知伊蘭之臭。若云二俱能聞。則一人當有兩鼻。一人而成兩人。誰是眞體。若云鼻是一。香臭亦無二。則二性尙無有準。界從誰立。若云識因香有。應不知香。譬如眼能有見。不能觀眼。然既有知。卽非香生。不知又非識性。香非知方有。則香界不成。識不能知香。則識界亦非從香建立。既無中間之識。亦不立內外根塵。三處畢竟虛妄。正顯無生妙理。是故當知鼻香爲緣。生鼻識界。三處都無。則鼻與香及香界三。本非因緣。非自然性。皆本如來藏性也。

舌味識界

阿難。又汝所明、舌味爲緣、生於舌識。此識爲復因舌所生、以舌爲界。因味所生、以味爲界。阿難。若因舌生。則諸世間、甘蔗烏梅、黃連石鹽、細辛薑桂、都無有味。汝自嘗舌。爲甜爲苦。若舌性苦。誰來嘗舌、舌不自嘗。孰爲知覺。舌性非苦、味自不生。云何立界。若因味生、識自爲味。同於舌根、應不自嘗。云何識知是味非味。

不應虛空生汝心識下辯非無因生也舌味爲緣下云非共生也

又一切味、非一物生。味既多生、識應多體。識體若一、體必味生。鹹淡甘辛、和合俱生、諸變異相、同爲一味。應無分別。分別既無、則不名識、云何復名舌味識界。不應虛空生汝心識。舌味和合。即於是中元無自性。云何界生。是故當知、舌味爲緣、生舌識界、三處都無。則舌與味及舌界三、本非因緣非自然性。

此云舌味識三處皆無處所。亦因緣所生虛妄法也。若謂此知味性從舌生也。則五味未合時舌實不能自嘗甜苦若舌性是甜苦。又誰來嘗舌耶。舌不能自嘗則知覺者又誰也。舌性非甜苦味自不生。云何立界若謂識從味生則識即是味。亦如舌不嘗舌。云何能知是味非味何況一切味非一物所生。味多汝識應多也。識體若一。則五味和合時當爲一味。應無分別爲五味。分別既無則不名識。既不名識則更不能以味爲識界此識既非根生。又非塵生。亦不應云是虛空生。蓋舌味和合。本虛妄生。其中元無自性。云何有識界生也。是故當知舌

身觸識界

味爲緣。生舌識界。三處都無。則舌與味及舌界三。本非因緣。非自然。皆本如來藏性也。

阿難。又汝所明、身觸爲緣、生於身識。此識爲復因身所生、以身爲界。因觸所生、以觸爲界。阿難。若因身生。必無合離二覺觀緣、身何所識。若因觸生。必無汝身。誰有非身知合離者。阿難。物不觸知。身知有觸。知身卽觸、知觸卽身。卽觸非身、卽身非觸。身觸二相、元無處所。合身、卽爲身自體性。離身、卽是虛空等相。內外不成、中云何立。中不復立、內外性空。則汝識生、從誰立界。是故當知、身觸爲緣、生身識界、三處都無。則身與觸及身界三、本非因緣、非自然性。

此云身觸識三處都無。亦因緣所生虛妄法也。若謂此識從身生也。則此身若無合離二種妄塵。則身無所識。此破單根不生也。若謂此識從觸生也。則身既無知覺性。而知冷煖澁滑者誰耶。此破單境不生也。若謂物不能自觸而生。知必與身合方知物與身共生此識耶。然知有身。則知卽從觸生。知有觸。則知卽從身生。非共生也。蓋身觸二相。元無處所也。卽觸非身。卽身非觸。亦非身出。亦非觸出。此識在身在觸。實無定所。若離觸而云合身。則此知卽爲身之自體性。若離身而云合觸。則此知卽爲虛空等相。卽此觸知在內在外皆無定在。云何而言身觸有識在其中耶。此識既無中位。內外不成。則汝識生從何立界。是故當知身觸爲緣。生身識界三處都無。則身與觸。及身界三。本非因緣非自然性。本如來藏性也。

意法識界

阿難。又汝所明、意法爲緣、生於意識。此識爲復因意所生、以意爲界。因法所生、以法爲界。阿難。若因意生。於汝意中必有所思、發明汝意。若無前法、意無所生。離緣無形、識將何用。又汝識心、與諸思量、兼了別性、爲同爲異。同意卽意、云何所生。異意不同、應無所識。若無所識、云何意生。若有所識、云何識意。唯同與異、二性無成、界云何立。若因法生、世間諸法不離五塵。汝觀色法、及諸聲法、香法味法、及與觸法。相狀分明以對五根、非意所攝。汝識決定依於法生。今汝諦觀法法何狀。若離色空動靜通塞合離生滅、越此諸相終無所得。生則色空諸法等生。滅則色空諸法等滅。所因既無、因生有識、作何形相。相狀不有、界云何生。是故當知、意法為緣、生意識界、三處都無。則意與法及意界三、本非因緣非自然性。

此云意法識三處都無。亦因緣所生虛妄法也。先破非根生。云此識若從意根生。則前法未現前時。意根尚不能顯。將何生識。離法塵則無可分別。汝意從何發識也。又汝下之文辯根識異同。識心即指意識。思量即指意根。即恒審思量第七識。兼了別性者。言識同意皆以了

心意識
八為心
七為意
六為識

五識非審非恆。六識審而不恆。七識亦審亦恆。八識恆而不審。稍有所思。皆落生滅二種。法塵能不離所。即體不離用之妙理也。

執權疑實

別爲自性。故曰兼意。識與意。其異同之處。一作而不常思。一常思而不作也。爲同爲異者。云識與意皆能了別前塵。而能生之根與所生之識。畢竟根識是同是別。故曰爲同爲異。若謂識同於意。則識卽是意。云何乃名意爲能生。識爲所生。若謂識不同於意。則所生之識。應無所識。既無所識。則不得云此識從意所生。若有所識。則與識意同爲了別性。云何爲識。云何是意。根識二體尚不能分。如何而立生識三界也。若因下辯不從境生。若謂此識從法生也。世間諸法皆不離五塵。此五塵皆對前五根者。非意家之所攝。若云識從法塵生。汝觀法塵之法作何形狀。離五塵而緣影都不可得。況因法塵所生之識。有何形相可見耶。既法塵之相狀尚不可得。更不可云立界以生識也。是故當知意法爲緣生意識界三處都無。則意與法及意界三。本非因緣。非自然性。本如來藏性也。十八界中皆是意識建立根本。立處尚不可得。枝葉何有。既無處所。有何界限可分耶。故知萬法從心生。萬法從心滅。心生則法生。心滅則法滅。若能直下了悟唯心所現。則知起惟諸緣起。滅惟諸緣滅。與清淨心體上毫無干涉。到此心境如如。法法皆現量境也。

阿難白佛言、世尊。如來常說和合因緣。一切世間種種變化、皆因四大和合發明。云何如來因緣自然二俱排擯。我今不知斯

本然非然者。云自然非自然也。和合非合者。云和合非和合也。合然俱離者。云離開和合自然也。離合俱非者。云執着離合亦非也。

義所屬。惟垂哀愍、開示衆生中道了義、無戲論法。

此阿難尊者執權疑實也。蓋尊者向所熟聞熟習者。皆小乘因緣法。故引如來昔敎以請示曰。世尊尋常曾說四大和合皆因緣生。似應擯棄自然。不應擯棄因緣。云何因緣自然二俱排擯。若昔日之說是。則今日之說非。若今日之說是。則昔日之說非。昔日說因緣生。似墮於有見。今日說因緣自然皆非。似墮無見。尊者不明本然非然相合非合合然俱離離合俱非。故復請如來開示中道第一義諦。尊者執權疑實有三。一近從陰入處界起疑。謂既本非因緣非自然性。則根塵識等一切皆空矣。殊不知如來所示。乃卽事顯理。非除事言理也。二遠從十番顯見起疑。謂此見性既非見聞覺知。則能見所見同爲眚影矣。殊不知如來所示。乃卽眚之目。非眚外覓目也。三從七處破妄起疑。謂緣影既曰非心。因緣自然復俱排擯。則妄無所依。眞無所據矣。殊不知如來所示。惟其離一切相。所以卽一切法也。尊者不知因緣所生法。卽空卽假卽中道。故起種種疑情。要知非因緣非不因緣。非自然非不自然。因緣自然俱離。是卽非卽。離卽離非。到此方名無戲論法。

爾時世尊告阿難言。汝先厭離聲聞緣覺諸小乘法。發心勤求

是卽非卽者。云說到卽此卽亦非也。離卽離非者。云不但離開卽義。亦離開非義也。此二卽言語道斷。心行路絕時也。誠、諦誠也大定者、卽三摩提總定也。二種根本。卽無始生死根本。菩提涅槃根本。

無上菩提、故我今時爲汝開示第一義諦、如何復將世間戲論、妄想因緣而自纏繞。汝雖多聞。如說藥人。眞藥現前、不能分別。如來說爲眞可憐愍。汝今諦聽。我當爲汝分別開示。亦令當來修大乘者、通達實相。阿難默然、承佛聖旨。

此經初說常住眞心。性淨明體。卽誠直心正念眞如。便是第一義諦眞實血脈。次說大定之名。俾利根者。妄執破除。定體圓彰。覓心了不可得。眞心豎窮三界。橫徧十方。甯非第一義諦。次明二種根本。不離一心。甯非第一義諦。次明諸法所生。唯心所現。甯非第一義諦。次明見性是心非眼。見性本無動搖。無舒卷。無生滅。無增減。無內外。無方所。無有無。無是非。無有是見者。無有非見者。亦非明暗色空。亦非覺聞知見。亦非因緣。亦非自然。亦非和合。亦非不和合。離一切相。卽一切法。知幻卽離。離幻卽覺。亦無漸次。此皆無上妙義。甯非第一義諦。卽前文陰入處界。卽空卽假卽中。甯非第一義諦。此皆是中道了義。無戲論法。如何不明此妙理。不服此無上妙藥。復將世間戲論妄想因緣而自纏繞。豈不是眞藥現前不能分別。棄阿伽陀藥而反認凡品耶。說藥不知眞藥者。皆因有聞無慧也。故如來仍誡以諦聽。云多聞須求解。解而悟。悟而修。不可以多聞爲了事人也。實相者。無相無不相也。指下文七大幻妄本如來藏也。以其無相。故無不相。能知無相無不相。即眞通達實相焉。尊者默然者。即一心諦聽三業皆寂時也。

明非不和合

明非是和合

阿難。如汝所言、四大和合。發明世間種種變化。阿難。若彼大性體非和合、則不能與諸大雜和。猶如虛空不和諸色。若和合者、同於變化。始終相成、生滅相續。生死死生、生生死死。如旋火輪未有休息。阿難。如水成冰、冰還成水。

此即就諸法處破妄。借喩顯理也。如來所說和合因緣者。顯前諸法無性。云因緣所生法。當處生當處滅。法法皆無實體也。若妄計四大有實體性能生諸法。則墮於能生。與外道何異。故先破其不和合。次破其和合。若謂四大之性不與四大和合。猶如虛空不和諸色。此不明因緣之用。偏於自然之理。墮於常見。若謂四大之性實與四大和合。如旋火輪。始終相成。同

於變化。此不明不變之體。偏於因緣之生。墮於斷見。執爲常不可。執爲斷亦不可也。若執爲
常。則地性常堅。遇水不潤。水性常冷。遇火不熱。則世間何以能生萬物耶。若執爲斷。則地質
遇水。失其堅性。水質遇火。失其潤性。自體既失。又將何以生萬物耶。此執常執斷者。皆是外
道所計。不明隨緣不變。不變隨緣之第一義諦也。其實此種妙理。可以借喩而顯露也。譬如
冰水本是一體。迷則水結爲冰。悟則冰化爲水。執之爲水不可。執之爲冰亦不可。衆生不認
大海而認一浮漚體。皆識冰而不知水也。若知冰水本是一家。則一微塵中。卽含裹十方世
界。微塵性同山河大地之性。體無二無別也。知此可以悟性相融通矣。

汝觀地性。麤爲大地、細爲微塵。至鄰虛塵、析彼極微色邊際相、
七分所成。更析鄰虛、卽實空性。阿難。若此鄰虛析成虛空、當知
虛空出生色相。汝今問言。由和合故、出生世間諸變化相。汝且
觀此一鄰虛塵、用幾虛空和合而有。不應鄰虛、合成鄰虛。又鄰

虛塵析入空者、用幾色相合成虛空。若色合時、合色非空。若空合時、合空非色。色猶可析、空云何合。

十法界內色外色總名地大。此文下正顯始終不能相成以破和合也。外道邪計不達色性即是藏性。妄謂析色方可歸空。故逐一破之曰若謂鄰虛能析爲空。則空亦能出生色相焉。虛空若能出生色相。試問用幾虛空和合而生。不應用鄰虛而合鄰虛。若虛空不能合成鄰虛則知虛空實不能出生色相也。若謂析鄰虛盡即實空性。試問用幾色相析而爲空。不應虛空而析虛空也。若鄰虛不能合成虛空。則知色相實不能析而爲虛空性也。蓋色但合色不能合空。鄰虛何能析成虛空耶。空但合空。不能合色。虛空何能出生色相耶。比例發明則始終相成之喻瓦解冰消矣。

汝元不知如來藏中、性色眞空、性空眞色。清淨本然、周徧法界。隨衆生心、應所知量、循業發現。世間無知、惑爲因緣、及自然性。

火大
陽燧銅鏡也。照物則影倒。向日則火出。

皆是識心分別計度。但有言說。都無實義、

此云色空皆因緣發現。本不動周圓如來藏中之眞空妙有也。人但知析色爲空。而不知性本自空。人但知合空成色。而不知性本自色。法性身法性土。本來清淨周遍法界者。因衆生心有染淨。量有大小。業有善惡。故各隨其心。各應其量。各循其業。而發起現行。轉如來藏而爲識藏。轉法性身而爲根身。轉法性土而爲器世界。不明清淨本然周遍法界之理。則惑爲因緣。墮於斷滅。不明隨心應量循業發現之理。則執爲自然。墮於死常。此皆因不知隨緣不變。不變隨緣之眞宗。而妄以分別識心所起顚倒也。舉心動念處皆是意識計度。總有所墮處。故云但有言說。都無實義。

阿難。火性無我、寄於諸緣。汝觀城中未食之家、欲炊爨時、手執陽燧、日前求火。阿難、名和合者、如我與汝一千二百五十比丘、今爲一衆。衆雖爲一、詰其根本、各各有身、皆有所生氏族名字。如舍利弗、婆羅門種。優樓頻螺、迦葉波種。乃至阿難、瞿曇種姓。

紆者屈曲之貌

阿難。若此火性因和合有、彼手執鏡於日求火。此火爲從鏡中而出、爲從艾出、爲於日來。阿難。若日來者、自能燒汝手中之艾、來處林木皆應受焚。若鏡中出、自能於鏡出然於艾、鏡何不鎔。紆汝手執、尚無熱相、云何融泮。若生於艾、何藉日鏡光明相接、然後火生。汝又諦觀、鏡因手執、日從天來、艾本地生、火從何方遊歷於此。日鏡相遠、非和非合。不應火光無從自有。汝猶不知如來藏中、性火眞空、性空眞火、淸淨本然、周徧法界、隨衆生心、應所知量。阿難。當知世人一處執鏡、一處火生。徧法界執、滿世間起。起徧世間、甯有方所、循業發現。世間無知、惑爲因緣、及自

水大
方諸取水珠名

然性。皆是識心分別計度。但有言說。都無實義。

十法界內火外火。總名火大。此云火性本無自體。寄諸緣所起。緣會則生。緣散則滅。非眞和合也。衆雖爲一。而詰其本源各有種族。此卽破和合也。若謂火性從和合有。則應逐一詰其根本。從何處見火之來源。譬如人手執艾取鏡於日求火。此火爲從日出。爲從鏡出。爲從艾出。若云火從日出。則應燒林木。何獨然於艾。若云火從鏡出。則鏡何不鎔。若云火從艾出。則艾自燒然。何必俟日鏡而生。三處尋之。了無根本。故知火性實無處所也。汝猶句下方指出火之來處。不在鏡中艾中日中。故直示之曰。性火眞空。性空眞火。本如來藏性循業發現者。實非和合也。前段言汝元者。是本來不知也。今言汝猶者。言我已爲汝說。汝猶然不知也。

阿難。水性不定。流息無恆。如室羅城迦毗羅仙、斫迦羅仙、及鉢頭摩訶薩多等。諸大幻師。求太陰精。用和幻藥。是諸師等。於白月晝。手執方諸、承月中水。此水爲復從珠中出、空中自有、爲從月來。阿難。若從月來。尚能遠方令珠出水。所經林木。皆應吐流。

陟音直升也

流則何待方諸所出。不流明水非從月降。若從珠出則此珠中常應流水、何待中宵承白月晝。若從空生、空性無邊、水當無際。從人洎天、皆同滔溺。云何復有水陸空行。汝更諦觀月從天陟。珠因手持。承珠水盤、本人敷設。水從何方流注於此。月珠相遠、非和非合。不應水精無從自有。汝尚不知如來藏中、性水眞空、性空眞水。清淨本然、周徧法界。隨衆生心、應所知量。一處執珠、一處水出。徧法界執、滿法界生。生滿世間、甯有方所。循業發現。世間無知、惑爲因緣、及自然性。皆是識心分別計度。但有言說都無實義。

此外道以斷滅空爲得道也。

風大。僧伽黎。即大衣也。

十法界內水外水總名水大。水性不定也。有時流。有時息。故曰無恆。迦毗羅。黃髮外道也。斫迦羅、翻輪山依山得名也。鉢頭摩、云赤蓮花。訶薩多、或云事水。此等外道。於定中或覩日月輪。或見各種花。故楞伽云。譬如日月形。鉢頭摩深險。如虛空灰燼。外道道通禪。太陰精水也。望前爲白月。月當正中爲白晝。方諸者。形如大蛤。取水珠也。此諸幻師用方諸取月中水以合幻藥也。佛告阿難曰。汝觀諸幻師所取之水。爲是從珠中出耶。爲是從空中有耶。爲是從月中來耶。若云此水從月中來。則林木受月光時則應吐流。何獨於珠特潤也。若珠中吐流。林木中無流。則此水實非從月降也。若云從珠出者。則珠可常時出水。又何待中宵向月中取水耶。若云從空來者。則空中成無盡流。世界將被淪溺。不復見山河大地也。水性既無來處。則非和合之義明矣。雖然水性亦非無因而生也。汝尚不知如來藏中性水眞空。性空眞水也。惟性水眞空。不落方所。故能隨衆生心量。遍滿法界。循業發現。惟性空眞水。不隨和合。故能起因緣之用。川流不息。而不變其常。說因緣自然者。皆是隨情說。對治衆生執病而言也。其實但有言說。皆非實義也。

阿難。風性無體、動靜不常。汝常整衣入於大衆。僧伽黎角、動及傍人。則有微風拂彼人面。此風爲復出袈裟角。發於虛空。生彼人面。阿難。此風若復出袈裟角、汝乃披風、其衣飛搖、應離汝體。我今說法、會中垂衣、汝看我衣、風何所在。不應衣中有藏風地、若生虛空、汝衣不動、何因無拂。空性常住、風應常生。若無風時、虛空當滅。滅風可見。滅空何狀、若有生滅、不名虛空。名爲虛空、云何風出。若風自生被拂之面。從彼面生、當應拂汝。自汝整衣、云何倒拂。汝審諦觀、整衣在汝、面屬彼人。虛空寂然、不參流動、風自誰方鼓動來此。風空性隔、非和非合。不應風性無從自有。汝宛不知如來藏中、性風眞空、性空眞風。清淨本然、周徧法界。隨衆生心、應所知量。阿難。如汝一人、微動服衣、有微風出。徧法界拂、滿國土生。周徧世間、甯有方所。循業發現。世間無知、惑爲因緣、及自然性。皆是識心分別計度。但有言說都無實義。

十法界內動外動總名風大。風性無體。動靜不常。正顯妄無自性也。整衣者重舉因緣所生法也。此風爲復出袈裟角。發於虛空。生彼人面。此三處皆無正明緣生無性也。佛告阿難曰。汝常整衣入於大衆時。有微風拂他人之面。汝觀此風從何處而生。若云從袈裟角生。則風起時汝衣當飛搖。應離汝體。汝試觀我衣中風何所在。若云風從空生。則汝衣未動時。虛空何不見有風生。且空性是常住者也。有時無風時。可云無風。而不可云無空也。風有動靜起滅。而空實寂然不動也。空非動性。此風實不從空生也。若云此風從彼人之面生。則彼面出風。當應拂汝之面。不應倒拂其自已之面。汝審諦觀。此風既三處都無。亦不是無因自有。汝蓋不知性風眞空。性空眞風。總不出如來藏也。惟其性風眞空。故循業發現。不落方所。惟其性空眞風。故不墮因緣。不屬自然。法界法爾。常如是也。稍有思量分別。皆是識心用事。故但有言說。皆無實義。

阿難。空性無形、因色顯發。如室羅城去河遙處。諸刹利種、及婆

刹利。王族也。婆羅門。淨行者也。佛法亦此出也。頗羅墮。術士類也。旃陀羅。宰殺家也。毗舍。坐賈也。首陀。農家也

羅門、毗舍首陀、兼頗羅墮、旃陀羅等。新立安居。鑿井求水。出土一尺、於中則有一尺虛空。如是乃至出土一丈、中間還得一丈虛空。虛空淺深、隨出多少。此空爲當因土所出。因鑿所有。無因自生。阿難。若復此空無因自生。未鑿土前、何不無礙。唯見大地、逈無通達。若因土出。則土出時、應見空入。若土先出、無空入者。云何虛空因土而出。若無出入、則應空土元無異因。無異則同。則土出時、空何不出。若因鑿出、則鑿出空、應非出土。不因鑿出鑿自出土、云何見空。汝更審諦、諦審諦觀。鑿從人手、隨方運轉。土因地移、如是虛空、因何所出。鑿空虛實、不相爲用。非和非合。

不應虛空無從自出。若此虛空性圓周徧、本不動搖。當知現前地水火風、均名五大。性眞圓融皆如來藏、本無生滅。阿難。汝心昏迷。不悟四大元如來藏。當觀虛空爲出爲入、爲非出入。汝全不知如來藏中、性覺眞空性空眞覺。淸淨本然周徧法界。隨衆生心、應所知量。阿難。如一井空、空生一井。十方虛空、亦復如是。圓滿十方、甯有方所。循業發現。世間無知、惑爲因緣、及自然性。皆是識心分別計度。但有言說都無實義。

十法界內空外空。總名空大。空性無形。因色顯發者。正明空無自性也。虛空淺深隨其出土之多少。即所謂因緣所生法也。衆生於四大和合多執爲因緣生。於空大多執爲自然生。故先破無因自生。佛告阿難曰若云此空無因自生者。則未鑿土以前大地仍屬平坦。何不見地中有空也。此首破無因以明非自然生也。若云此空因出土而後有者。則土出時汝見空入有何形狀。若不見空入。則不可云此空因鑿土而有。既不見空之出入。則空土即無異同。何以見土出時不見空出。如是則此空實非因土而出也。若云因鑿而有者。則鑿專出空。不應出土。若云不因鑿出者。則鑿出土時何隨鑿隨見空也。汝諦審諦觀。鑿是實物。空體虛融。虛實迥殊。不相爲用。若云和合。則兩不相融。若云非和合。則此空當自出。何待鑿而後有。汝若知虛空體性不動。周圓徧滿法界。則即知地水火風四大與此空大同爲如來藏性。所謂虛空爲出爲入。爲非出入。皆是世間戲論。法其實此虛空性。即如來藏中性覺眞空。性空眞覺。惟其性覺眞空。故含裹十方。周圓法界。惟其性空眞覺。故不變隨緣。隨緣不變。世間惑爲因緣者。知隨緣而不知不變。惑爲自然者。知不變而不解隨緣。但有分別識心。皆不明無上妙義。

阿難。見覺無知、因色空有。如汝今者、在祇陀林、朝明夕昏。設居中宵、白月則光、黑月便暗。則明暗等、因見分析。此見爲復與明暗相、并太虛空。爲同一體、爲非一體。或同非同。或異非異。阿難。

此見若復與明與暗、及與虛空元一體者。則明與暗二體相亡。暗時無明、明時無暗。若與暗一、明則見亡。必一於明、暗時當滅。滅則云何見明見暗。若明暗殊、見無生滅、一云何成。若此見精與暗與明非一體者。汝離明暗及與虛空、分析見元、作何形相。離明離暗及離虛空、是見元同龜毛兔角。明暗虛空三事俱異、從何立見。明暗相背、云何或同。離三元無、云何或異。分空分見本無邊畔、云何非同。見暗見明性非遷改、云何非異。汝更細審、微細審詳、審諦審觀。明從太陽、暗隨黑月、通屬虛空、壅歸大地。如是見精因何所出。見覺空頑、非和非合。不應見精無從自出。

若見聞知性圓周徧、本不動搖。當知無邊不動虛空、幷其動搖地水火風、均名六大。性眞圓融皆如來藏、本無生滅。阿難。汝性沉淪、不悟汝之見聞覺知本如來藏。汝當觀此見聞覺知、爲生爲滅、爲同爲異。爲非生滅、爲非同異。汝曾不知如來藏中、性見覺明、覺精明見。淸淨本然周徧法界。隨衆生心應所知量。如一見根見周法界。聽、齅、嘗觸、覺觸覺知。妙德瑩然、徧周法界。圓滿十虛、寧有方所。循業發現。世間無知、惑爲因緣、及自然性。皆是識心分別計度。但有言說都無實義。

十法界見聞覺知。一往皆是寄在六根。總名根大、今但約見根一法。以例餘五根也。見覺無

此云不即
此云不離
此云不同
此云不異
此云非同
此云非異

識大

知因色空有者。此明緣生之見無自體性。以例聞齅覺知無不皆然也。見大總攝六根。會融五大歸如來藏。言見而不言根者因言根即帶能所。此見屬八識見分。雖與見精同緣現量境。實非能所所局也。見覺無知者言見之與覺元一精明之體。本無能知。亦無所知。本無自性。因境而有也。此見既因境有。爲與境一體耶。爲非一體耶。爲或同非同耶。爲或異非異耶。若云見與境爲一體。則境有差殊。而見無生滅。說一體者非也。若云見與境非一體。則見離外境。而見亦同龜毛兎角。從何立見。說非一體者亦非也。明暗相背。此見不能兩有。說或同者亦非。離明暗空此見亦無。說或異者亦非。分空分見本無可分。說非同者亦非。見暗見明。見性無改。說非異者亦非。此見與色空。實不即不離不同不異。非同非異。非和合。亦非不和合。如是見精本如來藏。本無生滅。迷則即爲色空。分汝湛明局於能所。悟則即性見覺明覺精明見。不動明圓周徧法界。汝若執着色空明暗。汝即惑爲因緣。汝若執着見聞覺知。汝即惑爲自然。其實此見非因緣非自然。性中之見。即本覺之光明。本覺之光明。即性明之精見。淸淨本然。圓照法界。但有言說。皆是識心分別。即非中道了義。

阿難。識性無源、因於六種根塵妄出。汝今徧觀此會聖衆、用目循歷。其目周視、但如鏡中無別分析。汝識於中次第標指此是

非相滅緣者。非相無所緣也。有非同物者。云在相見之外所有等於無有也。

文殊此富樓那、此目犍連、此須菩提、此舍利弗。此識了知、爲生於見、爲生於相、爲生虛空、爲無所因突然而出。阿難。若汝識性生於見中、如無明暗及與色空、四種必無、元無汝見。見性尚無、從何發識。若汝識性生於相中、不從見生、既不見明、亦不見暗。明暗不矚、卽無色空。彼相尚無、識從何發。若生於空、非相非見。非見無辨、自不能知明暗色空。非相滅緣、見聞覺知無處安立。處此二非、空則同無、有非同物、縱發汝識、欲何分別。若無所因突然而出、何不日中別識明月。汝更細詳、微細詳審。見託汝睛。相推前境、可狀成有、不相成無。如是識緣、因何所出。識動見澄、見託二句指根塵。可狀二句指色空。

非和非合。聞聽覺知、亦復如是。不應識緣無從自出。若此識心本無所從。當知了別見聞覺知、圓滿湛然、性非從所。兼彼虛空地水火風、均名七大。性眞圓融皆如來藏、本無生滅。阿難。汝心麤浮、不悟見聞發明了知、本如來藏。汝應觀此六處識心、爲同爲異、爲空爲有。爲非同異、爲非空有。汝元不知如來藏中性識明知、覺明眞識。妙覺湛然、徧周法界。含吐十虛寧有方所。循業發現。世間無知、惑爲因緣及自然性。皆是識心分別計度。但有言說都無實義。

十法界六大互融。離識不顯。故名識大。識性無源。因於六種根塵妄出。正顯識從因緣生也。

滅前緣者。非相無可緣也。

所從者。依他也。

惟緣生無性。故於見相空三處一總破之。佛告阿難曰。汝觀此識從見中生耶。此見若離明暗色空汝還能見否。見性尚不知在何處。又如何能發識也。汝觀此識從相中生耶。此相本無知覺。既不能見明暗。又不能矚色空。彼相尚無。又從何發識也。若云此識既非相非見。當生於空耶。然既非見。如何能辨明暗色空。既非相則滅前緣見聞覺知無所寄託。既無相見。唯是一空。空則識亦同無。縱言其有。亦不同於根塵。即發識亦無可分別。是則離根塵而言識從空生。亦不可也。若云無因而生。則於日中能別識明月乎。汝徵細審觀。根塵色空四種中汝識從何而生。識是動性。空是澄性。動靜不同。本非和合。此識又斷然不從空生。性識實無處所。亦無所從。本來圓滿湛然。雖分爲視聽觀察能了別六根六塵。實不與根塵而生滅。前文會相歸見。此則會相見二分總歸於識。故合前六爲七大。云一一皆性眞圓融。皆如來藏性。皆本無生滅也。汝再觀察六處識心。爲同爲異。爲空爲有。爲非同異。爲非空有。若云是同耶。不應用中相背。若云是異耶。不應性中相知。若云是空耶。不應現有分別。若云是有耶。不應了無蹤跡。非同四句反上而言。若云非同也。何以性中相知。若云非異也。何以用中相背。若云非空也。何以了無蹤跡。若云非有也。何以現前分別。此皆不知性識明知。覺明眞識。覺性湛然。偏十方界。性非生滅者。即是此識也。尊者向以意識爲心。故動輒不離能所。殊不知本性之識。即妙明之知。本覺之明。即性眞之識。含吐十虛。寧有方所。分段之色身皆循業

發現之妄體。何況色身中之六根也。故不達藏性。妄起分別思量。若悟眞空。何有是非高下。經文初卷七處破心。段段結云無有是處。三科之文。段段結云無有處所。七大之文段段皆云甯有方所。此皆是心目所在一句根本發出許多枝葉。以阿難尊者處處認有方所。故世尊法法破除方所。破相破塵所。破見破根所。破能破智所。此智所若除。卽是空所。空所空滅。生相無明破矣。所之一字。是迷悟之要關。下文世尊說出立明立所。所既妄立。卽生妄能。此所字卽初迷之所。欲破此微細之所。卽從入流亡所一門超入。卽是破所之妙用也。

爾時阿難及諸大衆。蒙佛如來微妙開示。身心蕩然得無罣礙。是諸大衆、各各自知心徧十方。見十方空、如觀手中所持葉物。一切世間諸所有物、皆卽菩提妙明元心。心精徧圓。含裹十方。反觀父母所生之身、猶彼十方虛空之中、吹一微塵。若存若亡。如湛巨海流一浮漚。起滅無從。了然自知、獲本妙心常住不滅。

禮佛合掌、得未曾有。於如來前、說偈讚佛。

此叙開悟之由來也。微妙開示者。以世尊自七處徵心之後。阿難啓請眞性。世尊託見精以發明。最初開示。即云見性周徧非汝而誰。由此一語。尊者或認相爲見。或認見爲相。種種疑情不釋。故世尊示之曰。此見及緣。元是菩提妙淨明體。尊者不知見精還是第二月。遂認此見精爲妙覺性。故曰。誠如法王所說覺緣。徧十方界。湛然常住。性非生滅。世尊見尊者認定見精爲妙覺性。故又示之曰。見見之時。見非是見。所謂你無柱杖子。我與你柱杖子。你有柱杖子。我奪卻你柱杖子。此云未悟須有法。悟了元無法。法尙應捨。何況尊者所認者還是第二月。故世尊復示之曰。此見尙屬轉相之見分。業相還是生滅與不生滅和合而成。何況第二之見分也。故告尊者曰。若能遠離和合不和合緣。則復滅除諸生死因。圓滿菩提不生滅性。淸淨本心。本覺常住。至此則尊者方知見精猶是眞中帶妄。妙覺方是眞性。雖然明了妙覺是眞。然尙不知究竟在何處體認。世尊復恐尊者離波求水。離像索鏡。故不待其請而復示之曰。汝欲識妙覺性。又不可離開見聞覺知陰入處界也。故復指示陰入界處。一一皆如來藏。一一皆周徧法界。至發明七大妙覺湛然周徧法界。性眞圓融。無有方所。尊者至此方恍然省悟。尊者之悟。實由見性周徧一語爲發機。而後有誠如覺緣徧十方界之信由此一信。又蒙如來重重開示。至此了無疑惑。故身心蕩然。實知色身渺小皆是妙明心中之物。各各自知者言昔時聞佛語而知。非親到實證之知。今日自肯自信非假借他人之知而知實自己深心體驗之知也。向也見量極於初禪。今則見量見十方空如觀掌中葉物矣。向也為物所轉分大分小。認見為物認物為見。分自分他惶惑不定。今則見一切世間諸所有物。元一圓融清淨寶覺。更無一物為障為礙矣。向也以昏昏擾擾相為自心。惑心性在色身之內。今則已知心精周徧圓滿。含裹十方。反觀父母所生之身若空中一塵海中一漚。既不棄海認漚又不認漚為海矣。向也不知眞際所詣。不知寂常心性。不知身心顛倒。不知見性是心。不知陰入處界是如來藏。不知七大徧周法界。今則一一自知毫無疑惑矣。向也世尊發明寶明妙性。元所圓滿常住心地。尊者未敢認為本來心地。今則得知本妙明心實常住不滅矣。尊者之疑情至此瓦解冰消。感激佛恩。故於開悟時。禮佛合掌說偈讚佛。

妙湛總持不動尊　首楞嚴王世希有
銷我億劫顛倒想　不歷僧祇獲法身
願今得果成寶王　還度如是恆沙衆

將此深心奉塵刹　是則名爲報佛恩
伏請世尊爲證明　五濁惡世誓先入
如一衆生未成佛　終不於此取泥洹
大雄大力大慈悲　希更審除微細惑
令我早登無上覺　於十方界坐道場
舜若多性可銷亡　爍迦羅心無動轉

此阿難尊者既悟七大徧周。而因悟首楞嚴王堅固理體。一心具空假中三觀。悟眞諦俗諦中諦圓三諦妙理。卽諸法而不染曰妙湛。卽諸法而不失不遺曰總持。卽諸法而不變隨緣。隨緣不變曰不動。由妙湛故曰精淨。由周徧故曰總持。由本然故曰不動。清淨義者。卽上文所說性淨明體。菩提涅槃元清淨體。元是菩提妙淨明體。圓覺所謂一身清淨。多身清淨。乃至十方衆生圓覺清淨。是也。此當奢摩他義。總持義者。卽上文所說圓妙明心。卽大陀羅尼。卽如來藏。圓覺所謂根塵四大乃至陀羅尼徧滿法界是也。此當三摩鉢提義。本然義者。卽上文所說常住眞心。卽不動眞如。卽覺性平等不動是也。此當禪那義。尊者初見如來三十二相形體映徹。作奇特想。作希有想。今日乃知世尊之希有奇特不在三十二相也。向以緣塵分別念念生滅者爲清淨心。而不知妙湛之體爲清淨心也。向以身爲總持。以心居身內。而不知心精徧圓含裹十方爲總持。向以陰入處界爲生滅法。地水火風爲變化性。而不知此卽是不動周圓妙眞如性。此皆昔日顚倒妄想。如來今日一一微細爲我開示。將此億劫顚倒妄想一併銷除。令我不勞經歷三阿僧祇劫。即可見如來平等法身。何幸如之。婆沙論叙。三阿僧祇劫修六度萬行。百劫種相好因。然後獲五分法身。唯識謂地前歷一僧祇劫。初地至八地歷一僧祇劫。九地至佛地歷一僧祇劫。然後獲究竟法身。故以漸修言之。則自十信十住十行十迴向。以至等覺方證極果。若以頓悟言之。則一念不生。前後際斷。即名爲佛。尙不涉地位階級。何有如許僧祇哉。雖然覺雖佛覺。功行未到於極果。祇可云開悟。不可云實證。故須重發大願圓滿功行也。尊者已知佛與衆生平等不二。不肯專爲自利。並起利他之心。故偈曰願求佛果。更願度衆生。云世尊以種種方便法重重開示。令我得見此平等法身。如此深恩實難酬報。今我將此二種深心。上則承事刹塵諸佛。下則度脫刹塵衆生。是則聊報佛恩。既見平等法身。故重興大願。誓願先入五濁惡世。度盡衆生。方入滅度。撤無明重障曰大雄。拔惑業之深根曰大力。與衆生樂曰大慈。拔衆生苦曰大悲。希更審除微細惑者。

云粗惑雖除。根中積生無始虛習。與諸無明分劑頭數之惑。尚未除盡。故求如來暗中加被。早成正覺。於十方界徧坐道場焉。舜若多者空也。爍迦羅者堅固也。謂空性無體。不可銷亡者或可銷亡。而我之金剛堅固之心終不可轉。此即虛空可盡。我願無盡之意也。

（楞嚴經直解卷三終）

懸舉疑端

凡夫有漏。二乘無漏、菩薩亦有漏亦無漏。佛非有漏非無漏。

楞嚴經直解卷四

爾時富樓那彌多羅尼子。在大衆中。即從座起。偏袒右肩、右膝着地。合掌恭敬而白佛言。大威德世尊。善爲衆生敷演如來第一義諦、世尊常推說法人中、我爲第一。今聞如來微妙法音。猶如聾人、逾百步外、聆於蚊蚋。本所不見、何況得聞。佛雖宣明、令我除惑。今猶未詳斯義究竟無疑惑地。世尊。如阿難輩雖則開悟、習漏未除。我等會中登無漏者、雖盡諸漏。今聞如來所說法音。尚紆疑悔。世尊。若復世間一切根塵陰處界等、皆如來藏、清淨本然。云何忽生山河大地諸有爲相、次第遷流、終而復始。又

世界有成住壞空
衆生有生老病死
業果有往復循環
心相有生住異滅

如來說地水火風、本性圓融、周徧法界。湛然常住。世尊。若地性徧、云何容水。水性周徧、火則不生。復云何明水火二性、俱徧虛空不相陵滅。世尊。地性障礙。空性虛通。云何二俱周徧法界。而我不知是義攸往。惟願如來宣流大慈。開我迷雲、及諸大衆。作是語已、五體投地。欽渴如來無上慈誨。

此滿慈因聞三科七大皆如來藏性。故執性難相。以興此二問也。滿慈位登無學。已斷見思惑。已破人我執。惟無明未破。法執猶存。故乘機發問。殊不知七大徧周。迷則全性成相。悟則全相成性。因緣所生法。皆不出如來藏性也。滿慈所疑之處。既曰淸淨。不應忽生根身器界。既曰本然。又不應從曠劫來相續不斷。若謂七大本性各各圓融周徧法界。則土能剋水。地水不合相容。水能剋火。水火何能周徧。通塞各異。地空安得互周。滿慈不悟眞空妙有。妙有眞空。故曰不知是義之所歸。仍祈如來垂示也。

宣說勝義

定性者、不肯迴智向悲也。

闡提、極惡也。

爾時世尊告富樓那。及諸會中漏盡無學諸阿羅漢。如來今日；普爲此會宣勝義中眞勝義性。令汝會中定性聲聞、及諸一切未得二空、迴向上乘阿羅漢等。皆獲一乘寂滅場地眞阿練若、正修行處。汝今諦聽。當爲汝說。富樓那等、欽佛法音。默然承聽。

勝義有四種。蘊處界爲世間勝義。四諦爲道理勝義。二空眞如爲證得勝義。一眞法界爲勝義中勝義。漏盡無學、中根也。定性聲聞、下根也。未得二空回向上乘者、上根也。二空者、卽人法二空也。得人空者、知衆生無性。得法空者、知諸法無性也。一乘者、卽佛乘也。寂滅場地者、即大寂滅海也。阿練若者、離諠諍也。由人法俱空。故名眞離諠諍。此卽指楞嚴大定。正修行人安心之處也。修行而言正者。云祇有一佛乘。其餘皆非正修也。如法王經云。若定根機爲小乘說小乘法。爲闡提人說闡提法。是斷佛性。是滅佛身。是說法人當歷百千萬劫墮諸地獄。何以故。衆生之性。從本已來無有增減。故知一切法皆是佛法。一切性皆是佛性。小乘闡提有差別。而佛性實無差別。萬不可歧而視之也。

佛言。富樓那。如汝所言清淨本然、云何忽生山河大地。汝常不聞如來宣說。性覺妙明、本覺明妙。富樓那言唯然。世尊我常聞佛宣說斯義。佛言汝稱覺明。爲復性明、稱名爲覺。爲覺不明、稱爲明覺。富樓那言。若此不明、名爲覺者。則無所明。佛言若無所明。則無明覺。有所非覺。無所非明。無明又非覺湛明性。性覺必明、妄爲明覺。覺非所明。因明立所。所既妄立、生汝妄能。無同異中、熾然成異。異彼所異、因異立同。同異發明。因此復立無同無異。

此下發明陰入處界。循業發現。全性成相。以答忽生山河大地之問。如來知滿慈尊者抱守

有性覺之妙。以顯本覺之明。有本覺之明。以顯性覺之妙。妙明者。云妙而常明。不墮能所。不落因緣。明妙者。云明

因緣。未忘法執。於性覺眞空、性空眞覺之理、未能透悟。卽就其所問而詰之曰。如汝所問。淸净本然、云何忽生山河大地。汝蓋不知本然有因緣之用。因緣不離自然之體。汝昔時在法會中、聞如來說法時。有性覺妙明本覺明妙二語否。今且問汝爲復性覺妙明本來自明。不假明而明。爲復覺體本來不明。必假明而明。此二詰問。一是本然義。一是因緣義。尊者熟處難忘。依舊落在因緣知見坑中。仍是認明墮所。因答之曰。若不假明而名爲覺者。卽無所明之覺矣。在尊者意。必有所明。方名爲覺明。豈知一立所明。卽落因緣知見。即非本然之覺性也。故世尊又詰之曰。汝謂無所無明。則無妙明性覺。必有所有明。方爲妙明性覺。汝殊不知性覺妙明。不但不可以有所目之。亦不可以無所目之。以有所則非性覺。無所又非妙明。不但不可以無明目之。亦不可以有明目之。以不明則墮於昏昏默默之鄉。明則墮於昭昭靈靈之障。今汝認此覺性以爲必明。卽此必明之一念。已將性覺妙明本覺明妙。淸净本然之體。晦昧而成無明業識矣。蓋淸净本然之體。無在而無不在。本不屬所也。無明而無不明。亦不屬明也。故曰覺非所明。旣因明立所。卽將大智慧無微不照之大光明。轉成能見見分。旣立此見分。復將無同無異眞諦理境。轉成相分。遂有種種差別。故曰無同異中。熾然成異。宗鏡云。最初不覺忽起動心。成業識之由。爲覺明之咎。因明立所。見分俄興。相分安布矣。異彼所異者。上異字指熾然成異之異。彼所異者。指因明立所之異。言此熾然成異之異。與彼因

而湛妙。本無能所。不墮自然。

彼無同異者。指起爲世界。靜成虛空。而立此無同無異。故眞屬有爲法也。

三種相續

明立所之所異又異也。以立所之異。是約一念之動言。此熾然成異之異。所該甚廣。其因異而立之同。此同亦異。因立異同。復立無同無異。殊不知立此無同無異亦異。世界衆生業果。皆在此異字包羅盡淨。故此異與最初所異不同也。

如是擾亂、相待生勞。勞久發塵。自相渾濁。由是引起塵勞煩惱。起爲世界。靜成虛空。虛空爲同。世界爲異。彼無同異、眞有爲法。

此云清淨覺心。因認明一念。遂成爲業識。又轉而爲見分。因有對照而又有相分。故曰相待生勞勞久發塵。此皆自相渾濁也。塵勞指相見二分言。煩惱指六粗而言。言由此認明一念。不但引起三細。卽六粗亦因之而起。起爲根身器界。靜成無量虛空。虛空無二。故曰同。世界差別。故曰異。前文所言復立無同無異者。非本來無同無異之性。覺是虛空世界既成之後而立者。故曰彼無同異者。是眞屬有爲法也。離衆生無業果。離業果無衆生。故無異。衆生爲能造能受。業果爲所造所受。故不同。所以一念纔生。萬法皆備。一念無生。萬行具足也。

覺明空昧、相待成搖、故有風輪執持世界。因空生搖、堅明立礙。

彼金寶者、明覺立堅。故有金輪保持國土。堅覺寶成。搖明風出。風金相摩、故有火光爲變化性。寶明生潤、火光上蒸。故有水輪含十方界。

此正明世界相續。不離一念無明妄心也。由妄爲明覺因明立所。而生妄能。能爲妄覺。所爲頑空。妄覺是明。頑空是昧。二法相待成搖。故有風輪執持世界。一切風輪皆是一念中之動相也。蓋眞法性土本來不動。由突起知見。遂轉此妙明智體而爲覺明。復轉性覺眞空而成晦昧之頑空。所謂知見立知卽無明本也。由此知見與無明風忽然鼓動。充塞虛空。故空輪之上而有風輪執持世界。此皆由最初一念知見妄立。迷本覺而爲無明。成風輪種。空既生搖。對動成靜。故曰堅明立礙。執攬愈固。復從晦昧空中結成金輪保持國土。一切金輪皆是一念中之堅相也。此卽因見分攬結相分爲地大種。堅覺之寶既成。搖明之風復出。以妄動之知見。摩妄立之堅覺。風金相摩有而忽無。無而忽有。故有火光爲變化性。一切火大皆是一念中動靜二相所摩成也。此皆由知見紛熾成爲火大種。妄心堅覺之寶明生潤。變化之火光上蒸。所見之金寶及能見之覺明光潤可愛。遂生愛水。故有水輪含十方界。一切水大

澀、音旦、沙洛也。劣者、勢不敵也。

皆是一念中金火二妄所蒸成也。此皆由相見引發潤生無明。爲水大種。此四大種子皆本乎癡愛。故相續不斷。古鈔云由妄見動。故外感風輪。由執心堅。故外感金輪。由研求燥。故外感火輪。由愛心深。故外感水輪。若能直下無心。則虛空粉碎。大地平沉矣。

火騰水降、交發立堅。溼爲巨海。乾爲洲潬。以是義故、彼大海中火光常起。彼洲潬中江河常注。水勢劣火、結爲高山。是故山石、擊則成燄。融則成水。土勢劣水、抽爲草木。是故林藪、遇燒成土。因絞成水。交妄發生、遞相爲種。以是因緣世界相續。

前文云無明一發。展轉成四大種子。此云水火二種展轉而結成世界也。火性炎上曰騰。水性潤下曰降。交發立堅者。水火濟而互生器界也。大海本流溼之地。不應有火。因受火之氣分。故海中常有火起。洲潬本旱燥之處。不應有水。因受水之氣分。故江河常注。水勢劣火者。以水能剋火。若水性不降而滅火。豈能發生萬物。因水性降而火不滅。故水火相合結爲山。石受擊則燄生。是受火之氣分。融則水生。是受水之氣分也。土勢劣水者。以土能剋水。若土

衆生相續

羯羅藍、相胎也一七日名、翻華言爲凝滑也、遏蒲曇、二七日之胎相。卽受生託

性不降而就水。則勢必滅水。亦不能生萬物。因土性降而就水。故水土相合。抽爲草木。遇燒成土者。是受土之氣分。因絞成水者。是受水之氣分也。交妄發生。遞相爲種者。蓋無明爲風輪種。執心爲金輪種。知見爲火輪種。愛心爲水輪種。由此四輪交妄發生。遞相爲種。復生四大。而器界安立。於是世界成住壞空。始終相續。若無明破而風輪息。堅執消而金輪壞。知見空而火輪滅。愛心枯而水輪涸。是則器界應念化成無邊法性土。知見亦化爲無上知覺矣。

復次富樓那。明妄非他、覺明爲咎。所妄既立。明理不踰。以是因緣。聽不出聲。見不超色。色香味觸、六妄成就。由是分開見覺聞知。同業相纏。合離成化。見明色發。明見想成。異見成憎。同想成愛。流愛爲種。納想爲胎。交遘發生。吸引同業。故有因緣、生羯羅藍、遏蒲曇等。胎卵濕化、隨其所應。卵惟想生、胎因情有、濕以合感、化以離應。情想合離、更相變易。所有受業、逐其飛沈。以是因

實之始胞相也。

緣衆生相續。

此明衆生相續。亦不離一念無明妄心也。衆生之根身。窮其源流。亦是明妄所成。此明妄實非他物。亦由妙明覺心最初一念認明。轉爲覺明而成所妄。所妄既立。於是湛圓妙明覺性。分成六根處所。有此處所局礙。故不復周徧圓通。以是因緣。於器世界不能超越。故見性聞性不能周徧也。妄所中色聲香味觸法六妄成就。由是分開妄能而爲見聞嗅嘗覺知之六根。此即前文結暗爲色。後文見精映色。結色成根是也。既有此虛妄六根。則念念執之爲我。如頻伽瓶滿中擎空。遂爲生死輪迴之本。於是根塵各有定處。情想合離各有定業。胎卵溼化亦各有定報。其同業者。則一處相纏。業不同者。則或離或合也。成化者。或合溼而成形。或離異而託化。此不因父母之生。但由己業所感也。見明色發明見想成者。云人之投胎時。無緣處暗。有緣處明。既見明色。即趨明所。其想遂成就也。胎卵溼化四生。隨其所感業緣而隨應之。亂思不定曰想。鍾愛不捨曰情。親附不變曰合。捨此趨彼曰離。由此四心感召。而四生亦以類應也。四生以類應。亦無一定。隨其心變易。或情變爲想。或想變爲情。或合化爲離。或離化爲合。故其受報亦不定也。或飛變爲沈。如雀之化蛤。或沈變爲飛。如魚之化龍等。善惡皆由心造。心之所變者。故業果亦隨之變易也。以是義故衆生相續。

業果相續

十生者。於十二類除去土木金石空散消沉。因此二生不食也。

富樓那。想愛同結。愛不能離。則諸世間父母子孫相生不斷。是等則以欲貪爲本。貪愛同滋。貪不能止。則諸世間卵化濕胎。隨力强弱。遞相吞食。是等則以殺貪爲本。以人食羊。羊死爲人。人死爲羊。如是乃至十生之類。死死生生。互來相噉。惡業俱生。窮未來際。是等則以盜貪爲本。汝負我命。我還汝債。以是因緣。經百千劫。常在生死。汝愛我心。我憐汝色。以是因緣。經百千劫。常在纏縛。唯殺盜淫三爲根本。以是因緣業果相續。

此明業果相續。不離一念妄貪也。眞如不守自性。妄爲明覺。此最初一念貪。明己爲衆貪之本。一切瞋癡慢等皆由貪生。故獨指三貪爲業果根本也。欲貪爲本者。皆以淫欲而正性命也。貪愛同滋者。云彼食我豢養我愛其肉血也。貪不能止則互相吞食。卽以殺貪爲本也。盜貪者不與而取也。畜道衆生。何嘗肯與人食。橫取食之。盜貪之業重矣。殺盜淫惡業雖不同。總是一貪爲本。故知三界流轉。唯貪愛是根本。若斷貪愛之心。則當下即可出三界。衆生不明因果循環。互相償還夙業。以是因緣業果相續。

相續通結

富樓那。如是三種顚倒相續。皆是覺明明了知性。因了發相。從妄見生。山河大地諸有爲相。次第遷流。因此虛妄、終而復始。

此總結三種相續不斷之現行。皆由最初一念忽生之種子。妄因結成妄果。毫無實法也。三種顚倒、相續始則似有世界。乃有衆生。有衆生乃有業果。後則由業果不斷。故衆生不斷。由衆生不斷。故世界不斷。推其本源。皆由性覺妙明心體。最初不覺。突起一念。轉成業識。妄立覺明。因妄立此明。故分別塵相。相分安立。故妄見山河大地有爲諸相。忽生忽滅。次第遷流終而復始。所謂種種幻化。皆生於如來圓覺妙心也。

執因疑果

富樓那言。若此妙覺本妙覺明、與如來心不增不減。無狀忽生山河大地諸有爲相。如來今得妙空明覺、山河大地有爲習漏、

此喻妄因妄。果其體本眞。

何當復生。

此疑從上文衆生迷眞成妄而來。而復疑返眞後又重起妄也。尊者執因疑果有二種迷惑。一者不知衆生現行無明及所見山河大地元非實有。二者不明因緣所生法。山河大地皆是本姓具足。心佛衆生本無二無別。佛由修德而悟全相即性。證元有之性德。衆生無此修德。迷即全性成相。遺失本來之性德。迷無明者亦此性。悟眞如者亦此性。尊者不明性造性具之理。故疑如來證得眞空時復生無明也。

佛告富樓那。譬如迷人、於一聚落、惑南爲北。此迷爲復因迷而有、因悟所出。富樓那言。如是迷人、亦不因迷、又不因悟。何以故。迷本無根、云何因迷。悟非生迷、云何因悟。佛言。彼之迷人、正在迷時。倏有悟人、指示令悟。富樓那、於意云何。此人縱迷、於此聚落、更生迷不。不也世尊。富樓那。十方如來亦復如是。此迷無本、性畢竟空。昔本無迷、似有迷覺。覺迷迷滅、覺不生滅。亦如翳人、見空中華。翳病若除、華於空滅。忽有愚人、於彼空華所滅空地、待華更生。汝觀是人、爲愚爲慧。富樓那言。空元無華、妄見生滅。見華滅空、已是顚倒。勅令更出、斯實狂癡。云何更名如是狂人、爲愚爲慧。佛言。如汝所解。云何問言諸佛如來妙覺明空、何當更出山河大地。

此顯覺性不動本無迷悟也。先擧喩以審迷因之自出。如是下、答出迷因無所從來。謂此無明本從清淨覺心突然而起。了無根本。故不因迷。若使迷人忽然醒悟悟則無迷。亦不因悟。旣此迷人不因迷悟。則知覺性本來不動。而所謂悟迷者皆生滅門中所收也。迷人得人指示不再生迷。正顯迷本無根。似有迷情之妄覺。一旦覺迷、則此迷已滅。覺不生迷。譬如迷時惑東爲西。方實不轉。今旣覺此是迷。則此迷卽滅。此迷旣滅。若在滅處尋迷之根。豈不是於

此喻眞智眞。斷不重起妄。

空花滅處待華更生耶。清淨覺心本無迷悟之可言。卽言其悟。已落於言語分別。何況於旣悟之後更索其迷。此非愚癡而何也。昔忠國師問紫璘供奉云。佛是何義。答曰。佛是覺義。師曰佛曾迷否。曰不曾迷。師曰用覺作麼。故知尚無有覺。云何有迷。所以云昔時迷悟似迷。今日悟迷非悟。言語道斷。心行路絕。大悟時無有開口處。無有思量處。略一舉心。皆落禪家第二也。

又如金鑛、雜於精金。其金一純、更不成雜。如木成灰、不重爲木。諸佛如來菩提涅槃、亦復如是。

金喻菩提智德無變。灰喻涅槃斷德無生。金鑛雜精金者。鑛喻無明。金喻覺性。言無明與覺性和合也。其金一純者。喻無明被眞如熏而爲純覺也。不重爲鑛金者。云眞如出纏。諸佛本覺朗照。不更生無明之妄心也。此二喻言已覺者更不生迷也。卽圓覺云一成眞金體。不復重爲鑛也。木喻煩惱。灰喻涅槃。灰不爲木者。喻已證涅槃。不復更生煩惱也。

富樓那。又汝問言。地水火風、本性圓融、周徧法界。疑水火性不

相陵滅。又徵虛空及諸大地、俱徧法界、不合相容。富樓那。譬如虛空、體非羣相、而不拒彼諸相發揮。所以者何。富樓那。彼太虛空、日照則明。雲屯則暗。風搖則動。霽澄則清。氣凝則濁。土積成霾。水澄成映。於意云何。如是殊方諸有爲相。爲因彼生、爲復空有。若彼所生。富樓那。且日照時、既是日明。十方世界同爲日色。云何空中、更見圓日。若是空明。空應自照。云何中宵雲霧之時、不生光耀。當知是明、非日非空。不異空日。

此云七大皆依如來藏心循業發現也。迷則全性成相。悟則全相成性。七大之性本來圓融周徧法界。因執相迷性。故疑七大不能相容。在尊者之意七大既周徧。水火性當互相陵滅。水性周徧。卽不容火。火性周徧。卽不容水。既云二俱周徧。何水火性不相陵滅。若云空性周徧。則應無大地。若大地性周徧。則當不復見虛空。此種疑情。皆是執相迷性。墮於因緣生滅法中。如來見尊者執相不捨。故以虛空喻之曰。汝觀虛空有體相否。因虛空無體相。故不拒諸相發揮。有時光風霽月。有時風雨雷霆。而虛空實寂然未動也。汝若悟虛空不拒諸相發揮。卽知如來藏不拒七大互相起滅也。日照則明。喻火大。大明當空。羣暗皆消。故雲屯則暗。喻識大。迷雲一起。眞空晦昧。故風搖則動。喻風大。飄風忽起。太虛震動。故霽澄則清。喻空大。萬里無雲。碧空如洗。故氣凝則濁。喻見大。空見不分。兩相渾濁。故土積成霾。喻地大。陰霾晝暝。晴空蔽塞。故水澄成映。喻水大。水天一色。清明映發。故如是等諸相。爲因彼生耶。爲復空有耶。若云明相從彼日所生耶。則彼日可不藉虛空。十方當同爲日色。云何空中仍見圓日也。若云明相從空生耶。則空應自照。又何待日方明也。若云空日共生耶。則觀此明相何處是空生。何處是日生也。卽言空日和合而生。則日去空在。應有半明。而何以日去虛空全暗也。如是諦觀此明相。實非日非空。亦不離日離空。日空皆因緣所生法也。因緣所生法無生無性。七大之相亦無生無性。若悟虛空不動。不拒諸相發揮。卽知眞如不動。亦不拒七大循業發現也。

眞妙覺明、亦復如是。汝以空明、則有空現。地水火風各各發明、

則各各現。若俱發明、則有俱現。云何俱現。富樓那。如一水中。現於日影。兩人同觀水中之日。東西各行。則各有日隨二人去。一東一西。先無準的。不應難言此日是一、云何各行。各日既雙、云何現一。宛轉虛妄、無可憑據。

眞妙覺明亦復如是者。合上太虛空之喩也。空明空現者。如鑿井而空出也。各各發明各各現者。如一處求火則出火。一處求水則出水也。俱明俱現者。業同境同。如徧法界執滿世間起是也。水中日影是一。而東西兩人觀各有日隨走者。此卽同循業而境同現也。循業發現皆虛妄無憑。不應難言其是一是二是東是西也。此正與非日非空。不異空日同一處妄也。

觀相元妄、無可指陳。猶邀空華、結爲空果。云何詰其相陵滅義。觀性元眞、唯妙覺明。妙覺明心。先（此先字、宜作本字、恐云先後、墮於本無今有之外道、）非水火。云何

此段文。考之諸家註釋。皆云錯簡。當在無可憑據之

後細閱經文似應移後故特調移以順文理

色空傾奪藏心是九法界衆生之七大妙明合如來藏是佛法界之七大

復問不相容者。

此云七大之相若果是實則即有陵滅之相。其實七大皆因緣所生虛妄法同水中日影其義相似。水中之日影尚不定其爲一爲二爲東爲西乃欲詰其相陵滅義。是何異邀空花而結空果耶。汝若細觀七大之性。元是眞常妙覺明體。妙覺明體本非水火。水火尚無更不可問其相容矣。

富樓那。汝以色空相傾相奪於如來藏。而如來藏隨爲色空、周徧法界。是故於中風動空澄、日明雲暗。衆生迷悶、背覺合塵。故發塵勞有世間相。我以妙明不滅不生合如來藏、而如來藏唯妙覺明圓照法界。是故於中、一爲無量、無量爲一。小中現大、大中現小。不動道場、徧十方界。身含十方無盡虛空。於一毛端現寶王刹。坐微塵裏、轉大法輪。滅塵合覺、故發眞如妙覺明性。

此言七大皆因緣所生虛妄法。在相上觀七大。可以詰其相陵滅義。在性上言七大。實周徧互融。衆生業識不空。相見未破。故循色空之業。互相傾奪。於如來藏而如來藏卽循業而現空現色。故見色空周徧法界。全性成相。背覺合塵。故滿目塵勞。處處爲塵相遮蔽。不見眞如妙覺明性。佛則不然。無明已盡。業識已空。唯是清淨妙明智體。一切無染。卽以妙明智體合如來藏。而如來藏唯見妙覺明心。徧十方界。更無一物爲障爲礙。全相成性。事事圓融。心有也大千全現。心無也華藏全空。一多無礙。大小互融。十方界皆爲不動道場。一毛端皆現莊嚴寶刹。身含無量虛空。於一微塵裏能轉大法輪。如來滅塵合覺。故能發眞如妙覺明性。毛端現刹者。正中現依也。微塵轉輪者。依中現正也。此微妙境界。爲理事雙融。故於如理如智中現如量境。若但證如理之旨。普賢大用不得現前。若唯行如量之宗。文殊正智不能究竟。具此二智。事理雙融。方有無碍境現前。是知業識不空。頭頭是障。無明一破。事事融通矣。

而如來藏本妙圓心。非心非空。非地非水。非風非火。非眼、非耳鼻舌身意。非色、非聲香味觸法。非眼識界。如是乃至非意識界。

此云臧心但非。

檀那卽布施。尸羅卽持戒。羼提卽忍辱。毗黎耶卽精進。禪那卽禪定。般剌若卽智慧。波羅密多卽到彼岸。怛闥阿竭、華言如來也。阿羅訶、應供也。三耶三菩、正徧知也。大涅槃不生

非明無明、明無明盡。如是乃至非老非死、非老死盡。非苦非集、非滅非道。非智非得。非檀那。非尸羅。非毗黎耶。非羼提。非禪那。非般剌若。非波羅密多。如是乃至非怛闥阿竭。非阿羅訶三耶三菩。非大涅槃。非常非樂、非我非淨。以是俱非世出世故。卽如來藏元明心妙。卽心卽空。卽地卽水。卽風卽火。卽眼、卽耳鼻舌身意。卽色、卽聲香味觸法。卽眼識界、如是乃至卽意識界。卽明無明、明無明盡。如是乃至卽老卽死、卽老死盡。卽苦卽集、卽滅卽道。卽智卽得。卽檀那。卽尸羅。卽毗黎耶。卽羼提。卽禪那。卽般剌若。卽波羅密多。如是乃至卽怛闥阿竭。卽阿羅訶三耶三菩。

不滅無上涅槃也。此云藏心俱卽。卽離皆離。是非俱泯。言語道斷。心行路絕。觸處皆是道場。動念無非般若。非者、非相也。卽者、卽性也。

卽大涅槃。卽常卽樂、卽我卽淨。以是俱卽世出世故。卽如來藏妙明心元。離卽離非。是卽非卽。

此顯十法界染淨諸法。隨拈一法。無一不是圓融中道。寂滅不動之心體。以非即非離二義以顯其妙若能離卽離非。當下卽是本然之心體。所言非者。卽萬物而非萬物。以顯空如來藏不拒諸相發揮也。非七大非根塵識。此非世間法也。非緣覺法非聲聞法非菩薩法。此非出世間法也。非如來三號。非涅槃四德。此非出世間最上法也。所言卽者。卽萬法以顯不空如來藏。以如來藏周徧法界循業發現。萬法無不具足也。離卽離非。是卽非卽。雙遮雙照。以顯空不空如來藏。卽相卽性。不落言思也。以不思議心觀。不思議境。證不思議理。一心三觀圓融無礙矣。前文發明三科七大。皆如來藏中所具足者。滿慈不了此義。故興二難。一難淸淨本然。云何忽生山河大地。是迷於循業。世尊以因明立所答之。以見皆由循業發現。故此顯萬法。性雖眞而相本妄。是云迷卽全性而成相。二問七大徧周不合相容。是不知七大本乎性覺。世尊以虛空非相不拒諸相喻之。以見七大皆是妙覺明性。故此顯萬法相雖妄而性本眞。是云悟卽全相而爲性。故曰由汝背覺合塵。故見相而不見性。由我背塵合覺。故見

三有。欲有、色有、無色有也。

性而不迷相。至此而七大循業發現之理已明。如來之藏性已顯。然猶不知如來藏能含藏一切萬法。不可以卽論。不可以非卽論。不可以離論。不可以非離論。蓋眞空妙有。妙有眞空。不可言卽色不卽色。亦不可言卽空不卽空。卽之不可。離之亦不可。是亦非。非亦非。無是非是。無非非非。一切是非有無名相言語皆不可得。超倫絕待。離過絕非。到此方是不思議境。此文所顯圓融藏性。前文亦有發明處。云一切皆非者。卽是性眞常中求於去來迷悟生死了無所得義。一切俱卽者。卽是因緣所生法幻妄稱相義。離卽離非是卽非卽者。卽云其性眞爲妙覺明體義。此卽前文所謂勝義中之勝義也。

如何世間三有衆生、及出世間聲聞緣覺、以所知心、測度如來無上菩提。用世語言入佛知見。譬如琴瑟箜篌琵琶。雖有妙音。若無妙指、終不能發。汝與衆生、亦復如是。寶覺眞心、各各圓滿。如我按指、海印發光。汝暫舉心、塵勞先起。由不勤求無上覺道。愛念小乘、得少爲足。

三諦。眞諦俗諦中諦也。
三觀。空觀假觀中觀也。
滿慈重徵妄因

三諦圓融之本理。名爲無上菩提。三觀圓明之智眼。名爲佛之知見。此無上道。諦非滯有之凡夫所能測度。卽滯空之二乘。亦莫能思議。以世間因緣自然種種名言名相。皆不能窺其萬一。如圓覺經云。但諸聲聞所緣境界。身心語言。皆悉斷滅。終不至彼之親證所現涅槃。何況能以有思惟心。測度如來圓覺境界。如取螢火燒須彌山。終不能著。以輪廻心生輪廻見。入於如來大寂滅海。終不能至。琴瑟等物喩陰入處界。妙音喩藏性妙理。妙指喩了義修證。此云衆生各各皆有寶覺眞心。各各圓明具足。若不深明如來教法。終不能體解大道而修證。佛與衆生同具元明眞體。如來卽相悟性。故佛一按指。海印發光。衆生執相迷性。故稍一舉心。塵勞先起。小乘所修道法。皆不離相。故曰得少爲足。如來責以不勤求無上覺道者。是令二乘菩薩不可坐守化城。須上求佛果也。

富樓那言。我與如來、寶覺圓明、眞妙淨心、無二圓滿。而我昔遭無始妄想、久在輪迴。今得聖乘。猶未究竟。世尊諸妄一切圓滅、獨妙眞常。敢問如來。一切衆生何因有妄。自蔽妙明、受此淪溺。

此重徵妄因也。上文云寶覺眞心各各圓滿。祇因迷悟不同。故大用不現前。此文下、恐愚者以迷悟因緣爲實法。故重明其無性也。尊者前問山河大地諸有爲相生續之因。是迷眞成妄。咎在無明。今文是問無明以何爲因。是由妄溯眞。病在依他。尊者不知緣生無性。餘惑未盡。故重徵妄因之緣起。

佛告富樓那。汝雖除疑、餘惑未盡。吾以世間現前諸事。今復問汝。汝豈不聞室羅城中、演若達多。忽於晨朝、以鏡照面。愛鏡中頭。眉目可見。瞋責己頭、不見面目。以爲魑魅、無狀狂走。於意云何。此人何因、無故狂走。富樓那言。是人心狂、更無他故。

此借喻妄本無因突然而起也。除疑者。事理性相已無疑矣。餘惑未盡者。迷悟情量猶未捨也。演若達多愛鏡中頭眉目可見。喻妄取幻境。瞋責己頭不見面目。喻迷背眞性。狂走者。如凡夫愛妄有而不見眞空。二乘愛偏空而不見妙有。菩薩愛萬行而不見中道。別教愛但中而不見法界。此皆狂走也。答言是人心狂。更無他故。足徵妄本無因也。

佛言。妙覺明圓、本圓明妙。既稱爲妄、云何有因。若有所因、云何名妄。自諸妄想、展轉相因。從迷積迷、以歷塵刼。雖佛發明、猶不能返。如是迷因、因迷自有。識迷無因、妄無所依。尚無有生、欲何爲滅。得菩提者、如寤時人、說夢中事。心縱精明。欲何因緣取夢中物。

妙覺明圓。指衆生所具理性也。本圓明妙。言其不假修成也。眞本無妄。則妄性本空。安得有因。有因便非妄矣。蓋妙覺明心本來自圓本來自明本來自妙。初未嘗有妄。既稱爲妄。卽不能言有因。若云有因。則卽謂之眞。卽不可云妄。若究竟其現在。皆是自己妄想展轉相因而生。初無定處。若推其元始皆是從迷而積迷。卽歷塵刼。亦無有因。故佛告尊者曰。我將此理與汝發明。汝不能返求諸己。向人索取妄本。殊不知如是迷因。皆是因迷却自己本圓妙心而有此迷。別無他故也。若汝識此迷本無因。則汝妄想元無所依。生處尚不可得。又將何爲滅耶。卽如我說得菩提者。亦不過證得夢中佛果。正如寤人說夢中事。心縱精明。亦不能拈取夢中物以示人也。夢中物尚不可拈取。又何況無因之妄想耶。所謂狂心若歇。歇卽菩提。

三種相續者。
世界相續。
衆生相續。
業果相續。

但有所馳求者。皆是迷眞逐妄也。

況復無因、本無所有。如彼城中演若達多、豈有因緣、自怖頭走。忽然狂歇、頭非外得。縱未歇狂、亦何遺失。富樓那。妄性如是。因何爲在。

此云妄本無因。正如演若達多之狂相類。達多之狂從無因之妄起。此狂非從外來。亦非從頭上有狂性。全是自己迷頭認影所發之狂。若狂心一歇。則知頭本未失也。狂有起歇。頭無得失。即當狂心起時。眉毛何嘗不在眼上。鼻孔何嘗不是下垂也。自家之面目何嘗動着絲毫。妄性本如是。其因實無所在也。

汝但不隨分別世間業果衆生、三種相續。三緣斷故、三因不生。則汝心中演若達多、狂性自歇。歇卽菩提。勝淨明心、本周法界。不從人得、何藉劬勞、肯綮修證。譬如有人、於自衣中、繫如意珠。

三緣者。殺、盜、淫。綮、肯義、目的意。

不自覺知。窮露他方。乞食馳走。雖實貧窮。珠不曾失。忽有智者、指示其珠。所願從心。致大饒富。方悟神珠、非從外得。

富樓那既證無漏。已斷三緣。祗因法執未破。不知世間業果衆生三種全無實性。隨此虛妄分別。謂有三界可出。有涅槃可證。仍類於達多怖頭狂走。若不隨此虛妄分別起心。則三緣斷。三種相續妄因亦復不生。則狂性自歇。歇即菩提。不隨二字是歇狂之初步。分別即是分別法執。此借達多之狂以例滿慈之狂。達多之狂迷頭認影。滿慈之狂認明墮所。狂事不同。狂心無異也。肯綮者。筋脈聚會之處。何藉劬勞肯綮修證者。言不待勞筋苦骨也。衣喻無明。珠喻勝淨明心。言人皆有此勝淨明心。因爲無明錮蔽。雖有而不知。窮露他方者。卽云衆生有此勝淨明心。不能認取。隨業流轉。往還六道。何異持珠作丐。而遠乞異邦也。忽有智者指示其珠者。卽云衆生本有佛性。而不自覺知。一旦被如來指出。得悟本心。卽了明大道。何異窮子得無價寶珠。而致大饒富也。此珠非從外得者。卽云佛性人人具足。從無始來未曾遺失。衆生不能認取自家無上寶珠。歷劫來窮露他方。此種自迷。與達多怖頭而走者又何異耶。

阿難再執緣起

卽時阿難。在大衆中、頂禮佛足。起立白佛。世尊。現說殺盜婬業、三緣斷故。三因不生。心中達多狂性自歇。歇卽菩提、不從人得。斯則因緣皎然明白。云何如來頓棄因緣。我從因緣、心得開悟。世尊。此義何獨我等年少有學聲聞。今此會中大目犍連、及舍利弗、須菩提等從老梵志、聞佛因緣、發心開悟、得成無漏。今說菩提不從因緣。則王舍城拘舍黎等、所說自然、成第一義。惟垂大悲、開發迷悶。

此阿難尊者因佛說三緣斷故。三因不生。又再執因緣也。以爲緣斷而因不生。狂歇而菩提現。豈不是有因有緣耶。何如來頓棄因緣也。何況我實從因緣開悟也。不但我從因緣開悟。卽如大目犍連舍利弗等皆從因緣悟入也。今如來說菩提不從因緣。則外道所說自然者。

本自其然者。卽云本自常然也。

無然非自者。卽云無不自然也。

豈不成第一義諦耶。此實我等迷悶不解。更請如來垂大悲以開示也。

佛告阿難。卽如城中演若達多狂性因緣、若得滅除。則不狂性、自然而出。因緣自然、理窮於是。阿難。演若達多、頭本自然。本自其然、無然非自。何因緣故、怖頭狂走。若自然頭、因緣故狂。何不自然、因緣故失。本頭不失、狂怖妄出。曾無變易。何藉因緣。本狂自然、本有狂怖。未狂之際。狂何所潛。不狂自然。頭本無妄。何爲狂走。

此下雙遣因緣自然也。言頭非自然因緣。以喩眞體。非自然因緣也。先明頭非自然。次明頭非因緣。若謂頭本自然、則應本自常然。無一時一處而不自然也。旣無時無處不自然。則不得有發狂之時也。今忽驚怖無頭而狂走。則頭非自然明矣。若謂頭屬因緣耶。則因照鏡時驚怖無頭而狂走。何不因照鏡時幷失其頭也。然當狂走時。頭實不曾失。則頭不屬因緣明

此但生滅者。云此但是生滅心仍非菩提心也。此亦生滅者。卽云卽此自然亦是生滅法也。非汝二字。言非汝歷刧辛

矣。蓋不但頭非自然因緣。卽所發之狂亦非自然因緣也。若謂此狂出於自然耶。則應當常有此狂怖。然未狂之時。汝觀此狂潛於何處耶。若謂狂出於因緣耶。今頭本無妄有何因緣而狂走也。如是諦觀因緣所生虛妄法。當體卽空。狂心若歇。歇卽菩提。幻妄之相。求於生死去來迷悟。皆不可得。清淨心體上實無名相可言也

若悟本頭、識知狂走。因緣自然、俱爲戲論。是故我言。三緣斷故、卽菩提心。菩提心生、生滅心滅。此但生滅。滅生俱盡、無功用道。若有自然。如是則明自然心生、生滅心滅。此亦生滅。無生滅者、名爲自然。猶如世間諸相雜和成一體者、名和合性。非和合者、稱本然性。本然非然、和合非合、合然俱離。離合俱非。此句方名無戲論法。菩提涅槃、尚在遙遠。非汝歷刧辛勤修證。雖復憶持

菩終不能證。不可以多聞爲能悟而不進修也。

十方如來十二部經。清淨妙理、如恆河沙、祇益戲論。

此下發明正義。一悟字一知字。是歇狂悟本處。由其悟得本頭未失。方知狂走是妄。親見本來面目。狂心頓歇。如是則知因緣自然皆是戲論法。毫無實義也。是故佛說三緣斷故菩提心生。雖然此菩提心亦不可執着。若狂心歇而執着菩提心生。此亦是因緣。亦是狂心。亦是戲論。亦是生滅法。非寂滅法也。卽使滅生俱盡。至於無功用處。若有自然想。則還是自然心生。生滅心雖滅。卽此自然心亦是生滅法。非寂滅法。蓋云以生滅法爲因緣。以無生滅者爲自然。除去一重因緣。又墮落一重自然。是去了作病。又墮了任病。故曰執着無生滅者亦名爲自然。此自然亦還是生滅法。仍非寂滅法也。譬如世間因雜和而成一體名和合性。對此和合。則以非和合者稱本然性。卽此本然。亦是有對待法。有對待卽非眞本然。亦屬戲論法。所謂毫釐繫念。三塗業因。瞥爾情生。萬劫繫縛。直至本然非本然和合非和合和合本然二俱遠離。離與不離二俱雙非。至此方是無戲論法。故中論云。不生亦不滅。不常亦不斷。不一亦不異。不來亦不去。能說是因緣。善滅諸戲論。如來恐尊者以解爲證。故又示之曰。卽汝悟到此等境界。菩提涅槃。尚遙遠在。非汝歷劫辛苦勤勞眞實修行終不能證。不但徒記我法。勞而無功。卽憶持十方如來十二部經清淨妙理如恆河沙。若不眞實進修。徒解名言。祇益戲論。終不能親到實證。

汝雖談說因緣自然、決定明了。人間稱汝多聞第一。以此積劫多聞熏習、不能免離摩登伽難、何須待我佛頂神咒。摩登伽心、婬火頓歇、得阿那含。於我法中、成精進林。愛河乾枯、令汝解脫。是故阿難。汝雖歷劫憶持如來祕密妙嚴。不如一日修無漏業。遠離世間憎愛二苦。如摩登伽、宿爲婬女。由神咒力、銷其愛欲。法中今名性比丘尼。與羅睺母耶輸陀羅、同悟宿因。知歷世因、貪愛爲苦。一念熏修無漏善故。或得出纏。或蒙授記。如何自欺、尚留觀聽。

斷惑爲斷德。永遠不迷爲智德。

領悟獲益。更求無上涅槃。

此下極言多聞不進修之弊。以激勸尊者進修無漏業以除習漏也。前文云何藉劬勞肯綮修證者。因滿慈已盡諸漏。但紆疑悔也。此云非汝歷劫辛勤修證者。因阿難雖已開悟。習漏未除也。欲證眞斷惑。須修無漏法。故曰不如一日修無漏業也。若能進修此無漏業。不隨分別三種相續。以所悟眞因淨除現業。則多聞即可以助進修。若徒以多聞而不肯進修。則畜聞成錯誤。欲漏未除。愛水未枯。故難免摩登之難。如來復舉他人證果而激勸尊者曰。汝觀摩登伽已出纏而爲性比丘尼。羅睺母已蒙授記。咒力與多聞力。實日劫相倍。若不實修實證。終不能遠離憎愛二苦。弱質女身。皆因一念熏修。得獲果位。汝爲衆所知識者。反留戀見聞。不肯進修。豈不是自欺耶。

阿難及諸大衆。聞佛示誨。疑惑銷除、心悟實相。身意輕安、得未曾有。重復悲淚、頂禮佛足。長跪合掌、而白佛言。無上大悲、清淨寶王。善開我心、能以如是種種因緣、方便提奬。引諸沈冥、出於苦海。世尊。我今雖承如是法音。知如來藏、妙覺明心、徧十方界。

三德
法身
般若
解脫

含育如來十方國土、清淨寶嚴、妙覺王刹、如來復責多聞無功、不逮修習。我今猶如旅泊之人、忽蒙天王賜與華屋。雖獲大宅、要因門入。惟願如來不捨大悲、示我在會諸蒙暗者、捐捨小乘、畢獲如來無餘涅槃、本發心路。令有學者、從何攝伏疇昔攀緣、得陀羅尼、入佛知見。作是語已、五體投地。在會一心、佇佛慈旨。

此叙大衆領悟得益後更求最上乘法也。疑惑銷除者。因緣自然名言習氣已捐除矣。心悟實相者。已知法身無相無不相。不墮於能所中也。身意輕安者。能伏粗重障礙也。含育者。即上文所云含吐也。以十方依正莊嚴。皆是妙明心中所現之物也。旅泊者。云久背眞性也。天王喻如來法王。華屋喻如來所證三德祕藏。云如來祕藏雖吾故居。因久迷不歸。今蒙如來指示。尚祈指導入門之方。令我等在會諸蒙暗者。捐捨有餘涅槃。進趨無上大涅槃路也。蓋小乘有學等輩。疇昔所行之法不離依他。總落攀緣。世尊既不許用意識觀察降伏。我等如何能得陀羅尼。入佛知見也。大衆一心者。云在會之衆皆願聞大法佇佛慈旨也。

二決定義

修因同果
因同果同
因異果異

爾時世尊哀愍會中緣覺聲聞、於菩提心未自在者。及爲當來佛滅度後。末法衆生、發菩提心開無上乘妙修行路。宣示阿難、及諸大衆。汝等決定發菩提心。於佛如來妙三摩提不生疲倦。應當先明發覺初心二決定義。

此云菩提心未自在者。須審觀因地所發之心。與煩惱根本二義。發覺初心者。謂最初欲發得菩提心決定須知此二義也。若無三如來藏第一義心爲因。則無正因卽不能證正果若不知現業流識第二義是業之根本則無處降伏妄心。故須決定審觀因地所發何心。又須審觀業之根本也。

云何初心二義決定。阿難。第一義者。汝等若欲捐捨聲聞、修菩薩乘、入佛知見。應當審觀因地發心、與果地覺、爲同爲異。阿難。

若於因地、以生滅心爲本修因。而求佛乘不生不滅、無有是處。以是義故。汝當照明諸器世間可作之法、皆從變滅。阿難汝觀世間可作之法、誰爲不壞。然終不聞爛壞虛空。何以故。空非可作。由是始終無壞滅故。則汝身中堅相爲地。潤濕爲水。煖觸爲火。動搖爲風。由此四纏、分汝湛圓妙覺明心。爲視爲聽、爲覺爲察。從始入終、五疊渾濁。云何爲濁。阿難。譬如清水、清潔本然。即彼塵土灰沙之倫、本質留礙。二體法爾、性不相循。有世間人、取彼土塵、投於淨水。土失留礙。水亡清潔。容貌汨然、名之爲濁。汝濁五重、亦復如是。

四纏者、卽指地水風火也。

此云第一義者。卽前所說第一義諦三如來藏心也。如來因尊者向所執知見。皆是因緣生滅心。故令尊者徵細審觀此因地心與果地覺是同是異。蓋因正則果正。若以不生不滅法爲本修因。則爲佛之知見。卽可得不生不滅之果。若以生滅法爲本修因。則爲凡小知見。卽不能得不生不滅之果。若在相上起修。則不生滅法。卽成爲生滅法。若在性上起修。則生滅法又何嘗不是不生滅法。不生不滅之性。卽在生滅法中。悟則相成爲性。迷則性變爲相。譬如虛空。卽在器世界中顯露。淸水亦從濁水中尋也。悟則卽淸淨眞心。迷則卽生滅妄識。眞妄同時。不可思議。稍有擬議思量。皆是依他起性。非幻旣成幻法。自心卽自取自心。此中微細。卽生滅與不生滅和合間不容髮之時也。以是下之文以虛空無作。器世間可作二法。以發明生滅不生滅之妙理。器世間可作之法。皆有變壞。卽生滅法。虛空無造作。終不變壞。卽不生滅法。身中四大及視聽覺察。喻如可作之法。湛圓妙覺明心。喻如虛空。由此四纏分爲視聽覺察。卽前文所謂所妄旣立明理不踰也。四纏分隔妙心。猶之以器世間分隔虛空也。四纏有變壞。而妙心終不可壞。猶之乎器世間可壞。而虛空終不可壞也。雖然器世間亦在虛空之內。四纏亦不在妙心之外。若悟性色眞空性空眞色之理。則不獨視聽覺察之性。是如來藏不可壞之性。卽身中四纏之性。亦是如來藏不可壞之性也。是故十八界之相。皆是可作之法。皆從變壞。十八界之性。皆如虛空。皆不可變壞也。從始入終五疊渾濁者。約無始生相無明。假名爲始。約妙覺究竟斷德。假名爲終。妙覺以前。一分生相無明未斷。則一分微細五濁之相亦未全除。故曰從始入終也。妙覺明心妄爲相見二分。離相無見。離見無相。色心二法不相捨離。從無始以來。妙覺以前念念無不具此色心二法。故曰五叠渾濁也。云何爲濁耶。譬如虛空有諸相發揮。即是虛空之濁。妙明心中有相見紛擾。即是妙心之濁。塵土投於淸水即喻妄相投於妄見。水失其潔。卽喻見失其明。此皆因不了相見二分故性覺妙明。遂成五陰渾濁。

阿難。汝見虛空徧十分界。空見不分。有空無體、有見無覺、相織妄成。是第一重名爲刼濁。汝身現摶四大爲體。見聞覺知、壅令留礙。水火風土、旋令覺知、相織妄成。是第二重名爲見濁。又汝心中憶識誦習。性發知見。容現六塵。離塵無相。離覺無性。相織妄成。是第三重名煩惱濁。又汝朝夕生滅不停。知見每欲留於世間。業運每常遷於國土。相織妄成。是第四重名衆生濁。汝等見聞、元無異性。衆塵隔越、無狀異生。性中相知、用中相背。同異失準、相織妄成。是第五重名爲命濁。

此詳言五濁之所由來也。劫濁者。言人開眼一見空時。空見兩無邊畔。各自徧周。不能分析何者是見。何者是空。虛空本無體者。由人一見便覺蒼蒼莽莽者爲空。見本無知者由空入眼。便知明明了了者是見。無體者因見而有體。無知者因空而有覺。故人當見空時。綿綿密密。混作一團。便成渾濁。所謂時分不淨。謂之劫濁。見空旣爾。見色亦然。見濁者言人之見聞覺知。元是一精明之體。本無留礙。由四大和合結爲分段之身。不能融通。無留礙者成爲有留礙也。地水火風元非一物。本無知覺。被此精明之分湛。領以爲境。令生覺受。無知覺者成爲有知覺矣。是則現前六根四大。織妄相成渾濁眞性。名爲見濁。六根單言見者。舉一以該其五也。煩惱濁者。言人之意識憶念誦習。能緣三世境界。此意識性從根發。此意識相從塵現。離根無意識性。離塵無意識相。根塵識三混作一處。起貪瞋癡等事。渾濁眞性名煩惱濁。衆生濁者。言業運是衆生同分生基。衆生皆爲業行所轉。生滅不停。知見每欲常留於世。無不能卽去者。卽去後來先之阿黎耶識也。

澄濁復湛

奈業力推移。不容作主。故欲留者因業力牽引而不能常住。欲遷者因主人留而不能卽去。由此去留混成一處。渾濁眞性。名衆生濁。命濁者言人之六根元是一精明之體。由此四纏分爲六處。事同一家。不得名異。故性中相知。各開門戶。不得名同。故用中相背。唯同與異。二不可定。故曰失準。由此一同一異。若經緯密織而不可分。不得自在。渾濁眞性。名爲命濁。此五濁者自一念晦昧爲空之後便不澄清矣。如來欲示澄濁之方故先指示生濁之由也。

阿難。汝今欲令見聞覺知、遠契如來常樂我淨。應當先擇死生根本。依不生滅圓湛性成。以湛旋其虛妄滅生、復還元覺。得元明覺無生滅性、爲因地心。然後圓成果地修證。如澄濁水、貯於靜器。靜深不動、沙土自沈。清水現前。名爲初伏客塵煩惱。去泥純水。名爲永斷根本無明。明相精純。一切變現不爲煩惱。皆合涅槃清淨妙德。

粗惑者、虛妄根塵也。元覺者、眞實自性也。

相似、卽起信論云相似覺也。

十八界相。無非濁水。十八界性。無非藏性。卽相悟性。濁水中皆有清水之性。水之相有渾濁。水之性實無渾濁也。見聞覺知。卽是湛圓妙覺明心所分開者。亦卽因心四德也。常樂我淨者。果覺四德也。今欲依此根性爲修因之本。故先以此標定也。佛告阿難曰。汝欲將此現前日用之見聞覺知。遠契如來常樂我淨之四德。應當先擇汝死生根本也。若依取本不生滅本圓本湛之性以成觀行之功。卽以此本湛之性。旋覆其虛妄滅生。使粗惑任運先落。而復還元覺。得元明覺無生滅性。至此得入十信滿心。然後自初住至等覺。圓成果地之眞修。直至妙覺圓成果地之實證。是則因心果覺。始終理同矣。如澄濁水者。卽喻圓湛旋妄也。前旣以投土於水。而喻濁相。今還以澄濁得清而喻修證之相。靜器者。卽喻本不生滅圓湛之性也。如澄濁水。須貯靜器。欲破五陰。須觀陰入處界本如來藏也。靜深不動。喻觀行力深也。沙土自沈。喻相見二分不復相織也。圓伏五住煩惱。而粗垢任運先落也。清水現前者。喻眞諦理明也。亦復相似見三諦理也。初伏客塵煩惱、是初斷界內見思惑。伏界內無明也。去泥純水、斷界外無明也。從圓初住分斷乃至妙覺究竟斷盡、故曰永斷根本無明也。若至明相精純、則成佛界法性五陰。全用卽體、全體卽用。十界無非常樂我淨。故曰皆合涅槃不生不滅性。清淨本然妙德也。界內無明者。卽見思惑也。何謂見思耶。凡迷於眞理而起我見邪見等曰見惑。凡迷於事理而起貪瞋等曰思惑。見思惑斷自然眞智明了。此時便見他人思惑如

解結從根

塵如沙。生退屈難度想。泯化違志。輒守眞空涅槃。此非自己之惑。是因見他人之惑而障化導。謂之塵沙惑。塵沙破後方破無明。無明者最初一念認明之時。以謂必明。即因此必明一念。遂將無量眞諦理境。晦昧而落於方所矣。欲破無明。先由圓十信後心破一分無明。證一分三德法性。如是分破分證。歷十住十行十迴向十地至等覺。起金剛智再破一分生相無明。至此方合涅槃妙德也。

第二義者。汝等必欲發菩提心。於菩薩乘、生大勇猛。決定棄捐諸有爲相。應當審詳煩惱根本。此無始來發業潤生、誰作誰受。阿難。汝修菩提。若不審觀煩惱根本、則不能知虛妄根塵、何處顛倒。處尚不知。云何降伏取如來位。阿難。汝觀世間解結之人、不見所結、云何知解。不聞虛空被汝隳裂。何以故。空無形相、無結解故。則汝現前眼耳鼻舌、及與心身、六爲賊媒、自刼家寶。由

此無始衆生世界、生纏縛故。於器世間不能超越。

前以不生不滅爲因地心。故標第一義。此以現業流轉爲生死根。故標第二義。以答第二問也。諸有爲相者。卽疇昔攀緣虛妄所生諸法也。發業潤生。卽二種無明也。發業卽是業因。潤生卽是業緣。此二通於界內界外。總名煩惱。誰作誰受者。正是審其根本也。前第一義中所言五濁。是明全眞起妄而復眞。今第二義中所言六根。云全妄含眞。必須悟眞而融妄也。蓋作亦是六根也。受亦是六根也。除卻現前六根。不但煩惱無根。卽菩提涅槃亦無根。若不知虛妄顚倒之處。不但不能知眞。亦復不能知妄。既不能審詳眞妄。云何降伏虛妄而取如來眞實果位也。汝觀世間欲求解脫之人。必先知其所結處。方可解除其結。若不知結處。從何得解。結解必有處所。不應無形相之虛空受人結解也。結可解而空無結解者。正喻根結可解。而妙覺性實無結解也。妙覺性本無結解。正指出六根是結處。是顚倒處也。此六根是指六精。墮於勝義浮塵二根中。根塵相對以成結體。由此六根爲媒。招引內賊。劫取如來藏中珍寶。散失於外。漫無收束。故人但知六識爲內賊。劫取家珍。不知招引內賊劫家珍者實六根也。人但知起惑是六根。造業是六根。受報是六根。不知劫家珍者亦是六根。此六根者。實爲生死結解之元。故前云誰作誰受。此云自劫者。卽互相呼應處。衆生世界。指根身而言。器

衆生世界
性本圓融

三四者、三四十二也。四三者、四三十二也、三世、時分也。四方、界所也。

世間指器界而言也。言此六根所以成結者。皆由四纏分汝湛圓妙覺爲視聽覺察。於是見不超色。聽不超聲。交妄相織而成結也。故知六根有縛。則世不能越六根。得解則塵自超也。

阿難。云何名爲衆生世界。世爲遷流。界爲方位。汝今當知。東西南北。東南、西南、東北、西北、上下爲界。過去未來現在爲世。方位有十。流數有三。一切衆生。織妄相成。身中貿遷。世界相涉。而此界性。設雖十方。定位可明。世間祇目東西南北。上下無位。中無定方。四數必明。與世相涉。三四四三。宛轉十二。流變三疊。一十百千。總括始終。六根之中。各各功德有千二百。

此約衆生世界以顯六根數量也。心本無時。亦無方所。故曰十世古今不離當念。無邊刹海。不隔毫端。一涉思惟。便落方所。一落方所。便有定量。一有定量。便有遷流。故界有十方。世有三世。方有限量。世有遷流。若經緯然。一切衆生皆由世界相織而成此身。故世與界即在身中貿易遷流。未嘗停住。所謂有力者負之而趨。昧者不覺也。界有十方。而十方中惟取四方爲正。不取四隅以非正故。不取上下以無位故。不取中位以無定故。唯取三世與四方相涉。故三世與四方數有十二。而四方與三世亦數有十二也。流變三疊者。一疊卽三四四三成十二也。二疊卽方方世世中各具十界。則百二卽千二也。總括始終者云。一疊爲十二。名數之始。百二十疊爲千二。名數之終。六根之中各各功德有千二者。亦不過假立分位。其實六根功德皆是自體本具。無不圓滿也。

用分優劣

所云劣者。功力達不到也。

出入兩停。而鼻不知矣。

阿難。汝復於中克定優劣。如眼觀見。後暗前明。前方全明。後方全暗。左右旁觀。三分之二。統論所作功德不全。三分言功。一分無德。當知眼惟八百功德。如耳周聽。十方無遺。動若邇遙。靜無邊際。當知耳根。圓滿一千二百功德。如鼻齅聞。通出入息。有出有入。而闕中交。驗於鼻根。三分闕一。當知鼻惟八百功德。如舌

離卩不知。此云身雖知離。而外物離身又觸他物。而身不知矣。

宣揚、盡諸世間、出世間智。言有方分、理無窮盡。當知舌根、圓滿一千二百功德。如身覺觸、識於違順。合時能覺、離中不知。離一合雙、驗於身根、三分闕一。當知身惟八百功德。如意默容、十方三世、一切世間出世間法。惟聖與凡、無不包容、盡其涯際。當知意根圓滿一千二百功德。

上文以世間相涉論。故無優劣。此以六根功用論。欲選其根。故以六根之圓缺而定優劣也。眼根三分之二者。云眼祗能見前方及左右後方二隅不見。故曰三分之二。耳根周聽無遺者。云動無近遠。靜無邊際。十方擊鼓一齊俱聞也。鼻缺中交者。云出能取香。入能聞香。兩停之際。則無功能矣。舌根言有方分理無窮盡者。云舌之發言尚有方。舌之嘗味尚有分。而舌之所發義理。實無窮無盡也。身根離一合雙者。云合時有覺有違有順。故具有二分。離中不知。是缺一分也。意默容者。謂此意根能受熏持種。能默容十方三世。乃至世出世法。若凡若聖。無不包容。盡其涯際。故曰圓滿也。

阿難。汝今欲逆生死欲流。返窮流根、至不生滅。當驗此等六受用根。誰合誰離。誰深誰淺。誰爲圓通。誰不圓滿。若能於此悟圓通根。逆彼無始織妄業流、得循圓通。與不圓根。日劫相倍。我今備顯六湛圓明、本所功德。數量如是。隨汝詳擇其可入者。吾當發明、令汝增進。十方如來、於十八界一一修行、皆得圓滿無上菩提。於其中間亦無優劣。但汝下劣、未能於中圓自在慧。故我宣揚、令汝但於一門深入。入一無妄、彼六知根、一時清淨。

前決擇生死根本是六根。次又顯六根功德有優劣。此又令其揀選六根誰爲圓通也。逆字是轉凡入聖之妙用。以此六根順之則生死。始逆之則輪迴息。如流逸奔色順也。返流全一逆也。前之不隨後之不循。皆是逆之功用也。生死欲流者。通指二種生死。皆因於法有所取

前五根皆緣現量境。五八不同者。五有能所。八不落能所也。意根能緣三類境。三世境。前五之離合境。故曰不能純離也。三類境。性境、帶質境、獨影境。求斷虛習

著。總名欲流。返窮流根者。追斷生滅根元。以契無生滅性也。欲契無生滅性。即應體驗此六根。誰爲合中知。誰爲離中知。誰深而難測。誰淺而易知。誰爲用具足。誰爲用欠缺。若能向此六根仔細推尋。何根最圓通。從此一根深入。能圓與不圓者互相比較功德。如日劫相倍也。此段文即密顯耳根最圓也。蓋眼耳爲離中知。鼻舌身爲合中知。意深而難測。耳舌意爲用具足。餘三皆欠缺也。眼雖離而不圓。舌雖圓而不離。意雖圓深而有所緣。不能純離。惟耳根既能離中取境。又能周聽無餘。亦離亦圓亦深。故曰此方眞教體。清淨在音聞也。六根功德如來一一發明。令人詳擇者。云十方如來聖性皆通。隨入一根皆得圓通自在。衆生根器愚鈍。不得不擇其優劣也。若能擇其亦離亦圓亦深之根一門深入。則餘五根應時清淨也。

阿難白佛言、世尊。云何逆流深入一門。能令六根一時清淨。

尊者此時還未能性相融通。故有此疑。要知六根之根本。皆是元一精明所幻出者。一之名稱。皆是假名。何得有六。若能打破最初之一。一六全消。六根互用矣。

佛告阿難。汝今已得須陀洹果。已滅三界衆生世間見所斷惑。然猶未知根中積生無始虛習。彼習要因修所斷得。何況此中

見有五身見、邊見、戒取、見取、邪見。身見因自身起我見。邊見因我起斷常有無見隨執一邊。戒取外道無益苦行、非出世因、妄謂出世因。

生住異滅分劑頭數。

須陀洹爲初果。爲見道分。爲預入聖流。此卽答上文逆流也。見所斷惑者。卽斷八十八使見惑也。意根對法塵起分別知見。因此見惑。流轉三界。不能出離。故斷此見惑。卽證初果。入見道位。根中積生無始虛習者。卽八十一品思惑也。亦卽欲流有流無明流三流也。欲流者。謂五根貪愛五塵。起貪瞋見慢名爲思惑。由此思惑。流轉欲界。故名欲流。有流者。因果不亡。執着因緣所生法。謂爲實有。此卽色無色界起貪慢之思惑。因此思惑。流轉色無色界。不能出離。名爲有流。無明流者。卽最初一念認明墮所。以謂此所是明。不知此覺明有所。卽因此明而一切不明。故名無明。此卽三界思惑中之癡。由此無明。流轉生死。不能出三界。故名無明流。斷此三流。斷八十一品思惑盡。而證四果。初果爲見道。二果三果至四果阿羅漢皆名修道。故曰修所斷惑也。其中生住異滅分劑頭數者。其中指根中。以離阿黎耶識諸惑無依也。生住異滅者。菩薩所斷惑也。天台目爲界外見思也。按起信論三細中業相是生相。三細中後二。六粗之前二爲住相。六粗之三四爲異相。第五爲滅相。而第六不與焉。分劑頭數者。謂初住以上至於妙覺。總有四十二品也。汝今已斷見流者。云得證初果。尚未斷界內思惑。何況界外思惑耶。此皆所當逆所當反窮者也。

見取、凡夫外道用工得益。實未到聖境。妄計聖果、邪見不信三寶撥無因無果。

三細：業相、轉相、現相

六粗：智相、相續、執取、計名、造業、受苦

破執一六

借喻顯理

今汝且觀現前六根、爲一爲六。阿難。若言一者。耳何不見。目何不聞。頭奚不履。足奚無語。若此六根、決定成六。如我今會、與汝宣揚微妙法門。汝之六根、誰來領受。阿難言我用耳聞。佛言、汝耳自聞。何關身口。口來問義、身起欽承。是故應知、非一終六。非六終一。終不汝根元一元六。阿難。當知是根、非一非六。由無始來。顛倒淪替。故於圓湛一六義生。汝須陀洹、雖得六銷、猶未亡一。如太虛空、參和羣器。由器形異、名之異空。除器觀空、說空爲一。彼太虛空、云何爲汝成同不同。何況更名是一非一。則汝了知六受用根、亦復如是。

此下欲答一解六淨之義。故先辨其本無一六也。言汝既不知一解六淨之理。汝且審觀現前六根。畢竟是一是六。若云是一。則目可聞而眼可聽。頭可履而足可語。而何以目不能聞。眼不能聽。頭不可履。足不可語耶。若云是六也。則身口與耳各不相關。胡爲問法之時。必待身欽口問而後耳始得聞也。若執爲一。何以用中相背。若執爲六。何以性中相通。是故應知。非一終六。非六終一。此根實非元有一六也。此皆因無始一念顚倒。與外六塵固結一處。凡夫執之爲六。伏根有學者執之爲一。今汝雖證初果。不入六塵。已得六銷。雖不執六。尚未亡一。由汝不能亡一。故不知一解六淨之義。汝妙性墮於六根。正合虛空之合羣器。由器異而說空爲異。除器空又說空爲一。太虛空不但不能說其爲同爲異。更不可云其是一非一。根與塵合則有異。根塵不合則爲一。其一其異。自在根塵合與不合。非汝妙性有一有異。一解六淨。其義如是。根塵結則同結。解則實同解也。

總攬六塵爲根。

此示生起之由。

浮根

机爲地水風

由明暗等二種相形。於妙圓中黏湛發見。見精映色、結色成根。

根元目爲清淨四大。因名眼體、如蒲萄朵。浮根四塵、流逸奔色。

由動靜等二種相擊。於妙圓中、黏湛發聽。聽精映聲、卷聲成根。

火。
細爲嘗香味觸。

意思者。即云
有思想處。即

根元目爲淸淨四大。因名耳體、如新卷葉。浮根四塵、流逸奔聲。
由通塞等二種相發。於妙圓中黏湛發齅、齅精映香、納香成根。
根元目爲淸淨四大。因名鼻體、如雙垂爪。浮根四塵、流逸奔香。
由恬變等二種相參。於妙圓中黏湛發嘗、嘗精映味、絞味成根。
根元目爲淸淨四大。因名舌體、如初偃月、浮根四塵、流逸奔味。
由離合等二種相摩。於妙圓中黏湛發覺、覺精映觸、摶觸成根。
根元目爲淸淨四大。因名身體、如腰鼓顙。浮根四塵、流逸奔觸。
由生滅等二種相續。於妙圓中黏湛發知、知精映法、攬法成根。
根元目爲淸淨四大。因名意思、如幽室見。浮根四塵、流逸奔法。

是意之所在也。

此恬者、卽淡性也。非甘性也。

此明根結由塵也。湛圓妙心。如大圓鏡。一切森羅皆現其中。若不迷性認相。卽無粘着之病。由一念認明妄動。卽爲明暗二塵粘着。旣認明暗。所卽堅立。此覺明爲體。由此覺明體中發出見精。映於明暗等色。結色成勝義根。此初見之妄。惟天眼能見。肉眼所不能及。故名淸淨四大。眼名葡萄朶者。指勝義根虛妄相也。旣有勝義根便有粗濁四大浮塵根。流逸奔色。是謂迷眞逐妄之眼根。此中明暗卽自心相分。湛卽自心見分。黏字映字。正與前文相織妄成織字義同。所以擧根必具塵識。擧塵必具根識。擧識必具根塵。根塵識三。有不可分離之義。故一一法中皆有五疊渾濁也。此心一動。因明立所。妄爲明覺。此覺堅明立礙。明與無明相待成搖。卽有動靜二塵相擊。於妙圓中黏湛發聽。流逸奔聲。故立耳體。晦昧爲空。卽有通相。結暗爲色。卽有塞相。於妙圓中黏湛發齅。流逸奔香。故立鼻體。熾然成異。卽有變相。因異立同。卽有恬相。二種相參。於妙圓中黏湛發嘗。流逸奔味。故立舌體。旣立能所。卽有合離。離合二種相摩。於妙圓中黏湛發覺。流逸奔觸。故立身體。無明初動。非生妄見有生。諸法變遷。非滅妄稱爲滅。生滅相續。於妙圓中黏湛發知。流逸奔法。故立意體。此意之所緣六塵之影。衆生迷昧。以爲自心相。故根識不分也。修行者若知根塵生起之元。照破最初無明。則六種虛妄根塵。當下卽是淸淨四大也。

此結偏局之相

返妄卽眞

阿難。如是六根。由彼覺明、有明明覺。失彼精了、黏妄發光。是以汝今離暗離明、無有見體。離動離靜、元無聽質。無通無塞、齅性不生。非變非恬、嘗無所出。不離不合、覺觸本無。無滅無生、了知安寄。

此言六塵虛妄相結。別無他因。祇由妙明眞性有妄明之明覺。遂失彼精了之體。黏彼妄塵以發妄光。假名爲視爲聽爲覺爲察也。前云黏湛約所粘能。今云粘妄約能粘所。能所雖殊。虛妄則一。云汝今等者言皆因迷妄故成偏局若執着前塵不捨迷因緣所生法爲眞則能爲所迷。若知因緣所生法當體卽空。則所不迷能也。若窮其究竟所是虛妄。能亦是虛妄。衆生不知能所皆妄自性本空故離開明暗動靜通塞恬變覺觸生滅而妄心無所寄託矣若能於妄心無所寄託時返觀本性實無生滅。則卽洞明無生妙理也。

汝但不循動靜合離、恬變通塞、生滅明暗。如是十二諸有爲相。

隨拔一根、脫黏內伏。伏歸元眞、發本明耀。耀性發明。諸餘五黏、應拔圓脫。

不循二字。卽是制伏奔色奔聲之妄動也。言汝欲制伏六根不隨六塵流轉。須深入一門。若使一根外脫內伏根塵不偶。自然還復元明本覺之體。一根既拔其五根同時解脫也。

歸眞互用

不由前塵所起知見。明不循根。寄根明發。由是六根互相爲用。

互用因由

阿難。汝豈不知今此會中、阿那律陀、無目而見。跋難陀龍、無耳而聽。殑伽神女。非鼻聞香。驕梵鉢提、異舌知味。舜若多神、無身覺觸。如來光中映令暫現。既爲風質。其體元無。諸滅盡定。得寂聲聞、如此會中摩訶迦葉。久滅意根。圓明了知、不因心念。

不由前塵所起知見者。云外不由塵。內不循根。知依他所起之知見皆妄。一變而爲佛之知

六七二識皆有了別性。惟六有造有作。七有造無作也。深明滅盡定之理。無有不一心念佛者。因俱生我執斷後。若不念佛。無所歸依也。若無所依。種子動時。又隨業轉矣。此示妄體本具

見。何謂佛之知見也。云常光現前。雖有鑑照。不過假託六根示其照明之用。非凡夫執着六根隨所也。此雖仍假耳目之用。而視聽實可融通也。如是則六根互用。一根清淨六根同時清淨也。此下因恐凡小不信六根互用之實理。故多方引證以明之。阿那律此云無貪。跋難陀此云賢喜。殑伽河名。驕梵鉢提此云人而牛呞者也。舜若多此云空。即主空神也。迦葉此云飲光。阿那律以心見。龍以角聽。鉢提牛舌而知味。空神無身而覺觸。空神多劫以無身爲苦。如來放光說法時。感佛光而身現。無色界天亦復如是。修滅盡定者。滅受想盡故無心念。合論曰。如蛇以眼聽。不必疑跋難陀龍角不能聽也。如蛟無目而能行。水母得鰕亦能行。不必疑阿那律無目之見也。如蟻以身爲鼻。不必疑殑伽神女非鼻聞香也。如蜂以腋爲舌。不必疑驕梵鉢提異舌知味也。如風無形。物拒之則怒。不必疑舜若多神非身知觸也。此種種不可思議之事。皆因妄力。其六根尚能互用。何況眞實修行者至圓脫時。反不能六根互用耶。大道祇在目前。惜乎衆生終日在六塵中分別色聲香味觸法。而不知此中實含有無上妙味也。

阿難。今汝諸根、若圓拔已、內瑩發光。如是浮塵。及器世間。諸變化相、如湯銷冰、應念化成無上知覺。

浮塵諸變化相。本即無上知覺。所謂此見及緣。元是菩提妙淨明體也。隨無明染緣。如水成冰。隨智慧淨緣。如冰化水。結則同結。解則同解。如湯銷冰者。云智慧火能融無明堅執也。六根未解以前。非惟器界不能互融。即根身亦各分門戶。六根既解以後。非惟根身可以互用。即器界亦能互融。故內根圓拔。內瑩發光。衆生知見。應念化成無上知覺。即浮塵器界、乃至明暗動靜等相。亦應念而成法性土矣。

此指現量爲證

阿難。如彼世人、聚見於眼。若令急合、暗相現前。六根黯然、頭足相類。彼人以手循體外繞。彼雖不見、頭足一辨、知覺是同。

上文拈示六根互用。若事若理。皆己彰明。猶恐執迷之人不知本性具足。故又舉現量爲證也。聚見於眼者。謂性本周徧。而迷者不知。以爲因明而有見。離明則無見。假令世人正當見明時。忽然急合其眼。則暗相現前。與餘根無異。設復有人當前而立。合眼人以手循彼外人之體。眼雖不見。而能辨手足。是則暗中所知。與明中所見者。了無有異。知覺是同。則明不循根可證明矣。

此示以修驗性

緣見因明。暗成無見。不明自發、則諸暗相、永不能昏。根塵既銷。

云何覺明不成圓妙。

此示衆生知覺之性。本不藉於眼根。祇因一向緣塵發見。因於明時而發。故暗時卽謂之無見。若知見明之時見非是明。見暗之時見非是暗。內瑩發光。發本明耀。耀性不藉明緣而自發。則一切暗相永不能昏。由是根塵虛妄全消。覺明本性。當下卽成圓妙。

阿難白佛言。世尊。如佛說言因地覺心、欲求常住、要與果位名目相應。世尊。如果位中菩提、涅槃、眞如、佛性、菴摩羅識、空如來藏、大圓鏡智。是七種名、稱謂雖別。淸淨圓滿。體性堅凝。如金剛王、常住不壞。若此見聽、離於明暗動靜通塞、畢竟無體。猶如念心、離於前塵本無所有。云何將此畢竟斷滅、以爲修因。欲獲如來七常住果。世尊。若離明暗、見畢竟空。如無前塵、念自性滅。進退循環微細推求。本無我心、及我心所。將誰立因求無上覺。如來先說湛精圓常。違越誠言終成戲論。云何如來眞實語者。惟垂大慈。開我蒙悋。

智德無二障。名爲菩提。斷德無二死。名爲涅槃。不妄名眞。不異名如。不壞不變。名爲佛性。分別一切而無染著。名菴摩羅識。惟一眞心更非他物。名空如來藏。洞照萬法而無分別。名大圓鏡智。此云七種名雖差別。皆是如來自證法門。一得永得更無遷變。淸淨圓滿。體性堅凝。故喩之如金剛王也。常住不懷。卽指首楞嚴大定也。若此下推因心斷滅。不合果覺。先牒離明離暗無有見體等文。次牒二卷塵非常住若變滅時此心卽同龜毛兎角文。意謂見性離塵無體。與前識心離塵無體皆同。在尊者意旣見性與識心離塵無體。云何將此畢竟斷滅爲因地心。乃欲獲如來七常住果。豈不是邀空花而望其結空果耶。我如是微細推詳。若離前塵決無我心及心處所。我心旣成斷滅。欲將何物爲因而欲求如來無上知覺也。見性若云斷滅。則如來昔時說見性是湛精圓常。豈不是自語相違而成戲論耶。如來又嘗云佛言眞實。此中眞是眞非我實蒙昧執着。仍求大慈開我迷雲而破此疑惑也。

蒙悋云山蒙昧故執着也。

此詰根塵以顯迷倒

佛告阿難。汝學多聞、未盡諸漏。心中徒知顚倒所因。眞倒現前、實未能識。恐汝誠心猶未信伏。吾今試將塵俗諸事、當除汝疑。

此先責其顚倒也。言汝好學多聞。未能盡漏。故汝心中雖知顚倒所因。其實自己現前眞顚倒處不能諳識。汝但知六根全體是妄。不知全妄之中實有不滅之性。設我重復開示。若無比例發明處。恐汝終不明了。故我將塵俗易了之事。重重示汝。當可盡除汝之所疑也。

卽時如來、勅羅睺羅擊鐘一聲。問阿難言、汝今聞不。阿難大衆俱言我聞。鐘歇無聲。佛又問言汝今聞不。阿難大衆俱言不聞。時羅睺羅又擊一聲。佛又問言、汝今聞不。阿難大衆又言俱聞。佛問阿難。汝云何聞、云何不聞。阿難大衆俱白佛言。鐘聲若擊、則我得聞。擊久聲銷、音響雙絕、則名無聞。如來又勅羅睺擊鐘。

問阿難言爾今聲否。阿難大衆俱言有聲。少選聲銷。佛又問言爾今聲不。阿難大衆答言無聲。有頃、羅睺更來撞鐘。佛又問言爾今聲不。阿難大衆俱言有聲。佛問阿難汝云何聲、云何無聲。阿難大衆俱白佛言。鐘聲若擊、則名有聲。擊久聲銷、音響雙絕、則名無聲。佛語阿難及諸大衆。汝今云何自語矯亂。大衆阿難、俱時問佛。我今云何名爲矯亂。佛言我問汝聞、汝則言聞。又問汝聲、汝則言聲。惟聞與聲、報答無定。如是云何不名矯亂。

此聲與聞不分。正是衆生顚倒處也。能聞是根。所聞是塵。有聞隨聞所。有聲隨聲所。此不但不知能聞之聞實無方所。並不知何謂聞何謂聲也。聲之有無全起於羅睺羅擊與不擊。此虛妄因緣所生法也。虛妄所生之聲。當處生當處滅。而能聞之性實非生滅也。此性若有生

此從聞性以示眞常

滅。再擊則不能再聞矣。衆生對於聲塵之虛妄尚屬易知。對於耳根之虛妄實難明了。能知聲塵之妄。則可不流逸奔聲。若知耳根之虛妄。則可返觀其聞性。擊鐘再驗者正示其聲有聲無。非關聞性也。斥其矯亂者因問聞答聞。問聲答聲。聞與聲都無定準。故名矯亂也。

阿難。聲銷無響、汝說無聞。若實無聞、聞性已滅。同於枯木。鐘聲更擊、汝云何知。知有知無。自是聲塵或無或有。豈彼聞性為汝有無。聞實云無、誰知無者。是故阿難。聲於聞中自有生滅。非謂汝聞聲生聲滅。令汝聞性為有為無。汝尚顛倒。惑聲為聞。何怪昏迷以常為斷。終不應言離諸動靜閉塞開通、說聞無性。

此從虛妄根塵中指出不生滅性。以為眞正修因也。蓋鐘聲初歇之時。祇是無響。非是無聞。若是無聞。則汝聞性隨聲已滅。汝則同於無知枯木。若鐘聲更擊。汝應不聞。今更擊仍聞。則汝聞性不隨聲滅明矣。聲有聲無。自是聲塵或有或無。非聞性因聲有而成有因聲無而成無也。若使聞性實隨聲滅。則汝知聲無者是誰耶。是則聲有知有聲無知無。此能聞之性實非斷滅也。汝因不知聲塵是虛妄因緣所生法。故執眞常性起斷滅見。若知聲塵緣生無性。則知能聞聲者實不與之生滅。若知能聞者實本眞常之性。則不應復執此聞離塵無性也。

引夢驗常

如重睡人。眠熟床枕。其家有人於彼睡時擣練舂米。其人夢中聞舂擣聲。別作他物。或爲擊鼓。或爲撞鐘。卽於夢時。自怪其鐘爲木石響。於時忽寤。遄知杵音。自告家人。我正夢時。惑此舂音。將爲鼓響。阿難。是人夢中。豈憶靜搖開閉通塞。其形雖寐。聞性不昏。縱汝形銷。命光遷謝。此性云何爲汝銷滅。

此引夢事以驗聞性常而不斷也。重睡者濃睡也。擣練者杵聲也。舂米者碓聲也。夢時自怪者。未寤時之妄計也。忽寤遄知杵音者。覺而後知其夢也。聞性不昏者。言聞性雖離開內外塵之時。仍能歷歷孤明也。縱汝形銷命光遷謝。而此聞性實不與虛妄生死互相生滅也。

此云迷則常即無常
此云悟則無常即常

以諸衆生從無始來。循諸色聲逐念流轉。曾不開悟性淨妙常。不循所常、逐諸生滅。由是生生雜染流轉。若棄生滅、守於眞常。常光現前、根塵識心應時銷落。想相爲塵。識情爲垢。二俱遠離。則汝法眼應時淸明。云何不成無上知覺。

此下指示常無常皆由迷悟而來也。迷常逐斷。故有輪迴。棄斷守常。卽復本體。不循所常逐諸生滅者。背根性而隨逐色聲也。棄生滅而守眞常者。脫黏內伏也。棄者捨之不近。棄捨虛妄生滅之情見也。守者用之不離。守其常住不動之性體也。常光現前者。發本明耀也。根塵識心應時銷落者。即一根解而五根齊拔也。想相爲塵。是微細法塵也。識情爲垢。是微細法愛也。若能離此法塵法愛。則當下即得正法眼藏。云何不成無上知覺耶。有學人問高城和尙曰。和尙夜後無燈時如何。師曰悟道之人。常光現前。有甚麽晝夜。學人曰云何不見和尙光。師曰汝用什麽眼去見。學人曰世人現在同將眼見。師曰苦哉。一切衆生根塵相織。從無始來認賊爲子。至於今日。常被枷鎖。汝以眼能見。意識能分別。汝執着此能見能分別者去求佛道。愈尋愈遠。若能一念返觀。知能見者是心非眼。能分別者是心非意。則無量智光對於前塵。法法皆不思議境矣。

（楞嚴經直解卷四終）

楞嚴經直解卷五

阿難白佛言。世尊。如來雖說第二義門。今觀世間解結之人。若不知其所結之元、我信是人終不能解。世尊。我及會中有學聲聞、亦復如是。從無始際、與諸無明、俱滅俱生。雖得如是多聞善根、名爲出家、猶隔日瘧。惟願大慈哀愍淪溺。今日身心云何是結、從何名解。亦令未來苦難衆生、得免輪迴、不落三有。作是語已。普及大衆、五體投地。雨淚翹誠。佇佛如來無上開示。

上文所示六根生起之由。不惟結相宛然。亦且結元宛在。但由阿難不達俱生俱滅之旨。不達六根卽是結元。故重復請示。與諸無明俱滅俱生者。卽根中積生無始虛妄習氣。及生住異滅分劑頭數此諸無明一出胎藏。卽與之俱生。不待教而自能謂之無始虛習亦名俱生無明。如初生之子。見父母則喜。見他人則哭是也。猶隔日瘧者。謂說時似悟。對境還迷。又如欲潔而偏染。好正而固邪也。又如須陀洹見惑已斷。思惑未除。入無漏觀便如健康之人。出觀之時。習染仍在也。阿難尊者云我已知此無明是生死根本。惟不知何處是其所結之元。從何處入手。方能得解。故曰云何是結。從何名解也。亦令未來衆生不落三有者。是尊者悲心及於未來。亦欲未來衆生出三界也。

六種震動
動踊起三種
表形
震吼擊三種
表聲

爾時世尊憐愍阿難、及諸會中諸有學者。亦爲未來一切衆生、爲出世因、作將來眼。以閻浮檀紫金光手。摩阿難頂。卽時十方普佛世界、六種震動。微塵如來住世界者。各有寶光從其頂出。其光同時於彼世界、來祇陀林、灌如來頂。是諸大衆、得未曾有。

於是阿難、及諸大衆。俱聞十方微塵如來、異口同音。告阿難言。善哉阿難。汝欲識知俱生無明、使汝輪轉生死結根、唯汝六根、更無他物。汝復欲知無上菩提、令汝速證安樂解脫、寂靜妙常、亦汝六根、更非他物。

摩阿難頂者。欲就阿難現在身中。顯出無上大佛頂法也。十方如來放頂光同灌佛頂者。顯阿難所具大佛頂法。卽一切佛所證頂法。更無差別也。六種震動者。六根爲無明住地根本。今欲拔之。故先搖動也。生死根本與菩提涅槃根本。同是六根作用。結則同結。解則同解。結解從心。不關餘處。故先德云。見聞覺知。俱爲生死之因。見聞覺知。俱爲解脫之本。解鈴還是繫鈴人也。異口同音者。以所證是同。故所說不異。二死永亡曰安樂。五住究盡曰解脫。絕言絕思曰寂靜。無生無滅曰妙常。此卽無上大菩提果也。

阿難雖聞如是法音、心猶未明。稽首白佛。云何令我生死輪迴、安樂妙常、同是六根、更非他物。佛告阿難。根塵同源、縛脫無二。識性虛妄、猶如空華。阿難。由塵發知、因根有相。相見無性、同於交蘆。是故汝今知見立知、卽無明本。知見無見、斯卽涅槃無漏眞淨。云何是中更容他物。

尊者心猶未明者。因生死根元。應是根塵識三。迷則爲結。悟則爲解。何以單言六根而不言六塵六識耶。尊者不明根塵識三同源。同是如來藏性。故請問輪生死。證妙常。何以同是六根。故佛告阿難曰。根塵同源。相見二分皆依自證分而起。結則同結。解則同解。結解無二。舉根而塵在其中矣。不舉識者。以識性無源。因根塵相對而生。本無實體。如空花忽生忽滅。故舉根而識亦在其中矣。是則生死涅槃。唯是六根更非他物矣。通心論云。縛從心縛。解從心

世尊偈示
此頌性以爲
修本

解。解縛從心。不關餘處。故知心無自性。緣起卽空。欲斷其流。須塞其源。欲免其生。須斷其根也。由塵發知者，因六塵而發六根之知也。因根有相者。因六根而有六塵之相也。是則根塵二法。交倚而生。實無自性。離塵無根。離根無塵。如二束蘆相倚而立。若於所知所見處明暗妄形。粘湛發見。流逸奔色。卽此知見。便是無明根本。若於所知所見處。不隨前塵。脫黏內伏。內瑩發光。卽此知見。便是涅槃根本。是知一翳在眼。空花亂起。一妄在心。河沙生滅。若能離念。則當下卽是道場。前云因明立所。此云知見立知。立之一字。卽是墮所之因。故有智者見無所見。知無所知。一法不立。則立處卽眞矣。此眞處亦不可擬議思量。故曰無漏眞淨。其中實不容他物也。

爾時世尊。欲重宣此義、而說偈言。

眞性有爲空　緣生故如幻　無爲無起滅　不實如空華
言妄顯諸眞　妄眞同二妄　猶非眞非眞　云何見所見

中間無實性　是故若交蘆　結解同所因　聖凡無二路
汝觀交中性　空有二俱非　迷晦卽無明　發明便解脫

此中眞性二字。先標非眞非妄之體。卽初卷所謂常住眞心性淨明體。卽二三卷所謂如來藏妙眞如性。卽四卷所謂性覺妙明本覺明妙。卽六卷所謂覺海性澄圓圓澄覺元妙。乃至十卷中精眞妙明本覺圓淨也。有爲指根塵識相。有爲之法。其體本空。以因緣所生法。當體卽空。故曰如幻也。無爲指根塵識性。無爲之法。亦復不實。以元無起滅。故喻如空花也。次又轉釋曰。何故有爲無爲皆空而不實耶。蓋言妄顯眞。皆是對待之法。以眞遣妄。眞亦是妄。故曰妄眞同二妄也。猶非眞非眞者。云此妙明眞性。尙不與無爲法相應。云何乃與能見所見有爲法相應耶。相見二法。皆屬緣生。中間實無自性。如交蘆互倚。不可以有無論也。若迷於有爲者。則以交蘆爲有性。而不知性非實有也。迷於無爲者。則以交蘆爲無性。而不知性非實無也。如是知交蘆相倚處。是結解總因。聖凡共路。實生死涅槃之元。汝但諦觀此交中性實空有而俱非也。若謂其空耶。元是菩提妙淨明體。若謂其有耶。卽是生死無明之本。汝於此中顚倒淪替。迷晦不覺。卽是輪迴之因。汝於此中脫黏內伏。發本明耀。卽是解脫之本。迷

此示修以合妙性

孤起頌

讚嘆法門

阿毗達磨言無比法也

薄伽梵卽佛也

則自迷。悟則自悟。眞性中不但無縛解聖凡。卽言迷悟亦了不可得也。

解結因次第　六解一亦亡　根選擇圓通　入流成正覺

此遠頌卽前二決定義中之文。以示修行方便也。上云縛脫雖唯六根。但解結必因次第。故須一門深入。而六解則一亦亡。浮塵諸幻化相應念化成無上知覺。是以初下手時。須從六根之中選擇其圓通。從此逆凡流而入聖流。妄覺一變而爲正覺矣。

陀那微細識　習氣成暴流　眞非眞恐迷　我常不開演

自心取自心　非幻成幻法　不取無非幻　非幻尚不生

幻法云何立　是名妙蓮華　金剛王寶覺　如幻三摩提

彈指超無學　此阿毗達磨　十方薄伽梵　一路涅槃門

陀那識極微細。二乘不能知其元。等覺未能窮其際。習氣者。言根中無始虛妄習氣也。暴流者言生住異滅微細遷流如暴流也。此微細識亦即六根之體。若謂之是眞則是生死根本。若謂之非眞則實是菩提元體。執波是水亦不可。離波求水亦不可。故說眞非眞。恐人迷而執着。所以常不開演也。自心下開示轉識成智之方。云見相二分。俱屬自心自證分起。如蝸牛兩角。出則必雙。合則一體。本無能取。亦無所取。今以根境角立。互相牽引。攬結成根。遂成能取所取。此即自心取自心也。藏性眞常本無遷改。而由見妄忽生六塵相現。遂成幻法。若使對境不生取着。即非幻者尙無有生。云何復有能見所見之幻法哉。故宗鏡云取我是垢。不取我是淨。若無能取所取之心。亦無是幻非幻之法。所謂妄眞同二妄也。若到眞妄兩忘時。即知此微細識。元非他物。即是前文清淨本然周徧法界之藏性也。言妙蓮花者。即清淨義。金剛王寶覺者。即本然義。如幻三摩提者。即周徧法界義。若果轉微細識爲藏性。即一彈指頃。便可超羅漢果地矣。阿毗達磨者。即云此法無可比擬。十方如來莫不由此一門而入湼槃也。

此申解結倫次

糅音紐雜也

於是阿難、及諸大衆。聞佛如來無上慈誨。祇夜伽陀、雜糅精瑩。妙理清徹。心目開明、歎未曾有。阿難合掌、頂禮白佛。我今聞佛

此明眞性本空。皆由六根依塵成結。涅槃僧下裙也。僧伽黎袈裟衣也。

無遮大悲、性淨妙常眞實法句。心猶未達六解一亡、紓結倫次。惟垂大慈。再愍斯會、及與將來、施以法音、洗滌沈垢。

此因領悟結解之根本。而復請解結之倫次也。祇夜此云應頌。應上長行頌也。伽陀此云諷頌。不應長行頌。但孤起而諷美稱頌也。雜糅精瑩者。謂二頌合明文如織錦。義如貫珠。無不精透也。妙理清徹者。謂眞妄交陳。根塵互舉。理無不徹也。心自開明者。言我昔日認攀緣爲心。不知心是妙蓮華王也。認浮根爲目。不知根是陀那細識也。無遮大悲者。言如來知無不言。毫無遮礙。此法語皆從大悲心流出者也。心猶未達者。不知解結次序也。洗滌沈垢者。卽云欲除微細惑也。

卽時如來於師子座。整涅槃僧、斂僧伽黎。攬七寶几。引手於几。取刼波羅天所奉華巾。於大衆前、綰成一結、示阿難言。此名何等。阿難大衆俱白佛言。此名爲結。於是如來綰疊華巾、又成一結。重問阿難。此名何等。阿難大衆又白佛言。此亦名結。如是倫次、綰疊華巾、總成六結。一一結成。皆取手中所成之結。持問阿難、此名何等。阿難大衆、亦復如是次第酬佛、此名爲結。

此以六結喩六根也。一巾成六結。如明暗發見。動靜發聽。香臭發齅。甜苦淡發味。離合順逆發覺觸。寤寐憶忘發知。此六根卽六結也。大衆同言結者皆爲結迷。殊不知結雖有六而巾祇一也。巾一者。卽云此巾已成業識。又被六根分爲六和合之虛妄也。

佛告阿難。我初綰巾、汝名爲結。此疊華巾、先實一條。第二第三、云何汝曹復名爲結。阿難白佛言。世尊此寶疊華緝績成巾。雖本一體。如我思惟。如來一綰、得一結名。若百綰成、終名百結。何況此巾、祇有六結。終不至七、亦不停五。云何如來祇許初時。第二第三不名爲結。

此巾先實一條者。卽云最初之迷元是一念也。不准第二第三者。卽指示由一念還元。不可再落到見分相分之虛妄也。不名爲結者。卽云不可認相爲眞認見爲眞須體認巾之本體也。若由巾之本體更認得取巾綰結者。則打破業識。認得本來面目矣。

佛告阿難。此寶華巾。汝知此巾元止一條。我六綰時、名有六結。汝審觀察、巾體是同、因結有異。於意云何。初綰結成、名爲第一。如是乃至第六結生。我令欲將第六結名、成第一不。不也世尊。六結若存、斯第六名、終非第一。縱我歷生盡其明辯。如何令是六結亂名。佛言、如是。六結不同。循顧本因、一巾所造。令其雜亂、終不得成。則汝六根、亦復如是。畢竟同中生畢竟異。

此又審其巾體是一。因結成六。必欲將六成一。實爲不可。卽云六根各有作用。不得不名爲六也。如來以性中相知故難其六可成一。尊者以用中相背故答曰六終爲六。畢竟同中生畢竟異者。謂未結之先元是一體。本無異同。旣結之後。各立門戶。則六根各有功用。實不能合而爲一家也。

此示六解一亡

佛告阿難、汝必嫌此六結不成、願樂一成。復云何得。阿難言。此結若存、是非蠭起。於中自生此結非彼、彼結非此。如來今日若總解除。結若不生、則無彼此。尚不名一、六云何成。佛言。六解一亡、亦復如是。

此示六根初結次第也

此復審其必欲反異爲同。將六作一。用何籌策。方可得成。尊者謂六結若成。則彼此各有定位定名。以六作一。是非蠭起。以彼結非此結。此結非彼結。欲六爲一決不可成。若將六結一總解除。一尙不可得。而六結之名亦不可得矣。佛言如是者。卽暗示六根得解。元一精明本體之名。亦不可得也。此文云六解一亡。若從耳根一門超入。是一解六亡。一解六亡者。云一根得脫。其餘五根同時解脫也。此云六解一亡者。是全舉六根對識精而言。以六根全體是一箇識精作用。六根解而識精空。猶之六結除而一巾亡。巾亡。故曰尙不名一。六云何成也。

由汝無始心性狂亂、知見妄發。發妄不息。勞見發塵。如勞目睛、則有狂華、於湛精明無因亂起。一切世間、山河大地、生死涅槃、皆卽狂勞顛倒華相。

心性者。指清淨覺心也。狂亂者。云清淨心中因一念動相。而有此念。認明暗所。遂成業識。此卽一巾忽有之時也。知見妄發者由業識而轉成見分。勞見發塵者。由見分而復生相分。此卽一巾而成六結時也。湛精明體。卽覺明爲咎之業識。生死涅槃二種皆空華相。若執相見二分以爲有。則卽墮於生死根本。若執相見二分以爲無。則卽墮於灰斷涅槃。但落有無二邊。皆不知中道理體。要知六根皆由業識狂亂生起。卽知一巾六結皆是菩提瞪發勞相。清淨心體上本無此一切虛妄事也。

備示結心

阿難言。此勞同結、云何解除。如來以手、將所結巾、偏掣其左。問阿難言。如是解不。不也世尊。旋復以手偏牽右邊。又問阿難、如是解不。不也世尊。佛告阿難。我今以手左右各牽、竟不能解。汝設方便、云何解成。阿難白佛言。世尊當於結心、解卽分散。佛告阿難。如是如是。若欲除結、當於結心。

結心者。中間空處也。若向此一隙空中入手。結卽分散。結非實結。以喻人空。結旣本空。解亦非解。以喻法空。左右牽之不能解者。喻凡夫執有。二乘執空。執有執空。皆非中道。故俱不能解也。當從結心者。卽不落有無二邊人法二空同時解脫也。所謂昧眞空妙有。而有無見起。執根塵是實而一六義生。若能諦了一心。解結皆爲贅語。昔四祖向三祖前求解脫。三祖曰誰縛汝。四祖云無人縛。三祖曰既無人縛爲何求解脫。如是以觀。但人起心動念處皆是自己縛自己也。故曰解縛從心。不關餘事。宗門中一言半偈皆有甚深妙義。惜乎悟入者皆不能實證也。

阿難。我說佛法、從因緣生。非取世間和合麤相。如來發明世出世法。知其本因隨所緣出。如是乃至恆沙界外、一滴之雨、亦知頭數。現前種種、松直棘曲、鵠白烏玄、皆了元由。是故阿難。隨汝心中選擇六根。根結若除、塵相自滅。諸妄銷亡、不眞何待。

此云解此結心。要從因緣而入。若不知其本因。卽不能知從何入手。惟此種緣是大事因緣。非世間虛妄和合之妄緣也。知界外滴雨者。大圓鏡智所照也。松棘鵠烏了其元由者十種智力所知也。選擇六根者。云擇圓根爲發悟之元也。根結若除。塵相自滅者。卽一門深入也。諸妄銷滅者。卽五根同時得脫也。不眞何待者。云妄盡還元。云何不成無上知覺也。

阿難。我今問汝、此劫波羅巾、六結現前同時解縈、得同除不。不也。世尊。是結本以次第綰生。今日當須次第而解。六結同體、結不同時。則結解時、云何同除。佛言六根解除、亦復如是。此根初解、先得人空。空性圓明、成法解脫。解脫法已、俱空不生。是名菩薩從三摩地得無生忍。

此明解有次第也。先詰其同解同除者。以示結有次序。解亦有次序也。結之次序者。謂最初由無明迷本覺而成業識爲一巾。因業識而成見分。因見分而成相分。復因見分在相分上引起分別俱生我法二執。而又成六結也。解之次序者。謂此根初解而先證人空。然但空我

發心住。當起信斷住相無明。所謂盡聞不住。覺所覺空也。

阿難請問圓根

孤露無師導引謂之孤無德庇身謂之露

還同本悟者。云聞如來之密言。同自己所悟者同。若不進修還同未聞、

見。未得圓明。復空却分別俱生二種法見。故得空性圓明。成法解脫。證人空我見不起。證法空法見亦亡。然雖證二空。尚有二空相在。空亦是所。復空其二空。故曰俱空不生。此則一切法不生。不生亦不生。生滅法盡。以不生不滅爲因地心。入發心住。是謂得無生忍。

阿難及諸大衆。蒙佛開示。慧覺圓通。得無疑惑。一時合掌頂禮雙足、而白佛言。我等今日身心皎然。快得無礙。雖復悟知一六亡義。然猶未達圓通本根。世尊我輩飄零積劫。孤露何心何慮、預佛天倫。如失乳兒、忽遇慈母。若復因此際會道成。所得密言還同本悟。則與未聞無有差別。惟垂大悲。惠我秘嚴。成就如來最後開示。作是語已。五體投地。退藏密機、冀佛冥授。

此承上文選擇圓通而來。云雖悟六解一亡。身心無礙。尚未達圓通根本也。何心下。自慶喜出望外。若復因此際遇。得成聖果。不負爲如來之弟。今我雖得如來開示密語。猶是多聞記持。非已智分所發。類他人珍寶。未有一毫新證。實與未聞之時。無有差別。故再乞如來惠我祕嚴。令我得入也。祕嚴者。祕密妙莊嚴路也。退藏密機者。不起一念。冀佛加被也。

如來垂詢聖衆

爾時世尊、普告衆中諸大菩薩、及諸漏盡大阿羅漢。汝等菩薩及阿羅漢。生我法中、得成無學。我今問汝。最初發心、悟十八界、誰爲圓通。從何方便入三摩地。

垂詢聖衆有二義。一者正顯方便多門。二者正顯門門各有成驗也。舉十八界而不舉七大者。以五大是塵。見大是根。識大是識。七大總在三科中也。前文雖顯三科七大皆是如來藏性。尚未見眞實證處。今令二十五聖各陳其入處。以顯如來所說之言不虛也。

六塵圓通

憍陳那五比丘、即從座起。頂禮佛足、而白佛言。我在鹿苑、及於

雞園。觀見如來最初成道。於佛音聲、悟明四諦。佛問比丘、我初稱解。如來印我名阿若多。妙音密圓。我於音聲、得阿羅漢。佛問圓通。如我所證音聲爲上。

此陳那由聲塵悟入也。六塵圓通色應居首。今先顯聲塵。密示此方眞敎體。清淨在音聞也。二十五圓通以聲塵始。以耳根終。此中實有妙義也。鹿苑雞園皆古帝王養畜之地。五比丘。乃佛最初所度者。佛出家時。淨飯王命家族三人。母族二人。隨衞佛。爲五人。三轉四諦。而陳那最初先悟。故曰於佛音聲悟明四諦也。妙音密圓者。不作藏敎生滅四諦解。不作通敎無生解。不作別敎無量解。不作圓敎無作解。正密悟如來藏中性音眞空。性空眞音。清淨本然周徧法界之義。卽音聲而悟入無聲三昧。曰妙音。一切聲皆是佛聲。曰圓。唯陳那自聞。他人不聞。故曰密。如我所證。音聲爲上者。云我於音聲得阿羅漢果。一切密圓淨妙。皆入其中也。

優波尼沙陀、卽從座起。頂禮佛足而白佛言。我亦觀佛最初成

不淨有五種
一生處不淨
二種子不淨
三身相不淨
四性不淨
五究竟不淨

香嚴從香塵
悟圓通

道。觀不淨相、生大厭離。悟諸色性。以從不淨白骨微塵、歸於虛空。空色二無、成無學道。如來印我名尼沙陀。塵色既盡。妙色密圓。我從色相得阿羅漢。佛問圓通。如我所證色因爲上。

此由色塵悟入也。眼家所對。通名爲色。觀不淨者。觀苦空無常無我。白骨微塵。究竟歸空也。空色二無者。對色說空。色既非眞。空亦烏有。從此會入眞諦。故成無學也。色之一法。五教證入皆有不同之處。初小乘見是實色。不說性空。不知色相卽是性色也。始教見色法從緣所生。必無自性。而不知色卽如來藏性也。終教見色空無礙。以眞空不守自性。隨緣成色。卽是幻色。而不知卽色卽空也。頓教謂色法無非眞理所收。云此色卽眞理一味。更無別法而可顯說。而不知色空傾奪。仍落能所也。圓教起卽全收。一多互攝。妙明合如來藏。卽色卽空。卽空卽色。體不離用。用不離體。性相互融。圓明普照。此云妙色密圓者。是塵色既盡。已密入藏性。觀一切色皆佛色也。

香嚴童子、卽從座起。頂禮佛足。而白佛言。我聞如來、教我諦觀

藥王藥上從
味塵悟圓通

諸有爲相。我時辭佛、宴晦清齋。見諸比丘燒沈水香。香氣寂然、來入鼻中。我觀此氣、非木非空、非烟非火、去無所著、來無所從。由是意銷、發明無漏。如來印我得香嚴號。塵氣倏滅、妙香密圓。我從香嚴、得阿羅漢。佛問圓通。如我所證香嚴爲上。

此因香塵悟入也。宴晦者。晦日宴坐也。清齋者。靜室也。鼻無中交。離香臭二氣不顯。香氣寂然者。即云來無所從也。此香之來處非從木者、不自生也。非烟非火者不他生也。非空者非無因生也。如是諦觀實虛妄因緣生。既知虛妄因緣生。則由是意銷、狂心自歇矣。發明無漏者。知所齅之香。能齅之鼻亦皆無性、又破共生香嚴從聞香處悟無生之理。故曰妙香密圓。知一切香皆如來藏性也。

藥王藥上、二法王子、幷在會中五百梵天。即從座起。頂禮佛足而白佛言。我無始劫、爲世良醫。口中嘗此娑婆世界草木金石。名數凡有十萬八千。如是悉知苦酸鹹淡甘辛等味。並諸和合俱生變異。是冷是熱有毒無毒悉能徧知。承事如來、了知味性、非空非有、非卽身心、非離身心。分別味因、從是開悟。蒙佛如來、印我昆季藥王藥上二菩薩名。今於會中爲法王子。因味覺明、位登菩薩。佛問圓通。如我所證味因爲上。

此因味塵悟入也。嘗藥作醫。自述昔因也。從味觀察。明夙習不忘也。非空非有者。因舌與味相交中實無自性。故空有俱非也。非卽身心者。云諸味不現前時。身心實不生知味性也。非離身心者。云諸味離身心外。實無有分別其味者。分別味因從是開悟者。悟舌與味皆是因

跋陀從觸塵悟圓通

緣所生法。求其去來出入之迹了不可得也。因味覺明者。知性味眞空。性空眞味。皆如來藏性之中。無上法味也。

跋陀婆羅、并其同伴、十六開士。卽從座起。頂禮佛足而白佛言。我等先於威音王佛、聞法出家。於浴僧時。隨例入室、忽悟水因。既不洗塵。亦不洗體。中間安然得無所有。宿習無忘。乃至今時、從佛出家、令得無學。彼佛名我跋陀婆羅。妙觸宣明、成佛子住。佛問圓通。如我所證觸因爲上。

此因觸塵悟入也。跋陀婆羅。此云賢守。亦云賢護。此卽輕慢常不輕菩薩之一人也。賢守者。自守賢德也。賢護者。復護衆生也。開士者。菩薩之異稱。謂自能開悟。復能開悟衆生之大士也。忽悟水因者。憶想此觸性從何而有也。若因洗塵而有者。則塵本無情。何能生觸。若因洗體而有者。則四大亦無情。何能知觸。由是諦觀。塵既不生。根亦不有。中間覺觸之心安然不動。因此悟入圓通。了知外塵內體。能洗所洗。俱無所有。宿習無忘者。云宿生曾習斯觀。雖經多刼。尚無忘却。乃至今時出家。亦由斯觀。令得無學。妙觸宣明者。云已悟觸因皆如來藏性觸處無非道場。觸目皆是菩提也。

迦葉從法塵悟入圓通

摩訶迦葉、及紫金光比丘尼等、卽從座起。頂禮佛足而白佛言。我於往劫於此界中。有佛出世名日月燈。我得親近聞法修學。佛滅度後。供養舍利。然燈續明。以紫金光塗佛形像。自爾以來。世世生生、身常圓滿、紫金光聚。此紫金光比丘尼等、卽我眷屬。同時發心。我觀世間六塵變壞。唯以空寂。修於滅盡。身心乃能

頭陀此翻抖擻。以能抖擻法塵。故以此稱之也。

七識之染分。即是業行不停也。淨分者。即不起妄行也。

五根圓通
那律從眼根悟圓通

度百千劫、猶如彈指。我以空法成阿羅漢。世尊說我頭陀爲最。妙法開明。銷滅諸漏。佛問圓通。如我所證法因爲上。

此因法塵悟入也。我於下敘宿因也。我觀下敘所入也。六塵變壞者。以法塵托意識而顯。暫現即無。於剎那間念念生滅不停。今厭其變壞。唯以空寂修滅六盡七之定。此定能伏六識。空法塵斷七識中染分。仍留七識半分淨分入此定時。若身若心。忘處忘時。度百千刧。如彈指頃。故現在天竺國雞足山有入此定以待彌勒下生者也。我以空觀。銷除法塵。斷諸結使。成阿羅漢。以故世尊說我爲頭陀中之最也。妙法開明。一切生滅法既滅。微妙法性現前。法法皆中道理體也。故佛問圓通。我以法塵爲最上也。

阿那律陀、即從座起。頂禮佛足而白佛言。我初出家。常樂睡眠。如來訶我爲畜生類。我聞佛訶、啼泣自責。七日不眠。失其雙目。世尊示我樂見照明金剛三昧。我不因眼、觀見十方、精眞洞然、如觀掌果。如來印我成阿羅漢。佛問圓通。如我所證、旋見循元、斯爲第一。

此因眼根悟入圓通也。阿那律因過去世以一飯施辟支佛。感九十一劫受如意樂。故多樂睡眠也。如來訶責爲畜生者。云螺螄蚌蛤等。皆喜長睡不醒也。不因眼見而能觀十方者。因修金剛三昧得天眼通也。此卽明不循根寄根明發之理也。旋見者。反其見以見其性也。循元者。不循根塵而循能見之元也。

周利從鼻根悟圓通

周利槃特迦、卽從座起。頂禮佛足而白佛言。我闕誦持、無多聞性。最初值佛、聞法出家。憶持如來一句伽陀。於一百日。得前遺後、得後遺前。佛愍我愚。教我安居。調出入息。我時觀息、微細窮盡、生住異滅、諸行刹那。其心豁然、得大無礙。乃至漏盡成阿羅

憍梵從舌根
悟味通

漢、住佛座下、印成無學。佛問圓通。如我所證、反息循空、斯為第一。

此因鼻根悟入也。槃特迦因往昔秘吝佛法不肯教人。故感愚鈍報。以宿善故。遇佛出家。五百比丘同教一偈。經九十日不得成熟。如來教以調息以攝心意。調息既久。心息相依。故心漸定。而息亦漸細。於微細處。又窮此息生住異滅之四相。其心豁然者。動靜出入了然不生時也。反息循空者。謂反窮此息至於極微處。亦歸於空也。

憍梵鉢提、即從座起。頂禮佛足而白佛言。我有口業。於過去劫、輕弄沙門。世世生生有牛呞病。如來示我一味清淨心地法門。我得滅心入三摩地。觀味之知、非體非物。應念得超世間諸漏。內脫身心、外遺世界。遠離三有、如鳥出籠。離垢銷塵、法眼清淨、

畢陵從身根悟圓通

雖覺覺痛者。卽覺痛之覺也。

無痛痛覺者

成阿羅漢。如來親印登無學道。佛問圓通。如我所證、還味旋知、斯爲第一。

此因舌根悟入也。憍梵鉢提因宿因有口業。感牛呞病。佛爲遮謗。令其念佛。斷諸雜緣。純一淨念。故曰一味清淨心地法門。既得念佛三昧。復觀此知味性。不從根生。不從物出。應念之間忽然悟入如來藏性。頓超諸漏。內脫身心。外遺世界。如鳥出籠。所向無礙。還味旋知者。外脫味塵。內伏知見。悟萬物皆同一味。而知見亦無兩般也。

畢陵伽婆蹉、卽從座起。頂禮佛足而白佛言。我初發心從佛入道。數聞如來說諸世間不可樂事。乞食城中、心思法門。不覺路中毒刺傷足。舉身疼痛。我念有知、知此深痛。雖覺覺痛。覺清淨心、無痛痛覺。我又思惟。如是一身寧有雙覺。攝念未久、身心忽

痛能痛身。痛不能痛覺也。

此妄覺祇可痛身。不可痛心。要知七情能痛心者。亦是妄。則身心同時安穩矣。

空生從意根悟圓通

空。三七日中諸漏虛盡、成阿羅漢。得親印記發明無學。佛問圓通。如我所證、純覺遺身、斯爲第一。

此因身根悟入也。畢陵伽婆蹉。此云餘習。因宿生有尊貴習氣也。聞不可樂事者。卽苦諦也。因念不可樂事。遂觸不可樂境也。此因路中不覺而感毒刺傷足。正喩修行人須時時覺照也。大凡起一念不正者。皆是毒刺傷足也。畢陵當知痛時。研求身覺來處。曰我身有痛。我能知此痛者。何以爲此痛轉也。當卽觀照此知痛者。是身覺。覺痛而我本覺清淨心體。痛所不及。實無有痛痛此覺心。如是詳思。正痛之時。有知痛者。有痛所不及者。此一身寧有雙覺耶。如此推窮。攝心一處。未久之間。身覺俱忘。漏心都盡。悟入圓通性理矣。純覺遺身者。云唯一清淨寶覺。實無身相也。

須菩提、卽從座起。頂禮佛足而白佛言。我曠刼來。心得無礙。自。憶受生如恆河沙。初在母胎。卽知空寂。如是乃至十方成空。亦令衆生證得空性。蒙如來發性覺眞空。空性圓明、得阿羅漢。頓入如來寶明空海。同佛知見、印成無學。解脫性空我爲無上。佛問圓通。如我所證、諸相入非、非所非盡、旋法歸無、斯爲第一。

諸相入非者。以空空相也。非所非盡者。更以空空其非也。

此從意根悟入也。須菩提云空生。亦云善現。言曠劫來由自心空。萬法皆空。故得一切無礙。自憶捨生受生。如恒河沙數之多。曾無隔陰之昏入胎之迷。卽在胎時亦知此身空寂也及至出胎以自所證之空。亦令衆生各得空寂之性。所謂人法皆空。自他俱寂空寂如此。尙未達眞空妙有之旨。復蒙如來發明性覺眞空。性空眞覺。方悟空性圓明之理。列入如來寶明空海。諸相入非者。初以空空諸相也。非所非盡者。次以空空其非也。旋法歸無者。旋意根而歸畢竟空也。永嘉云、諸行無常一切空。卽是如來大圓覺也。此五聖曰旋見。曰反息。曰還味。曰純覺。曰旋法。皆是反流旋一之義。若從順逆二字顚倒而行之。當下卽是入門處也。

六識圓道身子從眼識悟圓通

舍利弗、卽從座起。頂禮佛足而白佛言。我曠刼來心見淸淨。如

此文中心見二字。見覺二字。皆指眼識。佛口生者。聞法穫智慧身也。法化生者。教法長染聖胎生也。

四句偈言
因緣所生法。
我說卽是空。
亦名爲假名。
亦名中道義。
眞窮者眞之極也。

是受生如恆河沙。世出世間種種變化、一見則通、獲無障礙。我於路中、逢迦葉波兄弟相逐。宣說因緣。悟心無際。從佛出家。見覺明圓、得大無畏。成阿羅漢。爲佛長子。從佛口生。從法化生。佛問圓通。如我所證、心見發光、光極知見、斯爲第一。

此因眼識悟入也。心見卽眼識也。不於色塵而起惑染。故云清淨也。世出世間皆是因緣所生法。有染因緣。卽見世間種種諸變化相而有染相。有淨因緣。卽見出世間種種諸變化相而有淨相。染淨皆是見病。獲無障礙者。不落染淨二邊也。一見卽通者。不勞意識分別。而見根自然明了也。中道聞四句偈言。遂悟心無邊際。知一切諸法。因心成體。法本無生。心空三際。於是發心從佛出家也。向者見識雖能了徹。尙未明圓。今則惑盡眞窮。故得識精明圓。而入圓通。有此眞正見識。故得大無畏也。爲佛長子者。智德居長也。從佛口生者。聞法而獲智慧身也。從法化生者。在教法中熏染長養聖胎所生也。今佛問我圓通。我以眼識顯發智光。

普賢從耳識悟圓通

智光極處。徹佛知見。故以此心見發光為第一也。

普賢菩薩、即從座起。頂禮佛足而白佛言。我已曾與恆沙如來為法王子。十方如來教其弟子菩薩根者。修普賢行、從我立名。世尊。我用心聞、分別眾生所有知見。若於他方恆沙界外、有一眾生、心中發明普賢行者。我於爾時、乘六牙象、分身百千、皆至其處。縱彼障深未得見我。我與其人暗中摩頂。擁護安慰令其成就。佛問圓通。我說本因、心聞發明、分別自在、斯為第一。

此因耳識悟入也。行彌法界。位極鄰聖。故曰普賢。紹佛家業。故為法王子。言普賢行者。即十大願王。一色一香俱周徧法界是也。心聞者。不假耳根亦能聞也。分別眾生知見者。言盡法

孫陀從鼻悟圓通

界衆生。有一衆生發心欲行普賢行者。皆現身其前。彼雖障深不見。亦從暗中加被也。擁護者。不令魔擾也。安慰者。不令生退心也。分別自在者。卽用耳識性分別。勿須意識隨念計度也。心聞二字。卽指耳識。由觀耳識發明藏性。獲入圓通。故得神化莫測。妙應無方。一根得通。六根互用。不假意根。亦能分別自在也。

孫陀羅難陀。卽從座起頂禮佛足而白佛言。我初出家從佛入道。雖具戒律。於三摩地。心常散動、未獲無漏。世尊教我及俱絺羅、觀鼻端白。我初諦觀經三七日。見鼻中氣出入如烟。身心內明、圓洞世界。徧成虛淨。猶如琉璃。烟相漸銷、鼻息成白。心開漏盡。諸出入息、化爲光明、照十方界。得阿羅漢。世尊記我當得菩提。佛問圓通。我以銷息、息久發明、明圓滅漏、斯爲第一。

此從鼻識悟入也。孫陀羅出家之初。愛心不息。如來令同拘絺羅同觀鼻端白。以治其散亂心。息由風火而起。鼓動種種煩惱。其狀如煙。昧者不覺。能久久諦觀。漸入漸深。淨觀現前。煩惱銷薄。故得身心內發光明。圓滿世界。徧成虛明。淨如琉璃。此時觀心純淨。將發空慧。故見煙相漸漸銷滅。而鼻中出入之息。轉成純白矣。倏忽之間。心開意解。證入圓通。一切諸漏。從此永盡。鼻根與鼻識。稍有區分。前約鼻根。是云調息攝心以生智慧。今約鼻識。是云緣白法心。以除散亂。後文六交中見火燒息。能為黑烟紫燄者。是皆煩惱所發也。因能淨觀發明。則煩惱漸消。內明外虛。烟銷成白。莊生云。瞻彼闋者。虛室生白。觀白之法。氣初為烟。中成白。末後化為光明。照十方界。此皆凝神所致。若能用志不分。自有此種境界現前也。

滿慈從舌識悟圓通

富樓那彌多羅尼子、即從座起頂禮佛足而白佛言我曠劫來辯才無礙。宣說苦空、深達實相。如是乃至恆沙如來秘密法門。我於衆中微妙開示、得無所畏。世尊知我有大辯才。以音聲輪教我發揚。我於佛前助佛轉輪因師子吼。成阿羅漢。世尊印我

四無畏
總持一切法不忘。
知衆生根性應機說法。
凡有疑惑令得解除。
凡有問難皆能答報。
波離從身識悟圓通

說法無上。佛問圓通。我以法音降伏魔怨、消滅諸漏、斯爲第一。

此因舌識悟入也。滿慈自述夙因辯才無礙。故稱說法第一。辯才有四。一法無礙。能知諸法總相。二義無礙。能知諸法別相。無窮義理。三辭無礙。言辭浩如淵海無盡無斷。四說無礙。無論、正說反說橫說豎說皆有妙理。說無疲厭。苦空者。三乘權義也。實相者、一乘實義也。深達者悟權實不二也。無常苦空之法。一反觀卽是常樂我淨也。如是乃至恆沙如來秘密法門。我皆能於大衆中而開示之。此皆因得四無畏。故無所畏也。音聲輪者。口輪說法也。佛有三輪。身輪神通。口輪說法。意輪鑑機。因滿慈有大辯才。故受其口輪也。因師子吼成羅漢者。有辯才降伏魔怨也。以法音伏魔銷漏。故稱爲第一也。

優波離、卽從座起。頂禮佛足而白佛言。我親隨佛踰城出家。親觀如來六年勤苦。親見如來降伏諸魔、制諸外道。解脫世間貪欲諸漏。承佛教戒。如是乃至三千威儀、八萬微細、性業遮業、悉

心得通達者。卽心地無非自性戒也。
三聚戒
攝善法戒。無善不修。
攝律儀戒。無惡不斷。
饒益有情戒。無生不度。
身口七支
殺盜婬三支、各有三千。
妄言綺語兩舌惡口四支、各有三千、
目連從意識悟圓通

皆清淨身心寂滅、成阿羅漢。我是如來衆中綱紀。親印我心。持戒修身、衆推爲上。佛問圓通。我以執身、身得自在。次第執心、心得通達。然後身心一切通利、斯爲第一。

此從身識悟入也。波離持戒。乃至三千威儀。八萬細行。無不持守。故爲衆中綱紀也。菩薩戒。行住坐臥各二百五十戒。共成一千。言三千者。對三聚戒言則成三千威儀也。八萬細行者。身口七支。成二萬一千。約貪分瞋分癡分等分煩惱以論對治。故有八萬四千也。性業者。無論受戒與不受戒。犯之則有罪。如殺盜邪婬妄語四重根本戒也。遮業者。佛爲行人旣遮制後。犯則有罪。如飲酒及非時食等是也。由是大小二乘所具戒法。悉皆能持。性遮二業。莫不清淨。幻身寂靜。因戒生定。由定發慧。而入圓通。成阿羅漢。今在如來衆中。能以戒法。整綱肅紀。佛親印我能持戒修身。大衆共推爲上。今佛見問所證圓通。我由比丘戒以寂其身。由菩薩戒以淨其心。心得通達。一切通利而入圓通。故我以持身識爲第一也。

大目犍連、卽從座起。頂禮佛足。而白佛言。我初於路乞食。逢遇優樓頻螺、伽耶、那提、三迦葉波。宣說如來因緣深義。我頓發心得大通達。如來惠我袈裟着身。鬚髮自落。我遊十方得無罣礙。神通發明推爲無上。成阿羅漢。寧唯世尊十方如來、歎我神力。明圓清淨、自在無畏。佛問圓通。我以旋湛心光發宣。如澄濁流、久成清瑩、斯爲第一。

此因意識悟入也。目連聞如來所說因緣所生法。頓發心得大通達。是了知正因緣境。不隨分別邪見。發本無漏眞明。迹在通致見地。神名天心。通名慧性。天然之性。照徹無礙。成阿羅漢。迹在已辦地。而圓明清淨自在無畏。是密入藏性也。如澄濁流久成清瑩者。以五疊渾濁。唯是五陰。五陰根由唯是妄想。故意識名爲功首罪魁。二十五種圓通。所觀之境雖別。而能觀之智是同。若不依六識爲妙觀察。各各皆難悟入。故澄濁成清。此識最爲關要。心光發宣

七大圓通
烏芻從火大
悟圓通

者。卽旋湛之功也。旋意識而歸妙湛。由妙湛而發光明也。

烏芻瑟摩、於如來前、合掌頂禮佛之雙足、而白佛言。我常先憶久遠刧前、性多貪欲。有佛出世、名曰空王。說多婬人、成猛火聚。教我徧觀百骸四肢、諸冷煖氣。神光內凝。化多婬心、成智慧火。從是諸佛皆呼召我、名爲火頭。我以火光三昧力故、成阿羅漢。心發大願、諸佛成道、我爲力士。親伏魔怨。佛問圓通。我以諦觀身心煖觸、無礙流通。諸漏既銷、生大寶燄、登無上覺。斯爲第一。

此從火大悟入也。烏芻瑟摩觀火性得道。因立名爲火頭也。火之根源從風金研摩而出。不善用之。生爲欲火。死爲業火。善觀火性者。神光內凝。入火光三昧。化多欲多婬之心。成大智

持地從地大悟圓通

闤闠、市垣曰闤、市門曰闠、

大慧之燄。一切煩惱薪。皆以智慧火而消滅之。故能諸漏全銷。流通無礙。烏芻諦觀身心煖觸。無非欲火。尋其起處。了不可得。因悟性火眞空。性空眞火。登無上覺。以獲圓通也。

持地菩薩、卽從座起。頂禮佛足而白佛言。我念往昔、普光如來出現於世。我爲比丘、常於一切要路津口。田地險隘、有不如法、妨損車馬、我皆平塡。或作橋梁。或負沙土。如是勤苦、經無量佛出現於世。或有衆生於闤闠處、要人擎物、我先爲擎。至其所詣、放物卽行、不取其直。毗舍浮佛、現在世時、世多饑荒。我爲負人、無問遠近。唯取一錢。或有車牛被於泥溺。我有神力爲其推輪、拔其苦惱。時國大王、延佛設齋。我於爾時平地待佛。毗舍如來、摩頂謂我、當平心地。則世界地一切皆平。我即心開。見身微塵、與造世界所有微塵等無差別、微塵自性、不相觸摩。乃至刀兵、亦無所觸。我於法性悟無生忍、成阿羅漢。迴心今入菩薩位中。聞諸如來宣妙蓮華、佛知見地。我先證明而爲上首。佛問圓通。我以諦觀身界二塵、等無差別。本如來藏、虛妄發塵。塵銷智圓、成無上道、斯爲第一。

此因地大悟入也。持地菩薩。自述歷劫因緣。得毗舍如來指示。知平心地。當即開悟。達天地同根萬物一體之理。知根身器界、等無差別。微塵性即大地性。微塵性空。大地性亦空、即自性亦空。得知法相即性。故刀兵亦無所觸。悟無生忍成阿羅漢。由是迴小乘心。今入菩薩大

月光從水大悟圓通

乘位中。得聞諸佛如來所說妙法。悟入佛之見地。因諦觀身界一塵。平等無異。莫非性色眞空。塵銷智圓。成無上道。

月光童子、卽從座起。頂禮佛足而白佛言。我憶往昔恆河沙刼、有佛出世名爲水天。敎諸菩薩修習水觀入三摩地。觀於身中水性無奪。初從涕唾、如是窮盡津液精血、大小便利。身中旋復、水性一同。見水身中與世界外浮幢王刹、諸香水海、等無差別。我於是時初成此觀。但見其水、未得無身。當爲比丘、室中安禪。我有弟子闚窗觀室、唯見淸水徧在室中。了無所見。童稚無知。取一瓦礫。投於水內。激水作聲。顧盼而去。我出定後、頓覺心痛。

如舍利弗、遭違害鬼。我自思惟。今我已得阿羅漢道、久離病緣。云何今日忽生心痛、將無退失。爾時童子捷來我前、說如上事。我則告言。汝更見水、可卽開門、入此水中、除去瓦礫。童子奉教。後入定時、還復見水、瓦礫宛然。開門除出。我後出定、身質如初。逢無量佛。如是至於山海自在通王如來、方得亡身。與十方界諸香水海、性合眞空。無二無別。今於如來得童眞名、預菩薩會。佛問圓通。我以水性一味流通。得無生忍。圓滿菩提、斯爲第一。

此因水大悟入也。月光菩薩歷述往昔因緣。以所證示人也。水性無奪者。以水性是同。故不

瑠璃從風大悟圓通。

相傾奪也。水觀雖成。未得亡身者。法我執未亡也。如舍利弗遭違害鬼者。云舍利弗定中頭遭鬼擊。出定而頭痛。言我今日心痛。亦必有因也。除瓦礫而身質如初者。足徵法我執難除也。後遇無量佛。乃至山海自在通王如來前。聞法方得亡身也。至此能觀之心。與所觀之水。打成一片。能觀之身心亦空。所觀之水相亦空。悟得內身水性。與十方界香海水性。無二無別。因我明了水性一味流通。性水眞空。性空眞水。故今於如來前得童眞名。悟無生忍。預菩薩會。佛問圓通。我以觀水圓滿菩提爲第一。

琉璃光法王子、卽從座起。頂禮佛足而白佛言。我憶往昔經恆沙劫。有佛出世。名無量聲。開示菩薩本覺妙明。觀此世界及衆生身。皆是妄緣風力所轉。我於爾時、觀界安立、觀世動時、觀身動止、觀心動念、諸動無二、等無差別。我時覺了此羣動性。來無所從、去無所至。十方微塵顚倒衆生、同一虛妄。如是乃至三千大千一世界內所有衆生、如一器中、貯百蚊蚋、啾啾亂鳴。於分寸中、鼓發狂鬧。逢佛未幾、得無生忍。爾時心開。乃見東方不動佛國、爲法王子、事十方佛。身心發光、洞徹無礙。佛問圓通。我以觀察風力無依。悟菩提心、入三摩地。合十方佛傳一妙心、斯爲第一。

此因風大悟入也。瑠璃光菩薩。悟後洞徹無礙。故得此名。無量聲佛所開示者。云觀此世界衆生。皆是爲妄緣風力所轉也。菩薩本覺明妙者。卽云息此最初一念動相。卽是本覺明妙也。觀界安立。先立能觀也。觀世動時。後立所觀也。欲破能所。須先立能所觀念成熟。觀諸動無二無別。知內動皆因外動。外動不異內動。觀動性來無來處。去無去處。求其能所了不可得。則堅明之礙所破。搖明之動所亦破矣。妄緣風力隨處皆可發生。一世界有因緣。則一世

虛空藏從空大悟圓通。

界風起。偏世界有因緣則偏世界風起。循業發現。無有方所。有緣則生。無緣則滅。故曰同一虛妄也。分寸中鼓闢者。云衆生不自知渺小。在天眼觀之。實如蚊蚋之紛擾也。由是觀察虛妄身心。皆屬妄緣之風力所轉。既能了妄無因。洞見本覺明妙。則妙明發光也。觀察風力無依者。搖明之風輪破矣。悟菩提心入三摩地。堅明之金輪空矣。至此已知所立之覺明。亦卽常明之明。性風眞空。性空眞風。皆如來藏性也。十方如來傳一妙心者。云十方諸佛無不觀察此無明風。而證不動之覺體也。

虛空藏菩薩、卽從座起。頂禮佛足。而白佛言。我與如來、定光佛所。得無邊身。爾時手執四大寶珠。照明十方微塵佛剎、化成虛空。又於自心現大圓鏡。內放十種微妙寶光。流灌十方盡虛空際、諸幢王剎、來入鏡內。涉入我身。身同虛空、不相妨礙。身能善入微塵國土、廣行佛事、得大隨順。此大神力。由我諦觀四大無依、妄想生滅、虛空無二、佛國本同。於同發明、得無生忍。佛問圓通。我以觀察虛空無邊、入三摩地。妙力圓明、斯爲第一。

此以空大悟入也。虛空藏菩薩。自述其果中所發大用。手執四大寶珠者。表其已得四智也。得四智卽照見四大皆是性色眞空。是攝用歸體也。又於自心現大圓鏡放光流灌他方。以表十法界皆是平等光中所現。以顯性空眞色。是從體起用也。以刹入身者。無身非刹也。以身入刹者。無刹非身也。清涼云。用則波騰鼎沸。隨眞體而運行。體則鏡淨水澄。舉隨緣而會集。卽體卽用。卽用卽體。體不能離用。用不能離體也。四大無依者。言四大皆虛妄所生法。皆因生滅而有。終歸於空也。虛空無二佛國本同者。云空不異土。土不異空。於色空同處悟無生忍。故有此大用也。妙立圓明者。正顯空色無礙。身土互融也。

彌勒從識大悟圓通。

彌勒菩薩、卽從座起。頂禮佛足而白佛言。我憶往昔經微塵刼。有佛出世、名日月燈明。我從彼佛而得出家。心重世名、好遊族姓。爾時世尊。教我修習唯心識定、入三摩地。歷劫已來。以此三昧事恆沙佛。求世名心、歇滅無有。至然燈佛出現於世。我乃得成無上妙圓識心三昧。乃至盡空如來國土淨穢有無、皆是我心變化所現。世尊。我了如是唯心識故、識性流出無量如來。今得授記。次補佛處。佛問圓通。我以諦觀十方唯識。識心圓明。入圓成實。遠離依他及徧計執、得無生忍。斯為第一。

此因識大悟入也。心重世名者。務虛名而不悟眞實也。好遊族姓者。不捨世間法往來貴族也。修習唯心識定者。審觀萬法皆從心識所變。知萬法非實有也。求世名心歇滅無有者。知幻境不實名心頓空一意專修唯識定而內觀也得識心三昧者因觀成而悟入妙圓識心本如來藏性也。因是悟得十方淨穢國土。皆從識心變現。非從外來也。並知諸佛皆從識性流出。非由他變化也。因所證已極。故次補佛位也。入圓成實者。遠離依他徧計。破我法二執。知相見二分即自證分。即相即性。轉識成大圓鏡智。知識性即是藏性。故曰圓成實性也。

勢至從根大悟圓通。

大勢至法王子、與其同倫五十二菩薩、即從座起。頂禮佛足而白佛言。我憶往昔恆河沙劫、有佛出世、名無量光。十二如來相繼一劫。其最後劫名超日月光。彼佛教我念佛三昧。譬如有人、一專為憶、一人專忘。如是二人、若逢不逢、或見非見。二人相憶、二憶念深。如是乃至從生至生、同於形影、不相乖異。十方如來憐念眾生。如母憶子。若子逃逝、雖憶何為。子若憶母、如母憶時、母子歷生、不相違遠。若衆生心、憶佛念佛、現前當來、必定見佛。去佛不遠。不假方便自得心開。如染香人、身有香氣。此則名曰香光莊嚴。我本因地、以念佛心、入無生忍、今於此界、攝念佛人、歸於淨土。佛問圓通。我無選擇。都攝六根、淨念相繼、得三摩地、斯爲第一。

此因見大悟入也。觀經云、以智慧光普照一切令離三途。得無上力。名大勢至菩薩。悲華經云。往昔因中彌陀作輪王時。觀音爲長子。勢至爲次子。今在極樂國中故二菩薩居於彌陀佛左右也。十二如來者。云在十二時不得彈指頃念世間五欲。是謂十二如來淨念相繼成一劫也。念佛有理念事念二義。理念者。悟卽心卽佛之理。佛卽是心。心卽是佛。能念與所念。自他不二。念卽始覺佛卽本覺始本合一。是謂理念。事念者。悟他佛他土之理。能念屬己。所念屬佛。接引與放光。去來有迹。念佛無二念。憶佛無二佛。念佛佛念。是謂事念。一人專憶者。喻佛念念不忘衆生也。一人專忘者。喻衆生念念不能念佛也。若逢非逢若見非見者。以佛專念衆生。未嘗不在衆生之前。而衆生心亂不能見佛。故若逢非逢。衆生業障過深。不能念佛。佛雖普度。不能度無緣之人。故不逢不見也。念佛者果能具誠懇心。悲己心。感佛心。念念相續。如子之憶母。則感應道交。與佛永不相隔也。都攝六根者。云一心念佛。念至亡塵時。六根統歸一念所攝也。淨念相繼者。云前念中念後念。念念是佛。有念皆佛。無有二念。動念息念打成一片。夢寐如一。念佛如此。淨土瑞相可隨心量當卽現前也。淨土一宗上中下三根普被。較之禪密二宗更爲徑路。蓋因修禪者不易得一心不亂。修密者不易得三業純淸。唯此一句彌陀包羅萬有。卽止卽觀。卽定卽慧。淨念相繼。必能見佛。旣能見佛。何愁不悟。念到卽佛卽心。卽是眞空妙有。念到無人無我。卽是妙有眞空。念佛實爲不二法門。故二十五圓通。歸東處指勢至菩薩念佛。與觀音菩薩禪定互相表裏。若能禪淨雙修。則登樂邦若操左劵也。

楞嚴經直解卷五終

觀音從耳根悟圓通。

楞嚴經直解卷六

爾時觀世音菩薩、卽從座起、頂禮佛足、而白佛言。世尊。憶念我昔無數恆河沙劫。於時有佛出現於世、名觀世音。我於彼佛發菩提心。彼佛教我、從聞思修、入三摩地。

此因耳根悟入也。觀者。能觀之智。一心三觀也。世音者。所觀之境。一境三諦也。此所觀種種音聲。皆本如來藏性也。衆生迷不生滅聞性。對於外塵。奔色奔聲。故有輪轉。菩薩逆流返聞。入流亡所。故證圓通。此聞字、卽擊鐘所驗不生不滅之聞性也。思者非徧行思。亦非思善思惡之思。是善惡都不思量。思無所思。思盡還源之思。以此正思專注聞性。究此聞根從何處來。不聞外而聞內。顚倒聞機。根塵不交。脫粘內伏。久久入流亡所。以至寂滅現前。皆仗此一思而得深入。修者、亦非造作種種功行之修。謂了達諸法如幻。了無根本、不生取着。微細法塵法愛同時銷落。唯心直進。覺性現前。是名正修。思者是正思之思。修者是遠離之修。卽圓覺云知幻卽離。離幻卽覺。諸幻盡滅。非幻不滅是也。入者。和身已到之謂。三摩地者。卽前所云大陀羅尼門是也。謂拔此一根。便得和身入此大陀羅尼門矣。此段文中之思字。最爲緊要。若於前卷阿難尊者常自思惟之思互相對簡。卽可悟思與思實有不同矣。前文斥思惟心爲非者。因阿難尊者一向認此思惟爲眞。不肯放捨。認賊爲子。所以斥破之。破其攀緣認相也。今復用此思者。是指示此攀緣是賊。借此妄處以尋眞也。二十四聖所修門雖不同。皆用此思入門。若無此思。卽無入手處。故知二十四聖入門工夫。皆在觀音一門顯發也。

初於聞中。入流亡所。

初者。謂最初以聞性爲所觀之境也。入者。終以聞性爲所入之門也。隨流曰出。返流曰入。入流者。不流逸奔聲。返流旋一也。亡所者。亡塵也。塵非息念而不亡。念非亡塵而不息。塵亡而念亦息。念息而塵亦亡。欲亡其塵。須先息念。若不息念。終不能亡塵也。

所入既寂。動靜二相、了然不生。

能入是根。所入是塵。以能入之根逆流。故所入之塵得寂。斯不但動相不生。卽靜相亦不生矣。聞性與外塵不偶。織妄不成。脫黏內伏。卽斷滅相無明時也。此以一心圓妙止觀。直觀聞

此斷分別我執。

此斷俱生我執。此根初解。先得人空。

此斷分別俱生二種法執。

性本自圓通。了知動靜、二塵。本如來妙眞如性。不必滅此二相另覓無生。卽在二相之中。悟知無生之理。動靜二相既已了然不生。則凡明暗通塞等相。皆當下無生。悟得一切無生。故圓破色陰超刼濁也。

如是漸增、聞所聞盡。

聞卽聞機、因根塵交而奔聲。故顚倒聞機。逆流而注根。然外塵雖脫。聞機尚在。所聞之外塵雖銷。能聞之聞所未除。故次淨能聞之根。所此卽斷異相無明時也。能聞所聞既盡。則能見所見能覺所覺等亦皆盡。是乃圓破受陰超見濁也。

盡聞不住、覺所覺空。

不住二字。卽是不生滿足證也。前聞所聞盡。人我執已空。尚有存我覺我之我在。此覺我之我未除。卽是微細法我未破。故須將此覺所覺亦空之。此卽斷住相無明。所謂空性圓明成法解脫也。後文云若動念盡。浮想銷除。於覺明心如去塵垢。一倫生死首尾圓照。名想陰盡。想陰盡、是人平常夢想銷滅。寤寐恆一。覺明虛靜。猶如晴空。無復粗重前塵影事。唯一精眞故圓破想陰超煩惱濁也。

空覺極圓、空所空滅。生滅既滅、寂滅現前。

極之一字。仍是不生滿足。任運增進之功也。前智相雖空。尚有空所未破。此空亦是所。故復空其空。空所空滅者。卽此空執之病亦除。此卽斷生相無明。二空已遣。俱空不生矣。生滅既滅。寂滅現前者。言初入流亡所。塵空矣。尚有根在。根還是所。根空矣。尚有空根之智在。智亦是所。智空矣。尚有空智之空在。空亦是所。塵根智空。但有所執。皆不離所。俱是生滅業識也。今二執既除。二空亦遣。則業識一分動相亦滅。內外湛明。入無所入。已滅生滅。是乃圓破行陰。超衆生濁。卽觀音大士從耳根一門深入。以果地覺爲因地心時也。

忽然超越世出世間。十方圓明、獲二殊勝。一者、上合十方諸佛本妙覺心。與佛如來、同一慈力。二者、下合十方一切六道衆生。與諸衆生、同一悲仰。

此頓斷無明。頓證眞理時。故世出世間忽然超越也。後文云十方世界。及與身心。如吠瑠璃。

內外明徹。名識陰盡。又云識陰若盡。則汝現前諸根互用。從互用中能入菩薩金剛乾慧。圓妙精心。於中發化。如淨瑠璃。內含寶月。如是乃超十信十住等以至圓滿菩提歸無所得故知十方圓明。獲二殊勝。卽圓破識陰。以超命濁時也。兩種殊勝功德卽起信論中云。若斷無明證法身。自然而有不思議之大用也。上合十方諸佛者。謂十方如來傳此妙心元一圓融清淨寶覺。故證此心者。卽與如來同一慈力也。下合十方衆生者。謂此菩薩之所證。卽是衆生之同賦。故證此理者。卽與衆生同憂患曲成而不遺者也。前由因明立所。遂有三種相續。此由入流亡所。遂獲二種殊勝。立所是迷根。亡所是悟本。立所是約最初一念迷根。爲細迷。亡所。是約最初始念破所。爲粗悟。以迷時從細至粗。悟時從粗入細。悟迷轉換之機。不出立亡二字。所立所亡之所字最易迷人眼目。若執着因緣所生虛妄法認之爲眞。則將無方所之所。落於有方所之所。若知因緣所生虛妄法。是循業發現。則從有方所之所。悟到無方所之所。衆生現前境界。已將無量無邊之心量。墮於色身之方所。若不將此內所打破。時時向相分中覓眞覓妄。背覺合塵。愈尋愈遠。故如來自初卷問阿難。尊者心目所在。此所字卽迷妄之初步。其後文展轉所破者。無非一所字耳。曰立所。曰亡所。曰聞所。曰覺所。曰空所。出一所。又入一所。所之一字。卽徵細我法二執之根。直至圓滿菩提歸無所得。所相方盡。故法華經云。衆生處處着。引之令得出。卽出此重重障蔽之所也。

由證起用

此現四聖法界也。
一菩薩界。
二獨覺界。
三緣覺界。
四聲聞界。

世尊。由我供養觀音如來。蒙彼如來。授我如幻聞熏聞修金剛三昧。與佛如來、同慈力故。令我身成三十二應。入諸國土。

此承上文云與諸佛同一慈力也。全性起修。修無修修。以幻修幻。故云如幻。以本覺聞性熏於始覺。以聞性中所起始覺。修於本覺。故曰聞熏聞修。以其頓破無明結根。頓顯常住藏性。故云金剛三昧。三十二應。總不出十法界身。故入諸國土。隨機感應。剎剎塵塵。皆可顯現三十二應身也。

世尊若諸菩薩。入三摩地。進修無漏。勝解現圓。我現佛身、而爲說法、令其解脫。若諸有學。寂靜妙明、勝妙現圓。我於彼前、現獨覺身、而爲說法。令其解脫。若諸有學。斷十二緣、緣斷勝性、勝妙現圓。我於彼前、現緣覺身、而爲說法、令其解脫。若諸有學得四

四敎者。藏通別圓也。
四悉檀、悉檀者、徧施也。世界悉檀得歡喜益。爲人悉檀得生善益。對治悉檀得破惡益。第一義悉檀得入理益。
此現七天身說法也。

諦空。修道入滅。勝性現圓。我於彼前。現聲聞身。而爲說法。令其解脫。

此現四聖身說法也。諸菩薩者。徧指四敎因中大士也。現佛身者。各現當敎極果之身也。爲說法者。隨其所應說於四種第一義悉檀也。令解脫者。令證四敎佛果解脫之道。究竟歸於圓敎解脫也。出無佛世。名爲獨覺。寂靜妙明。指無生觀慧而言也。出有佛世。稟因緣敎。名爲緣覺。緣斷勝性者。言已能成就斷緣生之勝性也。得四諦空者。言先於四諦悟生空理。證須陀洹。今進修無漏道品。欲入於滅度也。此不言現菩薩身者。因大士示居菩薩位也。

若諸衆生、欲心明悟、不犯欲塵。欲身淸淨。我於彼前現梵王身、而爲說法、令其解脫。若諸衆生、欲爲天主、統領諸天。我於彼前現帝釋身、而爲說法、令其成就。若諸衆生、欲身自在遊行十方。

我於彼前現自在天身、而爲說法、令其成就。若諸衆生、欲身自在、飛行虛空、我於彼前現大自在天身、而爲說法、令其成就。若諸衆生、愛統鬼神、救護國土、我於彼前現天大將軍身、而爲說法、令其成就。若諸衆生、愛統世界、保護衆生。我於彼前現四天王身、而爲說法、令其成就。若衆諸生、愛生天宮、驅使鬼神。我於彼前現四天王國太子身、而爲說法、令其成就。

此現相天中說法也。欲心欲身二欲字。皆是樂欲之欲。謂樂欲此心明悟而身清淨也。因有欲塵。則障悟門。心不明了。身亦穢濁。故樂欲不犯欲塵也。欲塵不獨指人間粗惑之欲。卽他化天之樂。亦所不欲也。此云欲界爲暗。色界爲明。欲染爲迷。梵行爲悟也。梵天以上品十善根本禪定爲因。解脫者。令其離欲塵而生梵世也。梵王。卽色界天主。亦卽初禪天王也。帝釋。

此現十二種國民說法也。

即忉利天王。即欲界第二天主。彼天橫有三十二天。總歸帝釋統之也。說法者。說十善法也。金光明經云、釋提桓因種種善論是也。成就者。應其希求而滿其願也。自在天。即欲界頂天。亦即他化自在天也。此天假他所作。以成己樂。即魔王天。欲界天主也。大自在天。即色頂摩醯首羅天。天大將軍者。即帝釋之將領也。與護世四王。及王太子。同以五戒十善摧邪輔正爲因也。四王天者。金輪銀輪銅輪鐵輪王也。金輪王統領四大洲。銀輪王除北俱盧洲。王三天下。銅輪王更除西牛賀洲王二天下。鐵輪王唯統南瞻部洲王一天下。唯金輪王連上三洲兼東勝神洲故統領四洲也。王太子者。即護世益人者也。

若諸衆生、樂爲人王、我於彼前現人王身、而爲說法。令其成就。若諸衆生、愛主族姓、世間推讓。我於彼前現長者身、而爲說法、令其成就。若諸衆生、愛談名言、清淨自居。我於彼前現居士身、而爲說法、令其成就。若諸衆生、愛治國土、剖斷邦邑。我於彼前現宰官身、而爲說法、令其成就。若諸衆生、愛諸數術、攝衛自居。

我於彼前現婆羅門身、而爲說法、令其成就。若有男子、好學出家、持諸戒律。我於彼前現比丘身、而爲說法、令其成就。若有女人、好學出家、持諸禁戒。我於彼前現比丘尼身、而爲說法、令其成就。若有男子、樂持五戒。我於彼前現優婆塞身、而爲說法、令其成就。若有女子、五戒自居、我於彼前現優婆夷身、而爲說法、令其成就。若有女人、內政立身、以修家國。我於彼前現女主身、及國夫人、命婦大家、而爲說法、令其成就。若有衆生、不壞男根。我於彼前現童男身、而爲說法、令其成就。若有處女、愛樂處身、不求侵暴。我於彼前現童女身、而爲說法、令其成就。

現此天龍八部身說法也。

此現相人中說法也。所謂在天而天。在人而人。在在稱尊也。成就者。皆各各滿其所願。說法令其皆得成就也。

若有諸天、樂出天倫。我現天身而爲說法、令其成就。若有諸龍、樂出龍倫。我現龍身而爲說法、令其成就。若有藥义、樂度本倫。我於彼前、現藥义身、而爲說法、令其成就。若乾闥婆、樂脫其倫。我於彼前現乾闥婆身而爲說法、令其成就。若阿修羅、樂脫其倫。我於彼前現阿修羅身而爲說法、令其成就。若緊那羅、樂脫其倫。我於彼前現緊那羅身而爲說法、令其成就。若摩呼羅伽、樂脫其倫。我於彼前現摩呼羅伽身而爲說法、於其成就。若諸衆生、樂人修人、我現人身而爲說法、令其成就。若諸非人、有形無形、有想無想、樂度其倫。我於彼前皆現其身、而爲說法、令其成就。

此現八部身相說法也。諸天樂出天倫者。云諸天有不願受天樂欲出天界也。樂出龍身者。如龍樹菩薩化五百龍衆俱受具戒類也。藥义云輕捷也。有三種。一在地。二在虛空。三天夜义也。佛轉法輪時。地夜义唱。空夜义聞。空夜义唱。四天王聞。如是乃至梵天也。乾闥婆云香陰。亦云尋香行。帝釋之樂神也。帝釋欲作樂燒沈水香。此神體上有相出。卽尋香而往也。阿修羅無端正。此類女美男醜。好瞋。鬼畜人天中皆有。亦名非天。有福報而無福德也。緊那羅形似人而頭有角。似人而非人。呼爲疑神。天帝絲竹樂神。奏出世之天樂者也。乾闥婆奏世間樂者也。摩呼羅伽大蟒神也。樂人修人者。謂在人中願世世不脫人身者也。有形者。休咎精明等也。無形者。空散銷沉等也。有想者。神鬼精靈等也。無想者。草木金石等也。此四、皆云非人也。

妙應通結。

由證起用。獲十四種無畏功德。

是名妙淨三十二應、入國土身。皆以三昧聞熏聞修無作妙力自在成就。

此結明功由三昧之力也。隨類而現身說法曰妙。入世而不染曰淨。若朝曦散彩。明鏡現形。稱性而起之妙用曰無作妙力。逐浪隨波同流而不合污。並泛應曲當曰自在成就。

世尊。我復以此聞熏聞修金剛三昧、無作妙力。與諸十方三世六道一切衆生、同悲仰故。令諸衆生於我身心、獲十四種無畏功德。

此云悲能拔苦。故令衆生獲無畏也。雖云六道。實賅九界也。於我身心者。如一人有慶兆民賴之之義也。無畏功德者。謂衆生遭苦難處生怖畏心。一稱菩薩之名。即蒙救脫。除其恐怖能獲無畏功德也。

此總名脫苦無畏。

此明八難無畏也。

一者、由我不自觀音、以觀觀者。令彼十方苦惱衆生、觀其音聲、卽得解脫。

不自觀音者。自性已空。旋聞與聲脫。外亡其塵。內亡其根。根塵不偶。不復循聲流轉也。以觀觀者。不藉非知之根以觀照之觀。反聞聞自性。卽禪家所云內照也。上觀字卽是能觀之智。下觀字卽是所觀之境。以耳根境名爲觀者。正顯六根無二也。衆生稱菩薩之名時。不觀外境。一心觀此稱名之音聲。故得解脫也。觀此音聲有理事二種。觀照歷歷分明稱名不亂。爲事一心。了知音聲本性亦空。皆是唯心所現。爲理一心。事一心能脫事苦能除事障。理一心能脫理苦能除理障。事理皆能一心。可以混俗和光。隨緣度世矣。

二者、知見旋復。令諸衆生、設入大火、火不能燒。三者、觀聽旋復。令諸衆生、大水所漂、水不能溺。四者、斷滅妄想、心無殺害。令諸衆生、入諸鬼國、鬼不能害。五者、熏聞成聞、六根銷復、同於聲聽。

薰聞成聞者。薰妄聞而成聞性也。銷復者六根銷而復其元也。同於聲聽者。不用耳根聽也。滅音者滅音塵之妄。圓聞者圓聞性之眞。藥叉輕捷鬼也、羅刹可畏鬼也。鳩槃茶、魘魅

能令衆生、臨當被害、刀段段壞、使其兵戈、猶如割水。亦如吹光、性無搖動。六者、聞熏精明、明偏法界則諸幽暗、性不能全。能令衆生、藥叉羅刹、鳩槃茶鬼、及毗舍遮、富單那等。雖近其傍目不能視。七者、音性圓銷、觀聽返入、離諸塵妄、能令衆生、禁繫枷鎖、所不能著。八者、滅音圓聞、偏生慈力、能令衆生、經過險路、賊不能刧。

知見是火因。此因旋復。通於九界之煩惱火。三界之業火。初禪之果報火。皆不能燒也。觀聽是水因。此因旋復。通於九界煩惱水。三界之惡業水。二禪之果報水。皆不能溺也。妄想斷則瞋念不起。瞋念消則殺念永滅。鬼不能害者。因識心不生。外不隨塵。內不循根。中間斷滅。故

鬼也。毗舍遮、噉精鬼也。富單那、熱病鬼也。

此明三毒無畏也。

阿顛迦、無善心也。

無有能受害者也。薰聞成聞者。薰妄聞而成聞性也。六根銷復者。根銷而復其元也。同於聲聽者。能聞之性不藉根聞也。割水者以喻其無損也。吹光者以喻其不動也。性無動搖者。雖有兵戈不能損傷其性也。衆生能以六根銷復。故無畏刀兵也。聞熏精明者。以此聞專注內聞。聞自聞性。始覺熏本覺之光明也。明徧法界者。無明之幽暗性不能全遮也。內瑩發光則幽暗之鬼皆不能視。音性圓銷者。根空也。觀聽旋入者。塵空也。根塵兩銷。內無所繫。外無所縛。故離開塵妄也。離開妄塵。故虛妄之枷鎖不能着矣。滅音圓聞者。謂菩薩音塵已盡。聞性已圓。內外融通同爲一體。故一切處徧生慈力。以此慈力加被衆生。純以慈心度世。寃親同等。卽遇有惡人。亦能感化。無有惡心相向者。因慈力能以得無畏。故盜賊不能刼也。

九者、聞熏離塵、色所不刼。能令一切多婬衆生、遠離貪欲。十者、純音無塵、根境圓融、無對所對。能令一切忿恨衆生、離諸瞋恚。十一者、銷塵旋明、法界身心猶如琉璃、朗徹無礙。能令一切昏鈍性障、諸阿顛迦、永離癡暗。

此云得二求無畏也。

此令衆生得三毒無畏也。二法相對。妄生貪染。名之爲婬。欲界以男女愛染而爲貪欲。色無色界以味禪相染而爲貪欲。二乘貪染偏眞涅槃。菩薩貪染六度萬行。亦復貪染但中佛性。對於對待有貪欲心。皆謂之婬。今熏於聞根。脫粘內伏。永離前塵。見相二分。如水之現影鏡之現像。了知色性本卽藏性。與聞性元無二性。不應以聞刼聞。以色刼色。是故更無能貪及所貪也。二法相對。妄生違忤。名之爲瞋。凡夫瞋於逆緣。二乘厭惡三界。菩薩輕鄙小乘。亦復棄捨二邊。今旣達純是法性妙音。無復塵相。則根卽是境。境卽是根。稱性圓融。無有能對及與所對。是故更無一法可瞋恚也。有明明覺。失彼精了。迷己爲物。認物爲己。名爲癡暗。凡夫不達諸法惟心。本性空寂。二乘不達諸法唯心。假名無量。菩薩不達諸法唯心、體卽中道。今旣銷落塵緣。旋歸明性。則法法唯心。法法圓照。故法界身心。朗徹無礙也。得此三毒無畏之功。故能令無著心之阿顛迦離諸癡暗也。

十二者、融形復聞、不動道場、涉入世間、不壞世界。能徧十方、供養微塵諸佛如來。各各佛邊爲法王子。能令法界無子衆生、欲求男者、誕生福德智慧之男。十三者、六根圓通、明照無二。含十方界、立大圓鏡。空如來藏。承順十方微塵如來、祕密法門、受領無失。能令法界無子衆生。欲求女者。誕生端正福德柔衆順人愛敬有相之女。

此令衆生得二求無畏也。融形復聞者。身相互融。復還其本來周遍之聞性也。不動道場者。實證一眞法界無有去來也。涉入世間者。由實智而起權智也。明照無二者。照諸法差別。而實無差別也。立大圓鏡者。卽權智而歸實智也。求男得男求女得女者。因菩薩福慧兩足具丈夫相。故能以福慧之男應衆生之求也。因菩薩含容承順具坤柔性。故能以柔順愛敬之女應衆生之求也。

十四者、此三千大千世界、百億日月、現任世間、諸法王子。有六十二恆河沙數、修法垂範、教化衆生。隨順衆生。方便智慧、各各

此結明持名較長、

無畏通結

此總明大用所起四不思

不同。由我所得圓通本根、發妙耳門。然後身心微妙含容、周徧法界、能令衆生持我名號、與彼共持六十二恆河沙諸法王子、二人福德正等無異。世尊。我一名號、與彼衆多名號無異。由我修習得眞圓通。

此令衆生稱名無畏也。稱名號者祇是音聲。此音聲卽是如來藏性。未達藏性時。妄有一多計度。猶有情量。既達藏性後。則聞性圓明。內不依根。外不循塵。一爲無量。無量爲一。故持一名號與持六十二恆河沙菩薩名等無異也。

是名十四施無畏力、福備衆生。

諸畏既滅。淨福自成。拔九界畏。成佛界福。徧於十方。亘於三際。故曰福備衆生。

世尊。我又獲是圓通修證無上道。故又能善獲四不思議無作妙德。

此明四不思議。融前二觀也。前雖顯明上同下合。皆是隨機。猶有限量。尚可心思言議。此更充滿圓極之量則不可思議矣。無作妙德者。雖作無有能作所作。不住無爲而起有爲之功用。是任運自在微妙之淨德也。

議無作妙德。

（一）現容不思議。

一者、由我初獲妙妙聞心。心精遺聞。見聞覺知、不能分隔。成一圓融淸淨寶覺。故我能現衆多妙容。能說無邊祕密神呪。其中或現一首三首、五首七首、九首十一首、如是乃至一百八首。千首萬首。八萬四千爍迦羅首。二臂四臂、六臂八臂、十臂十二臂、十四十六、十八二十、至二十四。如是乃至一百八臂。千臂萬臂、

妙妙者、即以不思議心。觀不思議境。

八萬四千母陀羅臂。二目三目、四目九目。如是乃至一百八目。千目萬目。八萬四千清淨寶目。或慈或威、或定或慧。救護衆生、得大自在。

此云現容一多不思議也。妙妙聞心者。初妙字是妙諦。次妙字是妙境。妙諦約性、通於諸法。妙境從機、獨在耳根。此言由我最初從此耳根一門超入先獲妙聞。因獲此不落方所之聞性、隨悟藏性。悟此聞性卽是妙心。此聞心絕對待、無方所故爲妙中之妙聞心也。不爲妄想所雜曰心精。不爲根塵所局曰遺聞。一根得解。五根圓脫。故不爲見聞覺知所隔。見聞覺知俱成一體。故爲清淨寶覺。任運隨緣。現容說呪。以成不思議之妙德。爍迦羅云堅固。母陀羅云印。清淨寶目云金剛正眼。首爲六用之總。臂表提接之悲。目表照了之智。各言八萬四千者。云衆生迷本覺性。具足八萬四千煩惱。卽此煩惱業果。一一無非法身解脫般若三德祕藏也。慈威定慧者。或慈以攝善人之心。或威以折邪魔之膽。或定以杜散動之門。或慧以破無明之窟。泛應塵勞。曲施誘迪。無不如心。故曰得大自在也。

二者、由我聞思、脫出六塵。如聲度垣。不能爲礙。故我妙能現一一形、誦一一咒。其形其咒。能以無畏施諸衆生。是故十方微塵國土、皆名我爲施無畏者。

（二）說咒不思議。

聞思脫塵者。云聞不假耳根。思不假意根。不落聲塵法塵。故一切不能爲礙也。能現一一形說一一咒者。云獲周徧之聞性。故能於十方國土。皆以此無畏施無盡之衆生也

三者、由我修習本妙圓通清淨本根。所遊世界、皆令衆生捨身珍寶。求我哀愍。

（三）受供不思議。

本妙者。卽指本來之妙聞性也。圓通者。云此聞性由修習故得此圓通也。由我已得清淨本根。於六塵境無戀愛之心。悉能施捨。故所遊世界。亦能令衆生捨其身命珍寶。求我哀受也。此因不受諸受。故能無所不受也。

(四)與供不思議。

耳根通結

四者、我得佛心、證於究竟。能以珍寶種種、供養十方如來。傍及法界六道衆生。求妻得妻。求子得子。求三昧得三昧。求長壽得長壽。如是乃至求大涅槃得大涅槃。

我得佛心者。初獲如來藏心也。證於究竟者。實證如來藏心能發大用也。供養十方如來者。上報佛恩也。傍及六道衆生者。下度含靈也。求得妻子長壽者。令衆生得世間樂也。求得三昧涅槃者。令衆生得出世間樂也。

佛問圓通。我從耳門圓照三昧、緣心自在、因入流相、得三摩提、成就菩提。斯爲第一。世尊。彼佛如來歎我善得圓通法門。於大會中授記我爲觀世音號。由我觀聽十方圓明。故觀音名徧十方界。

此總結圓通也。言我從耳根一門深入。以三慧圓照而悟一心、得成三昧以入圓通也。緣心自在者、云不誤認緣心聽法。因指直觀月體親見法性也。推其因皆由入流亡所、始獲此大佛頂首楞嚴王如幻三摩提也。能成就無上佛果者。當以耳根入流為方便第一也。彼佛讚歎者因大士善得圓通法門也。於大會中授大士記者。因大士所證與彼佛所證。皆從觀音聲而成菩提。故授記為觀音名號也。觀聽十方圓明者。云觀聽內不緣根。外不緣塵。故圓融無礙也。名徧十方者。因大士大悲心普遍法界。衆生在痛苦時一稱名號。大士即觀此音聲而現其前也。

放光現瑞

爾時世尊、於師子座、從其五體、同放寶光。遠灌十方微塵如來、及法王子、諸菩薩頂。彼諸如來、亦於五體同放寶光。從微塵方來灌佛頂。幷灌會中諸大菩薩、及阿羅漢。林木池沼皆演法音。

唄者、梵天之音也。短偈以流頌也。

交光相羅如寶絲網。是諸大衆得未曾有。一切普獲金剛三昧。卽時天雨百寶蓮華、靑黃赤白間錯紛糅。十方虛空成七寶色。此娑婆界大地山河、俱時不現。唯見十方微塵國土、合成一界。梵唄詠歌、自然敷奏。

此如來圓證諸聖圓通也。五體同放寶光者。表根根塵塵皆是圓通法門也。遠灌佛菩薩頂者。表一一圓通皆是無上大佛頂法也。如來以之爲密因。菩薩依之修萬行者也。彼諸如來亦於五體同放寶光者表佛佛道同也。來灌佛頂并灌菩薩羅漢者表因果一致二十五聖同證大佛頂法。實無優劣也。林木池沼皆演法音者。表有情無情同一圓通性也。交光相羅如寶絲網者表一一圓通法門。各各互徧互攝。一切皆圓通法門也。普獲金剛三昧者悟十八界七大皆是不可壞之藏性也。四色蓮華者、以表住行向地四十妙因也。間錯紛糅者表諸大衆圓悟藏性。因該果海。果徹因源。一位圓卽具一切諸位之功德也。十方虛空成七寶色者。表虛空頑暗之情執消殞。而七大妙性一一周徧法界也。娑婆大地山河俱時不現者。表翳病得除。狂勞顚倒華相皆滅也。微塵國土合成一界者。表性眞圓融。惟一常寂光土也。梵唄詠歌自然敷奏者。表寂光眞土之中。具足無量稱性法樂也。此文中並含有對待顯中道義。一本尊放光瑞與諸佛放光瑞爲自他交互對待法。二無情演法瑞與寶光交羅瑞爲依正圓融對待法。三衆會獲益瑞與天雨四華瑞爲法位相應對待法。四寶成寶色瑞與大地不現瑞爲空界俱銷對待法。五國土合一瑞與梵唄敷奏瑞爲法報冥合對待法。此五對法皆含有中道妙義也。

於是如來告文殊師利法王子。汝今觀此二十五無學、諸大菩薩及阿羅漢。各說最初成道方便。皆言修習眞實圓通。彼等修行、實無優劣前後差別。我今欲令阿難開悟二十五行、誰當其根。兼我滅後。此界衆生入菩薩乘、求無上道。何方便門。得易成

文殊偈頌

此頌不變之體

就。

此敕文殊選擇圓通也。如來敕簡選者。因前云得循圓根。與不圓根日劫相倍。尚未指出何根最圓也。敕文殊簡選者因文殊是大智。欲選圓通。非有大智慧人。不能擇其優劣也。誰當其根者。云二十五聖所證之法門誰爲當機也。若從果位上觀之。則法法皆妙。無可選擇。若從初機上觀之。必須選擇。方易成就。文殊是初機導師。故如來敕文殊選擇圓根也。

文殊師利法王子。奉佛慈旨、卽從座起。頂禮佛足。承佛威神。說偈對佛。

覺海性澄圓　圓澄覺元妙

覺海者。言大覺如海也。性澄圓者。寂而常照。卽性覺妙明也。圓澄覺元妙者。照而常寂。卽本覺明妙也。

此頌眞如隨染緣從源出流。

此頌眞如隨淨緣從流溯源。

此頌滅妄歸眞。

元明照生所　所立照性亡　迷妄有虛空
依空立世界　想澄成國土　知覺乃衆生

元明照生所。卽妄爲明覺。因明立所也。所立照性亡。言旣生妄所。遂失眞性也。迷妄有虛空。卽晦昧爲空也。依空立世界。卽結暗爲色。靜成虛空。起爲世界也。想澄成國土。卽以虛空爲同。世界爲異也。知覺乃衆生。卽色雜妄想。想相爲身也。

空生大覺中　如海一漚發　有漏微塵國
皆依空所生　漚滅空本無　況復諸三有

空生大覺中。云現前一念。本自豎窮橫徧。無相可得。祇因晦昧爲空。故大覺海中一漚發矣。有漏國土依此頑空而生矣。若能直觀大覺海中心性。俾此虛妄無明漚滅。則虛空情量本無。況復空中諸三有耶。

此頌歸眞方便

歸元性無二　方便有多門　聖性無不通
順逆皆方便　初心入三昧　遲速不同倫

此云根塵識性皆是如來藏性。若云歸元。則其性本無二。若云方便實有多門。若云聖性通利。順逆皆是方便之門。若在初心欲入三昧。實有遲速之不同也。此云從眞起妄故有返妄歸眞。由返妄歸眞路有遲速。故須選根也。蓋妙覺性海本來澄清圓滿。覺性澄圓。本來自妙。不假作爲。不落邊際。祇因元明性體。忽起照用。遂墮於方所。此所旣立照用之本性遂亡。此卽依本覺而成業識之由。旣迷性覺而成業識。遂迷性空而成頑空。由是空晦暗中結暗爲色。復立無情有情二種世界。以取一分浮虛亂想凝結而無知者成器界。一分浮虛妄想凝結而有知者成根身。此卽依無明業識生起相見二分也。迷性空而成頑空。卽是大覺海中起一浮漚。此頑空還類於漚體。何況依此頑空所建立之國土耶。若知漚滅則頑空亦無。況從頑空中所立之三有耶。歸元性無二。方便有多門者。云其人若是聖性。則無論順逆。皆是入理之門。若初發心者。必須選擇圓根也。

色想結成塵　精了不能徹　如何不明徹

此揀六塵非圓通也。

於是獲圓通

此云沙陀雖觀色性空而悟入。但此色性是雜妄想而結成質礙之物。既雜妄想而生。則精了性卽不能明徹。既不能明徹。初心依之云何能獲圓通耶。

音聲雜語言　但伊名句味　一非含一切

云何獲圓通

此云陳如雖聞法音而悟入。但此聲一落言詮。卽屬名句。耽着文字味。卽有所依託。音聲有所雜。卽不能徧攝一切。云何依之獲圓通耶。

香以合中知　離則元無有　不恆其所覺

云何獲圓通

此云香嚴雖齅香塵悟入。然香以合鼻則有知。離鼻則無知。香有合有離。此知亦或有或無。

此覺性不能常恆。云何能獲圓通耶。

味性非本然　要以味時有　其覺不恆一

云何獲圓通

此云藥王因味塵而悟入。然此味性非本來常然之體。亦因味合而有。既不能令味性恆一。云何能獲圓通耶。

觸以所觸明　無所不明觸　合離性非定

云何獲圓通

此云跋陀因觸塵而悟入。然觸塵以身爲能觸。物爲所觸。能所兩合。方有觸相。若無所觸能觸則觸相不顯。或離或合。性非有定。云何依此而證圓通耶。

法稱爲內塵　憑塵必有所　能所非徧涉

此棟五根非圓通也。

云何獲圓通

此云迦葉因法塵而悟入。法塵是前五塵落謝影子。稱爲內塵者也。意根既依此內塵。即落在生滅二法塵之方所。有方所即不能徧涉。云何依之獲圓通耶。

見性雖洞然　明前不明後　四維虧一半

云何獲圓通

此云律陀因見性悟入者。見性雖是洞然明了。但能見前三方二隅。後一方二隅則不能見。云何依此不圓之根而證圓通耶。

鼻息出入通　現前無交氣　支離匪涉入

云何獲圓通

此云槃特因鼻根悟入者。但鼻根出則取香。入則聞香。而缺中交。既缺中交。云何依此支離間斷不能徧涉者。而證圓通耶。

舌非入無端　因味生覺了　味亡了無有

云何獲圓通

此云鉢提因舌根悟入者。然舌根必因味及。方生覺了。非無端而生者。若味亡則此覺性卽了不可得。云何依之而證圓通耶。

身與所觸同　各非圓覺觀　涯量不冥會

云何獲圓通

此云畢陵因身根悟入者。然此身根與所觸者皆落能所。皆非圓覺觀。旣有能所。則各有邊際。不能冥會。云何依此有量之物而欲證圓通耶。

知根雜亂思　湛了終無見　想念不可脫

此揀六識非圓通也。

云何獲圓通

此云須菩提因意根而悟者。然此知根雜亂思。已成渾濁。湛了性卽不能見。正如入非想定者。徹細研窮猶不能見。是則久修之人尚不能脫此想念。云何初心依此而證圓通耶。

識見雜三和　詰本稱非相　自體先無定

云何獲圓通

此舍利弗因眼識悟入者。識因根塵和合而生。若詰其本。則無定相。體既無定。云何依此而獲圓通耶。

心聞洞十方　生於大因力　初心不能入

云何獲圓通

此普賢因耳識悟入者。用心聞不用耳聞。故洞徹十方。然普賢是大行所致。非初心人所能得入。云何於此而證圓通耶。

鼻想本權機　祇令攝心住　住成心所住

云何獲圓通

此孫陀羅因鼻識悟入者。令作鼻觀。亦是權機。使人收攝散心而暫住。此亦非無住眞心也。若使心有所住。仍落能所。云何依此有住心而證圓通耶。

說法弄音文　開悟先成者　名句非無漏

云何獲圓通

此富樓那因舌識悟入者。說法者、由舌識調弄言語文字。因宿因成熟。方有此辯才。故得開悟。然名句尚屬有爲法。非無漏法。如何依此而證圓通耶。

持犯但束身　非身無所束　元非徧一切

云何獲圓通

此波離因身識悟入者。持戒但能束身。除身之外更無所束。既不能徧束一切。云何依此而證圓通耶。

神通本宿因　何關法分別　念緣非離物

云何獲圓通

此目連因意識悟入者。然意識是法塵分別之性。神通是歷刼夙因之力。兩無關涉。即使神通因意識有而此意識。念念攀緣。不能離物。云何依此而證圓通耶。

若以地性觀　堅礙非通達　有為非聖性

云何獲圓通

此揀七大非圓通也

此持地因地大悟入者。地是堅固質礙之物。不能通達一切。卽平塡要津。皆屬有爲功行。有爲卽非無爲之聖性。堅性不融。云何依此而證圓通耶。

若以水性觀　想念非眞實　如如非覺觀
云何獲圓通

此月光因水大悟入者。水觀由觀想所成。非眞實如如不動之體。分別覺觀。皆不離依他。云何依此而獲圓通耶。

若以火性觀　厭有非眞離　非初心方便
云何獲圓通

此烏芻因火大悟入者。觀火性亦是厭離之心。非眞實修遠離之法。亦非初心方便之門。云何而獲圓通耶。

若以風性觀　動寂非無對　對非無上覺

云何獲圓通

此琉璃光因風大悟入者。雖觀四大身心皆爲風力所轉。然有動靜。還是對待法。無上大覺非對待法。云何依此而證圓通耶。

若以空性觀　昏鈍先非覺　無覺異菩提

云何獲圓通

此虛空藏因空大悟入者。空是晦昧所成之頑空。非有知覺之性空也。既先非有覺。卽非菩提云何依此獲圓通耶。

若以識性觀　觀識非常住　存心乃虛妄

云何獲圓通

此彌勒因識大悟入者。然此識性念念生滅。非常住性。離根塵其體本無。云何依此虛妄之識而證圓通耶。

諸行是無常　念性元生滅　因果今殊感

云何獲圓通

此勢至以六根都攝念佛悟入者。凡有動作皆屬行陰。既不離行陰。總屬生滅法。今念性既屬生滅。因即不能證不生不滅果。云何依此護圓通耶。此言念有生滅。何嘗不是惟人之妄心遷流不息。總爲行陰所牽引。要不受此行陰遷流。實非易易。若云一切不行。即鄰於枯斷。若云凡百任行。又墮於業運。我佛興大慈悲。特開淨土橫超一門。實末世之出苦一大慈航也。凡夫之根器淺陋。祗有念佛一法。可以制伏虛妄之行陰。念無念念時。即行無行行時。念到無人無我時。即是妙有眞空境界。大澈悟之人。悟後皆以淨土爲依歸者。蓋深知八識之種子難淨也。勢至菩薩一句佛名都攝六根。世之高談禪密者。一根都不能攝妄想大澈大悟。實辜負我佛苦口婆心也。

此獨選耳根為圓通也。

我今白世尊　佛出娑婆界　此方眞教體

清淨在音聞　欲取三摩提　實以聞中入

娑婆。堪忍也。三千世界之總名也。他方佛土。諸根利鈍各有不同。隨其機宜。六塵皆可為教體。此方偏用三塵。若黃卷赤牘。則以色塵為教體。歷法觀察。則以法塵為教體。聞法得悟。則以音聲為教體。今時聞音聲獲證者多。故曰此方眞教體清淨在音聞也。

此讚大士有自利利他之德。

離苦得解脫　良哉觀世音　於恆沙劫中

入微塵佛國　得大自在力　無畏施衆生

妙音觀世音　梵音海潮音　救世悉安寧

出世獲常住

出世五蘊

戒，定，慧，解脫，解脫知見。

此讚耳根功德之勝。

離苦者。離九界五濁之苦。解脫者。得佛界法性五蘊眞解脫之樂。此自性成就也。恆沙刼則豎窮三際。微塵國則橫徧十方。以大自在力普施無畏。此利他成就也。三十二應隨類說法。一音普遍曰妙音。三塗八難。齊施並救。聞聲救苦曰觀世音。清淨無染曰梵音。徧赴其求而不失時曰海潮音。具此四音。故救世間苦難者。皆得安甯。復令出世者亦獲常住之果也。

我今啓如來　如觀音所說　譬如人靜居
十方俱擊鼓　十處一時聞　此則圓眞實
目非觀障外　口鼻亦復然　身以合方知
心念紛無緒　隔垣聽音響　遐邇俱可聞
五根所不齊　是則通眞實　音聲性動靜
聞中爲有無　無聲號無聞　非實聞無性

聲無既無滅　聲有亦非生　生滅二圓離
是則常眞實　縱令在夢想　不爲不思無
覺觀出思惟　身心不能及

此云耳根最利也。俱擊俱聞。顯其圓也。迥異五根。顯其通也。生滅遠離。寤寐恒一。顯其常也。所謂圓眞實也。目非觀障外者。如隔紙膜不見外邊。隔皮膚不見五臟是也。身以合中知。口鼻亦復然者。以此三根皆合中知。稍離尺寸便不知矣。意根雖通。而散亂不常。若耳根者。隔垣皆聽。非若眼根隔紙膚而不見也。遐邇俱聞。非若三根離尺寸卽不知也。無思常靜。非若意根之常思而散動也。此五根之所不齊也。故謂常眞實。音聲有動靜。在聞性中可以或有或無。然聲有祗可以云聲有。聲無祗可以云聲無。而聞性實非生滅也。聞性不改。亦不隨聲有。亦不隨聲無。能圓離二種生滅。是則常眞實。不爲不思無者。云此聞性卽在夢寐之中亦常存也。不爲不思而滅也。是則聞性實出於思惟之外。非身心之所能及也。此三種眞實不待證而已明。故文殊獨揀耳根最圓也。

此云耳根最便初心者。

此囑當機須依此門而修也。

今此娑婆國　聲論得宣明　衆生迷本聞

循聲故流轉　阿難縱彊記　不免落邪思

豈非隨所淪　旋流獲無妄

此云耳根通利正當此方之機也。娑婆衆生。耳根最利。然耳利必須教法輸入。方能入道。故對此方衆生廣宣一切經論。經論所詮。卽發明圓湛妙性。而妙性實不離能聞之根性。衆生不悟眞常之聞性。流逸奔聲。故迷本聞而循聲流轉。卽多聞之阿難尊者亦不免落於邪思。何況凡夫耶。此皆隨彼聲塵所轉。不能自返。故受淪溺。若能由指見日。由聞根直窮聞性。則旋流必獲無妄之眞聞性矣。

阿難汝諦聽　我承佛威力　宣說金剛王

如幻不思議　佛母眞三昧　汝聞微塵佛

此言返聞之益。

一切祕密門　欲漏不先除　畜聞成過誤

將聞持佛佛　何不自聞聞。

此文殊自述云今日選根皆承佛威力宣說者也。云阿難尊者記持佛法雖多若欲漏不先除。愈多聞愈滋愛本無益於道。徒增過誤。將聞者正激其反聞也。言將此聞機以記持佛之佛。何不旋此聞機而自聞其聞性也。破一切惑名金剛王般若德也。立一切法名爲如幻解脫德也。破立同時名不思議。法身德也。諸佛皆從此三昧出。故名佛母眞三昧也。六根攀緣六塵。總名欲漏。今以耳緣法音。能所相黏。有能畜與所畜。故爲過誤也。持佛不如自聞者。云多聞則心放而難收。返聞則神凝而易入。此極言多聞流逸奔聲。不如返聞聞自性也。

聞非自然生　因聲有名字　旋聞與聲脫

能脫欲誰名　一根既返源　六根成解脫

見聞如幻翳　三界若空華　聞復翳根除

此喻一根解而六根同解也。

塵銷覺圓淨　淨極光通達　寂照含虛空
卻來觀世間　猶如夢中事　摩登伽在夢
誰能留汝形

此言顛倒聞機。非是自然生起。皆因聲塵動靜相擊。黏湛發聽。故聽精映聲。遂卷聲而成結。此耳根既由聲卷而成結。亦可以脫聲而成解。欲解此結。須旋聞方能與聲脫。所脫之塵能銷。能脫之根亦解。塵既不緣。根無所偶矣，一根圓拔其五根亦同時得解矣。見聞皆如幻翳。器界亦如空花。見聞若復。幻翳除而器界銷則覺體圓淨矣。根塵結則同結。解則同解。故根拔而器界自然超越也。根塵銷到淨極之時。卽明相精純之時。寂照徧含虛空。反觀世間種種諸事皆如夢幻。能知境界皆如夢事。則在夢之摩登伽。又何能稍留形影也。

如世巧幻師　幻作諸男女　雖見諸根動
要以一機抽　息機歸寂然　諸幻成無性

倘諸學者。倘居學位也。

六根亦如是　元依一精明　分成六和合

一處成休復　六用皆不成　塵垢應念銷

成圓明淨妙　餘塵尙諸學　明極卽如來

幻師喻眞性。有隨緣義。故名爲巧。幻法喻無明。眞妄和合。變成六根。故幻作諸男女。一機抽卽幻人手中所提線索。喻一精明由幻師所提之線索動。故幻人口眼亦動。故曰雖見諸根動。要以一機抽。若線索不動。則幻人口眼亦不動。故曰息機歸寂然。諸幻成無性。一精明卽識精明元。陀那微細識也。六根爲能依。一精明爲所依。由一精明攬塵成結。各各不同。遂分爲六。於是在眼名見。在耳名聽。故曰元依一精明。分成六和合。若一根休復。則六根同時圓脫矣。塵垢者。卽想相之塵。識情之垢。卽業識中微細無明也。六解後卽證人我空。若觀聞性亦空。則頓空法執。識精轉爲圓融清淨寶覺矣。其倘居學位者。餘塵猶未銷盡也。若明相精純。明明無盡時。卽如來所證圓成極果也。

大衆及阿難　旋汝倒聞機　反聞聞自性

此廣擧所證以勸修也。

性成無上道　圓通實如是　此是微塵佛
一路涅槃門　過去諸如來　斯門已成就
現在諸菩薩　今各入圓明　未來修學人
當依如是法　我亦從中證　非惟觀世音

旋汝倒聞機者。言汝之聞尋常循外而不循內。終日流逸奔聲。若能顛倒汝之聞機。反聞本有之聞性。得悟聞性。立可成無上道矣。此卽眞實圓通法門。過去諸佛由此門成就。現在諸菩薩已各入圓明。未來修學之人。皆當依此而修。不但觀音大士從此而入。卽文殊菩薩亦由此而證也。反聞二字。實修行人入門之要訣。若以此反聞之功用念佛。則更是無上助品。蓋念佛不能一心者。不能亡塵也。若能反聞聞念佛之音。則外塵亡矣。意根念念不忘一句佛號。耳根歷歷分明一句佛號。卽佛卽心。卽心卽佛。豈不是本有之聞性與佛無二無別時也。

此報復世尊之勅也。

此頂禮如來求加被也。

誠如佛世尊　詢我諸方便　以救諸末劫
求出世間人　成就涅槃心　觀世音爲最
自餘諸方便　皆是佛威神　即事捨塵勞
非是長修學　淺深同說法

誠如佛世尊。詢我諸方便。牒前所問二十四聖誰當其根也。以救諸末劫。牒前秉我滅度後此界衆生也。求出世間人。牒前入菩薩乘也。成就涅槃心。牒前成無上道也。觀世音爲最者。言耳根一門爲第一也。自餘二十四聖所入之門皆是佛之威神加被。令捨塵勞。非是通長可修。亦非淺深同說之法也。

頂禮如來藏　無漏不思議　願加被未來
於此門無惑　方便易成就　堪以教阿難

大衆獲益

及末劫沈淪　但以此根修　圓通超餘者
眞實心如是

頂禮如來藏者。卽前所說無漏業。如幻不思議。佛母眞三昧。三如來藏也。願諸佛加被未來進修者。於此門不生疑惑也。此法門爲最初方便最易成就者。不但可以救阿難。亦可以度末刼也。但以此根修。卽超諸聖眞實心如是。實更無他法也。

於是阿難、及諸大衆、身心了然、得大開示。觀佛菩提及大涅槃。猶如有人、因事遠遊、未得歸還。明了其家所歸道路。普會大衆、天龍八部、有學二乘、及諸一切新發心菩薩。其數凡有十恆河沙。皆得本心、遠離塵垢、獲法眼淨。性比丘尼、聞說偈已、成阿羅漢。無量衆生、皆發無等等阿耨多羅三藐三菩提心。

當人現前一念聞性。本圓本通本常也。圓處即實智菩提。通處即方便菩提。常處即眞性菩提。圓即圓淨涅槃。通即方便淨涅槃。常即性淨涅槃。即而常六。雖理即猶未得歸還。六而常即。爲究竟即。方步步踏着故鄉道路也。得本心者。達此現前一念之本體也。遠想相之妄塵。離識情之虛垢。故曰獲法眼淨。性尼聞偈成阿羅漢。即在大敎中得小益。即正化菩薩旁化二乘也。無等等心者。云無法可等。此心此心實能等一切法也。阿耨多羅者。即無上正等正覺也。

此爲末世求示道場法也。

阿難整衣服、於大衆中合掌頂禮。心迹圓明、悲欣交集。欲益未來諸衆生故。稽首白佛、大悲世尊。我今已悟成佛法門。是中修行、得無疑惑。常聞如來說如是言。自未得度、先度人者、菩薩發心。自覺已圓、能覺他者、如來應世。我雖未度、願度末劫一切衆

此示三無漏學
毘奈耶律藏也。

生、世尊。此諸衆生、去佛漸遠。邪師說法、如恆河沙。欲攝其心入三摩地。云何令其安立道場、遠諸魔事。於菩提心、得無退屈。

此請安立道場。爲末世攝心之軌則也。心迹圓明者。謂先悟不生滅心。卽大佛頂首楞嚴王。是心圓明也。又悟耳根是入不生滅之門路。是迹圓明也。悲者。悲歷刼之沈迷。欣者。欣今日之頓悟。因久迷而頓悟。故悲欣交集也。欲益未來者。是自疾既除。復愍他疾也。得無疑惑者。知決定從耳根悟入。無疑也。自未度而思度人者。是菩薩發心也。自己度而專爲度人者。是如來應世也。我雖未度願度人者。是學菩薩也。我已知修行之路從聞中入。但恐末世衆生爲邪師所惑。故復請如來示立道場。令衆生不爲魔擾也。

爾時世尊。於大衆中稱讚阿難、善哉善哉。如汝所問安立道場、救護衆生、末劫沈溺。汝今諦聽、當爲汝說。阿難大衆、唯然奉教。

佛告阿難。汝常聞我毘奈耶中、宣說修行三決定義。所謂攝心

為戒、因戒生定、因定發慧、是則名為三無漏學。

此下為說四種清淨明誨。而為末世修行人之定式也。三決定義者。言決定依此三種為修行之根本也。攝心為戒者。言不止束身。正不容心有毫厘繫念也。因戒生定者。經云。戒不清淨。三昧不現前也。因定發慧者。言清淨慧皆依禪定生也。戒為定慧之本。戒根不淨。則定慧無由而生、六祖云、心地無非自性戒。心地無亂自性定。心地無礙自性慧。三種具足。即三無漏學。或問曰。戒定慧三。何下文但說四戒而不說定慧也。答曰。前文所說忘前塵盡內根。皆是發揮定慧也。此單說戒。正與前文互相呼應也。或問曰。前云逆流返流旋流不循不隨等。皆是攝心之法。此數種是戒否。答曰、前之逆流等是令其違現業。此云四戒是令剗其正性。若能先剗正性。則現業易違。故說定慧繼之以戒也。以此四戒是斷發潤之基。入定慧之本。凡修行者莫不以此為基礎也。

(一)斷婬

阿難。云何攝心、我名為戒。若諸世界六道眾生、其心不婬、則不隨其生死相續。汝修三昧、本出塵勞。婬心不除、塵不可出。縱有

多智禪定現前。如不斷婬、必落魔道。上品魔王、中品魔民、下品魔女。彼等諸魔、亦有徒衆。各各自謂成無上道。我滅度後、末法之中、多此魔民、熾盛世間。廣行貪婬、爲善知識。令諸衆生、落愛見坑、失菩提路。汝敎世人修三摩地。先斷心婬。是名如來先佛世尊第一決定淸淨明誨。

此先說婬戒也。一切衆生皆以婬欲而正性命。故纏縛生死。今欲絕其源。故以斷婬爲首也。其心不婬者。言不但身犯爲犯戒。卽動一念婬心皆名破戒也。故祖師云內心不出。外境不入。心如鐵壁銀山。方可入道。不隨其生死相續者。以婬心不起。卽是逆生死欲流也。三昧者。指耳根圓通也。塵勞卽指見思二惑也。婬念不除。則見思決不能斷。生死決不能出。卽有定慧功行。於禪定中種子動時。欲境現前。又隨魔轉。魔之惑人時。亦自稱爲善知識。受其惑者卽落見愛之坑。欲出見思。反墮見思。如鬱頭藍弗得非想定纔觸女手遂失神通。此卽愛心一念動時墮落也。欲習狂迷。易失正定。續生死。喪眞常。莫甚於此。眞修行者。必先以離欲爲本。故戒婬爲淸淨第一明誨也。十信初心由欲愛乾枯而慧性圓明。遂階等妙。諸世間人由心不流逸。而澄瑩生明。漸乎六天。是故眞修內攝。以斷愛欲爲要也。

是故阿難。若不斷婬修禪定者、如蒸砂石。欲其成飯、經百千劫、祇名熱砂。何以故。此非飯本、砂石成故。汝以婬身求佛妙果。縱得妙悟、皆是婬根。根本成婬。輪轉三塗、必不能出。如來涅槃、何路修證。必使婬機、身心俱斷。斷性亦無。於佛菩提、斯可希冀。如我此說、名爲佛說。不如此說卽波旬說。

此云婬心永斷。方得成菩提也。婬是生死之根本。若不斷此。修禪者。定中見欲境未有不惑

五.徧行。即意觸受想思。

者也。婬機者。即五徧行作意心所也。稍有作意。婬心即動。此心一動。身必隨之。故必杜其機也。斷性亦無者。云斷性若存。猶有緣影。此緣影不銷。猶是微細婬機。必使斷性亦無。方是菩提道本。既得菩提道本。則菩提之果可希冀矣。如來說此四根本戒。只一不字最要。此不字即是不隨不循逆流旋流之義。末世說法。依如來所說。即是正法。若不如此說而別言行婬無礙者。便是魔說也。

(二)斷殺

阿難。又諸世界六道衆生。其心不殺、則不隨其生死相續。汝修三昧、本出塵勞。殺心不除、塵不可出。縱有多智禪定現前。如不斷殺、必落神道。上品之人。爲大力鬼。中品則爲飛行夜叉、諸鬼帥等。下品當爲地行羅剎。彼諸鬼神、亦有徒衆。各各自謂成無上道。我滅度後末法之中、多此鬼神、熾盛世間。自言食肉得菩提路。阿難、我令比丘食五淨肉。此肉皆我神力化生、本無命根。汝婆羅門、地多蒸濕。加以沙石、草菜不生。我以大悲神力所加。因大慈悲、假名爲肉。汝得其味。奈何如來滅度之後、食衆生肉名爲釋子。汝等當知是食肉人、縱得心開似三摩地、皆大羅剎報終必沈生死苦海。非佛弟子。如是之人、相殺相吞、相食未已。云何是人得出三界。汝教世人修三摩地、次斷殺生。是名如來先佛世尊、第二決定清淨明誨。

此示修行人必須斷殺也。其心不殺者。云不但身不犯。卽心亦不起殺念也。不隨生死相續

毳音翠細毛也

者。緣斷而因亦不生也。修三味者本可以出塵勞。因殺心不除。雖有智慧必落神道。各各自謂成無上道者。是不知殺業之非也。言食肉不碍菩提者。是不守戒品出入婬房酒市者也。五淨肉者不見不聞不疑。如自死鳥殘也。假名爲肉者如魚米肉山之類。皆是大悲權化。無有生命者也。奈何末法人食有生命之肉。而仍自名爲釋子耶。命終必沈苦海者。如經云爲利殺衆生以則網諸肉。二俱是惡業。死墮叫呼獄是也。相殺相呑者。云因果循環互相呑殺無由解脫也。修三摩地者。不斷殺心。終不得出三界也。此是如來第二決定清淨明誨也。

是故阿難。若不斷殺、修禪定者。譬如有人自塞其耳高聲大叫。求人不聞。此等名爲欲隱彌露。清淨比丘及諸菩薩、於歧路行、不蹋生草。況以手拔。云何大悲、取諸衆生血肉充食。若諸比丘、不服東方絲綿絹帛、及是此土靴履裘毳、乳酪醍醐。如是比丘。於世眞脫。酬還宿債、不遊三界。何以故。服其身分、皆爲彼緣。如人食其地中百穀、足不離地。必使身心、於諸衆生、若身身分、身心二塗、不服不食。我說是人眞解脫者。如我此說、名爲佛說。不如此說、卽波旬說。

此云身心皆斷殺業。方眞解脫也。不蹋不拔者。仁及草木也。服其身分皆爲彼緣者。云雖未殺之而寢其皮用其毛。皆是彼身分之物。故卽與彼成緣也。足不離地者。云刼初之人體有飛光。足若躡雲。由食地肥、啗五穀。故體重而足不離地也。身者血肉骨髓也。身分者。乳酪㲲毳等也。身心二塗不服食者。謂不但身不服食。卽心亦不思念服食也。

(三)斷盜

阿難。又復世界六道衆生、其心不偸、則不隨其生死相續。汝修三昧、本出塵勞。偸心不除、塵不可出。縱有多智、禪定現前。如不斷偸、必落邪道。上品精靈。中品妖魅。下品邪人。諸魅所着、彼等羣邪、亦有徒衆。各各自謂成無上道。我滅度後、末法之中、多此妖邪、熾盛世間。潛匿姦欺、稱善知識。各自謂已得上人法。詃惑無識。恐令失心。所過之處、其家耗散。我教比丘、循方乞食。令其捨貪、成菩提道。諸比丘等、不自熟食。寄於殘生、旅泊三界。示一往還。去已無返。云何賊人、假我衣服、裨販如來、造種種業。皆言佛法。卻非出家、具戒比丘、爲小乘道。由是疑誤無量衆生、墮無間獄。若我滅後、其有比丘、發心決定、修三摩提。能於如來形像之前。身然一燈。燒一指節。及於身上、爇一香炷。我說是人、無始

恐令失心者。妖言恐嚇。令人失正念也。

皆言者。皆自言其他是眞法也。

卻非者。云不自知其非。還非他人也。

馬麥者。佛之前因。因惡言而受食馬麥三月之報。

宿債、一時酬畢。長揖世間、永脫諸漏。雖未即明無上覺路。是人於法、已決定心。若不為此捨身微因。縱成無為。必還生人、酬其宿債。如我馬麥、正等無異。汝教世人、修三摩地。後斷偷盜。是名如來先佛世尊第三決定清淨明誨。

此明盜戒也。偷者不專指刼財也。即假設形儀。濫膺恭敬利養皆盜也。其心不偷者。謂此貪心不容一念生起也。必落邪道者。言其心先不正也。各各自謂成無上道者。是邪魔入心。不自知其過也。潛匿姦欺者。藏其瑕疵。詐稱為善知識。復以妖言恐嚇。令人失正念而易忘也。其人不知是邪。盡捨其財以奉之。故所過之處。皆耗散也。乞食者。正言捨貪也。不自熟食者。以示旅泊三界。不戀人間也。竊衣假儀。販賣如來。不自知非。反指他人為小乘。自誤誤人。故須墮落也。能作捨身微因者。假佛力而永酬歷刼之夙債也。此人雖未即得菩提。於法已有決定心也。馬麥者。佛因前因詬罵比丘。受三月食馬麥之報也。偷心不盡。究不能入三摩地。

過爲已解者」云自不能明大乘法。反曲引權小以爲是也。

此如來第三決定清淨明誨也。

是故阿難。若不斷偸修禪定者。譬如有人。水灌漏巵。欲求其滿。縱經塵劫、終無平復。若諸比丘、衣鉢之餘。分寸不畜。乞食餘分。施餓衆生。於大集會、合掌禮衆。有人搥詈、同於稱讚。必使身心二俱捐捨。身肉骨血、與衆生共。不將如來不了義說迴爲已解、以誤初學。佛印是人、得眞三昧。如我所說、名爲佛說不如此說、卽波旬說。

此云偸心盡方得眞三昧也。漏巵者。非法器也。衣鉢之外不畜物者。止貪也。餘分施人者。止悋也。合掌禮衆者不慢也。搥駡同讚者。無我相而不分別是非也。身心俱捨者。內心外身皆

說法不能圓。滿皆爲不了義也。

（四）斷妄語

一顛迦。即一闡提。斷善根之惡知見也。多羅木者。天樹王也。

不繫戀也。身肉與衆生共者。捨頭目手足如棄涕唾也。不了義敎者。言布施不及身分。僅能捨外而不捨內也。迴爲已解者。言自不明了大乘法。反引小乘法爲已解。以誤初學也。修行人若無馳求心。不存利養心。偸心盡。必得三昧也。如此說者是如來說也。不依佛說者皆魔所說也。

阿難。如是世界、六道衆生。雖則身心無殺盜婬、三行已圓。若大妄語。即三摩地、不得清淨。成愛見魔、失如來種、所謂未得謂得、未證言證。或求世間尊勝第一。謂前人言。我今已得須陀洹果、斯陀含果、阿那含果、阿羅漢道、辟支佛乘、十地地前諸位菩薩、求彼禮懺、貪其供養。是一顛迦、銷滅佛種。如人以刀、斷多羅木、佛記是人、永殞善根、無復知見。沈三苦海、不成三昧。我滅度後、

經言者。洩漏於初學也。

勑諸菩薩、及阿羅漢。應身生彼末法之中。作種種形、度諸輪轉。或作沙門、白衣居士、人王宰官、童男童女。如是乃至婬女寡婦、姦偷屠販、與其同事。稱讚佛乘。令其身心入三摩地。終不自言、我眞菩薩、眞阿羅漢。洩佛密因、經言未學。唯除命終、陰有遺付。云何是人、惑亂衆生、成大妄語。汝教世人、修三摩地。後復斷除諸大妄語。是名如來先佛世尊、第四決定清淨明誨。

此示不妄語戒也。愛見魔者。稍有所得。起增上慢。即是愛魔。執此是實。謂餘皆虛妄。則是見魔。貪求供養。亦是愛魔。執性廢修。妄謂己實齊於諸聖。亦是見魔。地前諸位。即信住行向四十位也。一顛迦。即一闡提。斷善根之惡知見者也。作種種形度衆生而不自言眞菩薩者是不敢洩漏密因。輕於言之於初學也。命終稍露消息者。一因有事遺付。二因令人敬仰佛法而生信心也。佛勅諸菩薩皆須謹守密因。云何末法人未得謂得。未證謂證。惑亂衆生而大妄語也。後之修三摩地者。卽殺盜婬三緣斷。仍須斷除妄語也。此乃如來第四淸淨明誨也。

是故阿難、若不斷其大妄語者。如刻人糞、爲旃檀形、欲求香氣、無有是處。我教比丘、直心道場。於四威儀一切行中、尙無虛假、云何自稱得上人法。譬如窮人、妄號帝王、自取誅滅。況復法王、如何妄竊。因地不眞、果招紆曲、求佛菩提、如噬臍人、欲誰成就。若諸比丘、心如直弦。一切眞實、入三摩地、永無魔事。我印是人、成就菩薩無上知覺。如我所說、名爲佛說、不如此說、卽波旬說。

四威儀。行住坐臥也。

噬臍者。云麝被人逐。雖自噬臍。終不免難也。

此云妄語不斷。終不得成菩提也。眞旃檀者。喻三乘聖人也。刻糞求香者。云名利惡心者。非眞旃檀而妄求其香也。直心道場者淨名經云。直心即是道場也。妄號帝王者云一介之人妄稱帝王。亦是自取誅滅。何況妄僭法王名號也。如噬臍者云臍之因即招禍之由也。心如直弦者。無一毫委曲相也。成就無上知覺者。即前直心酬答。無虛假心。故得菩提也。能如此說。即如來之明誨。不如此說。皆爲魔說也。

楞嚴經直解卷六終

此云欲攝心必須持戒。

此令持咒以銷宿業。

楞嚴經直解卷七

阿難。汝問攝心。我今先說入三摩地、修學妙門、求菩薩道。要先持此四種律儀、皎如氷霜。自不能生一切枝葉。心三口四、生必無因。阿難。如是四事。若不遺失。心尚不緣色香味觸。一切魔事、云何發生。

此結答問辭也。妙門指耳根圓通。四種律儀是根本戒。餘細行皆枝葉也。心三者貪瞋痴也。口四者妄言綺語兩舌惡口也。不遺失者念念不忘四根本戒也。一切魔事。皆緣貪愛六塵生起。今既不緣六塵。則魔無所施其術矣。是則戒根清淨。而後現業可違。定慧可發也。

若有宿習、不能滅除。汝教是人、一心誦我佛頂光明、摩訶薩怛多般怛羅、無上神咒。斯是如來無見頂相、無爲心佛、從頂發輝、坐寶蓮華所說心咒。且汝宿世與摩登伽、歷劫因緣、恩愛習氣。非是一生、及於一劫。我一宣揚、愛心永脫、成阿羅漢。彼尚婬女、無心修行。神力冥資、速證無學。云何汝等在會聲聞、求最上乘、決定成佛。譬如以塵揚於順風、有何艱險。

此云戒力能防禦外魔。至若宿習惑業之種子。非神咒不能蕩除也。摩訶薩怛多般怛囉。此云大白傘蓋。卽如來藏心也。體無對待曰大。相絕塵染曰白。用覆一切曰傘蓋。無見頂相者。不可以見見也。卽大菩薩亦不能窮其邊際也。

若有末世、欲坐道場。先持比丘清淨禁戒。要當選擇戒清淨者、

白友檀越指清信士女也。

第一沙門、以爲其師。若其不遇眞清淨僧。汝戒律儀、必不成就。戒成已後、著新淨衣、然香閒居。誦此心佛所說神咒、一百八遍。然後結界、建立道場。求於十方現住國土、無上如來、放大悲光、來灌其頂。阿難。如是末世清淨比丘、比丘尼、白衣檀越。心滅貪婬、持佛淨戒。於道場中、發菩薩願。出入澡浴。六時行道。如是不寐。經三七日。我自現身、至其人前、摩頂安慰、令其開悟。

此云欲坐道場。必先擇師也。師爲模範。若無清淨師。戒儀卽不成就也。著新淨衣者。內外一如身心俱淨也。求如來放光灌頂者。因戒而求定也。佛自現身摩頂者。云行人但念唯心。不心外取境。佛應行人之求。故非魔事也。

阿難白佛言、世尊。我蒙如來、無上悲誨、心已開悟。自知修證無學道成。末法修行。建立道場。云何結界、合佛世尊清淨軌則。

此請結壇軌度也。悲誨者。即四種清淨明誨也。自知修證無學道成者。言由此進修必證道果也。建立道場。即牒前安立道場一語。云若欲建立法壇。云何結界。方合菩提道場中清淨軌則也。

佛告阿難。若末世人、願立道場。先取雪山大力白牛、食其山中肥膩香草。此牛唯飲雪山清水、其糞微細、可取其糞、和合栴檀、以泥其地。若非雪山、其牛臭穢、不堪塗地。別於平原、穿去地皮、五尺以下、取其黃土。和上栴檀、沈水、蘇合、薰陸、鬱金、白膠、青木、

此云壇式莊嚴。表實智實行也。

雩陵、甘松、及雞舌香。以此十種、細羅爲粉。合土成泥、以塗場地

此光明塗地法式也。欲修淨行。必擇淨侶。欲容淨侶。必得淨地。既有淨地。必設壇場。欲設壇場。必有軌則。軌則既備。使人不嚴而栗。不肅而敬。如入宗廟。雖欲不齊不敬不可也。道場者。表菩提心也。雪山大力白牛。表最上一乘也。山中香草及清水。表性體中本具一切諸功德也。其糞微細。表性具三因所起妙修也。栴檀表性具無作妙戒也。取糞塗地者。表此人不但不變處是菩提心。即隨緣處亦不改其菩提性也。若非雪山其牛臭穢不堪塗地者。表其妄以生滅爲本修因。不能圓成果地證也。平原者。表平常六受用根也。穿地五尺者。表破五陰也。黃土者。表佛性也。和上栴檀者。表具足戒法也。十種細羅爲粉者。表諸戒互攝互融也。合土成泥者。表萬行唯心也。以塗場地者。表以此爲眞因也。

方圓丈六、爲八角壇。壇心置一金銀銅木所造蓮華。華中安鉢。鉢中先盛八月露水。水中隨安所有華葉。取八圓鏡、各安其方、

八正道
正見
正語
正思
正命
正精進
正業
正念
正定
此表權智權行也。
五分香
戒、定、慧、解脫、解脫知見、

圍繞華鉢。

方圓丈六者。表八正道攝於八邪也。八角則方而復圓。圓而復万。表事理圓融。權實同歸也。金銀銅木表地向行住所修法行也。蓮花表因果同時。垢中能淨也。華中安鉢者。鉢爲應量器。表根器之厚簿。心量之大小也。八月露水者。表中道妙定也。隨安華葉者。表理體之妙慧也。取八圓鏡者。表衆生本有智光。依八正道而得安住也。圍繞華鉢着。表妙智恆依妙理也。

鏡外建立十六蓮華。十六香爐、間華鋪設莊嚴香爐。純燒沈水、無令見火。

建立蓮葉香爐者。表從性所起慧華戒香也。各須十六者。卽表自行八正。化他八正也。間華鋪設莊嚴者。表戒慧互顯威儀也。無令見火者。云燒五分法身香。令煩惱火不起現行也。

取白牛乳、置十六器。乳爲煎餅、幷諸砂糖、油餅、乳糜、蘇合、蜜薑、純酥、純蜜。於蓮華外、各各十六、圍繞華外、以奉諸佛及大菩薩。

此示供養法式也。

壇外莊嚴

每以食時。若在中夜。取蜜半升、用酥三合、壇前別安一小火鑪。以兜樓婆香煎取香水、沐浴其炭、然令猛熾。投是酥蜜、於炎鑪內、燒令烟盡、享佛菩薩。

取白牛乳等供養者。表淨性所起禪悅法味也。各各十六者。表一一正道中各具自行化他二種八正也。以奉佛菩薩者。表已所證禪悅正道之味仰契果德也。食時中夜者。以表時分之中道也。蜜爲華之精。酥爲乳之精。此二表味中上味以例圓通妙理也。半升中數也。三合者表中道必具三德也。別安一小火爐者。例妙觀察。藉此以觀中道理體。表八地已上所證覺心也。沐浴其炭然令猛熾者。自初地至八地。不但淨其意。並能燒除煩惱薪也。投酥蜜而燒令烟盡者。謂以妙理投妙智中。俾其直下入流亡所。圓超五濁。上合諸佛菩薩所證性體也。

令其四外徧懸旛華、於壇室中、四壁敷設十方如來、及諸菩薩、所有形像。應於當陽、張盧舍那、釋迦、彌勒、阿閦、彌陀、諸大變化觀音形像。兼金剛藏。安其左右。帝釋梵王、烏芻瑟摩、并藍地迦、諸軍荼利、與毗俱胝、四天王等、頻那夜迦、張於門側、左右安置。又取八鏡、覆懸虛空。與壇場中所安之鏡、方面相對。使其形影、重重相涉。

此明設像儀式也。四外懸旛華者。表外行之莊嚴也。諸菩薩以表眞因也。盧舍那寂場眞主也。十方如來。以表極果也。釋迦娑婆眞主也。彌勒當來眞主也。阿閦居東不動主也。彌陀居西接引主也。觀音變化相顯教主也。金剛藏伏魔斷障密教主也。門側左右釋梵等衆有力外護也。烏芻火頭金剛也。藍地迦靑面金剛也。軍荼利。金剛之異號也。毗俱胝。即三目持鬘髻者也。四天王。即東方持國南方增長西方廣目北方多聞。四天尊也。頻那夜迦。即猪頭象

此正示行法。云誦咒得益也。

鼻二使者也。壇之內外。主伴齊彰。慈威畢備。修行人心存敬畏。念不放馳。一心持咒。故能感如來現前摩頂安慰而得開悟也。又取八鏡懸空者。表諸佛果位無依無住也。重重相涉者。表感應道交生佛互融也。空鏡對照於壇境。是果徹因源也。壇境對照於空鏡。是因賅果海也。行人若眞知心佛衆生三無差別。則卽悟事事無碍法界矣。

於初七中、至誠頂禮、十方如來、諸大菩薩、阿羅漢號。恆於六時、誦咒圍壇、至心行道。一時常行一百八遍。第二七中、一向專心發菩薩願、心無間斷、我毗奈耶、先有願教。第三七中、於十二時、一向持佛般怛羅咒。至第七日、十方如來一時出現。鏡交光處、承佛摩頂。

一時常行一百八偏者。言遶壇一百八匝。表成百八三昧。非誦咒一百八偏也。初七六時誦

此簡其不成也。

咒。心未恆一。二七專心發願。心無間斷矣。三七日持咒精純。至第七日鏡光交處。承佛摩頂。水清月現。感應道交。卽凡心而見佛心時也。

卽於道場、修三摩地。能令如是末世修學、身心明淨、猶如琉璃。

三七既畢。卽於此修三摩地。能令行人得大開悟。身心明淨。猶如琉璃。一切密圓淨妙悉現其中矣。

阿難。若此比丘本受戒師。及同會中十比丘等。其中有一不清淨者。如是道場、多不成就。

十比丘者。云極多不過十人也。有一不清淨者。云受戒有不如法者。道場皆不成就也。

從三七後、端坐安居經一百日、有利根者、不起於座、得須陀洹。

縱其身心、聖果未成。決定自知成佛不謬。

圓五品。隨喜品以除疑散。讀誦品以除雜染。說法品治彼法盡。兼行六度治無明暗。正行六度除事相。請說咒此重

前云三七不寐。是制令常行。今云端座百日。是制令常坐也。須陀洹是見道位。若約圓敎中言見道位。卽是初發心住。此爲利根。若以藏對圓。卽是初信心位。阿難尊者圓悟藏性。頓獲法身。此亦稱利根也。縱其身心等者。云近成圓五品。圓解分明。能知如來祕密藏性。是故決定自知成佛不謬也。

汝問道場建立。如是。

此總結也。建立道場。有理壇事壇。事壇者。卽如上種種莊嚴建設。理壇者。卽下文云亦不坐壇。亦不行道。若能心咒合一。與坐壇行道無異也。

阿難頂禮佛足。而白佛言。自我出家。恃佛憍愛。求多聞故。未證無爲。遭彼梵天邪術所禁。心雖明了。力不自由。賴遇文殊。令我解脫。雖蒙如來佛頂神咒。冥獲其力。尚未親聞。惟願大慈。重爲宣說。悲救此會諸修行輩。末及當來在輪迴者。承佛密音。身意

此化佛說咒也。

解脫。於時會中、一切大衆、普皆作禮。佇聞如來祕密章句。

此重請如來說咒也。云前雖蒙文殊持咒解難。猶未親聞佛說。今復請顯說者。悲救未來衆生也。力不自由者以道力不全也。如人受魘魔。手足宛然。見聞雖不惑。而身不能動作也。秘密章句者。與前之祕密秘嚴。皆指咒心而言也。

爾時世尊。從肉髻中。涌百寶光。光中涌出千葉寶蓮。有化如來坐寶華中。頂放十道百寶光明。一一光明。皆徧示現、十恆河沙、金剛密迹、擎山持杵、徧虛空界。大衆仰觀、畏愛兼抱。求佛哀祐。一心聽佛、無見頂相、放光如來、宣說神咒。

肉髻者。與春山吐日。如來三十二相中之第一相也。所謂無見頂相也。百寶光者。表百界智光也。千葉寶蓮者。表千如因果也。有化如來者。正顯實智為不動之體。說法說咒皆權智也。

降魔者伏天魔也。制外者制外道也。

正說神咒

十道者表十法界也。一一皆遍示現者。云重重華藏互徧互融也。密迹者。密中之密。降魔制外。正顯密教不可思議也。畏愛兼抱者。既畏如來之威。又愛如來之慈也。一心聽佛者。三業皆淨也。放光如來說咒。以權顯實也。

摩訶薩怛多般怛囉楞嚴神咒

南無薩怛他蘇伽多耶阿羅訶帝三藐三菩陀寫一 薩怛他佛陀俱胝瑟尼釤二 南無薩婆勃陀勃地薩跢鞞弊三毗迦切 南無薩多南三藐三菩陀俱知南四 娑舍囉婆迦僧伽喃五 南無盧雞阿羅漢跢喃六 南無蘇盧多波那喃七 南無娑羯唎陀伽彌喃八 南無盧雞三藐伽跢喃九 三藐伽波囉底波多那喃十 南無提婆離瑟

赧十一南無悉陀耶毗地耶陀囉離瑟赧十二舍波奴揭囉訶娑訶娑囉摩他喃十三南無跋囉訶摩泥十四南無因陀囉耶十五南無婆伽婆帝十六嚧陀囉耶十七烏摩般帝十八娑醯夜耶十九南無婆伽婆帝二十那囉野拏耶二十一槃遮摩訶三慕陀囉二十二南無悉羯唎多耶二十三南無婆伽婆帝二十四摩訶迦羅耶二十五地唎般剌那伽囉二十六毗陀囉波拏迦囉耶二十七阿地目帝二十八尸摩舍那泥婆悉泥二十九摩怛唎伽拏三十南無悉羯唎多耶三十一南無婆伽婆帝三十二多他伽跢俱囉耶三十三南無般頭摩俱囉耶三十四南無跋闍羅俱囉耶三十五南無摩尼俱囉耶三十六

南無伽闍俱囉耶三十七南無婆伽婆帝三十八帝唎荼輸囉西那三十九波
囉訶囉拏囉闍耶四十跢他伽多耶四十一南無婆伽婆帝四十二南無阿
彌多婆耶四十三哆他伽多耶四十四阿囉訶帝四十五三藐三菩陀耶四十六南
無婆伽婆帝四十七阿芻鞞耶四十八跢他伽多耶四十九阿囉訶帝五十三藐
三菩陀耶五十一南無婆伽婆帝五十二鞞沙闍耶俱盧吠柱唎耶五十三般
囉婆囉闍耶五十四跢他伽多耶五十五南無婆伽婆帝五十六三補師毖多
五十七薩憐捺囉剌闍耶五十八跢他伽多耶五十九阿囉訶帝六十三藐三菩
陀耶六十一南無婆伽婆帝六十二舍雞野母那曳六十三跢他伽多耶六十四阿

囉訶帝（六十五）三藐三菩陀耶（六十六）南無婆伽婆帝（六十七）刺怛那雞都囉
闍耶（六十八）跢他伽多耶（六十九）阿囉訶帝（七十）三藐三菩陀耶（七十一）帝瓢南
無薩羯唎多（七十二）翳曇婆伽婆多（七十三）薩怛他伽都瑟尼釤（七十四）薩怛
多般怛嚧（七十五）南無阿婆囉視耽（七十六）般囉帝揚歧囉（七十七）薩囉婆部
多揭囉訶（七十八）尼羯囉訶揭迦囉訶尼（七十九）跋囉毖地耶叱陀你（八十）
阿迦囉蜜唎柱（八十一）般唎怛囉耶儜揭唎（八十二）薩囉婆槃陀那目叉
尼（八十三）薩囉婆突瑟吒（八十四）突悉乏之般那你伐囉尼（八十五）赭都囉失帝
南（八十六）羯囉訶娑訶薩囉若闍（八十七）毗多崩娑那羯唎（八十八）阿瑟吒冰

舍帝南八十九那叉剎怛囉若闍九十波囉薩陀那羯唎九十一阿瑟吒南
九十二摩訶揭囉訶若闍九十三毗多崩薩那羯唎九十四薩婆舍都嚧你婆
囉若闍九十五呼藍突悉乏難遮那舍尼九十六毖沙舍悉怛囉九十七阿吉
尼烏陀迦囉若闍九十八阿般囉視多具囉九十九摩訶般囉戰持一百摩
訶疊多一百一摩訶帝闍二摩訶稅多闍婆囉三摩訶跋囉槃陀囉婆
悉你四阿唎耶多囉五毗唎俱知六誓婆毗闍耶七跋闍囉摩禮底
八毗舍嚧多九勃騰罔迦十跋闍囉制喝那阿遮一百十一摩囉制婆般
囉質多十二跋闍囉擅持十三毗舍囉遮十四扇多舍鞞提婆補視多十五蘇

摩嚧波十六摩訶稅多十七阿唎耶多囉十八摩訶婆囉阿般囉十九跋闍囉

商羯囉制婆二十跋闍囉俱摩唎一百二十一俱藍陀唎二十二跋闍囉喝薩多

遮二十三毗地耶乾遮那摩唎迦二十四啒蘇母婆羯囉跢那二十五鞞嚧遮

那俱唎耶二十六夜囉菟瑟尼釤二十七毗折藍婆摩尼遮二十八跋闍囉迦

那迦波囉婆二十九嚧闍那跋闍囉頓稚遮三十稅多遮迦摩囉一百三十一刹

奢尸波囉婆三十二翳帝夷帝三十三母陀囉羯拏三十四娑鞞囉懺三十五掘梵

都三十六印兔那麼麼寫三十七〇誦咒者至此句稱弟子某甲受持烏鉡三十八唎瑟揭拏三十九般剌舍

悉多四十薩怛他伽都瑟尼釤一百四十一虎鉡四十二都嚧雍四十三瞻婆那四十四虎

吽四十五 都嚧雍四十六 悉耽婆那四十七 虎吽四十八 都嚧雍四十九 波羅瑟地耶三
般叉拏羯囉五十 虎吽一百五十一 都嚧雍五十二 薩婆藥叉喝囉剎娑五十二 揭囉
訶若闍五十四 毗騰崩薩那羯囉五十五 虎吽五十六 都嚧雍五十七 者都囉尸底
南五十八 揭囉訶娑訶薩囉南五十九 毗騰崩薩那囉六十 虎吽一百六十一 都嚧雍
六十二 囉叉六十三 婆伽梵六十四 薩怛他伽都瑟尼釤六十五 波囉點闍吉唎六十六
摩訶娑訶薩囉六十七 勃樹娑訶薩囉室唎沙六十八 俱知娑訶薩泥帝
嚟六十九 阿弊提視婆唎多七十 吒吒甖迦一百七十一 摩訶跋闍嚧陀囉七十二 帝
唎菩婆那七十三 曼茶囉七十四 烏吽七十五 莎悉帝薄婆都七十六 麼麼七十七 印兔

那麼麼寫（七十八〇至此句準前稱名若俗人稱弟子某甲）囉闍婆夜（七十九）主囉跋夜（八十）阿祇尼婆夜（一百八十一）烏陀迦婆夜（八十二）毗沙婆夜（八十三）舍薩多囉婆夜（八十四）婆囉斫羯囉婆夜（八十五）突瑟叉婆夜（八十六）阿舍你婆夜（八十七）阿迦囉密唎柱婆夜（八十八）陀囉尼部彌劍波伽波陀婆夜（八十九）烏囉迦婆多婆夜（九十）剌闍壇茶婆夜（一百九十一）那伽婆夜（九十二）毗條怛婆夜（九十三）蘇波囉拏婆夜（九十四）藥叉揭囉訶（九十五）囉叉私揭囉訶（九十六）畢唎多揭囉訶（九十七）毗舍遮揭囉訶（九十八）部多揭囉訶（九十九）鳩槃茶揭囉訶（二百）補丹那揭囉訶（二百一）迦吒補丹那揭囉訶（二）悉乾度揭囉訶（三）阿播悉摩囉揭囉訶

四烏檀摩陀揭囉訶五車夜揭囉訶六醯唎婆帝揭囉訶七社多訶

唎南八揭婆訶唎南九嚧地囉訶唎南十忙娑訶唎南二百十一謎陀阿

唎南十二摩闍訶唎南十三闍多訶唎女十四視比多訶唎南十五毗多訶唎

南十六婆多訶唎南十七阿輸遮訶唎女十八質多訶唎女十九帝釤薩鞞釤

二十薩婆揭囉訶南一百二十一毗陀耶闍瞋陀夜彌二十二雞囉夜彌二十三波唎

跋囉者迦訖唎擔二十四毗陀夜闍瞋陀夜彌二十五雞囉夜彌二十六茶演

尼訖唎擔二十七毗陀夜闍瞋陀夜彌二十八雞囉夜彌二十九摩訶般輸般

怛夜三十嚧陀囉訖唎擔二百三十一毗陀夜闍瞋陀夜彌三十二雞囉夜彌三十三

那囉夜拏訖唎擔三十四毗陀夜闍瞋陀夜彌三十五雞囉夜彌三十六怛埵
伽嚧茶西訖唎擔三十七毗陀夜闍瞋陀夜彌三十八雞羅夜彌三十九摩訶
迦囉摩怛唎伽拏訖唎擔四十毗陀夜闍瞋陀夜彌二百四十一雞囉夜彌四十二迦波唎迦訖唎擔四十三毗陀夜闍瞋陀夜彌四十四雞囉夜彌四十五闍
耶羯囉摩度羯囉四十六薩婆囉他娑達那訖唎擔四十七毗陀夜闍瞋
陀夜彌四十八雞囉夜彌四十九赭咄囉婆耆你訖唎擔五十毗陀夜闍瞋
陀夜彌二百五十一雞囉夜彌五十二毗唎羊訖唎知五十三難陀雞沙囉伽拏
般帝五十四索醯夜訖唎擔五十五毗陀夜闍瞋陀夜彌五十六雞囉夜彌五十七

那揭那舍囉婆拏訖唎擔五十八 毗陀夜闍瞋夜陀彌五十九 雞囉夜彌六十 阿羅漢訖唎擔毗陀夜闍瞋陀夜彌二百六十一 雞囉夜彌六十二 毗多囉伽訖唎擔六十三 毗陀夜闍瞋陀夜彌六十四 雞囉夜彌跋闍囉波你六十五 具醯夜具醯夜六十六 迦地般帝訖唎擔六十七 毗陀夜闍瞋陀夜彌六十八 雞囉夜彌六十九 囉叉罔七十 婆伽梵二百七十一 印兎那麼麼寫七十二〇至此依前稱弟子名 婆伽梵七十三 薩怛多般怛囉七十四 南無粹都帝七十五 阿悉多那囉剌迦七十六 波囉婆悉普吒七十七 毗迦薩怛多鉢帝唎七十八 什佛囉什佛囉七十九 陀囉陀囉八十 頻陀囉頻陀囉瞋陀瞋陀二百八十一 虎𤙖八十二 虎𤙖八十三 泮吒八十四 泮

吒泮吒泮吒泮吒八五 婆訶八十六 醯醯泮八十七 阿牟迦耶泮八十八 阿波囉
提訶多泮八十九 婆囉波囉泮九十 阿素囉毗陀囉波迦泮二百九十一 薩婆
提鞞弊泮九十二 薩婆那伽弊泮九十三 薩婆藥叉弊泮九十四 薩婆乾闥婆
弊泮九十五 薩婆補丹那弊泮九十六 迦吒補丹那弊泮九十七 薩婆突狼枳
帝弊泮九十八 薩婆突澀比嚟訖瑟帝弊泮九十九 薩婆什婆喇弊泮三百
薩婆阿播悉摩嚟弊泮三百一 薩婆舍囉婆拏弊泮二 薩婆地帝雞
弊泮三 薩婆怛摩陀繼弊泮四 薩婆毗陀耶囉誓遮嚟弊泮五 闍
夜羯囉摩度羯囉六 薩婆囉他娑陀雞弊泮七 毗地夜遮喇弊泮

八者都囉縛耆你弊泮九跋闍囉俱摩唎十毗陀夜囉誓弊泮三百十一
摩訶波囉丁羊乂耆唎弊泮十二跋闍囉商羯囉夜十三波囉丈耆囉
闍耶泮十四摩訶迦囉夜十五摩訶末怛唎迦拏十六南無娑羯唎多夜
泮十七毖瑟拏婢曳泮十八勃囉訶牟尼曳泮十九阿耆尼曳泮二十摩訶羯
唎曳泮三百二十一羯囉檀遲曳泮二十二蔑怛唎曳泮二十三勝怛唎曳泮二十四
遮文茶曳泮二十五羯邏囉怛唎曳泮二十六迦般唎曳泮二十七阿地目質
多迦尸摩舍那二十八婆私你曳泮二十九演吉質三十薩埵婆寫三百三十一麼麼
印兔那麼麼寫三十二○至此句依前稱弟子某人突瑟吒質多三十三阿末怛唎質多三十四烏

闍訶囉三十五 伽婆訶囉三十六 嚧地囉訶囉三十七 婆娑訶囉三十八 摩闍訶囉三十九 闍多訶囉四十 視毖多訶囉三百四十一 跋略夜訶囉四十二 乾陀訶囉四十三 布史波訶囉四十四 頗囉訶囉四十五 婆寫訶囉四十六 般波質多四十七 突瑟吒質多四十八 嘮陀囉質多四十九 藥叉揭囉訶五十 囉剎娑揭囉訶三百五十一 閉㘑多揭囉訶五十二 毗舍遮揭囉訶五十三 部多揭囉訶五十四 鳩槃茶揭囉訶五十五 悉乾陀揭囉訶五十六 烏怛摩陀揭囉訶五十七 車夜揭囉阿五十八 訶播薩摩囉揭囉訶五十九 宅袪革茶耆尼揭囉訶六十 唎佛帝揭囉訶三百六十一 闍彌迦揭囉訶六十二 舍俱尼揭囉訶六十三 姥陀囉難地迦揭囉訶六十四 阿

藍婆揭囉訶六十五乾度波尼揭囉訶六十六什伐囉堙迦醯迦六十七墜帝藥迦六十八怛隸帝藥迦六十九者突託迦七十昵提什伐囉毖釤摩什伐囉三百七十一薄底迦七十二鼻底迦七十三室隸瑟密迦七十四娑你般帝迦七十五薩婆什伐囉七十六室嚧吉帝七十七末陀鞞達嚧制劍七十八訶綺嚧鉗七十九目佉嚧鉗八十揭唎突嚧鉗三百八十一揭羅訶揭藍八十二羯拏輸藍八十三憚多輸藍八十四迄唎夜輸藍八十五末麼輸藍八十六跋唎室婆輸藍八十七毖栗瑟吒輸藍八十八烏陀囉輸藍八十九羯知輸藍九十跋悉帝輸藍三百九十一鄔嚧輸藍九十二常伽輸藍九十三喝悉多輸藍九十四跋陀輸藍九十五娑房盎伽般囉丈

伽輸藍九十六部多毖跢茶九十七茶耆尼什婆囉九十八陀突嚧伽建咄嚧
吉知婆路多毗九十九薩般嚧訶淩伽四百輸沙怛囉娑羯毗囉四百一毗
沙喻迦二阿耆尼烏陀迦三末囉鞞囉建跢囉四阿迦囉密唎咄
怛斂部迦五地栗剌吒六毖唎瑟質迦七薩婆那俱囉八肆引伽弊
揭囉唎藥叉怛囉芻九末囉視吠帝釤娑鞞衫十悉釤多鉢闍囉
四百十一摩訶跋闍嚧瑟尼釤十二摩訶般賴丈耆藍十三夜波突陀舍喻闍
那十四辮怛隸拏十五毗陀耶槃曇嚧迦彌十六帝殊槃曇迦嚧彌十般囉
毗陀槃曇迦嚧彌十八跢姪他十九唵二十阿那隸四百二十一毗舍提二十二鞞囉跋

咒有五不翻。秘密、多含、此方無、順古、生善、總明神咒之大用

闍囉陀唎二十三槃陀槃陀你二十四跋闍囉謗尼泮二十五虎鉡都嚧甕泮二十六莎婆訶二十七

此咒凡有五會共四百二十七句。顯說則片言之下。狂心頓歇。密說則精心陰速。發彼神識。咒是諸佛秘密心要。行人持之。顯密皆獲益無量。實不可思議也。諸經神咒。例皆不翻。此秘咒非但天竺常人不知。即下位聖賢。亦不達上位聖賢之咒。故於顯部之外。另曰密部也。西域祕密部分東西南北中五部分。此咒正當中央毗盧遮那灌頂部也。諸佛設化。均有顯密二教。譬如體之與用。相資相濟。而不偏廢者也。

阿難。是佛頂光聚、悉怛多般怛囉、秘密伽陀、微妙章句。出生十方一切諸佛。

出生一切佛。猶云一路涅槃門。正說顯密同一理也。

別顯神咒之功能

十方如來因此咒心、得成無上正徧知覺。十方如來執此咒心、降伏諸魔、制諸外道。十方如來乘此咒心、坐寶蓮華。應微塵國。十方如來含此咒心、於微塵國、轉大法輪。十方如來持此咒心。能於十方摩頂授記、自果未成。亦於十方蒙佛授記。十方如來依此咒心、能於十方拔濟羣苦。所謂地獄、餓鬼、畜生、盲聾瘖瘂、怨憎會苦、愛別離苦、求不得苦、五陰熾盛大小諸橫、同時解脫、賊難兵難、王難獄難、風火水難、飢渴貧窮、應念消散。十方如來、隨此咒心、能於十方事善知識、四威儀中、供養如意、恆沙如來會中、推為大法王子。十方如來行此咒心、能於十方攝受親因。令諸小乘、聞祕密藏、不生驚怖。十方如來誦此咒心、成無上覺、坐菩提樹、入大涅槃。十方如來傳此咒心、於滅度後、付佛法事、究竟住持、嚴淨戒律、悉得清淨。

此顯咒之功能也。咒心者。即大白傘蓋。能轉結心而為如來藏心也。若粘湛發見發聽等。即咒心轉為結心。若從逆流以至寂滅現前。即結心轉為咒心。十方如來因此咒心成無上正徧知覺者。因咒力不可思議。密含三如來藏意。以此為本修因。故圓成果地正覺也。執者如權衡在手。指揮如意。故能降魔也。乘者運載義。乘此法到涅槃地也。含者含裏也。說法是吐。對吐曰含。所說如所行也。能含裏十方。故於微塵裏轉大法輪也。持者握也。自未成。蒙佛授記者。因佛佛授手。祖祖相傳。皆此不二法門也。依者仗也。仗此咒力。故能拔濟羣苦。令諸橫同時解脫。各難亦應念銷滅也。隨者。隨順不逆。隨順淨覺也。由隨淨覺。故能十方事善知識。

四事供養無不如意也。行者施之於事物。應之於日用。故能攝授親因也。亦能令小乘深信咒力不思議不生驚怖也。誦此咒成正覺者云諸佛證菩提入涅槃。皆由誦此祕密心咒而成也。傳者。心心相印。燈燈相續。付佛法無令斷絕也。悉得清淨者云得此傳心祕密神咒戒律可以嚴淨。住持可以究竟也。

此總結云咒力不可思議也。

若我說是佛頂光聚般怛羅咒。從旦至暮。音聲相聯。字句中間。亦不重疊。經恆沙劫。終不能盡。亦說此咒名如來頂。

此云心性妙理不可窮盡。所以密詮功德亦稱性不盡也。咒名如來頂者。卽云此咒卽是大佛頂三德祕藏也。

此云不持咒之失。

汝等有學。未盡輪迴。發心至誠。取阿羅漢。不持此咒而坐道場。令其身心遠諸魔事。無有是處。

此表明咒有遺魔之功。專修禪定者。若不假咒力。不能遠離魔事也。

此云持咒之得益。

氎音迭

此云咒之神用通於世出世間也。

此云咒能救護世間之難也。

阿難。若諸世界、隨所國土所有衆生、隨國所生樺皮貝葉、紙素白氎、書寫此咒、貯於香囊、是人心昏、未能誦憶。或帶身上。或書宅中。當知是人盡其生年、一切諸毒所不能害。

此云書寫佩帶皆有功德也。白氎天竺貴品也。諸毒不能害者。以咒如阿伽陀藥。諸毒觸之無不銷也。

阿難。我今爲汝、更說此呪。救護世間、得大無畏。成就衆生出世間智。

此總標二義。卽救世獲安寧。出世獲常住之意。咒心卽圓融清淨寶覺也。

若我滅後、末世衆生、有能自誦、若教他誦。當知如是誦持衆生、火不能燒、水不能溺、大毒小毒、所不能害。如是乃至天龍鬼神、精祇魔魅、所有惡咒、皆不能著。心得正受。一切咒詛厭蠱毒藥、金毒銀毒、草木蟲蛇、萬物毒氣、入此人口、成甘露味。一切惡星、并諸鬼神、磣心毒人、於如是人、不能起惡。頻那夜迦、諸惡鬼王、并其眷屬、皆領深恩、常加守護。

此云咒能滅諸難也。心得正受者。不受諸受。故一切羣邪皆不能動也。領受深恩者。領如來之恩。故願守護是咒。並保護持咒之人也。

阿難。當知是咒、常有八萬四千那由他恆河沙俱胝、金剛藏王、菩薩種族、一一皆有諸金剛衆而爲眷屬、晝夜隨侍。設有衆生

磣音寸

此云咒能成出世間之智。萬億爲那由他。百億爲俱胝。

此云持咒者不墮惡趣也。

於散亂心非三摩地、心憶口持、是金剛王常隨從彼諸善男子。何況決定菩提心者。此諸金剛菩薩藏王、精心陰速、發彼神識、是人應時心能記憶八萬四千恆沙劫、周徧了知、得無疑惑。

此云咒力能成就出世間之智。金剛隨侍者。因咒是金剛寶覺、同聲相應也。精心陰速發彼神識者。卽冥冥加被持咒之人、以金剛慧發人神識、決定菩提了無疑惑也。

從第一劫、乃至後身、生生不生藥叉羅刹、及富單那、迦吒富單那、鳩槃茶、毗舍遮等、并諸餓鬼、有形無形、有想無想、如是惡處

此云不墮種種惡趣也。從第一刧者。卽初發心時也。天行爲藥叉。地行爲羅刹。富單那。牛形鬼也。迦吒富單那。奇臭鬼也。鳩槃茶。甕形鬼也。毗舍遮。噉精鬼也。有形者。休咎精明也。無形者。空散消沈也。有想者。傳送鬼靈也。無想者。土木金石也。有形無形有想無想皆在十二類

此云不生下賤也。

此云同佛功德也。

惡叉生子必三。今以此喻者、喻戒定慧三也。

中。生生不生者。云生生不墮此惡處也。

是善男子、若讀若誦、若書若寫、若帶若藏、諸色供養。劫劫不生貧窮下賤、不可樂處。

此云不但不墮惡處。更不生下賤也。以此咒心。是至尊至貴之法。讀誦者。如太子處胎。貴歷羣臣也。

此諸衆生、縱其自身不作福業。十方如來所有功德、悉與此人。由是得於恆河沙阿僧祇不可說不可說劫、常與諸佛同生一處。無量功德、如惡叉聚。同處熏修、永無分散。是故能令破戒之人、戒根清淨。未得戒者、令其得戒。未精進者、令得精進。無智慧

此云能淨業障也。

者、令得智慧。不清淨者、速得清淨。不持齋戒、自成齋戒

此云成就功行。現獲功德也。十方如來所修功德。本欲普施一切衆生。由衆生不達同體法性。所以不能領受。今持此咒。咒心卽是如來藏心。如來藏心卽是衆生所迷之本心。心佛衆生三無差別。以咒力融通之。故如惡叉聚。永遠同處熏修也。

阿難、是善男子。持此咒時。設犯禁戒於未受時。持咒之後。衆破戒罪、無問輕重、一時銷滅。縱經飲酒、食噉五辛種種不淨。一切諸佛菩薩、金剛、天仙、鬼神、不將爲過。設著不淨破弊衣服、一行一住、悉同清淨。縱不作壇、不入道場、亦不行道。誦持此咒、還同入壇行道功德、無有異也。若造五逆無間重罪、及諸比丘比丘

尼、四棄八棄、誦此咒已、如是重業、猶如猛風吹散沙聚、悉皆滅除、更無毫髮。

此云滅現在業也。不將爲過者。指專心持咒之人也。悉同淸淨者。云淨心勿須淨身也。比丘四棄。卽殺盜婬妄根本四罪也。梵語波羅夷。此云棄。謂犯此四罪者。如智慧性海中不容死屍也。比丘尼之入棄者。由根本戒加觸入覆隨也。觸者不得有愛欲之觸也。入者不得與男子捉手捉衣也。覆者重覆犯規也。隨者若非共住法不得同大僧衣食公共也。更無毫髮者。言犯此重罪若誦此咒。一斷一切皆斷也。

阿難、若有衆生、從無量無數劫來、所有一切輕重罪障。從前世來、未及懺悔。若能讀誦書寫此咒、身上帶持。若安住處莊宅園館。如是積業、猶湯銷雪。不久皆得悟無生忍、

此云消滅昔罪也、

此云能滿乘願

此云能護國土也

此云滅過去業也。所云千年暗室一燈能破也。惡業本無體相。若凈心持咒。妄業全消。故如湯銷雪也。

復次阿難、若有女人、未生男女、欲求孕者。若能至心憶念斯咒。或能身上帶此悉怛多般怛囉者。便生福德智慧男女。求長命者、卽得長命。欲求果報、速圓滿者、速得圓滿。身命色力、亦復如是。命終之後、隨願往生十方國土。必定不生邊地下賤、何況雜形。

此云所求如意也。隨願往生者。指咒力而言也。不生下賤者。以此咒心是至尊至貴無比法。故能獨往獨來也。

阿難。若諸國土、州縣聚落。饑荒疫癘。或復刀兵賊難鬥諍。兼餘

支提供養處也。闍寶幢也。

鎮諸惡星

一切厄難之地。寫此神咒、安城四門、幷諸支提、或脫闍上。令其國土、所有衆生、奉迎斯咒、禮拜恭敬、一心供養。令其人民、各各身佩、或各各安所居宅地。一切災厄、悉皆消滅

此顯國界安甯也。一心供養者。指大衆人民之心力。方能消災免難也。衆生能奉迎斯咒。禮拜恭敬。則其心已誠矣。誠則靈。故感通咒力能消滅一切惡業也。

阿難。在在處處、國土衆生、隨有此咒、天龍歡喜。風雨順時。五穀豐殷。兆庶安樂。

此云咒力所加。不但能除災難。並可民和歲豐也。

亦復能鎮一切惡星、隨方變怪、災障不起。人無橫夭。杻械枷鎖、

不着其身。晝夜安眠、常無惡夢。阿難、是娑婆界、有八萬四千災變惡星。二十八大惡星而爲上首。復有八大惡星以爲其主。作種種形出現世時、能生衆生種種災異。有此咒地、悉皆消滅、十二由旬、成結界地、諸惡災祥、永不能入。

此顯轉凶爲吉也。災變者。同分妄業所感也。八萬四千災變。皆由衆生八萬四千煩惱所感造也。有此咒力天地合德。日月合明。四時合序鬼神合其吉凶。故災異無隙可入也。

是故如來宣示此咒。於未來世、保護初學諸修行者。入三摩地身心泰然、得大安隱。更無一切諸魔鬼神、及無始來冤橫宿殃舊業陳債、來相惱害。汝及衆中諸有學人、及未來世諸修行者、依我壇場、如法持戒、所受戒主、逢清淨僧。持此咒心不生疑悔。是善男子。於此父母所生之身。不得心通、十方如來便爲妄語。

此結勸修行人必須持咒也。心通有三義。一者卽端坐百日。不起於坐。得須陀洹果。二者發解妙悟。縱其身心聖果未成。決定自知成佛不謬。三者能知宿命。是人應時記憶恆河沙劫周徧了知。得無疑惑。此云修行人若依法而修。卽可能於現身取證也。

會衆密護。

金剛力士。

天部等

八部等

說是語已。會中無量百千金剛、一時佛前、合掌頂禮。而白佛言。如佛所說我當誠心保護如是修菩提者。爾時梵王幷天帝釋、四大天王。亦於佛前同時頂禮。而白佛言。審有如是修學善人。我當盡心至誠保護。令其一生、所作如願。復有無量藥叉大將、

照臨主宰

地祇天神

諸羅剎王、富單那王、鳩槃茶王、毗舍遮王、頻那夜迦、諸大鬼王、及諸鬼師、亦於佛前合掌頂禮我亦誓願護持是人。令菩提心、速得圓滿。復有無量日月天子、風師雨師、雲師雷師、幷電伯等。年歲巡官、諸星眷屬、亦於會中頂禮佛足而白佛言。我亦保護是修行人、安立道場、得無所畏、復有無量山神海神一切土地水陸空行、萬物精祇、幷風神王、無色界天。於如來前同時稽首而白佛言。我亦保護是修行人。得成菩提、永無魔事、

此明會衆同時發心。擁護修行持咒者也。以此咒是毗盧遮那如來心印。凡所有處。百靈守

菩薩加被

此言發心修禪者。邪魔不可近視也。

護。又如大將兵符。故天龍八部等無不遵守恭敬也。

爾時八萬四千那由他恆河沙俱胝、金剛藏王菩薩。在大會中即從座起。頂禮佛足而白佛言。世尊如我等輩所修功業、久成菩提、不取涅槃常隨此咒、救護末世、修三摩提正修行者。世尊。如是修心、求正定人。若在道場及餘經行。乃至散心、遊戲聚落。我等徒衆、常當隨從、侍衛此人。縱令魔王大自在天。求其方便、終不可得。諸小鬼神、去此善人十由旬外。除彼發心樂修禪者、世尊。如是惡魔。若魔眷屬。欲來侵擾是善人者。我以寶杵殞碎

其首、猶如微塵。恆令此人、所作如願

此云菩薩護咒也。云末世修行。縱有禪定智慧。若無金剛藏王冥加護助。恐受魔亂也。久成菩提。不取涅槃。菩薩果後行因。大悲大願。類皆若此。寶杵碎魔者。云大權菩薩以殺為慈也。此下顯證通分。解行雙行。須知位次。若不知位次。恐行人虛擬聖境為佛境。故必須明淺深次第也。

阿難即從座起。頂禮佛足。而白佛言。我輩愚鈍、好為多聞。於諸漏心、未求出離。蒙佛慈誨、得正熏修。身心快然、獲大饒益。世尊。如是修證佛三魔地、未到涅槃、云何名為乾慧之地、四十四心、至何漸次得修行目、詣何方所、名入地中、云何名為等覺菩薩。作是語已。五體投地。大眾一心、佇佛慈音、瞪瞢瞻仰。

此請修證位次也。好字是貪求多聞。不肯進修之病。言我廣求多聞。習漏未除。多聞正是添加愛本如何能出欲漏。今蒙如來慈誨。開示修行門戶。故身心快然也。然雖知修路。未到涅槃之先。修行如何漸次。修位如何名目。仍然不知。故問從初乾慧地至等覺五十五位菩薩之位次也。

爾時世尊。讚阿難言。善哉善哉。汝等乃能普爲大衆。及諸末世一切衆生。修三摩地。求大乘者。從於凡夫。終大涅槃。懸示無上正修行路。汝今諦聽。當爲汝說。阿難大衆。合掌刳心。默然受教。

此如來讚許尊者之問也。

此讚嘆許說也。懸者遠也。云菩提雖遙遠。然從凡夫至大涅槃。實有正修行路。自三漸次以至等覺位次。一一示之。則從始至終。直趨寶所。中間卽無委曲相矣。

佛言阿難。當知妙性圓明。離諸名相。本來無有世界衆生。

此總標眞妄之源。皆如來藏性也。

此云理絕名相也。妙性者。第一義諦法身德也。圓明者。照窮法界之相。般若德也。離諸名相者。不可以名目之。不可以相示之。無障無碍之大用。解脫德也。蓋眞如界內。絕生佛之假名。平等性中。無自他之形相。不但無有世界衆生。亦復無有菩提涅槃。此言妙性正直指現前一念心性。本自豎窮橫徧圓明徧周法界。若不能直下認取。歸諸空刧以前。則覓頭認影。愈尋愈遠矣。若悟妙性卽妙眞如性。則卽體卽用。卽用卽體。當下卽圓融三諦矣。

因妄有生。因生有滅。生滅名妄。滅妄名眞。是稱如來無上菩提、及大涅槃二轉依號。

此因妄立眞也。因妄有生者。非實有所生也。祇因迷妄。從非生處妄謂有生也。因生有滅者。非實有所滅也。祇由非生妄見有生。所以非滅而妄見有滅也。是故生滅二俱名妄。若了知二妄俱不可得。性本寂滅。則知所謂眞者。卽無上菩提及大涅槃二種轉依之名號也。衆生迷此現前一念之眞性。着相計名。是謂轉菩提依煩惱。轉涅槃依生死。如水之成冰。如來達此現前一念之眞性。妙性圓明。離諸名相。是謂轉煩惱依菩提。轉生死依涅槃。如冰化爲水。但轉其名。元無實性。故云二轉依號也。眞如性中本無轉與不轉之名。旣名曰轉。卽有名字轉究竟轉之不同。初開圓解。知一切法本不生滅。爲名字轉。乾慧地爲觀行轉。十信位爲相

此云二顚倒因。

似轉。十住行向四種加行十地等覺爲分證轉。妙覺極果爲究竟轉。九界衆生。轉菩提依煩惱。轉涅槃依生死。則有十二類生之差別。佛界衆生。轉煩惱依菩提。轉生死依涅槃。則有五十五位之不同。轉依二字。皆是名字相。若能一念不生。則當下卽法界體性也。

阿難。汝今欲修眞三摩地、直詣如來大涅槃者。先當識此衆生世界、二顚倒因。顚倒不生、斯則如來眞三摩地

眞三摩地者。卽是大佛頂首楞嚴王三昧。全性起修。全修在性也。直詣如來大涅槃者。直心正念眞如。始從名字。乃至究竟。求其迷悟生死去來了無所得。卽是涅槃實際。宗鏡云。寶覺眞心。各各圓滿。本不名諸佛。亦不名衆生。祇以此心靈妙自在。不守自性。隨迷悟之緣。成聖凡之事。如金隨工匠緣。成時轉作指環。如環隨爐火緣。壞時不失眞金。成壞展轉。但是一金之體。更無差別。如來藏心。亦復如是。若隨染緣時。卽迷作阿賴耶。若隨淨緣時。卽悟爲如來藏。展轉唯是一心。畢竟無有差別。故曰若識無始。卽法性爲無明。若知今日。卽無明爲法性。法性之於無明。徧造諸法。名之爲染。無明之於法性。能離衆緣。名之爲淨。二種顚倒。卽以染淨爲轉環。若順轉而隨染緣。則名生死。若逆轉而隨淨緣。則名涅槃。故淨名經云。諸佛解脫。

此云二種顛倒。

當於衆生心行中求之。以此二種顛倒不生處。卽是眞三摩地。狂心若歇。歇卽菩提。凡聖二途。皆由生滅迷悟而立。若在眞如門中。實無是事也。

阿難。云何名爲衆生顛倒。阿難。由性明心。性明圓故。因明發性。性妄見生。從畢竟無。成究竟有。此有所有。非因所因。住所住相。了無根本。本此無住。建立世界及諸衆生。

此總標無明熏眞如。成其染用。爲二種顛倒因也。性明心。卽本覺體也。圓者。謂其通妄通眞也。因明發性者。卽最初一念認明所發之妄。此卽生滅與不生滅和合。因明立所而成業識也。性妄見生者。云本自無生。妄見有生。遂立此見分也。究竟有。卽相分。云此相分本來無有。因妄見其有。故於畢竟無處成究竟有也。此卽因本覺之體。一念妄動而有無明。因無明而轉成業識。因業識而有見分。因見分而有根身器界之相分。所謂無同異中。熾然成異也。此有所有之三細。皆從無中突然而起。本無有因。爲彼所生之因。亦非有住。爲彼所住之處。如夢中事。空中花。實非因於所因也。不但因無所因。卽住所住相。亦復了不可得也。衆生迷此無住之無明建立一切。遂有世界衆生二種顚倒。由無明與見思互起。故有衆生顚倒。由無明與根塵交織。故有世界顚倒也。

迷本圓明、是生虛妄。妄性無體。非有所依。將欲復眞。欲眞已非眞眞如性。非眞求復、宛成非相。非生非住、非心非法、展轉發生。生力發明、熏以成業。同業相感。因有感業、相滅相生。由是故有衆生顚倒。

此云衆生顚倒。皆由見思而起也。衆生所以顚倒者。由迷圓明之體一念妄動而認明。遂轉此圓明體而成覺明虛妄之體。此虛妄之體。元從最初生相無明生起。非實有眞體。亦非實有所依之處。今欲將此無明復歸元眞。卽此欲眞一念倘屬妄想。已非眞眞如性矣。此念既非眞而必欲求復。則妄中之妄。不宛然是虛妄之相耶。執此非相。內有生住二種無明熏發。外有異滅二種無明互生。由是展轉起妄。非生妄謂有生。非住妄謂有住。非心妄認爲心。非法妄認爲法。見思二惑交妄發生力。勝熏成業。相既成業。相則有同業相感。遷流不息。互滅互生。故有衆生顚倒。華嚴云。厭修善法。尙恐有著心。况恣情造惡乎。又云入理觀佛。猶恐起心。何况造惡。特違至敎。洞山云。學得佛邊事。猶是錯用心。此云欲眞已非眞。眞如性。所以非眞求復宛成非相也。故不了生住心法。當體卽空。卽是見思惑。不了生住心法種種皆是假名。卽是塵沙惑。不了生住心法全體卽是中道。卽是無明惑。若能一念不生。當下卽除二種顚倒。

阿難云何名爲世界顚倒。是有所有、分段妄生。因此界立。非因所因、無住所住、遷流不住。因此世成。三世四方、和合相涉。變化衆生、成十二類。是故世界因動有聲。因聲有色。因色有香。因香有觸。因觸有味。因味知法。六亂妄想、成業性故。十二區分、由此輪轉。是故世間、聲香味觸、窮十二變、爲一旋復。乘此輪轉、顚倒

相故、是有世界、卵生胎生、濕生化生。有色無色、有想無想。若非有色、若非無色。若非有想、若非無想。

此言世界顛倒由根塵織妄而起也。是有所有者。卽指前無明所起之衆生。因有分段根身。建立有情限界。此界之名所由立也。本無有因。爲彼所生之因。亦無有處。爲彼所住之處。皆由念念遷流。遂成三世。此世之名所由立也。由此世界三四四三。宛轉十二。和合相涉。故十二類亦應數而成化。前修道分。明世界相涉而成功德。此明世界相涉而成顛倒也。因動有聲者。云一念妄動。內根外境同時具足。卽由此動處有聲。有聲處卽有色。有色處必有香。有香處卽齅而觸。有觸處卽嚐味。有味處卽分別爲何物。六塵頓具。亂想紛騰。於是眼取色。耳取聲。鼻取香。舌取味。身取觸。意取法。六根六塵相織而成輪轉。一根一境。現造一業。而餘根餘境。亦皆冥伏。合成一業。舉一根而六根具在。舉一境而六境齊彰。六根造業既同。六境亦復如是。旋復者。謂此根塵窮十二變爲一周。旋往復也。乘此輪轉者。云能造根塵既具十二。所造衆生乘此亦具十二也。十二類顛倒總是迷見相二分而起。衆生顛倒。是衆生之別業妄見所獨。世界顛倒。是衆生之共業妄見所同。若破我執證人空。斷分段生死而證有餘涅槃。則衆生顛倒息。若破法執。證法空。斷變易生死。而證無餘涅槃。則世界顛倒空。現前一念不生。六妄自息。惑業苦三。一變而爲三德法性。故曰顛倒不生。斯則如來眞三摩地

(一)卵生

阿難。由因世界虛妄輪迴、動顛倒故。和合氣成。八萬四千飛沈亂想。如是故有卵羯邏藍、流轉國土。魚鳥龜蛇。其類充塞。

此明依殼而生卵生因果也。虛妄者惑也。動者業也。氣感飛沈報也。卵唯想生。故曰虛妄。惑爲業本。故曰輪迴。想多掉舉。故稱爲動。業必由惑。故言顛倒。和合氣成者。謂此顛倒。悉由無明風動而成也。飛沈亂想者。謂此妄想忽有起滅上下。無有一定也。羯羅藍此云凝滑。卽羣卵受生初位也。各言八萬四千者。云皆由八萬四千煩惱所感變也。

(二)胎生

由因世界雜染輪迴、欲顛倒故。和合滋成八萬四千橫豎亂想。如是故有胎遏蒲曇、流轉國土。人畜龍仙、其類充塞。

此明含藏而出胎生因果也。雜染者。以婬欲而正性命。迷性淨明體。忽墮情塵。故受輪迴也。

欲顚倒者。卽無緣處暗。有緣處明。欲心盛而亂求配偶也。和合滋成者。貪愛同滋。不相捨離也。橫豎亂想者。龍畜爲橫。人天爲豎。以情有偏正。故所感之果。亦有橫豎也。遏蒲曇。此云疱卽胎卵漸分之相也。胎因情有。若情愛不生。卽不受此輪轉之苦矣。

(三)濕生

由因世界執著輪迴趣顚倒故。和合煖成八萬四千飜覆亂想。

如是故有濕相蔽尸。流轉國土。含蠢蝡動。其類充塞。

此明假潤而生濕生因果也。執着者。合也。濕以合感也。附勢趨炎。業名爲趣。火水相成。報名爲煖。所趨無定。名爲飜覆。蔽尸。此云軟肉。濕生之初相也。含蠢蝡動者。昆虫之類。因過餒無剛氣。故感蠢然無知之報也。

(四)化生

由因世界變易輪迴假顚倒故。和合觸成八萬四千新故亂想。

如是故有化相羯南。流轉國土。轉蛻飛行。其類充塞。

此明無而忽有化生因果也。變易輪迴者。喜怒無常。朝三暮四之類也。反覆不實。業名爲假。

隨其所遇。報名爲觸和合觸成者。謂觸處變其所守。遇緣失其本心也。新故亂想者。謂厭故喜新。新新是所趨。故是所脫也。化相羯南者此云硬肉化生之初相也。

（五）有色

由因世界、留礙輪迴、障顚倒故。和合著成八萬四千精耀亂想。如是故有色相羯南、流轉國土。休咎精明、其類充塞。

此明有色因果也。妄想堅執。惑名留礙。質滯不通。業名爲障。精明顯耀。報名爲著。和合著成者上則日月星辰爲祥爲孽。下則蚌珠螢火爲瑞爲妖也。精耀亂想者。所謂弄精魂者也。休咎精明者。卽日月星辰之類也。

（六）無色

由因世界、銷散輪迴、惑顚倒故。和合暗成八萬四千陰隱亂想。如是故有無色羯南、流轉國土。空散銷沈、其類充塞。

此明無色因果也。厭有著空。滅身歸無。惑名銷散。迷漏無聞。不達空理。業名爲惑。依晦昧空。報名爲暗。難可見聞。故名陰隱。相是頑鈍。仍名羯南。和合暗成者。謂執此昏默杳冥爲極處。

四空天皆昧此空理也。空散銷沈者。不專指無色界天。卽山谷幽險黑暗諸處。所有虛空神等皆其類也。

由因世界罔象輪迴、影顚倒故。和合憶成八萬四千潛結亂想。如是故有想相羯南、流轉國土。神鬼精靈、其類充塞。

此明有想因果也。罔象輪迴者。謂依稀似是彷彿不眞也。影顚倒者。不知自性。不見根本。故執影而遺眞。和合憶成者。謂旦夕撮心懸在一處。若守中緣督之類也。潛結亂想者。綿綿若存。用之愈久。故愈結而不散也。神鬼精靈者。卽天魔精怪罔兩等也。

由因世界愚鈍輪迴、癡顚倒故。和合頑成八萬四千枯槁亂想如是故有無想羯南、流轉國土。精神化爲土木金石、其類充塞。

此明無想因果也。不了諦理。惑名愚鈍。固守頑礙。業名爲癡。和合頑成者。隳肢體。黜聰明。入於冥頑之地也。枯槁亂想者。云其亂想無熒氣。灰身滅智。類如寒灰槁木也。土木金石者。云

(七)有想

緣督者。緣督脉也。

(八)無想

精神冥化爲頑鈍無知也。

（九）非有色

由因世界相待輪迴僞顛倒故。和合染成八萬四千因依亂想。如是故有非有色相、成色羯南、流轉國土。諸水母等、以蝦爲目、其類充塞。

此明非有色因果也。巧僞假托。惑名相待。無有眞實。業名爲僞。所取羶穢。報名爲染。彼此異質。相爲因依。如水母等以水沫爲體。以蝦爲目。本非有色。待物成色。本非有用待物成用故曰因依亂想也。

（十）非無色

由因世界相引輪迴、性顛倒故。和合呪成八萬四千呼召亂想。由是故有非無色相、無色羯南、流轉國土。呪詛厭生、其類充塞。

此明非無色因果也。相引者。謂以邪語邪業牽引入輪迴也。性顛倒者。云不知自性有恆沙

（十一）非有想

問者陽善陰惡也。

蒲盧者冬虫夏草之類也。

（十二）非無想

功德。反以邪語邪業引人而易其性也。和合呪成者。謂以呪詛之力。轉換於人也。呼召亂想者。若今之書符捻訣。呼神召鬼之類也。呪詛厭生者。若樟柳神之類。別有一種邪神邪鬼。爲人驅役者也。

由因世界、合妄輪迴、罔顚倒故。和合異成八萬四千迴互亂想。如是故有非有想相、成想羯南、流轉國土。彼蒲盧等、異質相成、其類充塞。

此明非有想因果也。二妄相合爲合妄。性情虛假爲欺罔。和合異成者。非其同類而引爲同類也。迴互亂想者。迴他人之所有而互爲己有也。非有想相成想羯南者。言他人之物。本無心與我。故曰非有想。我則强而有之。乃成我想。故曰成想。如彼蒲盧者。本爲桑虫。非有蜂想而卒成蜂想也。

由因世界、怨害輪迴、殺顚倒故。和合怪成八萬四千食父母想。

如是故有非無想相、無想羯南流轉國土、如土梟等、附塊爲兒、及破鏡鳥、以毒樹果、抱爲其子、子成、父母皆遭其食。其類充塞、

此明非無想因果也。怨害輪迴者本合而反離。故成怨害也。殺顛倒者。因不知衆生本同一體。由昏昧故遂互相殺害也。和合怪成者言天下父母愛子。子應愛其父母。今反忘父母之恩而反害之食之。故曰怪也。非無想相無想羯南者。如土梟附塊爲兒土塊本無食父母想。故曰無想。以梟等卵之。遂成梟等食父母想。故曰非無想也。梟是鳥名。食母者也。破鏡獸名。食父者也。此二種乖戾絕倫故古黃帝皆欲絕其類也。

是名衆生十二種類。

此通結十二類也。由相涉言則名世界。若依變化而論。故曰衆生也。

楞嚴經直解卷七終

此云生類互具。

此云對治法門。

楞嚴經直解卷八

阿難。如是衆生、一一類中、亦各各具十二顛倒。猶如揑目、亂華發生。顛倒妙圓眞淨明心、具足如斯虛妄亂想。

此結前起後也。言各各具者。每一顛倒中各具十二顛倒也。一則現起。餘則冥伏。雖各各具足十二亂想。究其所以。皆是妙圓眞心顛倒而有也。無明熏眞如而成染用。故爲十二類生之因。眞如熏無明而成淨用。故爲五十五位菩提之果。染淨不同。故因果亦異也。

汝今修證佛三摩地。於是本因、元所亂想、立三漸次、方得除滅。如淨器中、除去毒蜜。以諸湯水、幷雜灰香、洗滌其器。後貯甘露。

佛三摩地者。別則獨指耳根圓通。通則全賅二十五境。凡先開圓解。依解起行。皆名佛三昧也。本因元所亂想者。指於所觀之境也。立三漸次者。立方便門以助正行也。淨器者。指耳根聞性也。毒蜜者。總喻見思塵沙無明惑染也。湯水者。喻觀慧正行也。雜灰香者。總喻持戒誦咒等事也。洗滌其器者。除塵垢也。貯甘露者。喻含藏無量法門也。

云何名爲三種漸次。一者修習、除其助因。二者眞修、刳其正性。三者增進、違其現業。

此三從淺至深。通因徹果。以三法爲能增進。以五十五位爲所增進。能所俱進。故善能成就眞菩提路也。

此總明三漸次之門也。

(一)除其助因。

云何助因。阿難。如是世界十二類生、不能自全、依四食住。所謂段食、觸食、思食、識食。是故佛說一切衆生皆依食住。阿難。一切衆生、食甘故生、食毒故死。是諸衆生、求三摩地、當斷世間五種辛菜。是五種辛、熟食發婬、生啖增恚。如是世界食辛之人。縱能宣說十二部經。十方天仙、嫌其臭穢、咸皆遠離。諸餓鬼等、因彼食次、舐其脣吻、常與鬼住。福德日銷、長無利益。是食辛人修三摩地。菩薩天仙、十方善神、不來守護。大力魔王、得其方便、現作佛身、來爲說法、非毀禁戒、讚婬怒癡。命終自爲魔王眷屬。受魔福盡、墮無間獄。阿難。修菩提者。永斷五辛。是則名爲第一增進修行漸次。

叚食者。變壞爲相。謂香味觸三於變壞時能爲食事也。觸食者。觸境爲相。謂有漏觸裁取境時能爲食事。如眼以睡爲食耳以聲爲食也。思食者。希望爲相。謂有漏思。希可愛境能爲食事。如色界禪思乃至小兒懸覗灰囊謂是飯食有此希望得不死等也。識食者。執持爲相。謂有漏識。由叚觸思勢力增長能爲食事。乃至第七末那。無始以來念念執持第八識之見分爲內不肯捨離也。欲界人天及畜生等具足四食叚食居首鬼及色界天。無有叚食具足三食。觸食爲首。空處識處。無所有處。并無觸食唯有思識二食。思食爲首非非想處及無想定。無想天等并無思食唯有識食。無間獄亦唯識食。若二乘入滅盡定便斷識食故入此定。乃至七日則起定時必捨身命以其四食皆斷無可滋養也。養生諸味。皆名爲甘損生諸味。總名爲毒。食甘故生食毒故死。正顯食爲助生之因也。食辛有種種不利益處。故修菩提者。於食不可不愼也。

(二)刳其正生。

云何正性。阿難。如是衆生入三摩地。要先嚴持清淨戒律。永斷婬心、不餐酒肉。以火淨食、無啖生氣。阿難。是修行人、若不斷婬、及與殺生、出三界者、無有是處。當觀婬欲、猶如毒蛇、如見怨賊。

先持聲聞四棄八棄、執身不動。後行菩薩清淨律儀、執心不起。禁戒成就。則於世間、永無相生相殺之業。偷劫不行、無相負累。亦於世間不還宿債。是清淨人修三摩地。父母肉身不須天眼、自然觀見十方世界。覩佛聞法、親奉聖旨。得大神通、遊十方界。宿命清淨、得無艱險。是則名爲第二增進修行漸次。

此云正性者。指與身俱生。與性俱有之習染性也。無啖生氣者。謂無情有生氣者。尚不忍傷。況有情有命者耶。婬欲能害法身損慧命。故當作怨賊毒蛇觀也。執身不動者。七支不犯也。執心不起者。一念不生也。斷婬則不相生。斷殺則不相害。斷偸則不償債。三業既除。名清淨人也。修三摩地者。修戒定慧也。肉眼能見十方者。色陰盡。十方洞開無復幽暗也。得大神通遊十方界。受陰盡。去住自由無復留礙也。宿命清淨。得無艱險。想陰盡。於覺明心如去塵垢。

（三）違其現業。

密圓淨妙者。密卽法身。圓卽般若。淨卽解脫。妙卽不思議。皆現其中者。寂滅現前也。

一倫生死。首尾同照也。功用如此。未云漏盡者。因尚有行識二陰未盡也。

云何現業。阿難。如是清淨持禁戒人。心無貪婬。於外六塵、不多流逸。因不流逸、旋元自歸。塵既不緣、根無所偶。反流全一、六用不行。十方國土、皎然清淨。譬如瑠璃、內懸明月。身心快然、妙圓平等、獲大安隱。一切如來密圓淨妙、皆現其中。是人卽獲無生法忍。從是漸修、隨所發行。安立聖位。是則名為第三增進修行漸次。

前二漸次。是躡前文道場方法。而爲助行。此第三漸次。是躡前圓通本根。而爲正行。由此正助兩行。乃成下文伏斷諸位也。此言違現業者。卽第二決定義中。逆彼無始織妄業流也。如

此觀行轉依號。

瑩音榮、磨金器、令其光淨也。

是清淨持戒之人。因持戒而發定慧。心無貪婬。故外六塵不多流逸。因不多流逸。則不隨前塵所起知見而漸復元眞。如是則外無所入。內無所出。根塵兩不相偶。入流亡所。六用不行。此卽動靜二相了然不生時也。又從聞所聞盡加功再除智所。十方國土皎然清淨。覺所覺空矣。存我覺我已除。又破空執。空所空滅。寂滅現前。獲無生法忍。超越世出世間也。色陰破根無所偶。受陰破六用不行。想陰破十方皎然。行陰破快然安隱。識陰破卽獲無生法忍。一切諸法本自不生。由於虛妄分別。幻見有生有滅。今證此不生之理。安住忍可。不見有少法生。不見有少法滅。生滅滅已時。故曰獲無生法忍。所謂異相無明破也。從是漸修者。謂以此不生不滅爲因地心。然後圓成果地修證。卽先悟毗盧法界。後修普賢行門也。下文住以成德。行以成行。向以成願。地以斷惑證眞。皆以此位爲基也。是則爲第三增進修行漸次。

阿難。是善男子。欲愛乾枯、根境不偶、現前殘質、不復續生。執心虛明、純是智慧。慧性明圓、瑩十方界。乾有其慧。名乾慧地。欲習初乾、未與如來法流水接。

十信位
此十信爲相似轉依號。
(一)信心住。

此合三漸次爲乾慧地也。此已斷三界思惑盡。三界生緣。迥絕無分。不受後有。因戒生定。因定發慧也。執心虛明。了知一切皆如來藏。破我法二執。人空智發。虛通明朗。不復窒暗也。此當天台斷見思惑。證一切智也。慧性圓明。了知現前心性。本自豎窮橫遍。照用十方。皎然淸淨。此當天台斷塵沙惑。頓開法眼。見俗諦理。成道種智也。欲習初乾者。伏惑不起也。未與如來法流水接者。云見思未斷。不接眞諦法流。無明未斷。不接中諦法流也。故曰乾有其慧。若一入初住。分破無明。分證眞理。則與如來法流水相接矣。

卽以此心、中中流入、圓妙開敷。從眞妙圓、重發眞妙、妙信常住。一切妄想、滅盡無餘。中道純眞、名信心住。

此卽圓敎十信位。六根淸淨也。信心卽信根也。以一心三觀。相似見三諦理。粗垢任運先落。眞俗二諦任運先現也。此心者。卽觀行之乾慧心也。中中流入者。云初觀聞性。不落空有。粗垢先落。人法雙銷。緣於中道之中。流入法性。雖圓妙開敷。尙非純眞中道。再由此中中深入中而復中。深入圓明海中。純而又純。故曰中中流入。六根互用曰圓。情器雙超曰妙。開敷者。如花始開也。從眞妙圓者。言此非同前位似妙似圓。乃眞妙眞圓也。重發眞妙者。使眞妙者

(二)念心住。

益進於妙。眞圓者益進於圓。根塵互用。身土重重漸廣。如花之正開。非前之開敷也。妙信者。深信心佛衆生三無差別。非同比量之信也。常住者。堅固不動。非同前位輕如鴻毛也。妄想滅盡者。不但我想法想非法想滅盡。卽凡聖之情見亦忘也。中道純眞者。以親見眞理。深忍樂欲。信心成就之相。故名信心住而不退也。此經從始至終。莫不皆用中道妙觀。觀常住妙理。此獨標信心住。是初住分開。顯此經純圓。不可竟以相似位目之。若以圓信位擬以相似位。則卽不可云圓妙常住也。

眞信明了、一切圓通。陰處界三、不能爲礙。如是乃至過去未來、無數刧中、捨身受身、一切習氣皆現在前。是善男子、皆能憶念、得無遺忘、名念心住。

念心住。卽念相也。根根塵塵。皆周徧法界。故稱一切圓通。因一切圓通。故陰不能覆。處不能局。界不能隔。遂能遠憶過去無數刧捨身。與未來無數刧受身。乃至業力所熏。隨眠習氣皆現在前。是人皆能冥記。毫無遺失。此屬宿命漏盡二通也。言習氣若在我執位中。卽是種子。

若在法執位中。即是種子所遺微細習氣影子。如畢陵之慢。身子之瞋。皆是微細習影也。譬如世之藥物。藥去而味猶存也。

（三）精進心。

妙圓純眞、眞精發化。無始習氣通一精明。唯以精明進趣眞淨、名精進心。

精進心。即進根也。眞精者。言妙圓純眞之觀力漸深。故精明也。發化者。觀智强而能起鎔妄之功用也。由精故化。由化益精也。通一精明者。言本有近習。今融爲一。併前習氣。鎔盡無餘。全爲一精明智體也。精字加以進字。成精進二義。進趣眞淨者。云已具精明體。進趣涅槃。以如如智體。證如如理體。故曰精進心。

（四）慧心住。

心精現前、純以智慧、名慧心住。

慧心住。即慧根也。上位轉惑習而成智慧。此明惑盡而慧心顯現。菩提之體無復妄染矣。前之乾慧不名住。而此位名住者。以前執心虛明。猶有執在。此云心精現前。則其執亦渾化矣。前云純是智慧。猶有是在。此云純以智慧。慧無能所。日用在在皆慧。幷忘其是矣。以者用也。

純以智慧者。有其慧而又能用其慧也。能善用其慧。此慧所以名住也。

（五）定心住、此五言五根者。如木之有根也。

執持智明、周徧寂湛。寂妙常凝、名定心住。

定心住。卽定根也。前位以見心朗徹。故智慧純明。而此智明若無定力執持。則妄念起而偏局不偏。正念失而間斷不常矣。無寂之照。如風中燈。偏寂不能常凝。局而不通也。寂妙常凝。是大定之相。故曰定心住也。

（六）不退心。

定光發明、明性深入。唯進無退、名不退心。

不退心。卽進力也。自此以下屬五力。如果木結根既久。有不可拔之力用也。定光發明者。從定發慧也。明性深入者。不住於明也。不住於明。明而愈明。明明不已。故曰深入。惟其深入。有進無退。故名不退心也。

（七）護法心。

心進安然、保持不失。十方如來、氣分交接、名護法心。

護法心。卽定力也。心進安然者。云前雖不退。而勤勇無間。尚涉工夫。至此雖精進而不見勤勞之相。故曰安然。持心至於安然。則優游坦蕩。從心所欲而不踰矩矣。諸佛所證者此也。衆

（八）迴向心。

覺明者。所護之法也。保持者能護之心也。

（九）戒心住。

生不失者亦此也。此卽諸佛法身之命脈也。能保持法身命脉而不失。自然得與諸佛氣分相接。故曰護法心也。

覺明保持、能以妙力、迴佛慈光、向佛安住。猶如雙鏡、光明相對。其中妙影、重重相入、名迴向心。

囘向心卽慧力也。覺明保持者。護法護心。非堅明立碍之覺明也。妙力者。云前初與如來氣分交接。蒙佛慈光攝受。尚有自他之分。此則復以己之妙力囘佛之慈光向自己心佛安住。實無二種。心不離佛。佛不離心。如眼眼相對。心心相照。又如兩鏡對照。傳耀無盡。此名囘向心。

心光密迴。獲佛常凝、無上妙淨、安住無爲、得無遺失、名戒心住。

戒心住卽信力也。心光密囘。既獲自性同佛無二。則卽保持此無上妙淨安住無爲境。得無遺失。戒根清淨。心愈密而戒愈嚴。佛性戒珠永無遺忘。此名戒心。

(十)願心住。此後五云五力也。此分證轉依號自初住至等覺皆在分證中。

十住

(一)發心住。

(二)治地住。

住戒自在、能遊十方、所去隨願、名願心住。

願心住卽念力也。既住戒心不動之體。漸發自在之用。菩薩不肯安住無爲。故發心度生。而起有爲之功用也。此住戒自在。可以入世不染。所謂小心翼翼。亦可行於蠻貊。無求不遂。無適不可。所去如願。故曰願心住也。十信竟。

阿難。是善男子、以眞方便、發此十心。心精發暉。十用涉入、圓成一心、名發心住。

此十住中第一發心住。卽起信論中之信發心也。眞方便者。卽從眞妙圓重發眞妙也。眞如心中。本來具足十心妙用。以無方便。終不能發。今依眞如方便發此十種妙心。中間不容一毫雜染。純是智慧。故曰心精。心既精而心光愈顯。五根五力皆悉具足。一心卽十。十心卽一。涉入重重。本無二體。圓滿成就。故名發心住。此住離前十心無此住體。言發心者。卽從一心發起十心也。自此位至十地。當起信斷住相無明。卽覺所覺空時也。

心中發明、如淨琉璃、內現精金、以前妙心、履以成地、名治地住。

此明第二治地住也。初句躡前。琉璃喩智。精金喩理。前之妙心。即十用所成初住之心。以此爲基。始堪踐履。步步脚踏實地。於一切時一切處。假對治以鍊冶心地。自然出生一切善法。增長悲智。故名治地住。

(三)修行住。

心地涉知、俱得明了。遊履十方、得無留礙、名修行住。

此明第三修行住也。初句躡前謂將十心履以成地。然後涉歷見色聞聲處。日用動靜處。一一天眞處處明了。見聞不惑。如此而遊履十方。任運縱橫。得無拘礙。所謂百花林裏過。片葉不沾身。入濁世一切不染。故名修行住。

(四)生貴住。

行與佛同、受佛氣分。如中陰身、自求父母。陰信冥通、入如來種、名生貴住。

此第四生貴住也。此菩薩於諸佛法。深生淨信。了知一切佛法。修集一切佛法。圓滿一切佛法。行與佛同。因能肖果。譬如中陰投輪王胎。便成剎利種姓。受佛氣分。不通而通。不入而入。自求父母。托聖胎爲如來種。名生貴住。前云氣分交接。尚有二相。此云受佛氣分入如來種。

(五)方便具足住。

(六)正心住。

此即毀譽不動如須彌也。

(七)不退住。

亭毒聚攏也

合而爲一。故如中陰。與父母業會合一處也。

既遊道胎、親奉覺胤。如胎已成、人相不缺、名方便具足住。

此第五方便具足住也。親奉覺胤者。謂攬佛權實二智凝結而成聖胎也。人相不缺者。云六根圓滿。具足一切度生善巧方便。克肖於佛。無所缺少也。故曰方便具足住。

容貌如佛、心相亦同、名正心住。

此明第六正心住也。容貌如佛者。亦有三十二相也。心相亦同者。凡情盡此心亦同佛心也。大經云。此菩薩聞十種法。心定不動。聞讚佛毀佛。心定不動。讚法毀法。心定不動。讚菩薩毀菩薩。心定不動。讚菩薩所行。毀菩薩所行。心定不動。說衆生有量無量。易度難度。心定不動。說法有量無量。有成有壞。若有若無。心定不動。唯能一無所動。故名正心住。

身心合成、日益增長、名不退住。

此明第七不退住也。合成者。內外如一也。增長者。云亭毒涵養。漸漸增長也。大經云。此菩薩聞有佛無佛。有法無法。有菩薩無菩薩。有菩薩行無菩薩行。菩薩修行出離不出離。心不退轉。聞過去有佛無佛。未來有佛無佛。現在有佛無佛。心不退轉。聞佛智有盡無盡。三世一相非一相。心不退轉。由一切不動。故不退也。

（八）童眞住。

十身靈相、一時具足、名童眞住。

此明第八童眞住也。十身者。菩提身。願身。化身。力身。莊嚴身。威勢身。意生身。福身。法身。智身也。前祇云增長。此則具有如來智慧德相。然具體而微。其力未充。故曰童眞也。大經云。此菩薩住十種業。故十身靈相一時具足也。十種業者。身行語行意行無失。隨意受生。知衆生種種欲。種種解。種種界。種種業。知世界成壞。神足自在。所行無礙。又知一切佛刹。乃至一切刹中。承事供養無量諸佛等也。

（九）法王子住。

形成出胎、親爲佛子、名法王子住。

此明第九法王子住也。形成者。指前位言也。出胎者。表已成人。可以擔負如來家業也。所謂從佛口生。從法化生。爲如來長子也。

（十）灌頂住。

表以成人、如國大王、以諸國事、分委太子。彼刹利王、世子長成、

陳列灌頂、名灌頂住。

此明第十灌頂住也。表以成人者。堪行佛事也。太子者。卽王之世子。天子之子也。王世子受王職位。王執金瓶水灌太子頂。菩薩受法王子職。諸佛亦以智水灌菩薩頂也。十法雲地名灌頂菩薩。今此十住亦分得也。圓教分眞以來。悉有應用。若論智力不無優劣。故初住百佛世界現十界相。利佑衆生。位位豎入倍倍增勝。經中所明。各就一義。若論一位。具諸位功德。則十義俱徧。十住既爾。餘位皆然。十住竟。以上十信爲積德之基。十住爲積德之漸。至此位則道成德備。若不度衆生行佛事。是有智無悲自了漢也。故此下須廣行六度。大作佛事。化導十方也。

十行

(一)歡喜行。

阿難。是善男子。成佛子已。具足無量如來妙德、十方隨順、名歡喜行。

此第一施度行也。此菩薩修此行時。隨順衆生。令一切衆生生歡喜愛樂。凡衆生所欲。無不施之。卽乞求頭目手足。亦不違一切衆生歡喜與之。如是利益衆生。不見施者。不見受者。亦不見施物。三輪體空。一切隨順衆生。名歡喜行。

(二)饒益行。

善能利益一切衆生、名饒益行。

此第二戒度行也。此菩薩以戒德利益衆生。所謂內無德本。外無德容。不足以利人。若戒根清淨。威儀具足。能爲人之表率。故能饒益衆生也。大經云。菩薩護持淨戒。於色聲香味觸。心無所著。亦爲衆生如是宣說。自得度令衆生得度。自快樂令衆生快樂。故名饒益行。

(三)無瞋恨行。

自覺覺他得無違拒、名無瞋恨行。

此第三忍度行也。大經云。此菩薩常行忍法。謙下恭敬。能自利利他。能自覺覺他。但作是念。我當爲衆生說法。令離一切惡。斷貪瞋癡。憍慢覆藏。慳嫉諂誑。令恆安住忍辱柔和。自覺者。自能安住佛法中也。覺他者。復令衆生亦皆安住佛法中也。菩薩行忍度時。一切難忍之逆事。皆能歡喜忍受。毫無違拒之念。故曰無瞋恨行。

(四)無盡行。

種類出生、窮未來際。三世平等、十方通達、名無盡行。

此第四行進度也。種類者一切衆生也。窮未來者。云盡諸阿鼻衆生種類。經無數劫。皆令其

（五）離癡亂行。

（六）善現行。

（七）無著行。

入於無餘涅槃得成菩提也。三世平等者。云知三世平等性故。而行精進也。十方通達者。知一切法界而行精進也。種類出生是第一心。盡未來際是常心。三世平等是不顛倒心。十方通達是廣大心。四皆無盡。故曰無盡行也。

一切合同、種種法門、得無差誤、名離癡亂行。

此第五行禪度也。一切合同種種法門者。卽言一念定心。善入一切諸禪定門。知諸三昧同一體性。了一切法無有邊際也。得無差誤者。卽聞無量法經無量劫不忘不失也。凡入定時不能持諸法門。為癡定。於諸法門未免差誤。今一念定心持種種法門。一一分明。毫無錯亂。故曰離癡亂行。

則於同中顯現羣異。一一異相、各各見同、名善現行。

此第六行理事無礙智也。同者。出世間平等法也。異者。世間差別法也。同中現異者。平等法中現差別法也。異中現同者。差別法中現平等法也。眞俗互融。故名善現行也。

如是乃至十方虛空、滿足微塵。一一塵中、現十方界。現塵現界、

不相留礙、名無著行。

此第七行事事無礙智也。滿足智度。不但同異互融。擴而充之。則大小相容。一多無礙也。如云華藏世界所有塵。一一塵中皆現法界也。不相留礙者。界入塵而界不小。是小不礙大。塵含界而界不大。是大不碍小也。此菩薩於念念中能入無邊世界。不於一彈指頃執着於我。起我我所想。名無著行。

（八）尊重行。

種種現前、咸是第一波羅密多、名尊重行。

此第八行究竟彼岸智也。先德云。明明百草頭。明明祖師意。是現前咸是第一波羅密。六度中亦唯般若最爲尊重。故名尊重行。華嚴名難得行。以有智慧行行皆到彼岸也。此菩薩成就難得善根。於念念中能轉阿僧祇生死而不捨菩薩大願。雖了衆生非有而不捨一切衆生界。不住生死。不住涅槃。不住中流。而能運此岸衆生。到於彼岸。深入衆生界如法界。平等無二。無二無二法中無增無減。故曰種種現前咸是第一波羅密也。

（九）善法行。

如是圓融、能成十方諸佛軌則、名善法行。

(十)眞實行

此第九行說法度生智也。如上圓融無礙德既同於如來。行亦齊於諸佛。一言一行。皆合如來軌則。故名善法行。

一一皆是淸淨無漏、一眞無爲、性本然故、名眞實行。

此第十行不違實相智也。由全性是修。故成軌則。由全修是性。故本無爲。具此妙德。出生妙行。故雖萬變。總屬一眞。大經云。此菩薩成就第一誠諦之語。如說能行。如行能說。學三世諸佛眞實語。得三世諸佛無二語。隨如來學智慧成就。復其本然之性。名眞實行。已上十行竟。下明十回向。前十住之中。雖皆純用中道。而文中未嘗顯言利生之事。趣空之行居多。至十行位中。方始明言度生。故出假之悲最勝。此十回向文顯悲智雙運。眞俗互融。位位願願。圓滿中道。

十回向

(一)離相回向

阿難。是善男子、滿足神通、成佛事已。純潔精眞、遠諸留患。當度衆生、滅除度相。迴無爲心、向涅槃路。名救護一切衆生、離衆生

相回向。

此第一離相回向也。純潔卽清淨無漏。精眞卽一眞無爲。遠諸留患。卽躡十行。十行備。則凡有作爲。皆無留礙。故正當度生之時。不見生之可度。終日有爲而實無爲。以無爲心向涅槃路。名曰回向。若度生而存度相。卽著我人相。着相卽是添枷帶鎖。非回向法。若度生不存能度所度之心。度無量無邊衆生。不存有一得度之心。此是眞回向法也。菩薩如是回向之時。度脫衆生。常無休息。不住法相。所謂離衆生相也。

（二）不壞回向

壞其可壞、遠離諸離、名不壞回向。

此第二不壞回向也。壞其可壞者。卽上滅諸度相也。遠離諸離者。卽離衆生相亦遠離也。結名不壞者。謂雖知衆生空。而仍不壞度生事業也。上位言雖度生而不著衆生相。故曰遠離。此位言雖不著度生相。而不妨度生。故曰不壞。不壞回向。正智悲雙運自他二利之中道也。

（三）等佛回向

本覺湛然、覺齊佛覺、名等一切佛回向。

此第三等佛回向。智同佛智也。以下四位皆是回向佛道。本覺湛然者。謂自己本佛性顯現也。覺齊佛覺者。謂本覺性與諸佛妙覺相齊也。等一切佛回向者。云本覺之理。湛然現前。則始覺之智。齊於佛覺。隨順修諸佛回向之道。云諸佛如是回向。我亦如是回向。故名等一切佛回向。

(四)至處回向

精眞發明、地如佛地、名至一切處回向。

此第四至處回向。境同佛境也。精眞。卽本覺體。發明。卽發揮妙用。地如佛地者。云發揮自己因地心中所含無邊境界。全同諸佛果地所現無量剎土也。至一切處回向者。云始覺精眞。既已發明。則本覺理地。卽如佛地也。

(五)無盡回向

世界如來、互相涉入、得無罣礙、名無盡功德藏回向。

此第五無盡回向。身土互融。言理處則回向眞如。言果處則回向佛道。言化他則回向衆生。若以世界涉如來。則世界是理。一毛孔中有無量莊嚴寶剎。若以如來涉世界。則如來是智。一微塵內。有無量如來轉大法輪。得無罣礙者。言世界非大。微塵非小。世界涉如來時。不礙如來入世界。如來涉世界時。不礙世界入如來。理智雙融。互相涉入。名無盡功德藏回向。

(六)平等回向

於同佛地、地中各各生清淨因。依因發揮、取涅槃道、名隨順平等善根回向。

此第六平等回向也。謂此身土互融。無盡藏中。各各出生無盡清淨因。成就無盡功德。復依此清淨因證清淨果。使物物皆精明智體。頭頭是普賢行門。如金作器。器器皆金。故曰隨順平等善根回向。

(七)等觀回向

眞根既成。十方衆生、皆我本性。性圓成就、不失衆生、名隨順等觀、一切衆生回向。

此第七等觀回向也。前位地中各各生清淨因者。是化善根而爲眞根。眞根既成。十方衆生成一圓融清淨寶覺。故見一切衆生。皆我本性之衆生。一一隨順等觀。一一圓滿成就。不遺失一衆生。願一切衆生皆得成就大功德藏。如是回向時。衆生不違一切剎。一切剎不違一切衆生。剎衆生不違業。業不違剎衆生。思不違心。心不違思。思心不違境界。境界不違思心。

世平等不違佛平等。佛平等不違世平等。菩薩行不違一切智。一切智不違菩薩行。菩薩如是回向時得業平等。根平等。衆生平等。三世諸佛平等。如是名隨順等觀一切衆生回向。

（八）眞如回向

卽一切法。離一切相。唯卽與離、二無所著、名眞如相回向。

此第八眞如相回向也。以下三位皆回向眞如。卽一切法者。云妙元明心十界俱卽也。離一切相者。云本妙圓心十界俱非也。前云上求下化。總未出卽相離相之間。今併此卽離而兩忘之。離卽離非。方契眞如妙理。回向眞如者。以如如智復還如如眞體也。

（九）解脫回向

眞得所如、十方無礙、名無縛解脫回向。

此第九解脫回向也。前離卽離非。雙離名眞如回向。若着眞如相。則又爲眞如相縛。故併忘其如相。方名眞得所如。若眞得所如。則處處皆如。十方無礙矣。名無縛解脫者。卽入法界不可思議解脫也。前位是理無礙。此位是理事無礙。事事無礙。二無礙也。

（十）無量回向

性德圓成、法界量滅、名法界無量回向。

此第十無量回向也。無著獲性德之全體。無礙獲性德之大用。故曰性德圓成。法界量滅者。

資資具　糧糧食。

四加行

安立聖位在名字位中。乾慧在觀行位中。十信在相似位中。住行向至等覺在分證位中。

由體無不徧。用無不周。一毛一塵。故等法界觀。無有大小限量也。前位猶在法界限量中。尙未銷其量數。今則根根塵塵周徧法界。限量情忘。不墮諸數。故名法界無量。十回向竟。下明四加行。若據別敎。判前三名資糧位。謂所積既多。所適方遠。如遠行千里。必具三月聚糧也。先積十住以成其內德。十行以成其利他德。十回向以成其自他互融德。萬德既備。可入聖域。然欲眞之細念未盡。故復立四加行。此中細微處。自非如來莫辨也。故唯識論云。現前立少物。謂是唯識性。以有所得故。非眞住唯識。

阿難。是善男子、盡是淸淨四十一心。次成四種妙圓加行。

此明加行爲入地之勝進也。四十一心者。指前乾慧及信住行向也。妙圓加行者。妙則不可思議。圓則非小非偏。亦非漸次。正顯借藏敎之名。不同藏敎之義也。入道要門。必由加行。故名字位中。由加行故得登五品觀行位中。由加行故得淨六根十信位中。由加行故得入初住。乃至等覺位中。由加行故得成妙覺。小乘通敎。皆有四加。而非妙非圓。今獨於十迴向中開出四加行。則不可以尋常加行目之。特顯地法尊勝也。前文云欲眞已非眞眞如性。三漸次是欲眞之念初起。從眞妙圓。重發眞妙。是欲眞之念再起。至四加行。是欲眞之念三起。至初地而欲眞之粗念斷。至八地而欲眞之細念斷。至妙覺而欲眞最細之念永斷矣。

妙覺在究竟位中。

五品
一隨喜
二讀誦
三講說
四兼行六度
五正行六度

(一)煖地
佛覺者十地之心也。己心者十向之心也。

(二)頂地
若依者下有微礙也。非依者身入虛空也。

即以佛覺、用爲己心。若出未出、猶如鑽火、欲然其木、名爲煖地。

此明煖地也。前云覺齊佛覺。猶有覺在。欲超佛見而用己心。還是佛見未忘。欲超而未能超。故曰若出未出。喻如鑽火然木。火尚未出。微見煖相。故名煖地。

又以己心、成佛所履、若依非依。如登高山、身入虛空、下有微礙、名爲頂地。

此名頂地也。前云地如佛地。若以己心成佛所履。則已見未忘。故若依而不可謂之依。喻如人登高山。身雖入於最高地位。而脚跟點地。尚有微礙。雖入虛空。未能離此微礙。不可挾日月而遊八表。故名頂地。

心佛二同、善得中道。如忍事人、非懷非出、名爲忍地。

此明忍地也。自始中中流入。以至即佛覺用爲己心。又以己心成佛所履。曰用曰成。猶存二相。非善得也。至此則全心是佛。全佛是心。而不可分。故曰二同。善得還有所得。仍非眞得。如

(三)忍地

(四)世第一地

初執佛

二執心

三執卽

四執非

忍事人。既不懷之於心。又不出諸於口。雖云善忍。然非眞忍。故名忍地。

數量銷滅、迷覺中道、二無所目、名世第一地。

此明世第一也。初煖地中用佛覺爲己心。尙存己心數量。二頂地中。以己心成佛履。尙存佛履數量。此二皆是迷中道之數量。三忍地中心佛二同。尙存二同數量。此還是落於覺中道之數量。今則不但無迷。並將此有覺之覺亦除。迷覺皆無所目。始本冥合。並始本俱忘。故名世第一地也。南泉云。莫認心認佛。設認得還是境。古人喚作所知愚。故馬大師云。不是心。不是佛。不是物也。迷中道者。是自己因心覺中道者。是自己眞智有迷、有覺。世人尙可指目。不名超出。今數量銷。迷覺盡。中道亡。二無所目。故爲世第一也。唯識論云。此四種加行皆帶相。故非實安住眞唯識也。若彼相已滅。方得眞實之處。故曰以曰成曰善得。皆帶微細之相。未登出世之地。故曰世第一。直至圓滿菩提。歸無所得。方名出世第一也。此四位初位佛卽是心。次位心卽是佛。三位卽心卽佛。四位非心非佛。唯識是空有二相未除。此則心佛二相未盡也。四加行竟。次明十地。蓋非位不能成德。非積德不能自利。非自利不能利地。故於衆德既成。神通已就。大願已滿之後。復立四加行。以陶汰情量。使心佛兩忘。纖毫不立。中道亦忘。然後方爲登地。

十地

(一)歡喜地

阿難。是善男子、於大菩提、善得通達。覺通如來、盡佛境界、名歡喜地。

此明初地也。由前四加行後。心佛兩忘。中道不立。方得超出世間。入佛眞境。大喜徧身。名歡喜地。覺通二字。是親到實證境界。非比知可比。由前忍地。雖曰卽心卽佛。尙在將證未證。故曰善得中道。世第一地。雖曰迷覺中道。皆無所目。然猶存非心非佛之念。未名出世。至此則實證非心非佛之旨。方超出世間。入佛眞境。故曰善得菩提。自此以至妙覺。當起信論之證發心。

(二)離垢地

異性入同、同性亦滅、名離垢地。

此明第二地也。前位是斷九界異性。而入平等佛性。故曰異性入同。然證此平等佛性時。佛見不忘。亦是清淨覺心中一點微垢。故將此同性亦復滅除。方得離垢清淨。異性是濁邊垢。同性是淨邊垢。同異二俱遠離。故曰離垢地。

（三）發光地

淨極明生、名發光地。

此明第三地也。法垢已離。已稱極淨。故淨覺光明自然顯發。所謂淨極光通達也。大經云。此菩薩修四禪四空定。但隨順法故行而無所染着。證得六種大神通。內瑩發光。故名發光地

（四）燄慧地

明極覺滿、名燄慧地。

此明第四地也。前云明生。如火始然。此云明極。如大火聚。先德云。金剛燄慧。如大火聚。觸着便燒。一切緣影悉皆爍絕。是也。覺滿者所謂明極卽如來也。不曰慧而曰燄慧。慧之極也。

（五）難勝地

一切同異、所不能至、名難勝地。

此明第五地也。地前智名異。地上智名同。今淨極覺滿。則同異爍絕。故異同所不及也。有異可及。則凡情可勝。有同可及。則聖解可勝。今一切異同凡情聖解皆已爍絕。故不能至至且不能。故曰難勝地。

（六）現前地

無爲眞如、性淨明露、名現前地。

此明第六地也。前凡情聖解。悉已銷除。則無爲眞體。自然明露。故曰現前。菩薩住此地。則入空三昧。乃至百千無相無作三昧門皆悉現前。故名現前地。

(七)遠行地

盡眞如際、名遠行地。

此明第七地也。上地眞如既明露。尚未言眞如之量。今望之而不見其涯。窮之而不盡其量。徧法界無不呈露。譬如行人欲達之地。已由遠行而達矣。以此地修無相觀。念念皆入正受。故得盡眞如際也。

(八)不動地

一眞如心、名不動地。

此明第八地也。由遠行既盡其際。則得眞如全體矣。言不動者。由已盡其際。故曰不動之體也。以此地菩薩。知根身器界一塵一毛。皆是眞如不動之體。所獲無生法忍。至此已得親證。故曰不動地。

(九)善慧地

發眞如用、名善慧地。

此明第九地也。前位已得眞如全體。此位是發眞如大用。此即從眞體而起之用也。前位一塵一毛。皆同眞如周徧法界。此則一一皆互攝互入矣。結名善慧者。云自乾慧地已來。至此方證得法界無礙智。故曰善慧地。

阿難。是諸菩薩、從此已往、修習畢功、功德圓滿、亦目此地、名修習位。

此通結前位也。諸字。遠則通指上位。近則指四加行。以此九地。已往二字。亦是指九地已前諸位也。前從初住至此。雖皆是無功用道。仍是稱性所起修習之功。從此以往。并無功用之修習。修已畢功。而大智大悲功德俱已圓滿。故目此九地爲修習位也。

（十）法雲地

慈陰妙雲、覆涅槃海、名法雲地。

此明第十地也。慈心如陰。妙智如雲。是菩薩之因德也。涅槃海。是如來之果德也。此菩薩至此悲智雙運。如陰如雲。入佛境界。具足十力。鄰於佛果。覆涅槃海。名法雲地。

等覺

如來逆流。如是菩薩順行而至。覺際入交、名爲等覺。

（四）究竟轉依號妙覺

此十一地也。如來逆流者。云如來已入妙覺果海。無復進取。但不捨衆生。倒駕慈航而出。此菩薩進取未竟。方趨果海。順流而入也。覺際入交者。云等覺菩薩與妙覺佛。分劑正齊。但順逆不同也。瓔珞經云。等覺照寂。妙覺寂照。卽其義也。初乾慧云。欲習初乾。未與法流水接。此云覺際入交。始與如來法流水接也。一曰未接。一曰入交。則知後乾慧不異初乾慧。但與交不交分兩位耳。此當起信論中斷生相無明時。所謂空覺極圓。空所空滅也。

阿難。從乾慧心、至等覺已。是覺始獲金剛心中、初乾慧地。如是重重、單複十二、方盡妙覺、成無上道。

此言證等覺已。仍須用彼金剛觀智。重歷前所證諸位。使彼見思塵沙無明一切習氣。蕩盡無餘。方成妙覺。蓋從初乾慧至此等覺。此覺祇獲金剛心中初乾慧地。從此金剛乾慧重歷信住行向加行地等。凡有兩重十二。方盡妙覺而成無上道也。言重重單複十二者。始則一乾慧二信三住四行五迴向六煖七頂八忍九世第一十十地十一等覺十二金剛心。是爲單十二之一重。次則一金剛心中之乾慧二金剛心中之十信十住十行十迴向四加行。乃至十地等覺金剛心中之金剛後心。是爲複十二之第二重。如此歷盡單複兩重十二。則無明正習。永盡無餘。斷無所斷。徹證本來心性。方名爲妙覺。而成究竟轉依無上道也。

修證總結

三止者。體眞止。隨緣止。息二邊分別止。三觀者。空假中也。

是種種地。皆以金剛觀察如幻十種深喩。奢摩他中、用諸如來毗婆舍那、淸淨修證、漸次深入。

種種地者。指乾慧地乃至妙覺地也。金剛者。喩能觀之智。如幻者。喩所觀之境。一切觀智皆是稱性所起。能壞一切。不爲一切所壞。故名金剛。一切境界皆是唯心所現。非斷非常非空非有。故名如幻也。十種深喩者。觀一切業如幻。一切法如燄。一切身如水中月。妙色如空。妙音如響。諸佛國土如乾城。佛事如夢。佛身如影。報身如像。法身如化。以不可取捨。不但觀有爲法皆空。卽觀無爲法亦如夢幻。故曰深喩。奢摩他。卽一心三止也。毗婆舍那。卽一心三觀也。言用諸如來毗婆舍那者。正是全以果覺爲因心也。全性起修。全修成證。故名淸淨修證卽而常六。故云漸次。六而常卽。故云深入也。

阿難。如是皆以三增進故。善能成就五十五位、眞菩提路。作是

觀者、名為正觀。若他觀者、名為邪觀。

此仍歸重初心。卽下學上達之意。自乾慧以至十地皆是菩提道路。正觀者。指毗婆舍那而言。邪觀者。非邪外叛道之邪。是對勝揀劣之邪。云除圓教之外三乘所修皆非正觀也。證道分已竟。自初卷至此方完無始菩提涅槃元清淨體一科。下明結經分。

爾時文殊師利法王子。在大衆中。卽從座起。頂禮佛足而白佛言。當何名是經。我及衆生。云何奉持。佛告文殊師利。是經名大佛頂、悉怛多般怛羅、無上寶印。十方如來清淨海眼。亦名救護親因、度脫阿難、及此會中性比丘尼。得菩提心。入徧知海、亦名如來密因修證了義。亦名大方廣妙蓮華王。十方佛母陀羅尼咒。亦名灌頂章句。諸菩薩萬行首楞嚴。汝當奉持。

大方廣卽體相用。

此經一往自破心顯見。破因緣自然。破三科七大。使人悟此不生滅性。次自審因心。推業本。指耳根一門爲修行方便。使人修此不生滅性。次又廣明五十五位眞菩提路。使人證此不生滅性。如來欲人悟者悟此。修者修此。證者證此。惟不知此不生滅者以何爲名。如何奉持。佛告之曰大佛頂者。云頂相不可見也。無上寶印者。三科七大一法之所印也。清淨海眼者。圓照不遺一物也。此約理智立名也。亦名救護親因得因心而證果海。此依功用立名也。亦名如來密因修證了義。此約人法立名也。亦名大方廣妙蓮華王。體相用三周徧法界無不自在。此約顯益立名也。亦名灌頂章句者。云此經從灌頂部流出也。諸菩薩萬行首楞嚴者。以修此楞嚴大定。具足萬行也。此約教行立名也。此經顯密理智教行人法功用無不包容。有如是種種功德。種種名目。故當奉持不可失也。

當機獲益

說是語已。卽時阿難、及諸大衆。得蒙如來、開示密印、般怛囉義。兼聞此經了義名目。頓悟禪那、修進聖位、增上妙理。心慮虛凝。

破六品欲思。潤人間一生。受色有餘有業。破九品。卽不潤生。證三果。受色有業。斷七十二品。證四果。受餘有業。此對七趣之因。

斷除三界修心六品微細煩惱。

此叙當機獲益也。密印者。秘密心印也。般怛囉。卽大白傘蓋也。卽如來所說之神咒也。兼聞了義名目者。卽上五種名義也。頓悟增上妙理者。卽前頓悟無生法忍也。從此安立聖位。漸次增進而極於妙覺也。心慮虛凝者。云始終之位。顯密之義。無不了然也。六品欲漏已斷。得證二果也。此下明第二大科無始生死根本。自初卷至此。雖眞妄互明。皆是發明無始菩提涅槃元清淨體。以不生滅性爲本修因。證不生不滅之果。下文則廣明生滅爲因而感生滅之果。皆由因地不眞。故果招紆曲也。初心入道者。必須明了此兩條道路也。

卽從座起頂禮佛足、合掌恭敬而白佛言。大威德世尊。慈音無遮。善開衆生微細沈惑。令我今日身心快然、得大饒益。世尊。若此妙明眞淨妙心、本來徧圓。如是乃至大地草木、蠕動含靈、本元眞如、卽是如來成佛眞體。佛體眞實。云何復有地獄、餓鬼、畜生、修羅、人天等道。世尊。此道爲復本來自有。爲是衆生妄習生起。

此問七趣生起之因也。慈音無遮者。圓滿徧周無遮障之處也。善開者。巧示也。微細沈惑者。卽五十五位所斷之惑也。第一問是尊者疑眞不容妄。既云佛體眞實。云何六道有差別也。第二問疑地獄同別。問此道爲卽清淨體中本來自有耶。抑無始妄想習氣所發起耶。此與第四卷滿慈所問其意不同。滿慈之問。是從陰入處界文中躡成難端。意謂如來藏性不應忽生諸有爲相。故佛以迷眞成妄。妄本不生答之。今文是領二種轉依道理。重辨性具法門。意謂一轉一切轉。則佛體不容更有六道。若一心本具十法界。則六道當與佛界並轉。故佛以妄想發生。非本來有。汝妄自造。非菩提咎答之。文中若此妙明至本來徧圓。領前妙性圓明。離諸名相而言之也。本元眞如。卽是如來成佛眞體。領前滅妄名眞二轉依號而言之也。此道爲復本來自有句。結成佛體眞實。云何復有六道之難也。爲是衆生妄習生起句。含下有定處各各私受兩疑而問也。

世尊、如寶蓮香比丘尼、持菩薩戒、私行婬欲。妄言行婬、非殺非

此別疑地獄。是有定耶。是私受耶。

偷、無有業報。發是語已。先於女根、生大猛火。後於節節、猛火燒然墮。無間獄。瑠璃大王、善星比丘。瑠璃爲誅瞿曇族姓。善星妄說一切法空。生身陷入阿鼻地獄。此諸地獄、爲有定處、爲復自然。彼彼發業。各各私受。惟垂大慈開發童蒙。令諸一切持戒衆生、聞決定義。歡喜頂戴。謹潔無犯。

此別舉現前事以爲問端、正顯惟心業界。以警示三界之沉迷也。寶蓮香行婬欲是破戒。妄言無報。是破正見。戒見俱破。故遭直墮。瑠璃廢父自立。誅瞿曇族姓以報一言之辱。既非有戒可破。亦非撥無因果。祇由瞋恚增上慢而招地獄之報。善星妄說法空。是破正見。雖未破戒亦復同墮。此諸地獄雖云皆是妄習生起。惟不知其有定處耶。各各私受耶。故請如來開發童蒙。並令一切持戒衆生得聞決定義。保持戒品無犯也。

此總明內分外分爲七趣之因也。

佛告阿難。快哉此問。令諸衆生不入邪見。汝今諦聽。當爲汝說。

阿難。一切衆生實本眞淨。因彼妄見有妄習生。因此分開內分外分。

此總明內外二分爲七趣之本也。犯戒破禁皆係邪見也。實本眞淨者言七趣之體本來眞淨。由迷此淨心。遂起妄見因有妄見復生妄習妄見卽煩惱妄行妄習卽業習由惑業爲因遂分內分外分。內分者情也。由從軀殼起念情動於中也。外分者想也。由從勝境起念想緣於外也。前以情想爲十二類生之根本此以情想爲七趣之原因雖情想不同勝劣有異總屬一種虛妄也。

此明內分本因。

阿難。內分卽是衆生分內。因諸愛染、發起妄情。情積不休。能生愛水。是故衆生、心憶珍羞、口中水出。心憶前人、或憐或恨、目中

此明外分本因

淚盈。貪求財寶、心發愛涎、舉體光潤。心着行婬、男女二根自然流液。阿難。諸愛雖別、流結是同。潤濕不升、自然從墜。此名內分。

此別釋內分也。以情愛是衆生分內所有。故曰內。最初對境起著爲愛染。耽戀不捨爲妄情。情積不休而爲水。遂無往而不流矣。憶珍羞而水出。想前人而淚盈。貪財寶而體潤。着行婬而流液。此皆愛染所致。故曰愛爲欲流也。所愛之物雖各各不同。然皆固結不解。其愛心無異也。情愛屬水。流下而凝結。故必墜。所以情愛不捨。皆是具三塗業因也。

阿難。外分卽是衆生分外。因諸渴仰、發明虛想。想積不休、能生勝氣。是故衆生、心持禁戒、舉身輕淸。心持咒印、顧盼雄毅。心欲生天、夢想飛舉。心存佛國、聖境冥現。事善知識、自輕身命。阿難。諸想雖別、輕舉是同。飛動不沈、自然超越。此名外分。

墜於獄火者。因是情欲之火屬內分故墮也。

此別釋卽外分也。以勝氣非衆生分內所有。故曰外。渴仰者。謂慕聖境如渴之仰水也。發明虛想者。卽天外眞人想也。勝氣者。是浩然之氣也。最初聞勝境希望。爲渴仰。懸極神馳不斷爲虛想。想積勝氣。飛騰。遂無遠弗屆矣。持禁戒而舉身輕清。持咒印而顧盼雄毅。欲生天而夢想飛舉。存佛國而聖境冥現。事善知識而自輕身命。此皆勝氣之所召也。所想之境。雖各各不同。然皆能輕舉不沉。其勝氣無異也。勝氣屬火。故輕舉而上升。所以超越不墜。而爲上界之因也。

阿難。一切世間、生死相續。生從順習。死從變流。臨命終時、未捨煖觸。一生善惡、俱時頓現。死逆生順。二習相交。

上明情想爲七趣因。下明情想爲招報之由也。生從順習死從變流者。言生時所造善惡二業。皆順意所爲。縱其所欲。及其將死未捨煖觸時。則平生所已造善惡之事。皆發現其前矣。如善心起而寶殿生。惡念興而火城現。一生善惡。俱時頓現。所謂遊魂爲變也。生順死逆者。言作惡之人。生順而死必逆。作善之人生逆而死必順也。作惡者捨煖觸後。神識自見其足在上頭在下。墮落地獄。受種種痛苦。作善者捨煖觸後。神識淸淨。如甘露飲風。或生天上。或

此明升墜之由

生淨域。善惡皆由人造。淨穢皆在人心。若了唯心。自能轉境。

純想卽飛、必生天上。若飛心中、兼福兼慧、及與淨願。自然心開、見十方佛。一切淨土、隨願往生。情少想多。輕舉非遠。卽爲飛仙、大力鬼王、飛行夜叉、地行羅刹、遊於四天、所去無礙。其中若有善願善心、護持我法。或護禁戒隨持戒人。或護神咒隨持咒者。或護禪定保綏法忍。是等親住如來座下。

此明想多情少者。生逆而死順也。純想生天者。卜居也。非遊於天也。三界諸天。皆想心所感。其間有兼修六度。而心想佛國者。亦得隨意往生。如想念西方純想必生極樂也。輕舉非遠者。豎不越四天。橫不出輪圍也。一情九想爲飛仙。二情八想爲大力鬼王。三情七想爲飛行夜叉。四情六想爲地行羅刹。遊於四天者。暫遊也。非久住也。其中指上四類也。綏安也。住如來座下者。轉惡心而爲護法神祇。天龍八部之類也。

情想均等。不飛不墜。生於人間。想明斯聰。情幽斯鈍。

均者五情五想也。因情想均等。不飛不墜。故生於人間也。若想明日進高明。則聰者愈聰。遂成上智。若情幽日趨幽暗。則鈍者愈鈍。遂成下愚。若高明者。尋常日用在暗昧處用心。此心亦日就暗昧。則轉聰爲鈍。若昏鈍者。尋常日用在高明處用心。此心卽日就高明。則轉鈍爲聰。關尹曰。升魂爲貴。降魄爲賤。輕魂爲明。重魄爲暗。不明不暗者。魂魄半之。故知人所具者。皆半明半暗不定之體。若暗者習明。則反暗爲明。明者習暗。則反明爲暗。比卽聰鈍智愚之所由分也。

情多想少。流入橫生。重爲毛羣。輕爲羽族。七情三想。沈下水輪。生於火際。受氣猛火。身爲餓鬼。常被焚燒。水能害己。無食無飲。經百千劫。九情一想。下洞火輪。身入風火。二交過地。輕生有間。

受氣猛火者。受火氣爲身也。水能害己者。水化爲火也。交過者。交勝也。

衆生有一百八結業性具五十四性造五十四皆以十八界爲本合三世所爲五十四也。十八獄皆是十八界根塵識所造也。

重生無間、二種地獄。純情卽沈入阿鼻獄。若沈心中、有謗大乘、毀佛禁戒、誑妄說法、虛貪信施、濫膺恭敬、五逆十重。更生十方阿鼻地獄。循造惡業、雖則自招。衆同分中、兼有元地。

此明情多想少者。生順而死逆也。俱舍云大地之下。有金水風三輪。有八寒八熱地獄在三輪之上。此文說沈下水火風輪。又似地獄在三輪之下。疑此所指非地下三輪。乃地獄之三輪也。言水輪火際者。卽寒獄第八也。受氣猛火。謂受火氣以爲身。故常被火燒。或得水飮亦化爲火。故曰水能害已也。眞際曰。八情二想生有間獄。九情一想生無間獄。有間卽十八獄無間卽八無間也。下洞火輪卽八熱獄也。身入風火二交過地者。風火交盛之地也。純情墮入阿鼻。卽大無間獄也。此爲情業最重。墮入者。至刼壞方能出此獄。若兼謗大乘者。則此刼壞又寄居他方。無有出期。此皆因謗法。能令無窮人生邪見。故有此重報也。言毀佛禁戒者。如寶蓮香比丘尼之類也。誑妄說法者。卽善星妄說法空之類也。無功而貪人信施之謂虛無德而受人恭敬之謂濫。乃至犯五逆十重者。皆十方阿鼻之因也。循造者。言此皆循業自

此總明十習因

（一）婬習

招。非本來自有也。此等雖自招私受。然在衆同分中。兼有元地也。元地者。卽定處也。正言別造同受也。七趣皆以情想爲本。若不著於情。則三塗空。不著於想。則天堂空。情想俱空。雖在人間。宛然淨土。

阿難。此等皆是彼諸衆生、自業所感。造十習因、受六交根。

前明情想爲七趣因。七趣爲情想果。下明十習爲三塗因。三塗爲十習果。自業所感者。謂非天造地設。亦非人與。皆是自作自受。故曰應觀法界性。一切唯心造。

云何十因。阿難。一者婬習交接、發於相磨。研磨不休。如是故有大猛火光、於中發動。如人以手自相摩觸。煖相現前。二習相然。故有鐵牀銅柱諸事。是故十方一切如來、色目行婬、同名欲火。菩薩見欲、如避火坑。

(二)貪習

此明婬習因果也。二習者業習種習也。發於相摩者業習也。研摩不休者種習也。由此二習交熾遂感此苦果也。因果循環不爽毫髮。若果道念同乎情念。婬火化爲智火。煩惱薪被智火燒盡。又何鉄床銅柱之有哉。色目行婬者、卽觸目動心之時也、此之動念同名欲火。故菩薩見欲如避火坑也。

二者貪習交計、發於相吸。吸攬不止。如是故有積寒堅冰、於中凍冽。如人以口吸縮風氣、有冷觸生。二習相陵。故有吒吒波波羅羅、青赤白蓮、寒氷等事。是故十方一切如來、色目多求、同名貪水。菩薩見貪、如避瘴海。

此明貪習因果也。貪吸屬水。吸之不已。結水而成冰。故見堅冰凍冽之境。二習相陵者。卽業種二習侵奪。故有吒吒波波羅羅之忍寒聲。青赤白蓮之凍色也。貪水者因貪而生愛水也。瘴海者。瘴厲之氣。觸之卽死也。多求者。愈得而愈不足也。世間持籌握算之輩。終日貪求不

（三）慢習

畢陵迦呼恆河神女為小婢。此即慢習

已。皆未知自家有無量寶藏也。若打開自己無盡藏。取之不盡。用之不竭。又何須向外馳求耶。

三者慢習交陵、發於相恃。馳流不息。如是故有騰逸奔波、積波為水。如人口舌自相綿味、因而水發。二習相鼓、故有血河灰河、熱沙毒海、融銅灌吞諸事。是故十方一切如來、色目我慢、名飲癡水。菩薩見慢、如避巨溺。

此明慢習因果也。陵者欺壓也。恃者倚也。云我慢貢高。倚恃其所長。而陵人傲物也。慢生則舉趾高而其心蕩。於是後波陵前波奔馳不息。故感騰逸奔波之境。癡水者西土有水。飲之則癡。若此方之貪泉。飲之則生貪也。慢習最難破除。果位之聖人尚不免慢犯之處。況初心入道者耶。對治此慢者。即是平等觀也。若深知是法平等無有高下。凡聖情忘。當下即入平等法界矣。

(四)瞋習
心熱發火者。不能滿其報復之心也。鑄氣者鑄剛氣也。
宮割其勢。
斬斫其首。
剉折其體。
刺擊其身。
搥笞其背。
擊杖其臀。
(五)詐習

四者瞋習交衝、發於相忤。忤結不息。心熱發火、鑄氣為金。如是故有刀山鐵橛、劍樹劍輪、斧鉞鎗鋸。如人銜冤、殺氣飛動。二習相擊。故有宮割斬斫、剉刺搥擊諸事。是故十方一切如來、色目瞋恚、名利刀劍。菩薩見瞋、如避誅戮。

此明瞋習因果也。瞋習發於相忤。交衝者。一言不合。怒氣相衝也。由氣動而生瞋火。由瞋火而鑄氣金。故先見刀山劍樹之境。次受種種痛苦也。瞋之對治法卽慈。若能慈愍衆生。恆順衆生。瞋火一除。氣金不鑄。則劍樹刀山。一變而為淸涼境界矣。

五者詐習交誘、發於相調。引起不住。如是故有繩木絞校。如水浸田、草木生長。二習相延。故有杻械枷鎖、鞭杖檛棒諸事。是故十方一切如來、色目奸僞、同名讒賊。菩薩見詐、如畏豺狼。

此明詐習因果也。詐卽小隨之諂。爲欺罔他人。矯設異儀。百般哄誘。勾引調弄。設機巧以誘彼人入其迷網。使無所脫。以是因緣。故感繩木絞校之事。此浸潤之法。令人中心悅服。正如水之浸田。令草木滋長也。色目奸僞者。胸中不正也。讒賊者。讒言傷人也。菩薩畏讒與詐。避之如豺狼也。詐之對治法卽直。若能直心直口。於尋常日用間皆以直道行之。則直心卽是道場也。

六者誑習交欺、發於相罔。誣罔不止、飛心造姦。如是故有塵土屎尿、穢汚不淨。如塵隨風、各無所見。二習相加。故有沒溺騰擲、飛墜漂淪諸事。是故十方一切如來、色目欺誑、同名劫殺。菩薩見誑、如踐蛇虺。

(六)誑習

虺音灰、扁頭毒蛇也。

（七）怨習
礰者碎石也。
匣者床也。

此明誑習因果也。誑者爲獲利養。矯現有德。詭詐爲性。邪命爲業。誣者說有爲無。指空爲有也。罔者欺其不知不見而騙之也。飛心造姦者不動聲色而羅網密布作諸姦惡人不覺知也。由彼欺人。不知不見。故感塵土不淨以遮沒之。令彼亦不見也。因以誑語陷人。故感沒溺以誑語欺人。故感騰擲。因誑語或天或淵。故感或飛或墜也。

七者怨習交嫌、發於銜恨。如是故有飛石投礰、匣貯車檻、甕盛囊撲。如陰毒人、懷抱畜惡。二習相吞。故有投擲擒捉、擊射拋撮諸事。是故十方一切如來、色目怨家、名違害鬼。菩薩見怨、如飲鴆酒。

此明怨習因果也。怨者恨也。由忿爲先。懷惡不捨。結怨爲性。熱惱爲業。嫌憎也。銜包藏也。由包藏恨心。故感飛石投礰等事也。匣貯者匣牀也。車檻者囚車也。甕盛者入甕而悶殺之也。囊撲者。以囊貯而撲殺之也。相吞者。銜恨久欲啖其肉也。違害鬼者違背正理暗中害人者也。鴆酒者鴆鳥最毒。以翼毛和酒飲之卽死也。怨宜解而不可結。若能反其道而行之。不念舊惡。視怨如親。則永脫此苦因苦果也。

(八)見習

八者見習交明。如薩迦耶、見戒禁取、邪悟諸業。發於違拒。出生相反。如是故有王使主吏。證執文籍。如行路人。來往相見。二習相交。故有勘問權詐。考訊。推鞫。察訪。披究。照明。善惡童子。手執文簿辭辯。諸事。是故十方一切如來。色目惡見。同名見坑。菩薩見諸虛妄偏執。如臨毒壑。

鞫音菊　究窮罪情也。

來往相見　狹路相逢也。

此明見習因果也。見者於諸諦理。顚倒推求。依他爲性。招苦爲業。此見有五。卽身邊戒見邪也。薩迦耶、身見也。執身爲我。種種計著。二邊見。於一切法執有無斷常見也。三戒取。非出世因妄爲出世因也。四見取。非聖果妄計聖果也。五邪見。撥無因無果也。由彼順邪反正。故曰發於違拒。彼亦一是非。此亦一是非。故曰出生相反。由彼不肯從人就正。故感王使證執文籍以正其是非也。如行人往來相見者狹路相逢。無處逃避也。權詐者用權變詐術。以誘其出言也。推鞫者用推詳窮鞫以審其是非也。照明者在業鏡臺前令其照明無所隱諱也。名爲見坑者。謂墮此見而不能出也。毒壑者云諸毒之中見毒最深能陷法身。故以壑喻也。

九者枉習交加、發於誣謗。如是故有合山合石、碾磑耕磨。如讒賊人、逼枉良善。二習相排。故有押捺搥按、蹙漉衡度諸事。是故十方一切如來、色目怨謗、同名讒虎。菩薩見枉、如遭霹靂。

此明枉習因果也。枉者情本無罪。而加之以罪。理本不曲。而强謂之曲。是以氣餒而降壓人也。誣謗者。謂以本無之事而加之也。合山者兩山相合也。由枉逼良善。賊害他人。故感合山合石之報也。排者排擠也。押捺者。心不服則强押之而遏捺也。搥按者。意不甘則强按之而搥擊也。蹙漉者。謂攢其手足。壓之而漉其血也。衡謂稱錘。度謂衣尺。謂稱其輕重量其長短也。讒能傷人故曰虎。雷能擊人故曰霹靂也。

（九）枉習、蹙祖郁切迫也。漉音鹿、滲也。押、拘也。捺、壓也。搥、椎也。按、抑也。讒、害也。

（十）訟習

十者訟習交諠、發於藏覆。如是故有鑒見照燭。如於日中、不能藏影。二習相陳。故有惡友、業鏡、火珠、披露宿業、對驗諸事。是故十方一切如來、色目覆藏、同名陰賊。菩薩觀覆、如戴高山、履於巨海。

此明訟習因果也。訟即覆習也。由覆故訟也。覆者於自作之事藏覆也。諠者諍競也。發於藏覆者。謂攻發人之陰私故成訟也。由平生不能隱惡揚善而反吹毛求疵。攻人之惡而自匿其惡。故感鑒見照燭之境。在業鏡火珠前。陰私畢露。無所容覆矣。所謂攻人之惡者。人亦攻其惡也。陰賊者暗賊也。戴山履海者。謂戴愈重而溺愈深也。此十習因果並彰。所重在因。故曰十因。此十種因。十方諸佛洞見其根。十方菩薩謹潔無犯。因果循環。毫厘不爽。菩薩知果不離因故畏因。衆生畏果而昧因。故常受果報也。

總示六交報

云何六報。阿難。一切衆生、六識造業。所招惡報、從六根出。

二因者。非因所因也。二業者。業種業習也。

(一)見報

迸者散也

此下詳明六交受報也。前十二類生中言二因中具足衆因。此言一果中具足諸果。前明一根返源六根解脫。此明一根造業六根受報也。六識造業者。引滿二業皆六識所造也。惡報從六根出者。以六根屬第八業識故也。若淺言之。造業者是六識。而受報者是業識。若深言之六識還是業識引起。雖云受報。還是業識自作自受也。前文審業本處云誰作誰受。此誰字。正是指業識而言也。

云何惡報從六根出。一者見報、招引惡果。此見業交、則臨終時、先見猛火滿十方界。亡者神識、飛墜乘烟、入無間獄、發明二相。一者明見。則能徧見種種惡物、生無量畏。二者暗見、寂然不見、生無量恐。如是見火。燒聽。能爲鑊湯洋銅。燒息。能爲黑烟紫焰。燒味、能爲焦丸鐵糜。燒觸、能爲熱灰爐炭。燒心、能生星火迸灑、煽鼓空界。

此言眼根受交報也。見報招引惡果者。謂眼識與意識兩俱造業。故招引眼根受惡報也。見覺屬火。故感猛火徧十方界極善極惡。皆無中陰。故曰乘紫烟而直墮獄中也。發明二相者。言人間見明。所行種種惡事。了無畏心。獄間見明。則見種種惡物可畏也。人間見暗。幽暗中造諸惡業。毫無忌憚。獄中見暗。寂無所見。生無量恐也。畏生於境。恐藏於心。若知境唯心造。恐無所生矣。因中能作反觀。果中卽能得無量光明。十方洞開。無復幽暗。與獄中之明暗相不得同時語矣。此下詳明交報。云昔時因中耳所聽者。鼓樂絃歌嬌聲豔語。今爲見火所燒。但聞鑊湯洋銅之聲矣。昔時因中鼻所齅者。龍涎麝臍酒氣花香。今爲見火所燒。但齅黑烟紫燄矣。昔時因中舌所嚐者。珍羞美味。今爲見火所燒。但嚐焦丸鐵糜矣。昔時因中身所觸者。柔軟細滑。今爲見火所燒。化爲熱灰爐火矣。昔時心中所思者。俛仰天地。今爲見火所燒心所思者。俱成星火迸灑空界矣。此皆由不能返見循元。流逸奔色之報。所謂生順死逆也。

（二）聞報

二者聞報、招引惡果。此聞業交。則臨終時、先見波濤沒溺天地。亡者神識降注乘流、入無間獄。發明二相。一者開聽。聽種種鬧、精神愁亂。二者閉聽。寂無所聞、幽魄沈沒。如是聞波。注聞、則能爲責爲詰。注見、則能爲雷爲吼、爲惡毒氣。注息、則能爲雨爲霧、灑諸毒蟲、周滿身體。注味、則能爲膿爲血、種種雜穢。注觸、則能爲畜爲鬼、爲糞爲尿。注意、則能爲電爲雹、摧碎心魄。

此言耳根受交報也。聞聽屬水。故臨終時先見波濤沒溺天地也。降注乘流者。謂神識乘流入獄也。開聽者。耳有所聞也。聽種種鬧者。謂但聞音聲嘈雜。波濤浪湧。一切不如意之聲。令精神愁亂而無主也。閉聽者。謂一無所聞。令幽魄沈沒而無覺也。昔時因中責人則明。責己則昏。今受報時亦聞責罪詰情之事。昔時因中鼓其盛氣。盛氣陵人。今聽水注於見。火化爲雷吼。化爲毒氣矣。昔時因中唾霧迷人。含沙射影。今聽水注息時。化爲雨霧。化爲毒蟲。周遍身體。翻爲己害矣。昔時因中所嗜八珍美饌。今聽水注味。皆爲臭腐膿血之味矣。昔時因中觸體者。溫香煖玉。今爲聽水所注。皆爲糞尿雜穢矣。昔時因中出其不意。使人措手不及而害人。今爲聽水所注。化爲雷電摧心碎魄矣。此皆由不能返聞聞自性。流逸奔聲之報也。

三者齅報、招引惡果。此齅業交、則臨終時、先見毒氣充塞遠近。亡者神識從地湧出、入無間獄。發明二相。一者通聞、被諸惡氣、熏極心擾。二者塞聞。氣掩不通、悶絕於地。如是齅氣、衝息則能爲質爲履。衝見、則能爲火爲炬。衝聽、則能爲沒爲溺、爲洋爲沸。衝味、則能爲餒爲爽。衝觸、則能爲綻爲爛、爲大肉山、有百千眼無量咂食。衝思、則能爲灰爲瘴、爲飛砂礰、擊碎身體。

此明鼻根受交報也。鼻息屬氣。見出入息。吸則從上而入。呼則從下而出。故臨終時。覺得神識從地湧出。又從上而墮也。通聞者。謂鼻有所齅。臭穢之氣熏極。使心擾亂也。塞聞者。謂鼻

(三)齅報

質者質礙也。履者踐履也。魚敗曰餒。爇敗曰爽。

(四)味報

舌根屬兌。兌爲金。故稱味爲味金。承者。承忍痛苦也。

無所聞。氣掩不通。悶絕者無所知覺也。故昔時因中恃鼻息以衝人。行處皆通。今衝本根之息。皆質礙不能履行矣。昔時因中恃見火而害人。今息衝見火。火愈熾。而無所避矣。昔時因中恃聽之聽。無所不達。今息衝聽水。閉則寂無所聞。爲沒。爲溺而生恐。通則爲大洋沸海。作波濤之聲。而生畏矣。昔時因中以滋味爲爽口。今息衝其味。爲爛爲壞。神奇化爲朽腐矣。昔時因中恃氣。以刀斧殘殺衆生。以充口腹。今息衝其觸。則爲綻裂。爲腐爛。爲大肉山。而爲衆生所食矣。昔時因中暗中害人。使人不覺。今息衝思則爲灰瘴砂礫。擊碎其身矣。此皆由不能返息循元。流逸奔香之報也。

四者味報、招引惡果。此味業交。則臨終時、先見鐵網、猛燄熾烈、周覆世界。亡者神識下透掛網、倒懸其頭、入無間獄。發明二相。一者吸氣、結成寒冰、凍裂身肉。二者吐氣、飛爲猛火、焦爛骨髓。如是嘗味。歷嘗、則能爲承爲忍。歷見、則能爲然金石。歷聽、則能爲利兵刃。歷息、則能爲大鐵籠、彌覆國土。歷觸、則能爲弓爲箭、爲弩爲射。歷思、則能爲飛熱鐵、從空雨下。

此明舌根受交報也。因中貪味。網諸禽鳥。故臨終時。先見鉄網周遮世界。其神識從上而下。透網而倒懸其頭。直墮入獄也。吸氣從外入者屬水。故結爲寒冰。吐氣從內出者屬火。故飛爲猛火。因中爲此味食噉生命。令彼忍痛受苦。今歷嘗亦受此苦矣。因中爲此味而炮炙。今歷見火爲金石不可食矣。因中爲此味以刀割。今歷聽則爲兵刃而自害矣。因中爲此味而網鳥。今歷息則爲大鉄籠彌覆國土矣。因中爲此味。用弓弩以獵獸。今歷觸則爲弓弩自射矣。因中爲此味懸想飛禽。今歷思則爲熱鉄飛下矣。此皆由不能旋味循元。流逸奔味之報也。

(五)觸報

五者觸報、招引惡果。此觸業交。則臨終時、先見大山四面來合、無復出路。亡者神識見大鐵城、火蛇火狗、虎狼師子、牛頭獄卒、

矟音朔
道者，獄路也。
觀者，獄王門也。
括袋，括囊也。
考者，括而復考也。
縛者，袋而復縛也。
耕者，犂舌也。
鉗者，拔舌也。
斬者，割舌也。
截者，斷舌也。
括袋者，結其口而不令其

馬頭羅刹，手執鎗矟，驅入城門，向無間獄。發明二相。一者合觸。合山逼體，骨肉血潰。二者離觸。刀劍觸身，心肝屠裂。如是合觸。歷觸，則能為道為觀為廳為案。歷見，則能為燒為爇。歷聽，則能為撞為擊為剚為射。歷息，則能為括為袋為考為縛。歷嘗，則能為耕為鉗為斬為截。歷思，則能為墜為飛為煎為炙。

此明身根受交報也。身根所對是觸。因中有男女身分之樂觸。故臨終時。有大山來合之苦觸。而所見者皆鐵城火蛇等也。一者合相。感合山逼體。二者離相。感屠裂肝心也。此身為五根之身。因中此身動作自由。今時歷觸則為獄中道。獄門觀。為廳為案而為治罪之所矣。因中為此身而觸色。今時觸目所見者。皆燒熱不堪見聞之觸也。因中為此身而觸聲。今歷廳皆撞擊剚射可畏之聲矣。因中為此身而觸息。今歷息皆括袋考縛。不可通之觸矣。因中為

吐氣也。考縛者盤其身而不容轉側也。

(六)思報

流者結爲大石。熱者化爲冰霜。明者化爲土霧。爲火車等氣能載物。氣所化也。

此身而觸味。今歷嘗則爲耕鉗斬截之苦矣。因中爲此身而攀緣。今歷思則爲墜爲飛爲煎爲炙之苦矣。此種種煩惱。皆由不能反身自修。忘我觀性。流逸奔觸之報也。

六者思報、招引惡果。此思業交、則臨終時、先見惡風吹壞國土。亡者神識被吹上空、旋落乘風、墮無間獄。發明二相。一者不覺。迷極則荒、奔走不息。二者不迷。覺知則苦、無量煎燒、痛深難忍。如是邪思。結思、則能爲方爲所。結見、則能爲鑒爲證。結聽則能爲大合石、爲冰爲霜、爲土爲霧。結息、則能爲大火車、火船火檻。結嘗、則能爲大叫喚、爲悔爲泣。結觸、則能爲大爲小、爲一日中萬生萬死、爲偃爲仰。

地獄總結

此明意根受交報也。意屬土。心屬火。無明風所自出。故臨終時先見惡風吹壞國土。而神識被無明風吹入虛空。乘風入獄矣。一爲不覺者。謂迷極不知道路。故慌亂而奔走不息也。一爲不迷者。謂覺知無量煎熬。苦痛難忍也。眞心本無方所。今邪思一結。處處爲方所所迷矣。因中掩其不善而著其善。今邪思結見爲鑒爲證。使無所隱其惡矣。心火結聽水。故使流者結爲大石。熱者化爲冰霜。明者化爲土霧矣。心火結息。氣能載物。故爲火車船檻也。心火燒舌根。故爲叫喚悔泣也。心火結觸。故爲大爲小也。生死偃仰者。因邪思所觸。反覆無定。故結觸亦不定也。此皆由不能反思自咎。不知思盡還源之妙。故受流逸奔法之報也。或問曰。一根作業。何以六根皆徧受也。答曰以六根造業時。性中相知。故報亦相通。用中相背。故諸報各別也。此六交報。皆是不思議業力稟變。唯佛洞明其端倪實非尋常思想所能知也。宗鏡云十因既作。六報寧亡。皆是一念惡覺心生。顚倒想起。對境作因成之假。隨情運相續之心。不以智眼正觀。遂陷凡夫業道。

阿難。是名地獄、十因六果。皆是衆生迷妄所造。

此結前妄業。皆是迷眞實心而循業發現。非實有也。若果識得唯心所現。則大地無寸土。況地獄乎。

見見者。能見所見也。

同分者其業同故。感同分獄也。

若諸衆生惡業同造。入阿鼻獄、受無量苦、經無量劫。六根各造、及彼所作、兼境兼根。是人則入八無間獄。身口意三、作殺盜婬。是人則入十八地獄。三業不兼、中間或有一殺一盜。是人則入三十六地獄。見見一根、單犯一業。是人則入一百八地獄。由是衆生別作別造。於世界中、入同分地。妄想發生、非本來有。

此明因果重輕也。同造者。謂此六根。十因具足。於一切時無不同造。此極重之罪。入大無間地獄。受苦極長。故經無量劫也。六根各造者。亦各具十因。惟前後異時。故曰各也。兼境兼根者。或兼一根一境各造。或兼二根二境各造。乃至三四等。此罪次重於前。入八無間獄。若身口意三根。唯造殺盜婬三因。餘不兼涉。稍輕於前。入十八獄。三業不兼者。謂殺盜婬或缺其一也。此又次輕於前。入三十六獄也。見見者。能見所見也。云單根單境單犯一業。此又輕於前。故入一百八地獄也。別作別造者。云各各私造也。入同分地者。其業同。故感同分獄也。是妄想生非本來有者。云此皆妄想所生。淸淨心中本無是事也。

復次阿難。是諸衆生、非破律儀、犯菩薩戒、毀佛涅槃。諸餘雜業、歷劫燒然。後還罪畢、受諸鬼形。若於本因、貪物爲罪。是人罪畢、遇物成形、名爲怪鬼。貪色爲罪。是人罪畢、遇風成形、名爲魃鬼。貪惑爲罪。是人罪畢。遇畜成形、名爲魅鬼。貪恨爲罪。是人罪畢、遇蟲成形、名蠱毒鬼。貪憶爲罪。是人罪畢、遇衰成形、名爲癘鬼。貪傲爲罪。是人罪畢、遇氣成形、名爲餓鬼。貪罔爲罪。是人罪畢、遇幽爲形、名爲魘鬼。貪明爲罪。是人罪畢、遇精爲形、名魍魎鬼。

貪成爲罪。是人罪畢、遇明爲形、名役使鬼。貪黨爲罪。是人罪畢、遇人爲形、名傳送鬼。阿難。是人皆以純情墜落。業火燒乾、上出爲鬼。此等皆是自妄想業之所招引、若悟菩提、則妙圓明本無所有。

十四十習因也。

此躡前地獄罪畢而入鬼趣也。非、謗也。破、犯也。既謗戒而復破戒也。犯菩薩戒者。但破而不謗。毁佛涅槃者。謗佛而兼謗法也。諸餘雜業卽十因也。戒爲衆生出苦之具。佛爲衆生拔苦之師。法爲衆生盡苦之地。謗此三者。卽名斷佛種性。其罪特重。故入地獄而歷劫爲業火燒然。俟地獄業空。然後受鬼形而爲鬼也。其在獄受報者。指業識身而言。直待業識盡方受鬼身。入各種鬼趣。貪物者。卽貪習也。由其愛著諸物。故今遇物成怪也。貪色者婬習也。由其婬風鼓扇。故今遇風成妖作旱魃也。貪惑者詐習也。由其諂媚成性。故今遇畜成魅。如妖狐之類。仍欲媚惑人也。貪恨者瞋習也。由其心懷毒恚。故遇蟲成蠱。仍毒害於人也。貪憶者怨習也。由其銜恨不忘。故乘衰作厲。報夙仇也。貪傲者慢習也。由其尙氣自恃。故遇氣成爲餓鬼。所謂空腹高心之報也。貪罔者誑習也。由其暗地造姦。故遇幽成爲魘鬼。依舊乘人之臥而魘之也。貪明者見習也。由其邪悟邪執。故遇精成魍魎鬼。望之有似高明。就之實無威德也。貪成者枉習也。由其證人入罪。指暗爲明。故遇明爲役使鬼。仍助人成事也。貪黨者訟習也。由其發人陰私。必欲牽引傍人爲證。故遇人爲傳送鬼。仍報種種陰私也。此數種鬼皆因純情墮落。業火燒乾。地獄因盡而生此鬼趣也。此皆是妄業所招。若悟菩提。本無是事。所謂了卽業障本來空。未了須當還夙債也。

復次阿難。鬼業既盡。則情與想、二俱成空。方於世間、與元負人怨對相値。身爲畜生、酬其宿債。物怪之鬼、物消報盡。生於世間、多爲梟類。風魃之鬼、風銷報盡。生於世間、多爲咎徵一切異類。畜魅之鬼、畜死報盡。生於世間、多爲狐類。蟲蠱之鬼、蠱滅報盡。

生於世間、多爲毒類。衰厲之鬼、衰窮報盡。生於世間、多爲蛔類。受氣之鬼、氣銷報盡。生於世間、多爲食類。綿幽之鬼、幽銷報盡。生於世間、多爲服類。和精之鬼、和銷報盡。生於世間、多爲應類。明靈之鬼、明滅報盡。生於世間、多爲休徵一切諸類。依人之鬼、人亡報盡。生於世間、多爲循類。阿難。是等皆以業火乾枯、酬其宿債。傍爲畜生。此等亦皆自虛妄業之所招引。若悟菩提、則此妄緣、本無所有。如汝所言寶蓮香等、及琉璃王、善星比丘。如是惡業、本自發明。非從天降、亦非地出、亦非人與。自妄所招、還自來受菩提心中、皆爲浮虛妄想凝結。

此言鬼業盡而生畜趣也。此情想空者。空阿鼻純情之業。非眞能明了自性空也。梟類者。盜貪餘習也。咎徵者由婬習故先事可驗爲妖爲孽也。狐類者詐習也。狐媚惑人也。毒類者瞋習也。爲蠱毒人也。蛔類者怨習也。依人而銷飮食也。食類者慢習也。空腹高心。人所切齒。皆欲食其肉也。服類者誑習也。皮毛可服。牛馬可乘也。應類者見習也。如社燕塞鴻之應節也。休徵者枉習也。如嘉鳳祥麟。鵲噪報喜之類也。循類者訟習也。如貓犬之類。依順人者也。所言多爲者。舉其大概言之。言不必盡如是也。本自發明者。言此三塗惡業。皆是自已所造。非天造地設。亦非人與也。若知此皆從妄想凝結而來。一念不生。則十方虛空盡皆殞滅。又何況三塗耶。

復次阿難。從是畜生、酬償先債。若彼酬者、分越所酬。此等衆生、還復爲人、反徵其剩。如彼有力、兼有福德。則於人中不捨人身、酬還彼力。若無福者、還爲畜生、償彼餘直。阿難當知。若用錢物、或役其力、償足自停。如於中間殺彼身命、或食其肉、如是乃至經微塵劫、相食相誅。猶如轉輪互爲高下、無有休息。除奢摩他、及佛出世。不可停寢。

此躡前畜生業盡而復人形也。鬼畜以六情四想爲潤生。酬償夙債。債了卽當兩無交涉。若使酬償過分。則復生人中而反徵其剩也。此互償中有二差別。一償力二償殺。償力者若有福力。卽於人身中償之。若無福力。還爲畜生償之。償殺亦有二種。一爲畜生相食。二於人中相誅。人旣殺畜。畜亦害人。相食相誅之業。愈結愈深。終無自停之日。除其修心了脫生死者。或可停寢。或遇諸佛出現於世。以慈悲力解其寃結。亦可停寢。捨此二途。歷劫輪迴。冥冥長夜矣。

汝今應知彼梟倫者、酬足復形。生人道中、參合頑類。彼咎徵者、酬足復形。生人道中、參合異類。彼狐倫者、酬足復形。生人道中、參合庸類。彼毒倫者、酬足復形。生人道中、參合狠類。彼蛔倫者、酬足復形。生人道中、參合微類。彼食倫者、酬足復形。生人道中、參合柔類。彼服倫者、酬足復形。生人道中、參合勞類。彼應倫者、酬足復形。生人道中、參於文類。彼休徵者、酬足復形。生人道中、參合明類。彼循倫者、酬足復形。生人道中、參於達類。阿難。是等皆以宿債畢酬、復形人道。皆無始來、業計顚倒、相生相殺。不遇如來、不聞正法。於塵勞中、法爾輪轉。此輩名爲可憐愍者。

此明畜生業盡而復人形也。人者止息義。忍義。謂於六趣中能止息煩惱。於世間中能堪忍

仙道。從人者。從人道進修也。

也。參合者。言帶畜生之餘習。而參雜混合於人中也。頑類者。云不識仁義。不知廉恥。毫無倫理者也。愚類者。昏鈍不明。事事皆成過咎。溺於愛欲者也。庸類者。諂世求容。故猶有狐媚氣習也。狠類者。蜂目豺聲。猶有凶毒之習也。微類者。微賤之人。不脫其衰氣也。柔類者。由傲人之報。為人切齒。故受食倫之果也。勞類者。負重致遠之習未忘。故又為人服役也。文類者。因宿有聰明知見。故通文解義。與人應接不失其序也。明類者。因宿昔託明成形。能為休徵。故應世亦有精明也。達類者。由宿昔循順於人。故今亦諳練世故。通達人情也。據上十種。則知人道參乎想明者十之三。合乎情幽者十之七也。此界為五趣雜居之土。亦不限定畜道。復人一類。譬如富貴而慈善者。即似天中來也。聰明而蕭散者。即似仙中來也。凶狠而剛愎者。即似修羅中來也。貧賤而常凍餒者。即似餓鬼中來也。頑癡無知識者。即似畜生中來也。囚首垢面丐而求活者。即似地獄中來也。種類不同。勝劣各異。則知來處定非一處也。得人身者甚難。失人身者甚易。故如來目為可憐憫者也。

阿難。復有從人、不依正覺修三摩地。別修妄念、存想固形。遊於山林人不及處、有十種仙。阿難。彼諸眾生、堅固服餌而不休息。

此十行。前五行讀平聲。後五行讀去聲。

仙道總結

食道圓成、名地行仙。堅固草木而不休息。藥道圓成、名飛行仙。堅固金石而不休息。化道圓成、名遊行仙。堅固動止而不休息。氣精圓成、名空行仙。堅固津液而不休息。潤德圓成、名天行仙。堅固精色而不休息。吸粹圓成、名通行仙。堅固咒禁而不休息。術法圓成、名道行仙。堅固思念而不休息。思憶圓成、名照行仙。堅固交遘而不休息。感應圓成、名精行仙。堅固變化而不休息。覺悟圓成、名絕行仙。阿難。是等皆於人中鍊心、不修正覺。別得生理、壽千萬歲。休止深山、或大海島、絕於人境。斯亦輪迴妄想

遐者。遐於山林。不住人間繁鬧也。

流轉。不修三昧、報盡還來、散入諸趣。

此從人道進修而入仙道也。說文云仙者遷也。仙趣有處。不別開者。因人道攝也。次於天者。不持戒無定慧者也。前三塗業皆以十習為因。初得人身。猶帶十種餘習。今此仙趣則不與十種同矣。惟此仙趣。亦是厭畏無常。希求常住。皆未得眞道。報盡還來。枉費勤勞為可惜也。從人者。謂從人道進修也。不依正覺修三摩者。不依如來正教。不知不生不滅元淸淨體為本修之因也。別修妄想者。謂執五蘊身。有性可修。有命可接。可以長生久住世間也。此皆不知此身是妄想凝結而成。縱經八萬劫。終落空亡也。存想固形者。言先雖有十種不同。而存想固形是其總訣也。言存想者。是用諸妄想。非銷落妄念可比也。言固形者。是妄認色身。非究竟堅固理體可比也。十種仙趣。前五是外修。後五是內修。堅固服餌者。如服秋石紅鉛之類。但能駐顏齡。而不能輕舉飛升。故曰地行仙也。此殆不知甘露漿。禪悅食。方是眞不饑之品也。堅固草木者。如餐黃精松柏茯苓之類。久服身輕。能以飛舉。故曰飛行仙也。此蓋不知阿伽陀藥。服之根結全消。萬病盡除。是眞無上妙藥也。堅固金石者。如鍊金石為藥。服之固形。能遊行世間。所向無礙。故曰遊行仙也。此蓋不知自己有無上靈丹。有不壞之身。周遊十方佛土。是眞遊行無礙也。堅固動止者。謂一止一動。皆守氣固形。精化氣。氣化神。神化虛。能御風而行。故曰空行仙也。此蓋不知不依氣息。不依形色。不依地水火風。是眞空行也。堅固津液者。謂嗽津嚥液以固形顚倒陰陽。使水升而火降。不食五穀。不染世欲。與天相似。故曰天行仙也。此蓋不知自己性水眞空。取之不竭。不待固精而潤德自圓滿也。堅固精色者。謂吸食日月之光華。雲霞之精粹以固形也。吸粹日久。清虛日來。能貫金石蹈水火而無妨礙。故曰通行仙也。此蓋不知自己之光明。六根門頭。皆能放光動地。不待吸粹而自能通行也。堅固咒術者。謂以咒術之力堅固其形也。持咒既久。凝神不動。故名道行仙也。此蓋不知悉怛多般怛囉。是轉凡成聖之咒心。是眞無上咒術也。堅固思念者。如存想頂門。繫心氣海以固形也。透尾閭。升夾脊達泥丸以衝頂。名曰囘光返照。然不脫思憶所成。故曰照行仙也。此蓋不知思盡還源。能還元明淸淨本體。圓照法界。是眞照行也。堅固交遘者。謂取坎水塡離火以固形也。水升火降。兩相感應。堅執水火而成道。故曰精行仙也。此蓋不知識精元明。不藉水火相調。自有眞精不失不壞也。堅固變化者。謂觀變化轉移。以固其形也。通悟化理。所行無礙。故曰絕行仙也。此蓋不知幻化皆自己出。無方所絕對待。方是眞正絕行也。此十種仙皆不達眞正無生妙理。不修正覺。於人中自鍊身心者也。斯亦輪迴者。以其不知性本無生。仍執堅固妄想。故還受輪轉也。報盡還來者。言其堅固力能保持其形不壞。仙福報盡。仍散入諸趣也。

天趣　此云欲界六天也

(一)四王天

阿難。諸世間人、不求常住、未能捨諸妻妾恩愛。於邪婬中、心不流逸。澄瑩生明。命終之後、鄰於日月。如是一類、名四天王天。

此明欲界第一天也。天者自在義。又光明照耀義。天有三。謂欲界色界無色界也。欲界諸天同以上品十善爲因。今獨舉邪婬事言此婬欲正是生死根本。此念不斷終不能出生死也。欲界天自須彌腰頂以至空居具有飮食婬欲睡眠三欲。故曰欲界天。其男女嫁娶妻妾亦如人間。惟欲天無血肉軀。亦無大小便利不淨事。身放光明。無別晝夜。報得五通。形無障礙。言諸世間人者。云亦從人道修入天道也。不求常住者不求常住世以十善爲本修因也。未能捨諸恩愛者。云尚不能斷世間愛欲也。心不流逸者。云正婬雖未斷淨。而心念不貪戀婬欲也。澄瑩生明者。言欲念微薄。愛水澄清也。意地生白。故命終時捨肉身而受天身也。隣於日月者。言所居報土在須彌腰。隣於日月宮也。四王天者。以山腰四面有四王各主一方也。此云邪婬心不流逸。便能澄瑩生明。若能清淨持戒。心不流逸。則十方國土。皎然清淨。一切密圓淨妙皆現其中矣。墮落者以婬習爲首。生天者伏婬習爲首。故成聖成賢者皆須先斷婬習也。

(二)忉利天
此二天名地居。尚未至空居境也。

(三)須燄摩天

於己妻房、婬愛微薄。於淨居時、不得全味。命終之後、超日月明、居人間頂。如是一類、名忉利天。

此明欲界第二天也。婬愛微薄者。云此人不但邪婬不染。即於妻妾正婬。心亦不多流逸也。不得全味者。云於淨居時不念婬欲也。超日月明者。由須彌腰上升其頂也。忉利天者。言三十三天。帝釋所統之界也。此天在須彌頂。離地八萬四千由旬。四方各有八天。此天居中。故曰三十三天也。

逢欲暫交、去無思憶。於人間世、動少靜多。命終之後、於虛空中、朗然安住。日月光明、上照不及。是諸人等自有光明。如是一類、名須燄摩天。

此明欲界第三天也。言此人不逢欲境。則婬念不起。即逢欲境暫交。事後毫無追戀。動少靜多又勝於前。故命終後、即居空界。此天又高出須彌一倍。日月光不及上照。自有身光。互相照耀。雖在欲界。然惟形交。毫無欲事也。

(四)兜率天

一切時靜、有應觸來、未能違戾。命終之後。上升精微、不接下界諸人天境。乃至劫壞、三災不及。如是一類、名兜率陀天。

此明欲界第四天也。一切時靜者。言動靜之間。全無婬念也。有應觸來者。云已無欲心。應他行事也。上升精微者。指彌勒內院而言也。此天有內院外院。總五十重。每一重有五百億天宮。內則四十九。其外僅一也。彌勒菩薩所處大摩尼殿居其中焉。此爲無漏報土。爲別報天。是補處菩薩寄居之地。居外院者不得窺見也。一切時靜已成欲界中定。故不接下界。此通指外院而言。乃至劫壞三災不及。方是別報內院也。

(五)樂變化天

我無欲心、應汝行事。於橫陳時、味如嚼蠟。命終之後、生越化地。如是一類、名樂變化天。

此欲界第五天也。前有應觸。倘有應心。此則卽有應觸橫陳於前。亦無應心。了無滋味。故如嚼蠟也。言越化者。謂能超越下天。又能自化樂具也。名樂變化者云此天以笑爲婬欲。故樂其自所變化也。

(六)他化天

無世間心、同世行事。於行事交、了然超越。命終之後、徧能出超化無化境。如是一類、名他化自在天。

此明欲界第六天也。無世間心者。言此守戒人。心希上界。了無一念世間情欲。對於事跡上雖同世事而全無滋味。並且超越世事。毫無愛染也。此又勝前一倍。故命終時。超出化無化境也。言他化自在者。謂對諸欲樂境不勞自化。皆由他化。而能自在受用也。此天以相視爲婬欲。故超出第五而勝下四天也。

六天通結

阿難。如是六天、形雖出動、心跡尚交。自此以還、名爲欲界。

此總結之文也。動者。單指欲心躁動也。世人爲欲所動。莫能制止。今漸能制以至靜。故曰出動。惟祇能制其不動。心迹尚有交相。故總名欲界。自此以下。直至阿鼻。皆欲界所攝。謂之五趣雜居地。

楞嚴經直解卷八終

(二)色界十八天

初禪三天

(一)梵衆天

初禪伏舌鼻二識。爲離生喜樂地。

楞嚴經直解卷九

阿難。世間一切所修心人、不假禪那、無有智慧。但能執身不行婬欲。若行若坐、想念俱無。愛染不生、無留欲界。是人應念身爲梵侶。如是一類、名梵衆天。

此明色界四禪十八天也。前六欲天雖出塵擾。而未能絕欲。故通名欲界。自此已下明色界十八天。雖離欲染。尚有色質。故通名色界。又通名梵世。因已離欲染也。又通號四禪。爲已離散動也。行十善業感生六欲天。能兼禪定。卽感生色界禪天。此先明初禪天也。言世間一切所修心者。非實得眞修心法也。不假禪那者。以其僅伏下地思惑。不知出世妙定也。無有智慧者。以其不修出世妙慧也。身不行婬者。謂以有漏靜慮爲因地心。制彼婬習。於一切時想念俱無。究非無漏淸淨。淸白梵行也。因其身心能以俱潔。下無卜居。故於命終時。應念而生梵天爲梵民也。蓋前欲天形雖出動。能以制其不動。而心迹尚有交相祇可生欲天而不可

(二)梵輔天
此天戒與定共也。

(三)大梵天
此天戒與慧俱也。

初禪三天通結

生梵天。此則想念俱無。故可以爲梵天伴侶也。

欲習既除。離欲心現。於諸律儀。愛樂隨順。是人應時能行梵德。如是一類。名梵輔天。

此初禪第二天也。欲習既除。定心明露矣。既能離欲。故於律儀無不愛樂隨順。覺念成熟。應念能行梵德。曰梵輔天。

身心妙圓。威儀不缺。淸淨禁戒。加以明悟。是人應時能統梵衆。爲大梵王。如是一類。名大梵天。

此初禪第三天也。身心妙圓者。遠離欲界一切粗濁。謂之妙。較前二天優勝。謂之圓。然究非慧性圓明可比也。加以明悟者。由其威儀不缺。慧勝前天。故得爲梵王也。

阿難。此三勝流。一切苦惱所不能逼。雖非正修眞三摩地。淸淨

初二天尋伺皆有。三天無尋有伺。初心在緣。名為覺行。細心分別。名為觀行

二禪三天

(一)少光天

(二)無量光天

二禪由定力

心中、諸漏不動、名為初禪。

此結示初禪三天也。言勝流者。謂非初機之入流為勝。蓋背下界之欲流也。此天以尋伺覺觀不淨慈悲治欲界粗障。故能離欲盡苦受。欲界煩惱所不能逼。離欲生喜。名離生喜樂地。此雖非眞三摩地。然戒心清淨。漏心已伏。不為欲習所動矣。此天雖離欲火。然內有覺觀擾亂。外感火災。故火災壞初禪也。

阿難。其次梵天、統攝梵人、圓滿梵行。澄心不動、寂湛生光、如是一類、名少光天。

此二禪初天也。圓滿梵行者。勝梵天之行也。澄心不動者。已無覺觀。不起現行也。寂湛生光者。云湛而常寂。心水澄清。不動而生光耀也。少光者。云光明如天光初發。非日輪升天也。此皆因我法執未破。故光明未能圓滿周徧也。

光光相然、照耀無盡。映十方界、徧成瑠璃。如是一類、名無量光

伏前五識。爲定生喜樂地。湛不搖處。還是識陰區宇也。

(三)光音天

二禪三天通結

天。

此二禪二天也。從前少光。更發多光。故光光互明。成琉璃色。徧映十方界也。此無量光。由心水澄清湛不搖處所發。尙非內含寶月。如淨琉璃之光也。

吸持圓光、成就教體。發化清淨、應用無盡。如是一類、名光音天。

此二禪三天也。吸圓光成敎體者。因此天已無尋伺。故無語言。惟以光明發清淨化以表言詮。以光爲敎體。應用無窮。名光音天。

阿難。此三勝流、一切憂懸所不能逼。雖非正修眞三摩地。清淨心中、麤漏已伏、名爲二禪。

此結示三天名二禪也。此三天總名定生喜樂地。由覺觀心息。故名定生。若淨鑑止水。故身心適悅。此亦名喜俱禪。因定生時與喜俱發故也。得此定喜。滅世間一切煩惱。故憂懸不能逼也。粗漏已伏者。以定力伏前五識也。由二禪伏前五識。故無尋伺。因有喜樂。故未能伏六

三禪三天
(一)少淨天
三禪伏意識分別現行。故得妙樂爲離喜妙樂地。精行者離喜支也。
(二)無量淨天

識。內有喜水擾動。故二禪外感水災也。前三天以戒勝。此三天以定勝也。

阿難。如是天人、圓光成音、披音露妙。發成精行、通寂滅樂。如是一類、名少淨天。

此三禪第一天也。圓光成音者。指前天而言也。然前天有喜心分別擾動。能障定樂。此天轉寂披音顯妙理。依理發精行。冥通寂滅之樂。定樂初通。淨空初顯。故曰少淨矣。此寂滅樂因伏六識。故相似二乘之寂滅。究非生滅既滅。寂滅現前可比也。

淨空現前、引發無際。身心輕安、成寂滅樂、如是一類。名無量淨天。

此二禪二天也。伏六識而似得人空。故曰淨空現前。引發無際者。謂擴而充之。則喜心愈寂。淨空愈廣也。成寂滅樂者云身心輕安也。雖云輕安還有身受心受。尚非忘身心之眞寂滅樂也。此天由淨空而能推廣無際。故名無量淨天也。

(三)徧淨天

世界身心、一切圓淨淨德成就勝託現前歸寂滅樂。如是一類、名徧淨天。

此三禪三天也。前天得意地樂。止在身心。未名爲徧。今則根身器界。觸處無非妙樂。樂至此極。便認此爲淸淨極樂之鄉。終身歸託之地。此天雖曰徧淨。然曰託曰歸。仍有處所。尚非寂滅眞際也。

三禪通結

阿難。此三勝流、具大隨順。身心安隱、得無量樂。雖非正得眞三摩地。安隱心中、歡喜畢具。名爲三禪。

此結示三禪三天也。具大隨順者。言此妙樂。無不隨心順意也。身心安隱者。言前二禪心有喜受。故多散動。不得身親受樂。今喜受已除。身心皆受妙樂。故曰安隱。此天已伏意識。無喜受。然尚有出入息擾亂。故感風災壞此三禪也。

四禪九天
(一)福生天
四禪伏意識分別種子故能捨心。爲捨念淸淨地。

(二)福愛天

阿難。復次天人、不逼身心、苦因已盡。樂非常住、久必壞生。苦樂二心、俱時頓捨。麤重相滅、淨福性生。如是一類、名福生天。

此四禪第一天也。復次下結三禪之德。樂非下顯三禪之過。苦樂頓捨顯四禪之勝。蓋初禪離苦受有憂受。二禪離憂受有喜受。三禪離喜受有樂受。此天則知樂受亦不常。故將苦樂二心一時頓捨。樂既謝滅。則不動之定。與捨俱發。內心湛然。不苦不樂。名捨念淸淨地。禪心住無動。粗重相滅。尋伺苦憂喜樂及出入息皆斷。由不受妙樂。淨福發生。名福生天。

捨心圓融、勝解淸淨。福無遮中、得妙隨順、窮未來際。如是一類、名福愛天。

此四禪第二天也。前捨心初生。尙未至圓融。至此則樂念全捨。故曰圓融。於捨心中勝解淸淨。不爲異緣所轉。淨福無遮無礙。有所願求。故得妙隨順。無不如意。窮於未來者。云三災不到。受報無窮。然尙非眞得常住之法也。此天積福。別有愛求。卽下之二歧路也。

(三)廣果天

捨俱者。不動定與捨俱發也。四無量心。慈悲喜捨也。

(四)無想天

阿難。從是天中、有二歧路。若於先心無量淨光、福德圓明、修證而住。如是一類、名廣果天。

此四禪第三天也。是天中。指福愛天而言也。有二岐路者。一迂往道。趣廣果。二迂僻道。趣無想也。先心者。卽指福愛圓融捨心也。無量淨光。卽捨俱禪所發定光也。福德圓明修證而住者。以初禪戒勝。二禪三禪定慧皆勝。是淨德圓明。至於四禪。則全是福報。若淨福圓明。卽從福愛天無量光中。修四無量心。滋長福德。證廣大果。名廣果天。色界諸天所感福報。至此爲極。第四無想天。是福愛天之差支。下五不還天。是三果聖人之別寓也。

若於先心、雙厭苦樂。精研捨心、相續不斷。圓窮捨道、身心俱滅。心慮灰凝、經五百劫。是人既以生滅爲因、不能發明不生滅性。初半劫滅、後半劫生。如是一類、名無想天。

此四禪天之別支也。先心指福愛天言。廣果天厭苦樂而增修福慧。此天則厭苦樂而精研捨心。所謂二種歧路也。首二句攝前精研捨心者。謂以定力深搜其捨處也。相續不斷者。功無間歇也。圓窮捨道者。必欲究尋其能捨之心念也。身心俱滅者。捨其定而趨無想也。心慮灰凝者。如夾冰魚壓石草。暫爾不行。非眞正心行路絕時也。經五百刼者。言從初生以至壽終。凡經五百大刼也。此錯修不得眞果。以生滅爲因。不能感不生滅果也。初半刼滅者。言初生此天。習定半劫。始得滅想。後半劫生者。云此天報盡。在四百九十九劫半後。想心復生也。或問此無想定。與滅盡定有何差別。答曰滅盡定旣滅第六識。兼滅第七識染分。無想天但滅六識分別見。七識染分尙在。故其邪見尙未能盡。報盡而想心復生也。或問曰身界俱空。與四空何異。答曰出定則有。故不同也。此三界總有二十八天也。二惟凡位。五惟聖位。其餘皆是凡聖同居也。二凡位者。一大梵天。不達業因。妄說己能造一切天地人物。恃此憍慢。輕蔑一切聖人。故聖賢不居。一無想天。亦惟凡住。惟外道修無想定者生此天。受五百劫無心之報。因其不達眞理。妄爲涅槃。受報畢。必起邪見。謗阿羅漢。身遭後有。復遭淪墮。此所以聖人亦不居也。五惟聖位者。卽下五那含天也。

阿難。此四勝流、一切世間諸苦樂境、所不能動。雖非無爲眞不

動地。有所得心、功用純熟、名為四禪。

此結示四天名四禪天也。由苦樂雙亡。故心念不動。此不動非眞無為不動也。眞如無為不動。是滅六盡七復八之本體。此之不動。但能伏六識之種子也。初禪伏鼻舌二識。二禪伏前五識。三禪伏意識分別現行。故得妙樂。四禪伏意識分別種子。故得捨心。此全在六識分中也。

阿難。此中復有五不還天。於下界中九品習氣、俱時滅盡。苦樂雙亡、下無卜居。故於捨心衆同分中、安立居處。

此明五不還天。是四禪之別報也。言不還者。卽第三果以斷盡欲界九品思惑。不復欲界受生也。言習氣者。卽思惑種子。謂貪瞋癡慢任運而起微細之惑也。初果斷見惑八十八使。二果破思惑六品。三果破思惑九品。不生欲界。卽住色界五不還。修天夾重禪。斷色界無色界七十二品盡。永出三界。名四果阿羅漢。三界分九地。地各分九品。今斷欲界一地九品。故苦亡而欲界無卜居。復斷上三地各九品。故樂亡而色界三地無卜居。惟四禪是其同分。故獨

五不還天
執己見解曰見惑。
愛思雜染曰思惑。
九地。五趣雜居地。此為欲界九品。
離生喜樂地
定生喜樂地
離喜妙樂地
捨念淸淨地

此色界三十六品

上三地指三禪也

(一)無煩天

(二)無熱天

此根塵不交境界

念放謂機。念收謂括。

(三)善見天

於此卜居也。

阿難。苦樂兩滅、鬭心不交。如是一類、名無煩天。

此明五不還天第一天也。苦樂未亡時。則欣厭二心。交戰胸中故煩燥。今既苦樂兩忘。則心不交鬭。漸入冷淡故無煩燥也此天似在離生喜樂地斷九品思惑時也。

機括獨行、研交無地。如是一類、名無熱天。

此不還第二天也。機者發動也。括者收歛也。言心之或發或止。毫無苦樂繫著。常行於獨。故曰機括獨行。前雖鬭心不交。尚有交地。今併其交地。亦復研盡則心如冰壺併微煩之熱亦無矣此天似斷定生喜樂地中九品思惑。

十方世界、妙見圓澄更無塵象一切沈垢。如是一類、名善見天。

此不還第三天也。煩熱既除。內心澄瑩。發天眼通。故見量徧十方界。所見之境觸處皆妙。故曰妙見圓澄塵象是境塵垢是惑正顯心境兩忘故所見皆善也。此天似斷離喜妙樂地中之九品思惑也。

（四）善現天

精見現前、陶鑄無礙。如是一類、名善現天。

此不還第四天也。範土曰陶。鎔金曰鑄。由天眼淨一見則通。故能鎔鍊自在。若陶冶之鑄物。隨心成就。更無隔礙。故名善現。前由心闕而所見所現猶未盡善。此由心不闕。而所見所現皆盡善也。故曰善見善現。此天似斷捨念清淨地中之九品思惑也。

（五）色究竟天

究竟羣幾、窮色性性、入無邊際。如是一類、名色究竟天。

此不還第五天也。究竟者研窮也。幾者微也。言窮色而至於極微也。此云不但窮色至於極微。復能窮色性之性從何處起。窮色性入無邊際。故曰色究竟。此天似斷四空四地三十六品思惑也。以色究竟是盡色。四空亦究竟離色也。

五不還天通結

阿難。此不還天、彼諸四禪四位天王、獨有欽聞、不能知見。如今世間曠野深山、聖道場地。皆阿羅漢所住持故。世間麤人、所不能見。

色界通結

此從色無色間。分二種歧路也。

此結示五不還天惟是聖居也。凡生彼天者。須得四禪定。發無漏慧。起熏禪業。或起一品。乃至九品。方始得生。凡夫無此熏禪業。故不得生。四禪天王但欽其名不能見者。以四禪天修有漏凡定。五天修無漏聖定。凡聖不相及。故不見也。道場地者。即如今之有名諸菩薩道場也。昔雲居膺師結庵三峯。經旬不赴堂。洞山問曰。汝近日何不赴堂。膺師曰。每日有天人送供。山曰我將謂汝是個人。誰知汝還有這等見解。汝去去晚來。膺晚謁洞山。山召曰。不思善不思惡是甚麼。膺回庵寂然宴座。天人尋覓三日不見乃絕。此四天王不見五天。亦猶天人不見膺師也。

阿難。是十八天、獨行無交、未盡形累。自此以還、名為色界。

此結束色界天也。獨行無交者。無情欲也。未盡形累者。尚有色質也。自色究竟以至梵衆。皆色界攝也。

復次阿難。從是有頂、色邊際中。其間復有二種歧路。若於捨心、發明智慧。慧光圓通、便出塵界。成阿羅漢、入菩薩乘。如是一類、

名爲迴心大阿羅漢。

此標聖獨出也。究竟居色頂。故曰有頂。與無色鄰。故曰色邊際。由三果根有利鈍。故於捨心復分二種歧路。其利根者研窮色性。徹見性色眞空性空眞色。發無漏慧。慧光圓通。橫出無色。入菩薩乘。名大羅漢。若鈍根者。於捨心時窮盡色陰。生無色界。漸斷漸證。豎出三界也。

無色界四天

(一)空無邊處

若在捨心。捨厭成就。覺身爲礙。銷礙入空。如是一類。名爲空處。

此無色界第一天也。行人厭患色身如牢獄。心欲出離。卽修觀智破色入空。名空定處。首二句是前天境界。覺身爲碍者。覺有身爲質碍而不自在也。銷碍入空者。修空觀而滅身歸無也。大經云。超一切色想。滅有對想。不念種種想。入無邊虛空。住空無邊處。超一切色者。超可見可對之色也。滅有對想者。滅可對不可見之色也。不念種種想者。超不可對不可見之色也。此三想絕。卽入空理。捨心有二。一者於有頂處。用無漏慧斷惑入空。卽樂定那含。二者於廣果天。用有漏道。伏惑入空。卽凡夫外道。

(二)識無邊處

諸礙既銷。無礙無滅。其中惟留阿賴耶識。全於末那半分微細。

無礙無滅者。云將無礙之無亦滅也。

(三)無所有處

如是一類、名爲識處。

此無色界二天也。行人厭患虛空能破定。又捨虛空而專緣識。心與識法相應。名識處定。諸碍既銷而無。則不依於色。無碍之無亦滅。則不依於空。惟留阿賴末那。即厭空依識也。阿賴耶是八識。末那是七識。全於末那半分者。云第六分別已伏。又將業運不停之七識。伏其半分不起。留其半分微細之處。行人即住此不動。名曰識處。或問曰。末那賴耶。羅漢未了。凡外那含。何能知之。答曰。此自佛眼了見。與之作名。此種微細·究非彼所知也。法華云。衆生住於種種諸地。惟有如來如實知也。

空色既亡、識心都滅。十力寂然、迥無攸往。如是一類、名無所有處。

此無色第三天也。行人又厭患此識。緣多則散。捨此而依無所有法。名無所有處定。空色既亡者。指前天而言也。識心都滅者。云將半分末那已滅也。此時若不執能所。即復歸本湛。惜又有所執。厭識歸無。落於無無之所。以空暗爲自體。所謂杳杳冥冥之處。昏昏默默之鄉。外道執爲冥諦。老莊呼爲混成者。皆此無所有處也。

(四)非想非非想處

識性不動、以滅窮研。於無盡中、發宣盡性。如存不存。若盡非盡。如是一類、名爲非想非非想處。

此無色四天也。行人又厭患無所有處。以爲無想如癡。有想如癰如瘡。卽捨無所有處。緣念非有想非無想之法。是謂非有想非無想處定。行人不知識性不動時。卽是八識之體。又以此識性滅其窮研之性。自謂滅盡。其實若存而非存。似盡而非盡也。此若存非存似盡非盡之想念。皆是八識之性也。若以金剛慧照之。卽思盡還源之時。因行人無此慧。故住此非有想非無想處。此爲聖凡一大關鍵也。前云半分微細者指第六識無復外塵可緣。獨有內緣之半分微細在。其相最微。不但非色。亦且非空。行人卽以此爲識處。至識心都滅時。則併其第六識之內緣者亦伏。故名無所有。第八識性。本來不動。本不可滅。今以窮滅之心。强加窮研。於此無盡性中。虛妄發宣盡性。故使第八識性。如存而不存。第七執我之心。若盡而未盡。此則但離下地粗想。故名非想。不達妄想無性。未入泥洹眞無想道。故名非非想。行人若知性眞常中一無所得。滅而不轉。則得滅受想定。若未得此定。厭想爲先。後想不行。卽入無想

此明聖凡出墜之處

四空通結此四空通結文應任前。故將諸天總結文移後。

定也。

此等窮空不盡空理。從不還天聖道窮者、如是一類、名不迴心鈍阿羅漢。若從無想諸外道天、窮空不歸。迷漏無聞、便入輪轉。

此總明聖凡出墜之地也。此四天。初天窮色而歸空。次天窮空而歸識。三天窮識心以歸無。四天窮識性以歸盡。如此窮空。豈惟不達圓頓性色真空之旨。即人法二空之理。亦所不解也。其妄欲起心銷空滅盡者。皆不知本來之不生滅性也。若從五不還天。窮空而入此天者。俟八萬劫滿。斷盡思惑而出三界。生方便有餘土。名不迴心鈍阿羅漢。若從無想而入此天者。不知真空妙理。一味求空。迷有漏天。作涅槃想。八萬劫後。無所依託。報盡還墮。又轉於七趣矣。

阿難。是四空天、身心滅盡。定性現前。無業果色。從此逮終、名無色界。

諸天摠結

此結束無色天也。前二天色空俱無。是身滅盡。後二天伏識現行。是心滅盡。由身心俱滅。故定性現前也。無業果色者。無業報所感根身器界之色也。空性現前者。定果色也。從此逮終者。言此外更無別天。三界虛妄之相。終於此矣。

阿難。是諸天上各各天人、則是凡夫業果酬答。答盡入輪。彼之天王、卽是菩薩遊三摩地。漸次增進、回向聖倫、所修行路。

八定卽四禪定四空定也

此通結三界天人天王凡聖各別也。天人。卽天之臣民。是凡夫攝也。業果酬答者。云因中修十善八定。而以六欲四禪酬之。報盡仍入輪轉也。天王。卽是菩薩等者。如華嚴說初地爲閻浮王。二地爲輪王。三地爲忉利天王。四地爲夜摩天王。乃至十地爲摩醯首羅天王等。此皆菩薩寄位進修。不落輪迴者也。

總結虛妄

此皆不了妙覺明心。積妄發生、妄有三界。中間妄隨七趣沈溺。補特迦羅、各從其類。

（七）阿修羅趣

此總結三界虛妄也。此字通該六欲天以至非想天。言此皆由不了本妙覺明心。從迷積迷。妄生三界。因不了唯心。則隨業輪轉。中間天人。即不免墮七趣淪溺也。補特迦羅。即中有身。數數受生。取諸趣各從其類者也。佛言天上命終還生人間者。如甲頭上墮地獄者。如地上土。如是以觀。修行者更不可不專修淨業也。

復次阿難。是三界中復有四種阿修羅類。若於鬼道以護法力、乘通入空。此阿修羅、從卵而生。鬼趣所攝、若於天中降德貶墜。其所卜居、鄰於日月。此阿修羅、從胎而出、人趣所攝。有修羅王、執持世界、力洞無畏。能與梵王及天帝釋、四天爭權。此阿修羅、因變化有、天趣所攝。阿難。別有一分下劣修羅、生大海心、沈水穴口。旦遊虛空、暮歸水宿。此阿修羅、因濕氣有、畜生氣攝。

此明四種修羅也。梵語阿修羅。此云非天。言其多瞋。有天福而無天行也。婦美而夫醜。無端正也。言鬼道者。云其前因從鬼道發心也。護法者。卽護戒護定護經護咒等也。求通入空者。護法力也。從卵而生者想生也。天中者天修羅也。降德者在天中有損德而下謫也。卜居鄰日月者。以其從胎而出不離人間也。執持世界者。言其能驅役鬼神也。力洞無畏者。言其力廣大通貫天人。故心無怖畏也。爭權者。與天鬬戰也。變化不測者。能藏身入藕絲孔也。力與天等。此歸天趣所攝也。不劣者。生於海底也。此因濕生。歸畜生所攝也。正法念經云。修羅衣食自然。所餐飲食。隨念而生。悉皆百味。惟其所食時。末後一口變爲青泥。此修羅之不如人天處也。

七趣總結

阿難。如是地獄、餓鬼、畜生、人及神仙、天洎修羅。精研七趣。皆是昏沈諸有爲相。妄想受生、妄想隨業。於妙圓明無作本心、皆如空華。元無所著。但一虛妄、更無根緒。

此總結虛妄也。言精細研究七趣之由。皆是發潤二種妄想。爲惑業因。故隨妄想而受生。亦

直示妄因顛倒

因妄想而受報也。昏沉是惑。有爲是業。受生隨業是苦。此惑業苦三。如惡叉聚也。行人若知妙圓明無作本心。猶如太空。惑業苦均如華相。則卽知其虛妄毫無根緒也。既稱元無所著。則知虛妄七趣。元不礙於佛體眞實。既稱更無根緒。則知此道元非本有也。宗鏡問曰。平等空門。一心妙旨。既善惡無際。凡聖皆圓。何乃潤受有差。苦樂不等耶。答曰。萬事皆人自造。唯心一理無虧。善惡但自念生。果報豈從他得。是以西施愛江。嫫母嫌鏡。皆爲癡也。妙圓明心。本是聖凡之宅。根境之源。祗因凡夫執作賴耶。成生死苦惱之因。達者識爲藏心。能受涅槃之樂。

阿難。此等衆生、不識本心。受此輪迴、經無量劫、不得眞淨。皆由隨順殺盜婬故。反此三種、則又出生無殺盜婬。有名鬼倫、無名天趣。有無相傾、起輪迴性。若得妙發三摩提者、則妙常寂。有無二無、無二亦滅。尚無不殺不偷不婬、云何更隨殺盜婬事。

此言迷時妄有。悟後元無也。本心者。卽妙圓明無作本心也。言此等七趣衆生。皆由不識本心。受此輪轉。雖經多劫。不得眞淨。而常居妄染。皆由隨順殺盜婬。故而成三惡。反此殺盜婬則成三善。有三惡則墮三塗。無三惡則上昇天界。由彼善惡有無。互相傾奪。故上昇下墜。亦輪轉無窮。旣善惡皆屬輪迴。必得發此無善無惡妙三摩心。方可至寂妙眞常之地。若得入此三摩地中。則善惡二塗。昇沉二果。當時滅盡。得證人空。超出三界。故曰有無二無。不但善惡二性。當時銷滅。卽無二之性。亦不可得。故曰無二亦滅。此則不但超分段生死。更超小乘坐守涅槃也。如是則尙無二無。云何隨二。如是則尙不見不殺不盜不婬之事。云何更有隨殺盜婬之事哉。

阿難。不斷三業、各各有私。因各各私、衆私同分、非無定處。自妄發生。生妄無因、無可尋究。汝勖修行、欲得菩提、要除三惑。不盡三惑。縱得神通、皆是世間有爲功用。習氣不滅、落於魔道。雖欲除妄、倍加虛僞。如來說爲可哀憐者。汝妄自造、非菩提咎。作是說者、名爲正說。若他說者、卽魔王說。

各各有私。卽別業也。衆私同分。卽彼相似別業所同感者也。非無定處者。正言造業雖私。而受報則有定處也。此定處亦是自妄所招。實無有因。故不可究其起處也。勖者勉力也。三惑者。卽三惡三善之根本也。三業根於惑起。故直指其根本而令斷也。若不斷此惑本。縱得神通。皆有爲法。非無功用之道也。以但伏現行。習氣不除。必落魔道。雖欲除妄。如以火救火。重加虛妄也。此妄皆是自造。非佛體有咎也。若末世人勸人離此三惑者。卽是佛說。若以此爲無礙者。皆爲魔所說也。

卽時如來將罷法座。於師子牀、攬七寶几。迴紫金山、再來凭倚。普告大衆及阿難言。汝等有學緣覺聲聞。今日迴心、趣大菩提無上妙覺。我今已說眞修行法。汝猶未識、修奢摩他、毗婆舍那、微細魔事。魔境現前、汝不能識。洗心非正、落於邪見。或汝陰魔、或復天魔。或著鬼神。或遭魑魅。心中不明、認賊爲子。又復於中得少爲足。如第四禪無聞比丘、妄言證聖。天報已畢、衰相現前。謗阿羅漢、身遭後有。墜阿鼻獄。汝應諦聽。吾今爲汝仔細分別。阿難起立。幷其會中同有學者。歡喜頂禮、伏聽慈誨。

此禪那中所現魔境。非一切智莫能辨識。迴紫金身無問自說。是如來最後深慈也。洗心非正者。謂不能以正知見洗心。卽易落於邪知見也。如來一往直示眞修行路。因阿難尊者尙未親歷此種種魔境。恐誤入歧途。故於將罷坐時。迴身復留一一指明途中艱阻。令後學者預識魔事。此正如愛子遠行。慈母於臨行時再三付囑也。眞修行法者。卽指反聞一門言也。奢摩他者止也。毗婆舍那者觀也。卽修禪定之門也。陰魔者色陰中魔自心所現不自外來者也。天魔鬼神魑魅。外來之魔。受想二陰所現者也。心見二魔皆無外境。以行陰識陰所現者。皆是自心邪見得少爲足之過也。無聞者。但修無想爲極則事。不樂聞法。不知正修自謂

此示動魔之由

成無上道。及報將盡。想心復生。衰相復現。此時不知實非證聖。反謗聖人身遭後有。因謗法而復墮地獄也。仔細分別者。云將禪那五十種魔事。逐一指示也。

佛告阿難、及諸大衆。汝等當知有漏世界十二類生。本覺妙明、覺圓心體。與十方佛、無二無別。由汝妄想迷理爲咎。癡愛發生、生發徧迷、故有空性。化迷不息、有世界生。則此十方微塵國土、非無漏者、皆是迷頑、妄想安立。當知虛空生汝心內、猶如片雲點太淸裏。況諸世界在虛空耶。汝等一人、發眞歸元。此十方空、悉皆銷殞。云何空中所有國土而不振裂。

此言動魔之由也。本覺圓明眞體。佛與衆生本來同具。祇因最初一念妄動。迷此覺圓心體。

此言動魔致亂也。飾嚴防也。莊嚴也。脗音忽合也。坼音託　慴音折

建立能所。於是發業潤生二種無明。瞥爾發生。覺體徧迷。遂結暗爲色。晦昧而成空性。從迷積迷。遂生世界。所謂依空立世界也。是則十方有漏微塵國土皆依妄想建立也。殊不知空生大覺中。如浮雲之點太清。何況依空所立之世界耶。舉世之人爲共同業力所持。皆不知世界依空而有。所以世界安立如故。若其中有一人發眞歸元。則見虛空粉碎。大地平沈。故空中所有國土無不振裂也。或問曰。自古至今發眞者甚多。何故世界宛然存在。答曰。世界元是衆生共業所感。一人發眞。一人之虛妄世界銷殞。多人發眞則多人之虛妄世界銷殞。舉世人發眞則舉世人之虛妄世界悉皆銷殞也。蓋世界既從妄想而建立。必由妄想盡而後銷殞也。是以妄想盡者見世界銷殞。妄想不盡者世界猶然建立如故也。

汝輩修禪、飾三摩地。十方菩薩及諸無漏大阿羅漢、心精通脗、當處湛然。一切魔王及與鬼神諸凡夫天、見其宮殿無故崩裂。大地振坼。水陸飛騰、無不驚慴。凡夫昏暗、不覺遷訛。彼等咸得五種神通、唯除漏盡。戀此塵勞。如何令汝摧裂其處。是故鬼神

唯除漏盡者。云漏盡者不戀塵勞也。

此示迷悟得失之處

及諸天魔魍魎妖精。於三昧時。僉來惱汝。

此言魔來擾亂修禪者也。言汝等修禪定。正當旋妄發眞時。與諸聖賢氣味相投。心精通脗。混合爲一。當處湛然。一人發眞則大地震驚。諸凡夫天水陸空居者無不驚慴也。凡夫昏暗不覺遷訛。漏盡者不動也。彼有漏之得五通者。貪戀塵勞。不肯令其摧裂虛妄之相。故僉來惱是修禪者也。

然彼諸魔。雖有大怒。彼塵勞內。汝妙覺中。如風吹光。如刀斷水。了不相觸。汝如沸湯。彼如堅氷。煖氣漸鄰。不日銷殞。徒恃神力。但爲其客。成就破亂。由汝心中五陰主人。主人若迷。客得其便。當處禪那。覺悟無惑。則彼魔事無奈汝何。陰銷入明。則彼羣邪咸受幽氣。明能破暗。近自銷殞。如何敢留。擾亂禪定。若不明悟。

被陰所迷。則汝阿難必爲魔子、成就魔人。如摩登伽、殊爲眇劣。彼惟咒汝破佛律儀。八萬行中、祇毀一戒。心清淨故、尚未淪溺。此乃隳汝寶覺全身。如宰臣家、忽逢籍沒、宛轉零落、無可哀救。

此明悟則無咎。迷則受邪也。以彼爲塵勞中魔。汝爲妙覺中人。魔雖怒不能加害。正如刀之斷水。風之吹光。終不能令光水之有動損也。不但不能加害於汝。而汝反能化彼。譬如沸湯之近堅冰。煖氣逼而堅冰自銷矣。彼雖恃其神力。總是客塵而成就破亂者。不在於客而在於主人也。若使主人心中不明。認賊爲子。客則乘隙而入惱亂主人。若使主人惺惺了了不受其擾。縱彼魔力雖强。無由動汝。此皆由汝陰氣已銷。光明朗照。彼之幽氣。隣近光明。則彼幽氣自然銷殞。正如梟之入晝。羅剎之向陽。彼尚不能見。安敢久留而擾亂汝禪定耶。若使五陰主人。心不明悟。見此虛妄境現。或生恐怖。或生愛著。被陰所迷。則卽墮於彼類矣。是則化家爲國亦由汝。喪身亡家亦由汝也。卽如摩登伽女。其女眇劣。卽彼咒汝。祇破一戒。其害尚小。因汝心猶清淨。又得神咒救護。未至淪溺。若此等魔王。又非眇劣之可比。修禪者清淨

此明色陰始終之相

身心。又非一戒之可比。稍爲魔擾。爲害甚大。喻如宰臣之家。忽遭王家籍沒。不但罷失官職。即身家亦不能保。是則宛轉零落。無可哀救也。

阿難當知。汝坐道場、銷落諸念。其念若盡、則諸離念一切精明。動靜不移、憶忘如一。當住此處入三摩地。如明目人、處大幽暗。精性妙淨、心未發光。此則名爲色陰區宇。若目明朗、十方洞開、無復幽黯、名色陰盡。是人則能超越劫濁。觀其所由、堅固妄想以爲其本。

此叙色陰始終之相也。因色陰未破與已破境相不同。故先明其始終也。坐道場有二。坐八角壇等、是事道場。於一切反聞專注聞性。心不流逸。是理道場。銷落諸念者。謂專注反聞已久。妄念自離。即圓覺所云居一切時不起妄念是也。此離念相猶如虛空。於一切時惺惺不昧了了常知。故曰離念精明。於是與動靜之境無干。憶妄之識無預。此正打成一片時也。當住此離念精明之處。便可入耳根圓照三昧矣。然初得離念境相。尙爲色陰所覆。心未發光。故目前所見惟是黑暗。此卽是色陰區宇未破之相也。若使心光發洩。障礙皆通。內不爲六根所局。外不爲六塵所障。十方國土。皎然淸淨。則卽色陰破之相也。此色陰本從空晦暗中。結暗所成。有此暗色錮蔽眞性。便成劫濁。此濁離彼色陰無體。故色陰盡而超劫濁也。是知色陰之由。皆從堅固妄想之所凝結而來。由妄想故。堅執根身爲外我。堅執緣影爲內我。遂成分段之妄體。

色陰十種相

（一）精明外溢

阿難。當在此中精研妙明、四大不織。少選之間、身能出礙。此名精明流溢前境。斯但功用、暫得如是。非爲聖證。不作聖心、名善境界。若作聖解、卽受羣邪。

此下十種明色陰中間將破未破之相也。當在此中者。卽在此離念精明之地。精究研窮此妙明性。由其定中加功用行。偶令心光洩露。四大不相交織。故於少頃之間。身能出礙。此則

(二)精明內溢

三)精魄離合

暫得前境虛融。旋得旋失。非證果可比也。若行人得此境界。以爲善境。不作聖解。則不爲魔擾。若行人無有眞見。妄言證聖。則魔得其便。乘間而入。成大害矣。故先德云。但盡凡情。別無聖解。實爲遣魔要訣也。

阿難。復以此心精研妙明。其身內徹。是人忽然於其身內。拾出蟯蛔。身相宛然。亦無傷毀。此名精明流溢形體。斯但精行。暫得如是。非爲聖證。不作聖心。名善境界。若作聖解。卽受羣邪。

此明內徹也。行人以此心精研妙明。心光忽然透徹身內。反觀臟腑。親見蟯蛔。以手拈出而身無傷毀。此是精光流溢形體。暫得如是。不可爲常。所謂路途之樂。終未到家也。

又以此心內外精研。其時魂魄意志精神。除執受身。餘皆涉入。互爲賓主。忽於空中聞說法音。或聞十方同敷密義。此名精魄遞相離合。成就善種、暫得如是、非為聖證。不作聖心、名善境界。

若作聖解、卽受羣邪。

此明內外俱徹也。醫經云。魂藏於肝。魄藏於肺。意藏於脾。志藏於胆。精藏於腎。神藏於心。魂魄意志精神皆通於六腑也。除執受身餘皆涉入者謂除此第八執受之身安然不改其餘魂魄等皆失其故位而遞相涉入也。互為賓主者。一為主而餘五為賓也。聞空中說法者聞一處說法也。十方同敷者聞十方說法也。遞相離合者云或精離本位而合於魄或魄離本位而合於精。離則失本位。合則就他位也。此種境界皆由初聞六根互用之法。熏成善種故於定中偶一發露。非眞六根互用之時也。

（四）心魂染悟

又以此心澄露皎徹。內光發明。十方偏作閻浮檀色。一切種類化為如來。於時忽見毗盧遮那踞天光臺、千佛圍繞、百億國土、及與蓮華、俱時出現。此名心魂靈悟所染。心光研明、照諸世界。

暫得如是、非爲聖證。不作聖心、名善境界。若作聖解、卽受羣邪。

澄者妙止之功。露者妙觀之力。澄以妙止。露以妙觀。使此心皎潔瑩徹。故得內光發明報土乍現。此由反聞功勝。心體益明。故澄露皎徹。始覺之智融透。本覺之心發明。故所見一切色是佛色。一切形是佛形也。所謂一華百億國。一國一釋迦也。此亦因宿昔曾聞梵網等經。心靈所染習氣。今在定中爲靈悟所染。故心光發明。照諸世界。偶一發露。此境相雖是善境。亦不可作聖解也。

（五）抑按逾分

又以此心精研妙明、觀察不停、抑按、降伏、制止、超越。於時忽然十方虛空、成七寶色、或百寶色、同時徧滿、不相留礙。青黃赤白、各各純現。此名抑按功力逾分。暫得如是、非爲聖證。不作聖心、名善境界。若作聖解、卽受羣邪。

此明空成寶色也。始由晦昧爲空。結暗爲色。今反聞功切。用心綿密。毫無間斷。於過去之念更加抑按。現在之念更加降伏。未來之念更加制止。如是用功鞭辟太過。忽見虛空成七寶色。或百寶色。或青黃赤白等色。此皆由妙明逼極。煥散而現。故見如此種種異境。此是暫得善境。亦非實證也。

(六)密見洞幽

又以此心研究澄徹、精光不亂。忽於夜半在暗室內、見種種物、不殊白晝。而暗室物亦不除滅。此名心細、密澄其見、所視洞幽。暫得如是、非爲聖證。不作聖心、名善境界。若作聖解、卽受羣邪。

此云暗中見物也。精光不亂者。心光凝定。明暗不移也。見種種物者。非室中原有之物。是他物從暗中所現也。鬼神諸趣。恆與人間雜居。互不相礙。互不相見。今由用心細密而見。亦密澄。故尋常所不見者。今皆洞洞也。此亦由研究澄徹之功。暫時發露。亦非眞得常光也。

(七)四大入定

又以此心圓入虛融。四體忽然同於草木。火燒刀斫、曾無所覺。

又則火光不能燒爇。縱割其肉、猶如削木。此名塵併、排四大性一向入純。暫得如是、非爲聖證。不作聖心、名善境界。若作聖解、卽受羣邪。

此名身同草木也。圓入虛融者。謂反聞功切。暫爾遺身也。四體同草木者。燒亦不覺。割亦不知也。猶如削木者云排除四大中之知覺性也。此名塵併也。因其用心一向入純。暫忘其身故無傷觸也。然此亦暫時有此功用。究非純覺忘身也。是亦善境界。亦不可作聖解也。

又以此心成就清淨。淨心功極。忽見大地十方山河、皆成佛國。具足七寶、光明徧滿。又見恆沙諸佛如來、徧滿空界。樓殿華麗。下見地獄、上觀天宮。得無障礙、此名欣厭凝想日深、想久化成。

非爲聖證。不作聖心。名善境界。若作聖解。卽受羣邪。

此云覩界覩佛也。淨心功極者。言心淨之功用至此已極也。忽見佛國者。覩淨土境也。又見諸佛者。從所見淨土中見諸如來也。又見地獄天宮者。云淨心功極故。徹上徹下。若淨若穢。無不洞矚也。此皆由欣淨厭染凝想化成。偶一發露。實非眞見樂邦也。

（九）遍極心飛

又以此心研究深遠。忽於中夜遙見遠方市井街巷。親族眷屬。或聞其語。此名迫心逼極飛出。故多隔見。非爲聖證。不作聖心。名善境界。若作聖解。卽受羣邪。

研究深遠者。云其觀於事境理諦研究到極點處也。用功過切。逼令心光飛出。故障隔處皆能見聞也。此亦暫時偶現者。仍非實證到無邊刹土不隔毫端也。

（十）含受魑魅

又以此心研究精極。見善知識。形體變移。少選無端種種遷改。

色陰通結

此名邪心含受魑魅。或遭天魔入其心腹無端說法、通達妙義。非爲聖證。不作聖心魔事銷歇。若作聖解、卽受羣邪。

此色陰將破時也。見善知識形體變異者。是邪心含受魑魅也。無端說法者。是魔入行人身中。發其狂慧也。此是行人色陰將破。故有此種種魔境。究非眞實心開也。若知其是妄。則魔事頓歇。若作聖解。當卽入魔矣。

阿難。如是十種禪那現境。皆是色陰用心交互、故現斯事。衆生頑迷、不自忖量。逢此因緣、迷不自識、謂言登聖。大妄語成、墮無間獄。汝等當依如來滅後、於末法中、宣示斯義。無令天魔得其方便。保持覆護、成無上道。

此言禪那所現十境。皆是行人自己禪觀。與堅固妄想交攻互戰。或勝或負。現此十種境相。每一善境現。即是觀力勝妄想。若有所貪愛。是妄想勝觀力。由互出互入。不得互融。此魔之所以入也。衆生頑迷不知忖量己之見地。與佛何似。功用與佛何如。妄謂登聖。此大妄語成。故墮無間獄也。保持覆護者。謂以神力冥加。不令修行人受魔所惑也。色陰魔相竟。

(二)受陰十種

阿難。彼善男子修三摩提、奢摩他中、色陰盡者、見諸佛心、如明鏡中顯現其像。若有所得而未能用。猶如魘人。手足宛然、見聞不惑。心觸客邪而不能動。此則名為受陰區宇。若魘咎歇。其心離身、返觀其面。去住自由、無復留礙。名受陰盡。是人則能超越見濁。觀其所由、虛明妄想以為其本。

此明受陰未破已破之相也。如鏡現相者。色陰盡時也。有所得而未能用者。領納之身心未

(一)啼泣悲魔

忘也。見聞雖不惑而不能發用者。仍未出受陰區宇也。若受陰破心能離身。去住自由。隨往無礙矣。受陰爲身見之本。故受盡離身身見解脫得超見濁也。若觀其所由皆是受陰領納虛明以爲其本也。

阿難。彼善男子。當在此中、得大光耀。其心發明。內抑過分。忽於其處、發無窮悲。如是乃至觀見蚊蝱、猶如赤子。心生憐愍、不覺流淚。此名功用抑摧過越。悟則無咎。非爲聖證。覺了不迷、久自銷歇。若作聖解、則有悲魔入其心腑。見人則悲、啼泣無限。失於正受、當從淪墜。

此明受陰將破未破之相也。得大光耀者。卽十方洞開無復幽黯也。其心發明者。見一切衆生不悟本來枉受輪轉也。內抑過分者是自責自咎。不早自悟而度生也。發無窮悲者。是愛

（二）誇過狂魔

陵率者。陵蔑輕率也。

見大悲。有悲而無智也。此因抑摧太過之病。非爲聖證也。若悟無咎。魔卽銷歇。若作聖解。則有悲魔乘隙而入矣。魔入於心。行人卽失正受。又從淪墜矣。

阿難。又彼定中諸善男子。見色陰銷、受陰明白。勝相現前、感激過分。忽於其中生無限勇。其心猛利、志齊諸佛。謂三僧祇一念能越。此名功用陵率過越。悟則無咎。非爲聖證。覺了不迷、久自銷歇。若作聖解、則有狂魔入其心腑。見人則誇、我慢無比。其心乃至上不見佛、下不見人。失於正受、當從淪墜。

此言視己如佛也。勝相現前者。色陰盡而見諸佛也。感激過分者。謂一向但聞卽心是佛。未曾親見。今自謂得見本來佛性。故激而奮發大勇。自謂不歷僧祇。可以立地成佛也。此不知理雖頓悟。事要漸除。因行人陵蔑輕率。越分自僭。故作斯狂語。若自反知非。仍歸無咎。若迷

聖諦不爲者。凡聖情忘也。非自謂成聖也。

(三)懸念憶魔

此偏於定也

此撮字爲病根

而不反。則有狂魔入心。生大我慢。上無諸佛。下無衆生。自謂天上天下。唯我獨尊。如斯狂妄。故失正受而遭淪墜也。或問曰。青原云。聖諦亦不爲。豈陵率過越乎。答曰。斯由高推聖境。畏難不進者。故以此語激之耳。豈知潙山有信位人位之別。長沙有因果湼槃之語哉。

又彼定中諸善男子。見色陰銷。受陰明白。前無新證。退失故居。智力衰微。入中隳地。逈無所見。心中忽然生大枯渴。於一切時沈憶不散。將此以爲勤精進相。此名修心無慧自失。悟則無咎。非爲聖證。若作聖解。則有憶魔入其心腑。旦夕撮心。懸在一處。失於正受。當從淪墜。

此言無慧沈憶也。前無新證者。受陰未破也。歸失故居者。色陰已破也。此時若有慧力照破受陰本空。自可不爲沈憶所局。若智力衰微。則墮在兩楹。無所依倚。入中隳地。前後皆迷。而適無所見也。此因無慧水灌輸。故忽生枯渴。因前後雙脫。故進退無地。行人此時刻刻深思沈憶。不敢走作。復誤認沈憶不散以爲勤修精進。此爲無慧自失。若知其非悟則無咎。若以沈憶不散爲聖證。則有憶魔乘間而入。日夜撮心懸掛一處。失正受而淪墜矣。此與制心一處者不同。制心一處者。對治散亂也。懸心一處者。爲沈憶所錮也。

(四)易知足魔

又彼定中諸善男子。見色陰銷、受陰明白。慧力過定、失於猛利。以諸勝性、懷於心中。自心已疑是盧舍那。得少爲足。此名用心亡失恆審、溺於知見。悟則無咎。非爲聖證。若作聖解、則有下劣易知足魔入其心腑。見人自言、我得無上第一義諦。失於正受、當從淪墜。

此慧過勝而成劣也。失於猛利者。病在過猛也。以諸勝性懷於心中者。自謂佛性本來具足。

（五）常憂愁魔

不假修成。自疑已身卽是盧舍那。得少爲足。更不求進也。此名用心亡失恆審、溺於已之知見。以爲卽佛知見。故執性廢修也。若其知非。則無過咎。若廢修不進。則有同類知足魔乘間而入。失於正受。從淪墜矣。

又彼定中諸善男子。見色陰銷、受陰明白。新證未獲、故心已亡。歷覽二際、自生艱險。於心忽然生無盡憂。如坐鐵牀。如飲毒藥。心不欲活。常求於人令害其命、蚤取解脫。此名修行失於方便。悟則無咎。非爲聖證。若作聖解、則有一分常憂愁魔入其心腑。手執刀劍、自割其肉。欣其捨壽。或常憂愁、走入山林、不耐見人。失於正受、當從淪墜。

此失守生憂也。歷覽二際者。卽中隳地也。自生艱險者。如立懸崖恐遭墮落而生憂也。此憂本從戒愼恐懼中來。但彼太甚無方便以自解。故認捨命爲解脫也。悟則無咎。若作聖解。則有憂魔入其心腑。或自割己肉爲捨壽。或走山林而避入。失於正受。從淪墜矣。

(六)好喜樂魔

無慧自禁者。云其無慧自禁其不能進步也。

又彼定中諸善男子見色陰銷、受陰明白。處清淨中、心安隱後、忽然自有無限喜生。心中歡悅、不能自止。此名輕安無慧自禁。悟則無咎。非爲聖證。若作聖解、則有一分好喜樂魔入其心腑。見人則笑。於衢路傍、自歌自舞。自謂已得無礙解脫。失於正受、當從淪墜。

此慧劣成喜也。言行人心得安隱而忽生大喜。殊不知此是路途之樂。尚未到家也。無慧自禁者。因其無慧而自禁其足不行也。若有眞慧目觀照。知是淺證。故不生深喜心。若喜而不

(七)大我慢魔

劉香蓮

止則喜魔乘隙而入。以爲刀山劍樹總是道場。酒地花天無非解脫也。此殆不知淸淨心中纖毫不立。有所好樂。皆不得其正也。

又彼定中諸善男子見色陰銷、受陰明白。自謂已足、忽有無端大我慢起。如是乃至慢與過慢。及慢過慢。或增上慢、或卑劣慢、一時俱發。心中尚輕十方如來、何況下位聲聞緣覺。此名見勝、無慧自救。悟則無咎。非爲聖證。若作聖解、則有一分大我慢魔入其心腑。不禮塔廟、摧毀經像。謂檀越言、此是金銅、或是土木。經是樹葉、或是疊華。肉身眞常、不自恭敬。卻崇土木、實爲顛倒。其深信者、從其毀碎、埋棄地中。疑誤衆生、入無間獄。失於正受、當從淪墜。

此見勝成慢也。慢有七種。恃己陵他名大我慢。同德相傲名慢。於同爭勝。名爲過慢。於勝爭勝。名慢過慢。未得謂得。名增上慢。以劣自矜。名卑劣慢。不禮塔廟。摧毀經像。名邪慢。共名七慢。自謂已足者。自高自大。藐視一切賢聖也。一時俱發者。七慢具足也。見勝者。無慧以救其失。我慢見生。自己尊勝也。行人若悟是法平等。無有高下。尚不肯輕慢一切衆生。況諸聖乎。若執迷不悟。則有大我慢魔。乘間而入矣。摧毀佛像。計肉身爲眞常活佛。輕視經傳。守鄙語爲無字眞言。信口自恣。大言不慚。此慢入心。入淪墜矣。

又彼定中諸善男子。見色陰銷。受陰明白。於精明中。圓悟精理、得大隨順。其心忽生無量輕安。已言成聖、得大自在。此名因慧獲諸輕淸。悟則無咎、非爲聖證。若作聖解。則有一分好輕淸魔入其心腑。自謂滿足、更不求進。此等多作無聞比丘。疑誤衆生、

（八）好輕淸魔

（九）謗戒空魔

墮阿鼻獄。失於正受、當從淪墜。

此輕安自足之過也。色陰破故得精明。受陰將盡。故能圓悟精理。獲意生身。除分段苦。得大解脫。所向如意。此時行人忽生輕安。自謂登聖。則有好輕清魔乘隙而入。卒爲無聞比丘。疑誤衆生。遭魔事而墮落矣。

又彼定中諸善男子。見色陰銷、受陰明白。於明悟中得虛明性。其中忽然歸向永滅。撥無因果。一向入空。空心現前。乃至心生長斷滅解。悟則無咎、非爲聖證。若作聖解。則有空魔入其心腑。乃謗持戒名爲小乘。菩薩悟空、有何持犯。其人常於信心檀越、飲酒噉肉。廣行婬穢。因魔力故、攝其前人不生疑謗。鬼心久入、或食屎尿與酒肉等、一種俱空。破佛律儀、誤入人罪。失於正受、當從淪墜。

此著空毀戒過也。得虛明性者。見虛明之體本無一物。忽起斷滅撥無因果而入增上慢空。此但空色受二陰。還有三陰未破也。若悟此空非究竟空。則無過咎。若執情不悟。則空魔乘間而入。自謂飲酒食肉。一切皆空。行盜行婬。無非是道。見持戒者爲小乘。見破戒者爲徹悟。自誤誤人。遭淪墜矣。

又彼定中諸善男子。見色陰銷、受陰明白。味其虛明、深入心骨。其心忽有無限愛生。愛極發狂、便爲貪欲。此名定境安順入心。無慧自持、誤入諸欲。悟則無咎、非爲聖證。若作聖解、則有欲魔入其心腑。一向說欲爲菩提道。化諸白衣、平等行欲。其行婬者、

（十）行婬慾魔

名持法子。神鬼力故、於末世中、攝其凡愚、其數至百。如是乃至一百二百、或五六百。多滿千萬。魔心生厭、離其身體。威德既無、陷於王難。疑誤衆生、入無間獄。失於正受、當從淪墜。

此著有行婬也。味其虛明等者。由於虛明味著不捨。遂起愛心。若耽此味著。卽轉成貪欲矣。此境名爲定境。因無慧操持。而誤入諸欲也。此時若悟得不受諸受方爲正受則歸無咎若迷而不捨。卽有欲魔乘間而入。化爲魔眷。卽從淪墮矣。

阿難。如是十種禪那現境、皆是受陰用心交互、故現斯事。衆生頑迷、不自忖量。逢此因緣、迷不自識、謂言登聖。大妄語成、墮無間獄。汝等亦當將如來語、於我滅後、傳示末法。徧令衆生、開悟

(三)想陰十種

寱音臬。熟寐者。想陰未破也。別無所知者。思惑未除也。已成音韻者。已除見惑也。不寐者。喻諸菩薩也。咸悟其語者。喻現行通潛也。

斯義。無令天魔、得其方便。保持覆護、成無上道。

此勉令覆護也。言十種禪那現境。不易識知。若迷不自識。妄言登聖。必遭淪墜。故再三垂示也。受陰魔竟。

阿難。彼善男子、修三摩提、受陰盡者。雖未漏盡、心離其形、如鳥出籠。已能成就。從是凡身上歷菩薩六十聖位、得意生身、隨往無礙。譬如有人、熟寐寱言。是人雖則無別所知、其言已成音韻倫次。令不寐者、咸悟其語。此則名爲想陰區宇。若動念盡、浮想銷除。於覺明心、如去塵垢。一倫生死、首尾圓照、名想陰盡。是人則能超煩惱濁。觀其所由、融通妄想以爲其本。

七信爲護法心。與如來氣分相接。故曰習漏盡。

此明想陰未盡已盡之相也。受陰盡則見惑已盡。而分別我執亦盡。因思惑未除。俱生我執猶在。故曰雖未漏盡。直至七信位中。不受後有。習漏方盡。此當二三信中。故漏未盡也。然雖不得漏盡。無四果所得十八變之神通。而受陰已盡。不執身相。故能心離其形。如鳥出籠。所向自在也。言六十聖位者。謂始於三漸次。終至妙覺也。或問曰。凡身何能便歷聖位耶。答曰此約圓頓最利之根。即以凡身涉歷聖位而顯圓融。不礙行布。如善財龍女之類。非若別教實取證境。歷三祇而後得果也。或問曰既受盡者得歷聖位。何故下文說仍墮無間獄耶。答曰。別教經劫歷位。尅定取證。一證即無墮落。圓頓不歷僧祇。一超直入。中間更不取證。直以初住爲第一峯頭。方名不退。今言從是凡夫足見上歷聖位。但是歷過。非一一取證也。在識陰未破以前。未入圓通。故曰有墮也。意生身者。楞伽云。譬如意生。速疾無礙。曰意生。受盡得意生身。想陰未破。正如覺瞀雖歇而熟寐未醒。猶作寱語。此寱語人自己雖不知作何等語。然所出寱語。已成音韻。有倫次而不紊亂。令醒悟人咸悟其語也。此喻想陰未破之人。自己雖不能圓照生死。然於上歷諸位。有次第而不亂。諸佛皆知其必得親證也。此想陰未破之境相。若覺明如鏡。浮想如塵。塵淨而鏡體自明。想除而覺明自淨。則三界一類分段生死。皆能知其生從何來。死從何去。故曰一倫生死。首尾圓照。爲想陰已盡之相。此想陰實爲煩惱根本。故想陰盡而超煩惱濁。想爲融通者。如心想酢梅。口中水出是也。

(二)貪善巧想

附人者。附他人身也。

阿難。彼善男子、受陰虛妙。不遭邪慮、圓定發明。三摩地中、心愛圓明、銳其精思、貪求善巧。爾時天魔候得其便。飛精附人、口說經法。其人不覺是其魔著、自言謂得無上涅槃。來彼求巧善男子處、敷座說法。其形斯須或作比丘、令彼人見。或爲帝釋。或爲婦女。或比丘尼。或寢暗室、身有光明。是人愚迷、惑爲菩薩。信其教化、搖蕩其心。破佛律儀、潛行貪欲。口中好言、災祥變異。或言如來某處出世。或言劫火。或說刀兵恐怖於人。令其家資無故耗散。此名怪鬼、年老成魔。惱亂是人。厭足心生、去彼人體。弟子

十境。指色陰中魔境。

與師、俱陷王難。汝當先覺、不入輪迴。迷惑不知、墮無間獄。

此貪求善巧之過也。見惑是受陰根本。故前十種皆言見色陰銷。思惑是想陰根本。故下十種皆由貪愛而起也。受陰虛妙者。謂能離身反觀。作用自在也。不遭邪慮者。不爲十境惑動也。圓定發明。由受陰破。見惑銷。於諸前塵不起分別。成一精明。故曰圓定也。心受圓明者。以想陰未盡。於覺明心。猶有塵垢。未得圓明。今愛圓明。心生愛樂。欲令妄想盡。覺心圓無不了知。發憤銳思。貪求善巧。卽此一貪。天魔有隙可乘矣。飛精者。急遣之義也。附人者。附他人身以邪說擾亂禪定也。受陰盡之人。邪魔不能入其心腑。故遣精靈附他人身。擾亂禪定者之心也。此亦魔之善巧處也。其人者。卽魔所附之人也。不覺者。言此人不知爲魔所附。口說經法。自言其得無上涅槃。又向貪求善巧者前。投其所欲。說法變形。迷惑其心。祇求善巧者。惑爲菩薩。傾心受敎。將昔日之定心。今已搖蕩。昔日之律儀。今已破壞。一一皆墮魔術中矣。此皆由一念貪巧所招也。向使行人知想陰虛妄。智眼明徹。戒根堅固。於魔之開口時。卽燭照其非也。或言如來出世之詳。或言刀兵劫火之災。皆魔附之人。惑亂人心之語也。怪鬼者。卽是貪習遇物成形者。此鬼爲天魔所使之惑人者。厭足心生。去彼人體者。謂日久魔鬼生厭。去彼所附之人也。弟子者。卽求善巧之修行人也。師者。卽說妄法之魔也。先覺者謂見毀戒誘婬者。便知其是魔也。因入魔。故弟子與師俱陷王難。若先覺不爲魔擾。則不入輪迴矣。

（二）貪經歷想

自形無變者。不自變形也。

阿難。又善男子、受陰虛妙。不遭邪慮。圓定發明。三摩地中、心愛遊蕩。飛其精思、貪求經歷。爾時天魔候得其便。飛精附人、口說經法。其人亦不覺知魔著。亦言自得無上涅槃。來彼求遊善男子處。敷座說法。自形無變。其聽法者、忽自見身坐寶蓮華、全體化成紫金光聚。一衆聽人、各各如是。得未曾有。是人愚迷、惑爲菩薩。婬逸其心、破佛律儀、潛行貪欲。口中好言諸佛應世。某處某人、當是某佛化身來此。某人即是某菩薩等、來化人間。其人

（三）貪契合想

湣音忽合也

見故、心生傾渴。邪見密興、種智銷滅。此名魃鬼、年老成魔。惱亂是人。厭足心生、去彼入體。弟子與師、俱陷王難。汝當先覺、不入輪迴。迷惑不知、墮無間獄。

此貪求經歷之過也。愛遊蕩貪經歷。如人之喜遊名山。思歷佛土也。由此一念貪求經歷。故天魔卽飛精附人。以迷惑其心也。自形無變者。不自變形。而令他人自化莊嚴之身也。由彼貪求經歷佛土。故卽現佛身以投其所好也。是人者指行人也。婬逸其心者。化定心而流逸也。生傾渴者。著邪見滅正智。聞魔所說。捨己從他也。魃鬼者。婬習遇風成形之鬼也。此皆貪經歷所招之魔。若行人得悟唯心妙理。則無邊刹土不隔毫端。不動道場。周遊法界。又何須起貪求游歷之妄想耶。

又善男子。受陰虛妙。不遭邪慮、圓定發明。三摩地中、心愛緜湣。澄其精思、貪求契合。爾時天魔候得其便。飛精附人、口說經法。

其人實不覺知魔著。亦言自得無上涅槃。來彼求合善男子處、敷座說法。其形及彼聽法之人、外無遷變。令其聽者、未聞法前。心自開悟。念念移易。或得宿命。或有他心。或見地獄。或知人間好惡諸事。或口說偈。或自誦經。各各歡娛、得未曾有。是人愚迷、惑爲菩薩。綿愛其心、破佛律儀。潛行貪欲。口中好言佛有大小。某佛先佛。某佛後佛。其中亦有眞佛假佛。男佛女佛。菩薩亦然。其人見故、洗滌本心、易入邪悟。此明魅鬼、年老成魔。惱亂是人。厭足心生、去彼人體。弟子與師、俱陷王難。汝當先覺、不入輪迴。

迷惑不知、墮無間獄。

此貪求契合之過也。綿密也。湣合也。謂以此心上契諸佛下合衆生也。夫上契下合。至空所空滅時。自然有此境界。非貪求者可得也。由行人有此貪契之心。故魔亦現此默契之事以惑之也。念念移易者。令聽法人心似開悟。念念不同也。或得宿命事。云尋常不知之事。今忽知也。或得他心者。云他人所念之事。似亦知其所念也。乃至說偈誦經。皆能現密契之事。以惑其人也。綿愛其心者。得未曾有而起愛心也。魔口復以妖言惑衆。令行人將昔日正定之心洗滌無餘而轉入邪見矣。魅鬼者。是誑習遇畜成形之鬼。因行人貪求契合。故此鬼現五通以魅之也。

又善男子。受陰虛妙。不遭邪慮、圓定發明。三摩地中、心愛根本。窮覽物化性之終始。精爽其心、貪求辨析。爾時天魔候得其便。飛精附人、口說經法。其人先不覺知魔著。亦言自得無上涅槃。

求元者。求其根源也。

來彼求元善男子處、敷座說法。身有威神、摧伏求者。令其座下、雖未聞法。自然心伏。是諸人等、將佛涅槃菩提法身、卽是現前我肉身上。父父子子、遞代相生。卽是法身常住不絕。都指現在卽爲佛國。無別淨居、及金色相。其人信受、忘失先心。身命歸依、得未曾有。是等愚迷、惑爲菩薩、推究其心、破佛律儀、潛行貪欲。口中好言眼耳鼻舌、皆爲淨土。男女二根、卽是菩提涅槃眞處。彼無知者、信是穢言。此名蠱毒魘勝惡鬼、年老成魔、惱亂是人。厭足心生、去彼人體。弟子與師、俱陷王難。汝當先覺、不入輪迴。

迷惑不知、墮無間獄。

此貪求辨析之過也。愛根本者。求萬物之本也。窮覽物化性之終始。如烏何因而黑。鵠何因而白之類也。精爽其心者。精神清爽而貪求辨析也。由此一念貪求、故魔乘隙而入也。身有威神摧伏求者。是以魔力攝伏人心也。是諸人等即妄指肉身爲法身。領魔法以遞相開化也。由彼行人貪求造化之元。故指目前虛妄爲常住本。穢汚者爲清淨根也。行人信受魔語。將其能辨析之精心。一併棄去。即依魔法而執妄理。遂爲魔眷矣。蠱鬼者。即恨習遇蠱成形者也。因行人有隙可乘。故現形以惑之也。

(五)貪冥感想

又善男子。受陰虛妙。不遭邪慮、圓定發明。三摩地中、心愛懸應。周流精研、貪求冥感。爾時天魔候得其便。飛精附人、口說經法。其人元不覺知魔著。亦言自得無上涅槃。來彼求應善男子處、敷座說法。能令聽衆、暫見其身如百千歲。心生愛染、不能捨離。

四事：飲食、衣服、臥具、醫藥

身爲奴僕、四事供養、不覺疲勞。各各令其座下人心、知是先師本善知識。別生法愛、黏如膠漆、得未曾有。是人愚迷、惑爲菩薩。親近其心、破佛律儀、潛行貪欲。口中好言、我於前世、於某生中、先度某人。當時是我妻妾兄弟。今來相度、與汝相隨、歸某世界。供養某佛。或言別有大光明天、佛於中住。一切如來所休居地。彼無知者、信是虛誑、遺失本心。此名癘鬼年老成魔、惱亂是人。厭足心生、去彼人體。弟子與師、俱陷王難。汝當先覺、不入輪迴。迷惑不知、墮無間獄。

（六）貪宿命想

此段文中心愛知見。勤苦研尋。貪求宿命本在下段。想係錯簡。故特調於前。

此貪求感應之過也。愛懸應者。謂欲以定心求佛感應也。感應之道。如水清月現。山鳴谷響。不可以意求之也。一有此心。魔有隙可乘矣。暫現老人相者。令坐中人以他爲師也。說前世種種事者。以冥感語惑人也。彼無知者。失其本心。佛子轉爲魔眷矣。癘鬼者。即瞋習遇衰成形者。年老成魔。來此惱亂是修行人也。

又善男子。受陰虛妙、不遭邪慮、圓定發明、三摩地中。心愛知見。勤苦研尋。貪求宿命。爾時天魔。候得其便。飛精附人、口說經法。其人本不覺知魔著。亦言自得無上涅槃。來彼求知善男子處、敷座說法。令其聽人各知本業。或於其處語一人言。汝今未死、已作畜生。勅使一人、於後踏尾、頓令其人起不能得。於是一衆傾心欽服。有人起心、已知其肇。佛律儀外、重加精苦。誹謗比丘。

罵詈徒衆。訐露人事、不避譏嫌。口中好言未然禍福。及至其時、毫髮無失。此大力鬼年老成魔。惱亂是人。厭足心生、去彼人體。弟子與師、俱陷王難。汝當先覺。不入輪迴。迷惑不知、墮無間獄。

此貪求宿命之過也。愛知見者。謂行人欲盡知三世之境。欲盡知他人之心。貪求宿命通。殊不知此知見一立。則邪魔乘隙入矣。言人未死已作畜生者。因行人愛宿命通。故詐現此妄境也。有人起心已知其肇者。由愛他心通。故亦現他心通之事也。佛律儀外者。云在律儀之外。另立拔髮熏鼻臥杵臥棘之類也。重加精苦者。卽另立此四種邪法。詐現精進也。誹謗者指正人爲邪人也。訐露者。攻發人之陰私。令人信伏也。好言未來禍福不失者。詐現其得神通也。此上五通。皆空行大力鬼所詐現之虛妄。以惑亂行人也。

又善男子。受陰虛妙。不遭邪慮。圓定發明。三摩地中、心愛深入。尅己辛勤、樂處陰寂、貪求靜謐。爾時天魔、候得其便。飛精附人、

（七）貪靜謐想

謐音秘內外雙靜也

口說經法。其人殊不覺知魔著。亦言自得無上涅槃。來彼求陰善男子處、敷座說法。是人無端於說法處、得大寶珠。其魔或時化爲畜生、口銜其珠及雜珍寶、簡策符牘、諸奇異物。先授彼人、後著其體。或誘聽人、藏於地下。有明月珠、照曜其處。是諸聽者、得未曾有。多食藥草、不飡嘉饌。或時日餐一麻一麥、其形肥充。魔力持故。誹謗比丘、罵詈徒衆。不避譏嫌。口中好言他方寶藏。十方聖賢潛匿之處。隨其後者。往往見有奇異之人。此名山林土地城隍川嶽鬼神、年老成魔。或有宣婬、破佛戒律。與承事者。

潛行五欲。或有精進、純食草木。無定行事。惱亂是人、厭足心生、去彼人體。弟子與師、多陷王難。汝當先覺、不入輪迴。迷惑不知、墮無間獄。

此貪求靜謐之過也。靜謐是禪定之境。此種定境不可起愛心。稍有愛心。魔則乘隙而入矣。無端得大寶珠者。卽行人從說法處得珠也。或先銜珠投人以附體。或先藏珠地下以誘人。或食藥草麻麥以充肥。此皆詐現陰寂不可知之事。以投其所好也。魔既現陰事以動人。復說陰事以惑衆。此皆居陸地之鬼神。久久而成魔使者也。

又善男子受陰虛妙、不遭邪慮。圓定發明。三摩地中、心愛神通。種種變化。研究化元、貪取神力。爾時天魔候得其便。飛精附人、口說經法。其人誠不覺知魔著。亦言自得無上涅槃。來彼求通

(八)貪神通想

善男子處敷座說法。是人或復手執火光、手撮其光、分於所聽四衆頭上。是諸聽人、頂上火光、皆長數尺。亦無熱性、曾不焚燒。或水上行、如履平地。或於空中、安坐不動。或入瓶內、或處囊中。越牖透垣、曾無障礙。惟於刀兵、不得自在。自言是佛、身著白衣、受比丘禮。誹謗禪律、罵詈徒衆。訐露人事、不避譏嫌。口中常說神通自在。或復令人、傍見佛土。鬼力惑人、非有眞實。讚歎行婬、不毀麤行。將諸猥媟、以爲傳法。此名天地大力山精、海精、風精、河精、土精、一切草木積劫精魅。或復龍魅。或壽終仙、再活爲魅。

或仙期終、計年應死、其形不化、他怪所附。年老成魔、惱亂是人、厭足心生、去彼人體。弟子與師、多陷王難。汝當先覺、不入輪迴。迷惑不知、墮無間獄。

此貪求神通之過也。禪定中但得六根互通時。自然有大神通力。非貪求可得也。行人即此一念貪心。便招魔事矣。所以古人只貴眼明。不貴神通。此魔之惑人時。在明眼人見其畏刀兵時。讚行婬時。即知是魔。惟貪求神通者爲其所惑。不辨眞僞也。此係水居陸居各種精靈乘間來迷亂其性也。

（九）貪生空想

又善男子。受陰虛妙。不遭邪慮。圓定發明。三摩地中、心愛入滅。研究化性、貪求深空。爾時天魔候得其便。飛精附人、口說經法。其人終不覺知魔著。亦言自得無上涅槃。來彼求空善男子處、敷座說法。於大衆內、其形忽空、衆無所見。還從虛空、突然而出。存沒自在。或現其身洞如瑠璃。或垂手足作栴檀氣。或大小便如厚石蜜。誹毀戒律輕賤出家。口中常說無因無果。一死永滅。無復後身及諸凡聖。雖得空寂、潛行貪欲。受其欲者、亦得空心、撥無因果。此名日月薄蝕精氣、金玉芝草、麟鳳龜鶴、經千萬年、不死爲靈。出生國土、年老成魔。惱亂是人。厭足心生、去彼人體。弟子與師、多陷王難。汝當先覺、不入輪迴。迷惑不知、墮無間獄。

此貪求深空之病也。蓋妄想盡而眞空顯。生滅滅而寂滅現。此種妙境是到家工夫。非貪求

(十)貪長壽想

綫者微也。

可得之境也。稍有貪求之心。便有魔乘隙而來也。忽隱忽現者。因貪空而現空。以投其欲也。誹毀者。因着空而謗法謗僧也。空心者。撥無因果也。潛行貪欲者。不但著有更落於邪道也。薄蝕者。氣往迫之爲薄。虧毀爲蝕。各精靈吸粹日月精氣而成妖者也。

又善男子。受陰虛妙。不遭邪慮、圓定發明。三摩地中、心愛長壽。辛苦研幾、貪求永歲。棄分段生、頓希變易、細相常住。爾時天魔候得其便。飛精附人、口說經法。其人竟不覺知魔着。亦言自得無上涅槃。來彼求生善男子處、敷坐說法。好言他方往還無滯。或經萬里、瞬息再來。皆於彼方、取得其物。或於一處、在一宅中。數步之間、令其從東、詣至西壁、是人急行、累年不到。因此心信、

遮文茶。一云嫉妒女。又云奴神。即役使鬼也。毗舍遮。啖精氣鬼也。

疑佛現前、口中常說、十方衆生皆是吾子。我生諸佛。我出世界。我是元佛。出世自然、不因修得。此名住世自在天魔、使其眷屬、如遮文茶、及四天王、毗舍童子、未發心者。利其虛明、食彼精氣。或不因師、其修行人、親自觀見。稱執金剛、與汝長命。現美女身。盛行貪欲。未逾年歲、肝腦枯竭。口兼獨言、聽若妖魅。前人未詳、多陷王難。未及遇刑、先已乾死。惱亂彼人、以至殂殞。汝當先覺、不入輪迴。迷惑不知、墮無間獄。

此貪求長壽之過也。行人所求者坐守涅槃也。若功行滿自可得之。今躁求速得。故遭魔擾。

分段生死。三界惑盡。方始得離。二乘無學。登地菩薩。皆得變易。今未離染。欲棄分段。頓希變易。故魔得其便也。瞬息萬里。急行不到者。詐現時之可延可促。以投其欲也。口中說出世自然。不因修得。以聳行人之聽也。自在天者。卽欲界魔王天。在第六天攝也。使其眷屬者。正顯魔王不自現身。遣飛精附人也。遮文茶。役使鬼也。毗舍遮、啖精鬼也。此皆隸屬四天。若已發心能入正定者則護人。若未發心有邪念者則啖人。由彼行人定力虛明。故欲食其精氣以害之也。或不因師者。言魔身不必附人說法。而親現身也。口稱金剛現美女身者。此魔之以美色惑人也。口兼獨言者。謂行人與魔對語時。他人不聞也。未詳者。云行人不辨是非。被其所惑也。未及行刑而先死者。云受魔所惑。精神枯竭也。以上十種。皆由圓定心中。妄起貪求之過。若能依法而修。一念不生。如幻修證。本性海中一切具足。勿待外求也。譬如麟角未成。輒思飛躍。羽毛未滿。便想扶搖。學未優而求仕。丹未成而先吞。惡乎可哉。行人若有眞實功行。不畏魔擾而復能伏魔。稍有不足者。絕不可不依如來慈誨也。

此結想陰十魔

阿難當知。是十種魔、於末世時、在我法中、出家修道。或附人體。或自現形。皆言已成正徧知覺。讚歎婬欲、破佛律儀。先惡魔師、

九生。百年爲一生。百世。三十年爲一世。末須者自未度而欲度人菩薩發心也。

正法一千年也。

與魔弟子、婬婬相傳。如是邪精、魅其心腑。近則九生、多踰百世。令眞修行、總爲魔眷。命終之後、必爲魔民。失正徧知。墮無間獄。汝今未須先取寂滅。縱得無學。留願入彼末法之中。起大慈悲、救度正心深信衆生。令不著魔、得正知見。我今度汝、已出生死。汝遵佛語、名報佛恩。

此囑當機留願度生也。十種魔。惟第十自現形。餘皆附人也。昔佛住世。諸魔壞法。佛神力故。魔不能壞。魔作誓言云如來滅後。依敎出家。破壞佛法。佛墮淚曰無奈汝何。譬如師子身中蟲自食師子肉。是知末世壞法比丘。皆魔侶也。或自現形者。或現出家之形也。皆言已成正徧知覺者。正是假出家名色而爲破法之魔侶也。近則九生者九百年也。正法將滅時也。多踰百世者三千年後末法時也。涅槃經云。末世魔民眷屬。現比丘羅漢等像。混壞正法。非毀戒律。卽同此也。未須先取寂滅者。云自未度而度人者菩薩發心也。縱得無學留願度生者。卽從前當機偈讚中願今得果成寶王。還度如是恆沙衆也。正心者。謂有心修正定之人也。深信者。謂深修正定而信自心者也。正知見者。正知正見了悟本心徹見佛性也。前云將此深心奉塵刹。是則名爲報佛恩。故今叉囑其遵佛語度生卽是報佛恩也。

此結十種魔境。皆想陰所致也。

阿難。如是十種禪那現境。皆是想陰用心交互。故現斯事。衆生頑迷。不自忖量。逢此因緣。迷不自識。謂言登聖。大妄語成。墮無間獄。汝等必須將如來語。於我滅後。傳示末法。徧令衆生。開悟斯義。無令天魔得其方便。保持覆護。成無上道。

此云十種魔境。皆是想陰所招。觀力與妄想互勝互負。而有如是十種境界也。謂言登聖者。言其不惟惑魔爲聖。亦更兼以聖流自命也。傳示末法者。令衆生不落邪知邪見也。保持覆護者。令一切修行人依之而修。保持眞心。覆護禪定。得成無上道也。讀經至此。痛末法之凋等。念如來之慈愛。若不刻苦修行。實眞辜負佛恩焉。

（四）行陰十種

楞嚴經直解卷十

阿難。彼善男子。修三摩地。想陰盡者。是人平常夢想銷滅、寤寐恆一。覺明虛靜、猶如晴空。無復麤重前塵影事。觀諸世間大地山河、如鏡鑑明。來無所黏。過無蹤迹。虛受照應、了罔陳習、唯一精眞。生滅根元、從此披露。見諸十方十二衆生、畢殫其類。雖未通其各命由緒。見同生基。猶如野馬、熠熠清擾。爲浮根塵究竟樞穴。此則名爲行陰區宇。若此清擾熠熠元性。性入元澄、一澄元習。如波瀾滅、化爲澄水、名行陰盡。是人則能超衆生濁。觀其

去泥存水。方永斷無明。

誅

（四）

（一）計二種無因

斷由幽隱妄想。以爲其本。

此明行陰未破已破之相也。先明想盡之境。晝想夜夢。皆獨頭意識爲主。故想盡則寤寐一如。性覺妙明。虛靜不動。正如晴明太虛。纖雲盡靜。法塵已空。粗重相滅。轉意識而成妙觀察智。觀大地山河。如鏡之照像。毫無去留。虛而受照而靜。舊時我執習氣。一時除去。唯有八識精眞之體。朗然獨存。此卽想盡之相。生滅根元。卽是行陰之本。由粗重在前。故幽隱不見。今粗重滅而幽隱者露。故知三界生死根元。非關意識。皆是八識中含藏無量劫來之種子。故曰陀那微細識。習氣成暴流。由見此根元。故能盡見十二類生。皆由此而生生滅滅也。想陰盡。雖未通十二類生各各受命之由緒。而十二類同生之基。已見其肇。猶如野馬熠熠清擾。此浮根塵之樞穴。卽行陰區宇。此是行陰未盡之相也。蓋想陰如大流。行陰如細流。識陰如無波之流。前想陰盡。如大流息。此行陰現。如細流生。若將此細流。元習之性。反入無波元澄之體。則元習澄矣。若元習一澄。則此細流。皆爲澄清之水。清水現前。名爲初伏客塵煩惱。此卽行陰已盡之相。行陰盡。無波之識陰露。此卽轉第七識爲平等性智時也。衆生之濁。本乎行陰。故行陰盡而超衆生濁。行陰密移。念念不停。粗心人不易了知。故曰幽隱妄想。

阿難當知。是得正知奢摩地中。諸善男子。凝明正心。十類天魔。

幽淸圓擾者
幽擾
淸擾
圓擾

計本無因。計
前際無因也。

不得其便。方得精研窮生類本。於本類中、生元露者。觀彼幽淸圓擾動元。於圓元中、起計度者。是人墜入二無因論。

此下明行陰將破未破時有十種相也。正知者想陰已破。不遭邪慮也。奢摩他中即圓定發明也。凝則不動。明則不惑。正則不偏。故天魔無隙可乘矣。蓋受想未破。觀力猶淺。天魔伺其隙。尙能壞其正定。今二陰已破。唯一精眞。外魔不能擾亂矣。此下十種皆是自己見地未明也。窮生類本者。言想陰盡。天魔不擾。方得加功修行。精研窮究。故十二類生之根元。方得披露也。幽淸圓擾動元者。穩密難見曰幽擾。微波輕動曰淸擾。十二同基曰圓擾。合而言之。謂之動元。行人雖能觀察動元。實未曾空却藏識種子。故忽起異計。墜入無因。

一者、是人見本無因。何以故。是人既得生機全破。乘於眼根八百功德。見八萬劫所有衆生。業流灣環。死此生彼。祇見衆生輪迴其處。八萬劫外。冥無所觀。便作是解。此等世間十方衆生、八萬劫來、無因自有。由此計度、亡正徧知。墮落外道、惑菩提性。

此單計遷流不住以爲無常而起斷見也。是人指想陰已盡之人。本無因者謂前際無因也。生機全破者行陰披露也。由行陰全破。六用不行。故乘定中眼根功德徹見過去八萬劫中衆生隨波逐流死此生彼相續不斷。八萬劫前冥然不見。妄計冥無所觀處爲冥諦爲自然爲渾沌因。行人見量有限。遂生妄計。以爲一切衆生。皆從八萬劫前無因而有。由此計度。便惑此無所觀處爲正徧知爲菩提性。坐守於此更不前進。此未見根本妄生異計。故曰亡。曰墮。曰惑。流入外道矣。

二者、是人見末無因。何以故。是人於生既見其根。知人生人。悟鳥生鳥。烏從來黑。鵠從來白。人天本豎。畜生本橫。白非洗成。黑非染造。從八萬劫、無復改移。今盡此形、亦復如是。而我本來不見菩提、云何更有成菩提事。當知今日一切物象、皆本無因。由

計末無因。計後際無因也。

此本無因之本字。當作末字。

（二）計四種偏常墮於邊見

此計度、亡正徧知。墮落外道、惑菩提性。是則名爲第一外道、立無因論。

末無因者後際無因也。何以下。以前際而推後際也。言我前際本來不見菩提。云何後際更。有成菩提事也。此由未見識陰。不能別見各命由緒。故有自然之計度。若四果羅漢行開識現便能別見各命由緒。卽不執自然之計度矣。既執無因。卽非正知觀前後際止八萬劫。卽非徧知。不達善惡循業發現。妄計八萬劫前自然而有。八萬劫後自然而無。生斷滅論。故成邪見外道也。

阿難。是三摩中諸善男子。凝明正心。魔不得便。窮生類本。觀彼幽淸常擾動元。於圓常中起計度者。是人墜入四徧常論。一者、是人窮心境性、二處無因。修習能知二萬劫中、十方衆生、所有

生理、指七識。

生滅咸皆循環、不曾散失、計以爲常。二者、是人窮四大元、四性常住、修習能知四萬劫中、十方衆生、所有生滅、咸皆體恆、不曾散失、計以爲常。三者、是人窮盡六根末那執受心意識中本元由處、性常恆故、修習能知八萬劫中、一切衆生、循環不失、本來常住、窮不失性、計以爲常。四者、是人既盡想元、生理更無流止運轉、生滅想心、今已永滅、理中自然成不生滅、因心所度、計以爲常。由此計常、亡正徧知、墮落外道、惑菩提性、是則名爲第二外道、立圓常論。

八名心。七名意。六名意識。本元由處。指行陰。

(三)計四種顛倒

此單計遷流不住者爲徧常而起常見也。長水曰。行陰生滅。相續不失。故名常。由計四種徧一切法故名圓也。瑜伽云。依止上中下靜慮起宿命住隨念而生四徧常論。一者下計心境常。是人想陰破行陰現。乘此心開。遂究心境二性從何而有。然見量有限。故窮至二萬劫外則不能見。遂計一切衆生。二萬劫中無因而有。此不計劫外無因爲斷滅。唯計劫內相續爲徧常。二者下計四大常。此亦行人乘心開而究四大種性本來常住。依此修習。然心量有限。故見四萬劫中衆生。雖有生滅。而四大體性常恒。此亦計劫內所見之常。三者下計八識常。行人乘心開後。窮心意意識。本元由處。本性常恒。依此修習。能觀八萬劫中一切衆生。死此生彼。本性常住。此因六八二識。皆依第七爲生滅根元。故卽計此生滅根元爲常住性。此還是細流之行陰。尙非無波之流。無波之識陰。尙不能知。况圓湛之體耶。所謂湛不搖處。還是覺明之咎。仍不脫識陰區宇也。四者下計想盡常。行人妄謂流轉生滅。皆屬想心。今想已永滅。則不生不滅之理自然屬行。不待研窮觀察。便計爲常。此不知生滅根元正由於此。此爲第四徧常論。由此之故。於本非徧圓而謬計徧圓。本非眞常而妄謂眞常。故墮邪計而亡正知。落外道而惑菩提。是則名爲第二外道。立圓徧常住四種之論。而成爲邊見也

又三摩中諸善男子。堅凝正心。魔不得便。窮生類本。觀彼幽淸

墮常無常中。

常擾動元。於自他中起計度者、是人墜入四顚倒見、一分無常、一分常論。一者、是人觀妙明心、徧十方界湛然以爲究竟神我、從是則計我徧十方、凝明不動。一切衆生、於我心中自生自死。則我心性、名之爲常。彼生滅者、眞無常性。二者、是人不觀其心。徧觀十方恆沙國土。見劫壞處、名爲究竟無常種性。劫不壞處、名究竟常。三者、是人別觀我心、精細微密、猶如微塵、流轉十方、性無移改。能令此身卽生卽滅。其不壞性、名我性常。一切死生從我流出、名無常性。四者、是人知想陰盡、見行陰流。行陰常流、

精細微密。精而不雜。細而非粗。微則不著。密則不顯。

計爲常性。色受想等、今已滅盡、名爲無常。由此計度、一分無常。一分常故。墮落外道、惑菩提性。是則名爲第三外道、一分常論、

此雙計常與無常也。三摩地中正當想盡行現之時。忽起自他之計度。如是之人。墜入外道四種顛倒之邪見。一分無常一分常住。一者是人因觀自心量同虛空。以爲心性湛然。遂立神我。計有眞我徧十方界。無生無滅。以爲此是常。以一切衆生在我心中自生自死。以爲此是無常。此於自他處計常與無常也。二者是人不觀自心。觀一切國土。自三禪以下三災所及處。計爲無常。自四禪以上三災不及處。計以爲常。此以三災及不及處。計常與無常也。三者計自已身心爲常無常。是人以身粗心細。故捨世界而別觀自心精細微密。流轉十方。而性元無異。以此爲常。以爲生死之身皆從此性流出爲無常。四者計前三陰已滅爲無常。計行陰現在遷流爲常。此於四陰中計常無常也。此四種計度。初則計自爲常他爲無常。二則單計他常無常。三則單計自常無常。四則雙計自他皆有常無常也。以此雙計。故成顛倒。名第三外道。亦邊見中攝。行人若悟平等性中。本無自他之相。中道了義。本無偏執之情。由是

則顛倒性。一變而爲正徧知矣。

（四）計四種分位。三際。見聞。彼我。生滅。妄計行陰爲生元。

此爲獨得。以爲他人之知性。皆不出彼之知性。

又三摩中諸善男子。堅凝正心。魔不得便。窮生類本。觀彼幽清常擾動元。於分位中、生計度者。是人墜入四有邊論。一者、是人心計生元、流用不息。計過未者、名爲有邊。計相續心、名爲無邊。二者、是人觀八萬劫、則見衆生。八萬劫前、寂無聞見。無聞見處、名爲無邊。有衆生處、名爲有邊。三者、是人計我徧知、得無邊性。彼一切人現我知中、我曾不知彼之知性。名彼不得無邊之心、但有邊性。四者、是人窮行陰空、以其所見、心路籌度。一切衆生

此蓋不知因緣所生法。當處生當處滅也。

一身之中、計其咸皆半生半滅。明其世界一切所有、一半有邊。一半無邊。由是計度有邊無邊。墮落外道、惑菩提性。是則名為第四外道、立有邊論。

此雙計有邊無邊也。分位有四。謂三際。見聞。彼我。生滅四種也。一者下約三際以計有邊無邊也。生元流用不息者。云觀行陰現在遷流無有間斷。遂計過去未來為有邊。計現在相續不斷為無邊。此在無邊際中妄立邊際。所謂刻畫虛空也。殊不知菩提眞道無去來今三世不出當下一念也。二者下約見聞以計有邊無邊也。謂八萬劫內有見有聞處為有邊。八萬劫外無聞無見處為無邊。以為無窮無極。不可得而知也。三者下計彼我為有邊無邊也。由彼計自己神我。色來見色。聲來聽聲。無不徧知。自謂唯我一人得無邊性。而彼一切衆生皆現於我性之中。以為我但見其人。不見其人之性。卽計度彼人但得有邊性。不得無邊性。此殊不知人各有無量無邊之性。汝自不見。究非彼人之性有邊也。四者下約生滅以計常無常。此人窮此行陰始有而後空。先生而後滅。據己之妄計。以為衆生身中一半屬生。一半屬滅。遂判生爲有邊。滅爲無邊。此在邪見中攝。殊不知眞菩提性。本無分位。亦無邊際也。

（五）計四種矯亂
計天常住。名爲不死。論無實理爲虛論。

又三摩中諸善男子。堅凝正心。魔不得便。窮生類本。觀彼幽清常擾動元。於知見中、生計度者。是人墜入四種顛倒。不死矯亂、徧計虛論。一者、是人觀變化元。見遷流處。名之爲變。見相續處。名之爲恆。見所見處。名之爲生。不見見處。名之爲滅。相續之因、性不斷處、名之爲增。正相續中、中所離處、名之爲減。各各生處、名之爲有。互互亡處、名之爲無。以理都觀、用心別見。有求法人、來問其義。答言、我今亦生亦滅、亦有亦無、亦增亦減。於一切時、

此與趙州所參之無字不同。趙州之無。不起二念也。此之言無者。矯亂與理並類於斷滅也。

皆亂其語。令彼前人。遺失章句。二者、是人諦觀其心互互無處。因無得證。有人來問。唯答一字。但言其無。除無之餘、無所言說。三者、是人諦觀其心。各各有處。因有得證。有人來問。唯答一字。但言其是。除是之餘。無所言說。四者是人、有無俱見。其境枝故。其心亦亂。有人來問。答言、亦有即是亦無。亦無之中、不是亦有。一切矯亂、無容窮詰。由此計度、矯亂虛無。墮落外道、惑菩提性。是則名爲第五外道、四顛倒性。不死矯亂徧計虛論。

此計四種矯亂也。上計常與無常。邊與無邊。尚未混淆黑白顛倒是非。此則妄計亦常亦無常。亦邊亦無邊。更矯亂惑人也。知見者。據彼定中所發妄知妄見也。不死者。計天常住也。一者下明八種矯亂妄計也。以此生滅行陰而計八種顛倒也。行人就上遷流有變處名變。中間相續無邊處名恆。以八萬劫內所見處名生。八萬劫外不見處名滅。相續不斷處爲增。中間所離處爲滅。生處爲有。滅處爲無。此種妄計。皆因不知因緣所生法。當處生當處滅。不增不減。非空非有之妙旨也。以理都觀者。以觀行陰也。用心別見者。妄生八計也。矯亂者。執物而不順理爲矯。中無主正爲亂。其境枝其心亦亂者。言所見之境不定。能見之心亦不定也。知見紛錯。杳冥恍惚。中無定衡。總名矯亂。此在邪見中。攝所以悟徹之人道有道無。皆成妙諦。未悟之人道有道無。皆歸謗語。何況邪見者之妄計耶。

(六)計十六有相。色受想行。各有四句。一色是我。二我有色。我大色小。色在我中。三色屬我。離色有我。四我在色中。色

又三摩中諸善男子。堅凝正心。魔不得便。窮生類本。觀彼幽清常擾動元。於無盡流、生計度者。是人墜入死後有相、發心顛倒。或自固身、云色是我。或見我圓、含徧國土、云我有色。或彼前緣隨我迴復、云色屬我。或復我依行中相續、云我在色。皆計度言、

大我小。

死後有相。如是循環、有十六相。從此或計畢竟煩惱、畢竟菩提。兩性並驅、各不相觸。由此計度死後有故。墮落外道、惑菩提性。是則名爲第六外道、立五陰中死後有相、心顛倒論。

此計後際十六有相也。無盡流者。卽指行陰也。是人見行陰遷流無盡。遂將前已滅之三陰。皆計死後亦無盡。妄計死後亦定有其相也。或自固身者。由計色身是我。因堅執而固守也。一者云色是我。謂四大之色皆是我也。二者云我有色。我大色小。色在我中也。三者云色屬我。離色有我。色但是我所也。四者云我在色者。色大我小。我在色中也。此四妄計。歷受想行三陰各有四句。遂成十六相也。從此或計者。又轉深一層計度也。意謂由造作故有煩惱由造作故有菩提。造作卽是行陰。行陰不可盡。則煩惱菩提亦不可盡。故兩性皆悉驅入盡未來際。亦復不相陵蔑。此則錯解性具圓宗。無作妙旨也。惑菩提者。迷於不變隨緣之理。以爲聖則決定聖。凡則決定凡。決無轉凡成聖。轉煩惱爲菩提之事也。此種外道。仍在邊見中所攝也。

（七）計八種無相
觀色受想行。死後無相。

又三摩中諸善男子。堅凝正心。魔不得便。窮生類本。觀彼幽清常擾動元。於先除滅色受想中生計度者。是人墜入死後無相。發心顚倒。見其色滅。形無所因。觀其想滅。心無所繫。知其受滅。無復連綴。陰性銷散。縱有生理。而無受想。與草木同。此質現前。猶不可得。死後云何更有諸相。因之勘校。死後相無。如是循環有八無相。從此或計涅槃因果一切皆空。徒有名字。究竟斷滅。由此計度死後無故。墮落外道。惑菩提性。是則名爲第七外道。立五陰中死後無相。心顚倒論。

(八)計有無八種皆非

一緣者。一蘊也。

此計後際八無相也。行人見前三陰已滅無相。而因計行陰皆成無相也。形因色有。故色滅則形無所因。心因相繫。故想滅則心無所繫。有受則連持色心。故無受則無綴。三陰既銷。縱有行陰。亦歸斷滅。此則以斷推斷也。今觀此身現在。尚無陰相可得。故妄計死後無陰相也。從此下轉計涅槃因果一切皆歸斷滅。此種邊見。皆因不知菩提性不立一塵不捨一法。眞空妙有。妙有眞空。決非斷滅外道所能知其妙諦也。

又三摩中諸善男子。堅凝正心。魔不得便。窮生類本。觀彼幽清常擾動元。於行存中、兼受想滅。雙計有無。自體相破。是人墜入死後俱非、起顚倒論。色受想中、見有非有。行遷流內、觀無不無。如是循環。窮盡陰界。八俱非相。隨得一緣。皆言死後有相無相。又計諸行性遷訛故。心發通悟。有無俱非、虛實失措。由此計度

死後俱非。後際昏瞢、無可道故。墮落外道、惑菩提性。是則名為第八外道、立五陰中死後俱非、心顛倒論。

此計有無俱非也。雙計有無者。謂以存處計有。滅處計無也。自體相破者。以行陰之現有而破前三之已無。以前三之已無。破行陰之現有也。死後俱非者。以破無成非無。破有成非有。故曰非有非無。色受想中見有非有者。謂在色受想滅中。雖見行有。亦同色受想滅而非有。行遷流內。觀無不無者。謂在行陰擾動之內。雖見前三已無。亦同行存而非無。如是窮四陰而徧計。遂成八俱非相。故隨舉一蘊。皆成雙非也。又計諸行者。蓋不單指一行。而兼萬法言之也。以萬法遷流變化。無不雙非。故曰心發通悟也。虛實失措者。以非無故不可言虛。以非有故不可言實也。由此計度死後俱非者。謂以生存例死後也。後際昏瞢無可道故者。後際即死後未來際也。昏瞢猶言杳冥也。謂後際之事。杳冥恍惚。道有亦非。道無亦非。而皆不可道也。此因未得眞知正見。揣摩彷彿。創為此論。若眞得見諦者。道有道無。皆歸正論也。此亦邪見中攝也。惑菩提性者。殊不知眞菩提性。言思路斷。方眞為非有非無之妙旨也。

(九)計七際斷滅

又三摩中諸善男子。堅凝正心。魔不得便。窮生類本。觀彼幽淸

七際。
四洲。六欲。
初禪。二禪。
三禪。四禪。
四空。

（十）計五現涅槃

常擾動元。於後後無、生計度者。是人墜入七斷滅論。或計生滅。或欲盡滅。或苦盡滅。或極樂滅。或極捨滅。如是循環。窮盡七際。現前銷滅、滅已無復。由此計度死後斷滅、墮落死道、惑菩提性。是則名爲第九外道。立五陰中死後斷滅、心顛倒論。

此計七際斷滅也。後後無者。卽行陰念念滅也。或計生滅等計七際近遠不同。後皆斷竭也。七際者。云四洲六欲。初禪二禪三禪四禪四空也。生滅卽欲界人天。欲盡滅卽初禪苦盡滅。卽二禪。極樂滅卽三禪。極捨滅卽四禪四空也。現前銷滅者。云三陰已滅。行陰亦爾也。云七際皆現斷滅。死後必不復生也。此亦墮邊見也。殊不知眞菩提性亘古亘今實常往不斷也。

又三摩中諸善男子。堅凝正心。魔不得便。窮生類本。觀彼幽淸常擾動元。於後後有、生計度者。是人墜入五涅槃論。或以欲界

若據前文初禪離苦。二禪離憂。此似錯簡。

爲正轉依、觀見圓明、生愛慕故。或以初禪、性無憂故。或以二禪、心無苦故。或以三禪、極悅隨故。或以四禪、苦樂二亡、不受輪迴生滅性故。迷有漏天、作無爲解。五處安隱、爲勝淨依。如是循環、五處究竟。由此計度五現涅槃。墮落外道、惑菩提性。是則名爲第十外道、立五陰中五現涅槃、心顛倒論。

此計五現涅槃也、或者不定之辭也。以欲界爲涅槃者。如仙家計玉皇橫統三十三天。爲玄都上淸之境無生無死。殊不知此卽六欲天之帝釋也。行人因此天澄瑩生明超過日月便計此處爲轉依處爲現涅槃。以初禪離苦受二禪離憂受三禪離樂受。爲可依。以四禪三災不壞爲可依。此皆迷有漏天作無爲解認生死爲涅槃也。行人見下界之不安遂計此五處爲安隱。以下界之穢濁。計此遂五處爲勝淨。言究竟者計此以爲極果也。此亦邪見中攝也。

妄計此五爲涅槃。殊不知離涅槃尚遙遠也。

阿難。如是十種禪那狂解。皆是行陰用心交互。故現斯悟。衆生頑迷、不自忖量。逢此現前、以迷爲解。自言登聖。大妄語成、墮無間獄。汝等必須將如來語、於我滅後、傳示末法。徧令衆生覺了斯義。無令心魔自起深孽。保持覆護、銷息邪見。教其身心、開覺眞義。於無上道、不遭枝歧。勿令心祈得少爲足。作大覺王淸淨標指。

此結勸覆護也。故現斯悟者。云心發邪悟。知其悟而不知其迷也。自起深孽者。言外魔不擾。皆是自己心魔爲孽。所謂自作孽也。是知心正事正。心邪事邪。若未達一切唯心之眞諦則觸途皆障。正心忽變爲邪心。若已明唯心之妙旨。則無往不利、苦行卽轉爲妙行。法無邪正。道在變通。不遭枝歧者。言此十種境界。如木之枝葉而非本。如路之歧徑而非正。作淸淨標指者。云聞此正法。令修禪那者。中途不遭委曲艱阻也。

（五）十種識陰境

補特伽羅。數數。取中有身也。

阿難。彼善男子修三摩提。行陰盡者。諸世間性、幽淸擾動、同分生機、倏然隳裂、沈細綱紐。補特伽羅、酬業深脈、感應懸絕。於涅槃天、將大明悟。如雞後鳴、瞻顧東方已有精色。六根虛靜、無復馳逸。內外湛明、入無所入。深達十方十二種類、受命元由。觀由執元、諸類不召。於十方界已獲其同。精色不沈、發現幽祕。此則名爲識陰區宇。若於羣召已獲同中、銷磨六門、合開成就。見聞通鄰、互用清淨。十方世界及與身心、如吠瑠璃、內外明徹。名識陰盡。是人則能超越命濁。觀其所由、罔象虛無、顛倒妄想、以爲其本。

此明識陰未盡已盡之相也。諸世間性。卽異生性也。同分生機。卽同生基也。基者生之根也。機者動之始也。沉細綱紐。指行陰而言也。因幽隱深微故曰沉細生滅總要故曰綱紐由前堅凝正心用功不輟。至此而生死綱紐忽然隳裂也。補特伽羅。此云數取趣。卽中有身也。綱紐既離。則三界諸趣受生償業之深脉。此感而彼應者皆懸遠隔絕矣。此行陰已盡之相也。由行人生死既絕。而涅槃性天將大明悟。如鷄之後鳴也。涅槃性天爲五陰所覆。昏如長夜。每一陰現。如報鷄一鳴。色陰現如雞初鳴。受陰現如雞二鳴。至識陰現如雞後鳴矣。冋顧涅槃性天已有精色微露。因識陰未破故未能透明也。行陰既盡無復遷流。六根始得虛靜。不復馳逸。於是內根外塵化爲一味湛明之境。故內不見有能入之根。外不見有所入之塵。卽唯識所云離二取相得眞住唯識也。受命元由。卽前之命由緒指第八識也。根塵既銷業識始露。今既觀見受命由緒。復能執守受生本元。故十二類中不能復牽召其受生矣。至此則斷異生性障。證徧行眞如。故曰於十方界已獲其同。此是初入地相。初證眞如。初見佛境界。如見東方已有精色。非復從前望佛境而不見也。然所見佛境。若黎明時見物。非若大明當空。無不洞徹也。此識陰未盡之相也。若於羣類既不能召。於十方又獲其同。更用金剛智力銷磨六門。使其分者合。壅者開。六根互用。如鄰之相通。世界身心內外明徹。如吠瑠璃。成一圓融淸淨寶覺。方是識陰已盡之相。非發現幽祕之行可比矣。人之受命之濁。本乎識陰。識陰盡則連持色心不斷者亦斷耑。故曰識陰盡超命濁也。罔象虛無。是眞識中生滅影子。今影銷眞露。恍惚不眞之生滅影子盡矣

阿難當知。是善男子、窮諸行空。於識還元。已滅生滅、而於寂滅精妙未圓。能令己身根隔合開。亦與十方諸類通覺。覺知通㴸、能入圓元。若於所歸、立眞常因、生勝解者。是人則墮因所因執。娑毗迦羅、所歸冥諦、成其伴侶。迷佛菩提、失亡知見。是名第一

(一)因所因執

（一二）能非能執

立所得心成所歸果。違遠圓通。背涅槃城。生外道種。

此下明識陰將盡未盡之相。其類亦有十也。一因所因執。窮諸行空者。照見行陰空也。於識還元者。謂行相泯然歸於識海。如波瀾滅化爲澄水時也。雖寂滅將現而識陰未破。尚有所覆猶未得寂滅精妙圓滿時也。此時若能令六根隔開者使之合。諸類通覺而獲其同。上通於諸佛。下合於衆生。四陰盡能入圓元矣。雖然此還是湛入合湛。還在識陰區宇也。行人若於是中起法執。以圓元爲歸休處。妄執爲眞常因。卽此執眞一念則墮因所因執矣。此執卽同外道娑毗迦羅所歸冥諦一類。立所得心成所歸果矣。向也根隔合開。圓通將近。今則圓者偏通者隔近者遠矣。向也於涅槃天將大明悟。今則背涅槃城而不見矣。向也覺心欲發。將爲佛子。今則覺心又迷。反爲外道種矣。此皆執眞常之過也。若知圓滿菩提歸無所得之妙旨見不立知明不立所則大圓鏡朗照乾坤矣。

阿難。又善男子。窮諸行空。已滅生滅。而於寂滅精妙未圓。若於所歸。覽爲自體。盡虛空界。十二類內。所有衆生。皆我身中一類流出、生勝解者。是人則墮能非能執。摩醯首羅、現無邊身、成其伴侶。迷佛菩提、亡失知見。是名第二立能爲心、成能事果。違遠圓通、背涅槃城。生大慢天、我徧圓種。

此計能非能執也。前認識陰爲歸託處。此卽以前所歸託處。攬爲識體。而謂一切衆生皆從我體流出。遂執我能生彼。彼不能生我。故曰能非能執。摩醯首羅能現無邊衆生身。行人作此妄計。以爲一切衆生皆我流出。所計相同。故曰成其伴侶。此是竊見海能生漚。不知此認海之念。亦是海中所起之漚也。能爲心能事果者。謂我能作爲。我能成事。因因果果。總不出我之能也。大慢天卽指首羅天。以執我能生物。輕慢一切也。我徧圓種者。謂我徧我圓。十二類生皆我流出也。

(三)計常非常執

又善男子。窮諸行空。已滅生滅。而於寂滅精妙未圓。若於所歸、有所歸依。自疑身心從彼流出。十方虛空、咸其生起。卽於都起

惑不生者。惑不生滅法也

所宣流地、作眞常身、無生滅解。在生滅中、早計常住。既惑不生、亦迷生滅。安住沈迷、生勝解者。是人則墮常非常執。計自在天、成其伴侶。迷佛菩提、亡失知見。是名第三立因依心、成妄計果。違遠圓通、背涅槃城、生倒圓種。

此計常非常執也。謂行盡識現時。卽以識陰爲自身所歸所依之處。故自疑身心世界皆從彼中流出。卽此便是不生滅性。此認湛不搖處爲不生滅。蓋不但未見不生滅性。亦迷現在生滅之法。是執非常爲常。故曰常非常執。作此解者。正與計自在天爲萬物因者同一類矣。殊不知此自在天。亦非常住之天。因外道不知。故執此天爲生天地之本也。立因依心成妄計果者。此由依識元妄計常住也。倒圓者。前計我圓生物。此計彼圓生我。故曰倒圓也。或問曰。萬法唯識。是如來正說。云何說此爲外道種耶。答曰。萬法唯識。從緣變起。悉如夢幻。不是實生。若不立知見。不生法執。當下卽還本元之體。今立所得心。立依因心。立能爲心。因其知

（四）計知無知執

婆吒翻避光。霰尼翻有軍。此二外道之名也。

見立知。故曰墮外道也。

又善男子。窮諸行空。已滅生滅、而於寂滅精妙未圓。若於所知、知徧圓故、因知立解。十方草木、皆稱有情、與人無異。草木爲人、人死還成十方草樹。無擇徧知生勝解者。是人則墮知無知執。婆吒霰尼、執一切覺、成其伴侶。迷佛菩提、亡失知見。是名第四計圓知心、成虛謬果、違遠圓通、背涅槃城、生倒知種。

此計知無知也。所知卽所觀識陰。知徧圓者。謂此知無處不徧也。因知立解者。謂因知徧圓而生見解。妄謂無情草木與人無異。不分情與無情。故曰無擇。是人旣執有情無情皆有知覺。則與婆吒霰尼二種外道同一類矣。此謬計圓知以爲因心。故果終虛謬。以無知爲知。故曰倒知也。或問曰。前文草木金石皆能爲妖爲孽。豈非有情耶。答曰。此是依草附木之精靈有知非草木元有知也。或又曰老楓化爲羽人。朽麥化爲蝴蝶。此自無情而之有情。賢女化貞石。山蚯化百合。此自有情而之無情。則又何謂也。答曰此偶有所感而化。非老楓朽麥元有情也。亦非賢女山蚯元無情也。蓋識陰破有情無情同一圓融淸淨寶覺。若業識未破。相分猶存。妄言天地同根萬物一體。皆妄計也。皆婆吒一類也。識陰破甚難。體認纔涉思惟。便成剩法。故眞澈悟者於一言之下直下承當。瞬目揚眉。已落禪家第二也。

(五)計生無生執

又善男子。窮諸行空。已滅生滅、而於寂滅精妙未圓。若於圓融根互用中、已得隨順。便於圓化一切發生。求火光明。樂水淸淨。愛風周流。觀塵成就。各各崇事。以此羣塵發作本因、立常住解。是人則墮生無生執。諸迦葉波、幷婆羅門、勤心役身、事火崇水、求出生死、成其伴侶。迷佛菩提、亡失知見。是名第五計著崇事、

（六）計歸無歸執

非滅羣化者。謂羣化皆歸於滅也。

迷心從物、立妄求因、求妄冀果、違遠圓通、背涅槃城、生顛化種。

此計生無生執也。識陰盡者。銷磨六門。諸根互用。今雖未得互用。已得隨順十八神變。便能覩見四大元化之相。妄謂一切變化。皆從四大發生。於是背自己之性火光明。而求火光明。背自己之性水清淨。而求水清淨。背自己之性風周流。而愛風周流。背自己之性地無法不生。而妄計地大爲能生。於是事水事火事風事地。求出生死。以此四大爲造物之根源。遂立此四大爲司物之眞宰。遂妄計四大能生萬物。有此妄計。故曰生無生執。迦葉波卽事火外道。作如是解者。卽其一類也。迷心從物者。猶言背覺合塵也。不當求而求曰妄求。不當冀而冀曰妄冀。四大爲所生所化。非能生能化者也。今執此不能生不能化者。爲能生能化。是名顚倒化理也。此皆因不知心爲化原。識是化種。旣迷心逐物。捨本逐末。非顚倒而何耶。

又善男子。窮諸行空。已滅生滅。而於寂滅精妙未圓。若於圓明、計明中虛、非滅羣化。以永滅依、爲所歸依。生勝解者。是人則墮歸無歸執。無想天中、諸舜若多、成其伴侶。迷佛菩提、亡失知見。

（七）計貪非貪執

是名第六圓虛無心、成空亡果。違遠圓通、背涅槃城、生斷滅種。

此計歸無歸執也。圓明卽識陰也。見圓明而遂計明中罔象虛無之體。爲畢竟空性。便欲灰身滅智。以永滅空爲歸依之地。殊不知此永滅空。是執着滅法塵。背因緣所生之空理。非實歸處也。無想天舜若多。皆執空之類也。圓虛無心者。以罔象虛無爲因也。成空亡果者。以斷滅空亡爲果也。此皆不明眞空妙有之理。故背涅槃不生不滅性。而生斷滅妄計也。

又善男子。窮諸行空。已滅生滅。而於寂滅精妙未圓。若於圓常、固身常住。同於精圓、長不傾逝、生勝解者。是人則貪非貪執。墮諸阿斯陀、求長命者。成其伴侶。迷佛菩提。亡失知見。是名第七執著命元、立固妄因、趣長勞果。違遠圓通、背涅槃城、生妄延種。

此計貪非貪執也。圓常者。亦識陰也。觀圓常而欲固身常住同於精圓者。亦若此方性命雙

（八）計眞無眞執

吒枳迦羅。即欲界頂自在天。

又善男子。窮諸行空。已滅生滅。而於寂滅精妙未圓。觀命互通、卻留塵勞、恐其銷盡。便於此際、坐蓮花宮、廣化七珍、多增寶媛、恣縱其心。生勝解者。是人則墮眞無眞執。吒枳迦羅、成其伴侶。迷佛菩提、亡失知見。是名第八發邪思因、立熾塵果。違遠圓通、背涅槃城、生天魔種。

修。形神俱妙之意也。貪非貪執者，云妄生貪著。留形世間也。行人不知此身本不可貪。緣會則生緣盡則滅。而妄計和合虛妄生滅能以常住也。阿斯陀者。云無比長壽仙也。執着命元者。以識陰爲長命之元也。立固妄因者。不知此身本從虛妄因緣而來。而必欲其堅固不壞也。趣長勞果者。時時貪求久住。妄希長壽。故長勞也。生妄延種者。不知法身是亘古亘今不毀不壞之體。而欲此幻化之身久延於世。故曰妄延種也。

此計眞無眞執也。觀命互通者。以識壽煖三連持不斷者爲命。今觀見各命由緒。皆以識陰爲主。以爲識陰盡則誰證眞常。故不捨塵勞。以固其命根。又恐其識銷盡。自化七珍寶媛。窮奢極欲。以爲此爲隨緣無礙。殊不知菩薩隨緣。是混俗和光。因有不變之體而起隨緣之用。非恣情放蕩也。由彼妄計此是眞行。而不知實非眞行。故曰眞非眞執。吒枳迦羅即欲界頂自在天。能化娛樂境而自受用者也。發邪思因者。始欲以緣思淨盡爲因。今反以邪思縱恣爲因矣。立熾塵果者。始欲以纖塵不立爲果。今反以塵勞熾盛爲果矣。昔鬱頭藍弗。以世俗智。伏下地惑。得非想定。具五神通。時君尊敬。迎以入宮。宮中女子。接足而禮。藍弗觸女子手。遂生貪愛。便失神通。纔生一念欲。便失五神通。豈有邪思熾塵而不退墮者乎。瞥爾情生。萬刼難復。情之一字。誤却多少修行人。可畏哉。

(九)定性聲聞

滅已者。生滅滅已也。

又善男子。窮諸行空。已滅生滅。而於寂滅精妙未圓。於命明中。分別精粗。疏決眞僞。因果相酬。惟求感應。背清淨道。所謂見苦斷集、證滅修道。居滅已休。更不前進。生勝解者。是人則墮定性聲聞。諸無聞僧、增上慢者、成其伴侶。迷佛菩提、亡失知見。是名第九圓精應心、成趣寂果。違遠圓通、背涅槃城、生纏空種。

此定性聲聞趣寂果者也。命明猶言命光。亦卽識陰也。此識含藏漏無漏種。故於此中分別抉擇也。苦集種子是有漏是粗是僞。滅道種子是無漏是精是眞。修道爲因曰感。證滅爲果曰應。此皆畏生死而趨涅槃。坐守化城一類也。行人不知圓滿菩提歸無所得。淸淨道中本無生死涅槃。故墮於定性聲聞。此卽不囘心鈍阿羅漢也。無聞僧者。卽愚法聲聞。未得謂得未證謂證者。圓精應心者。謂滿其專精求應之因。成其獨感趣寂之果。殊不知此有餘涅槃。僅齊七信。識陰所覆。尙未達圓通因地。安能至無餘果地哉。此爲空所纏縛。所謂夜明簾外轉身難也。

又善男子。窮諸行空。已滅生滅、而於寂滅精妙未圓。若於圓融淸淨覺明、發研深妙。卽立涅槃而不前進、生勝解者。是人則墮

（十）定性辟支

生覺圓明者。生覺圓明之覺也。不化者因此覺未忘。尙非圓化也。

定性辟支。諸緣獨倫不迴心者。成其伴侶。迷佛菩提、亡失知見。是名第十圓覺湣心、成湛明果、違遠圓通。背涅槃城。生覺圓明不化圓種。

此明定性辟支。成湛明果者。銷六入一爲圓融。破有歸空爲清淨。了見命元爲覺明。發研深妙者。獨覺則觀物變易。發深妙之悟。緣覺則觀十二因緣。發深妙之悟也。行人於發深妙處立爲涅槃歸休之地。堅執不捨。滯在圓明之所。不趣寶所。所謂水澄月滿道人愁也。定性辟支比之聲聞。己勝一步。以其能斷習也。圓覺湣心者。獨覺緣覺雖皆與覺明吻合。但非圓融清淨寶覺。還有精覺湣合之心。故成元澄明之果也。不化圓種者。以有覺在非常覺不住。故曰不化也。圓覺明者。卽住此圓明也。昔有僧問曹山曰。明月當空時如何。山曰。猶是階下漢。僧曰。請師接上階。山曰。月落後相見。此卽言住圓明之非也。月落後相見者。此住不住圓照法界矣。或問曰。聲聞辟支皆是出世聖人。何故亦列魔數。答曰。此經以圓通爲宗。略有纖毫黏滯。便是違背圓通。故約其黏著法執處。實與魔無異。惟稍有不同者在回心也。若肯回心。

識陰通結

見魔者。部分別起見也。

則名大羅漢。不墮斯類矣。

阿難。如是十種禪那、中途成狂、因依迷惑。於未足中、生滿足證。皆是識陰用心交互、故生斯位。衆生頑迷、不自忖量、逢此現前、各以所愛先習迷心、而自休息、將爲畢竟所歸寧地。自言滿足無上菩提。大妄語成、外道邪魔所感業終、墮無間獄。聲聞緣覺、不成增進。汝等存心秉如來道。將此法門、於我滅後、傳示末世。普令衆生、覺了斯義。無令見魔、自作沈孽。保綏哀救、銷息邪緣。令其身心入佛知見。從始成就、不遭歧路。

歷佛總結

此勉勸覆護卅。中途成狂指前八而言。未足生足指後二也。因依迷惑者。言此十種。皆依無明妄執生起。所愛先習。卽無始來墮貪愛境所熏習氣。今於定中各自發現。故在中途自畫不進。妄計究竟。此皆墮在大妄語中也。前七是外道。第八是邪魔。魔外俱未斷惑。既有邪心感邪福。盡業盡必墮。若後二種。已能斷惑取證。雖不增進。已無墮落矣。見魔者從分別起見也。前七純是見病。第八是見愛。以留塵勞生勝解故也。至於二乘界內見愛雖盡。法愛猶存總屬微細分別見妄。綏者安也。邪緣者指見孽也。除此見孽。則自然證入佛知見地。中間卽無諸委曲相矣。初卷云皆由不知常住眞心用諸妄想。至此則知妄想卽是五陰。若此五陰妄想有一毫不淨。不能得入佛知佛見。若破此五陰。方得眞證無生法忍。以上五十種皆是迷宗失旨。背湛乖眞。揑目生花。迷頭認影。若敲冰取火。緣木求魚。畏影逃虛。捫空捉電。苦非甘種。砂豈飯因。此皆不能以法性融通。一旨和會。盡迷方便之門。悉入見纏之咎。不達正宗而投邪網。天魔外道。本無其種。因修行失念。遂派其原。故知但有所重。所依立知立解。絲毫見處不忘。皆流外道。故華嚴經云。見在卽凡。情忘卽佛。祖師云。不用求眞。唯須息妄。是以悟宗之士。尚不能除見除解。何況有漏凡夫。以妄知妄見而上測佛智耶。

如是法門。先過去世恆沙劫中。微塵如來。乘此心開。得無上道。

此結顯諸佛共證也。如是法門。指識陰中辨魔法門。恆沙如來。未有不從破識心而成無上道者。前文云陀那微細識。習氣成暴流。眞非眞恐迷。我常不開演。此識最難破。所以云迷之者中途成狂。悟之者轉識成智也。

識陰盡。卽入如來智海

識陰若盡、則汝現前諸根互用。從互用中、能入菩薩金剛乾慧。圓明精心、於中發化。如淨琉璃、內含寶月。如是乃超十信、十住、十行、十回向、四加行心、菩薩所行金剛十地、等覺圓明。入於如來妙莊嚴海。圓滿菩提、歸無所得。

十用指十信心也

此明入住菩薩。將此不生不滅爲本修行。然後圓成果地修證。故曰識陰若盡。一根可作諸根用。此正初住圓通位也。以初住中卽能直入等覺後心。更無委曲。故曰從互用中能入菩薩金剛乾慧。究其所以。皆由初住心精發暉。十用涉入圓成一心。所謂現在諸菩薩。今各入圓明也。從此圓明心中發淸淨化。正如琉璃之含寶月。如是而超越四十四心。以至等覺後

十信卽觀行位

此是進修之要

心。發化已極。從金剛無間道。轉入解脫道。故曰入於如來妙莊嚴海也。圓滿菩提歸無所得者。蓋有得有證。皆落能所。總是法執法愛不忘也。金剛經云若有少法可得。然燈佛卽不與我授記。至得無所得證無所證時。卽是見性成佛。方知菩提非從外得也。華嚴云初發心時便成正覺。以此圓教。是上上根人一生頓超。如龍女善財皆從初住超之。前文所謂從是凡夫。上歷菩薩六十聖位。因圓宗只有二位。一斷前通惑從觀行位一超直入初住中間更不取證。二斷後別惑。從入初住一超直至等覺。中間亦不取證。非若別教一位必經多劫。漸斷漸證。直至三祇後。方取菩提也。此圓頓法門。若上上根知此。當下便是更無欠少。二乘知此回心增進。得大涅槃。此奢摩他三摩禪那。所以爲妙覺非尋常觀行可修得者。通議云從互用中。卽入金剛乾慧者。言識陰一破。則不歷諸位。一超直入圓證佛果。此乃上根利智。如觀音大士耳根圓通。生滅旣滅。寂滅現前。忽然超越世出世間。故今識陰一破。卽入金剛乾慧。但破生相無明。便成佛果。不必定歷諸聖位也。若論圓頓法門五陰次第。未必一一經歷。若約觀心通途。故須一一開示也。

此是過去先佛世尊。奢摩他中、毗婆舍那、覺明分析微細魔事。魔境現前、汝能諳識。心垢洗除、不落邪見。陰魔銷滅。天魔摧碎。

此重示密修功用

大力鬼神褫魄逃逝。魑魅魍魎無復出生。直至菩提無諸少乏。下劣增進、於大涅槃心不迷悶。

此言先佛授受心法以示行人也。言此魔事皆是古佛在止觀中。用始覺智。微細觀察。歷歷分明。雖魔能害定而致魔者還是五陰主人。若主人心淨能諳識其魔。魔境現前。不生邪見。不生取著。則一切陰魔天魔等不復出生矣。由此進趨無上道果直至圓滿菩提無不具足。即下劣聲聞由此增進亦能直入涅槃海矣。

若諸末世愚鈍衆生、未識禪那、不知說法。樂修三昧。汝恐同邪。一心勸令持我佛頂陀羅尼咒。若未能誦、寫於禪堂、或帶身上。一切諸魔、所不能動。汝當恭欽十方如來、究竟修進、最後垂範。

此重示密修之法也。云行人修反聞之功用。恐落邪見。若專心持咒。一切魔事皆不能擾也。

重詣五陰起滅

阿難卽從座起。聞佛示誨、頂禮欽奉、憶持無失。於大衆中、重復白佛。如佛所言、五陰相中、五種虛妄、爲本想心。我等平常、未蒙如來微細開示。又此五陰、爲併銷除、爲次第盡。如是五重、詣何爲界。惟願如來發宣大慈。爲此大衆淸淨心目。以爲末世一切衆生作將來眼。

此復問五陰之起滅何以名妄想也。如來昔時但說五陰皆仗因託緣而生。曾未說此五陰皆從妄想而起。今日雖蒙如來開示究不知五陰何以通名妄想。若欲除此妄想爲是一時併盡。爲復次第漸除。並問此五重詣何爲界。更祈如來重爲發宣也。

總示五陰妄想

佛告阿難。精眞妙明、本覺圓淨。非留死生。及諸塵垢。乃至虛空、皆因妄想之所生起。斯元本覺妙明眞精、妄以發生諸器世間。如演若多、迷頭認影。妄元無因。於妄想中、立因緣性。迷因緣者、稱爲自然。彼虛空性、猶實幻生。因緣自然、皆是衆生妄心計度。阿難。知妄所起、說妄因緣。若妄元無、說妄因緣元無所有。何況不知、推自然者。是故如來與汝發明、五陰本因、同是妄想。

此總示五陰皆以妄想爲本也。言精眞妙明本覺之體。本來圓滿淸淨。纖毫不著。一物不留。卽根身器界。乃至虛空。皆非淸淨心中所有之物。總係妄想之所生起。所謂晦昧爲空。空晦暗中結暗爲色。色雜妄想。想相爲身也。斯元本覺妙明眞精本來圓淨。皆由妄想發生諸器世間。其實本非實有。若妄認爲實。正如演若達多迷頭認影。然此迷同彼迷無異也。此迷旣從妄生。則妄卽非有因也。人但知五陰從因緣生。而不知此因緣性皆依業愛而生。由迷此業愛而生。故非本覺心中自然而有也。虛空皆從一念晦昧而起。何況因緣自然之假名相。耶。此皆是衆生妄想分別計度起者。其實性眞常中求其去來生死迷悟皆了不可得也。如來觀見衆生妄執五陰以爲實法。故强說五陰從妄心起。從因緣生。今指示五陰元無處所。故說妄性因緣。本如空花也。向昔說五陰從因緣生。是權說非實說也。故曰因緣所生法。我說卽是空。亦名爲假名。亦名中道義。因緣所生法尙是假名。何況又從因緣而推自然生者則是去一妄又執一妄也。是故如來今日發明五陰本因同是妄想。欲令一切衆生知一切法皆以妄想爲本也。此下詳示五陰妄想。

(一)色陰堅固妄想

通倫者。言此虛妄情想。與人之根本妄想同倫也。

汝體先因父母想生、汝心非想、則不能來想中傳命。如我先言、心想酢味、口中涎生。心想登高、足心酸起。懸崖不有、酢物未來。汝體必非虛妄通倫。口水如何因談酢出。是故當知、汝現色身、名爲堅固第一妄想。

此明色陰爲堅固妄想也。人之形體先因父母妄想生起。以其父母先動情想。父母已三和合而有。若中陰愛涎不發則不能流愛爲種。故知人之色身全是妄想所成也。

即此所說臨高想心。能令汝形眞受酸澀。由因受生。能動色體。

（二）受陰虛明妄想

汝今現前順益違損。二現驅馳。名爲虛明第二妄想。

此明受陰爲虛明妄想也。此即將前文足心受酸澀處發明。所謂一滴水墨兩處成龍也。言人之受陰虛明。領納現前違順二境。交驅互馳而不休息。懸崖未來能令足心酸澀。此受陰所以稱虛明也。以虛故受。如太虛之受物。以明故受。如明鏡之受像也。

（三）想陰融通妄想

由汝念慮。使汝色身。身非念倫。汝身何因隨念所使。種種取像。心生形取。與念相應。寤卽想心。寐爲諸夢。則汝想念。搖動妄情。名爲融通第三妄想。

此明想陰爲融通妄想也。念慮卽意識也。人之一身以意識爲主宰。故眼耳鼻舌以及手足皆聽其役使。人身若非意識同類。何因爲意所轉也。人之種種取相。必因意識先動。然後諸根對境執取。足知此身與念相應。頃刻不離也。正如歌舞工伎之人。隨他拍轉。緩急相隨。五根同意亦如是也。意地若生。身輪動作。意地若息。根境寂然。寤與形接則爲想。寐與神交則爲夢。人身皆是想念搖動者。此想陰所以名融通也。融通者。謂此想心在五根中。若寤若寐。皆由此想爲主體。故曰融通也。

（四）行陰幽隱妄想

化理不住、運運密移。甲長髮生、氣銷容皺、日夜相代、曾無覺悟。阿難。此若非汝、云何體遷。如必是眞、汝何無覺。則汝諸行、念念不停、名爲幽隱第四妄想。

此明行陰爲幽隱妄想也。運運者。變之又變也。密移者。密密推移。人不覺知也。甲長髮生。生也。氣銷容皺。滅也。言生滅日夜互相遞代。而無一人能覺悟者。足徵行陰幽隱也。此云若此行陰非汝體者。云何使汝甲生髮長耶。若此行陰眞汝身者。云何日夜遷變而汝不能覺知

（五）識陰顚倒妄想

耶。行陰刻刻不休念念遷移而不覺知所以名幽隱妄想也。

又汝精明、湛不搖處、名恆常者。於身不出見聞覺知。若實精眞、不容習妄。何因汝等、曾於昔年覩一奇物。經歷年歲、憶忘俱無。於後忽然覆覩前異。記憶宛然、曾不遺失。則此精了湛不搖中、念念受熏、有何籌算。阿難當知。此湛非眞、如急流水。望如恬靜。流急不見、非是無流。若非想元、寧受妄習。非汝六根互用開合。此之妄想無時得滅。故汝現在見聞覺知中串習氣、則湛了內、罔象虛無。第五顚倒微細精想。阿難。是五受陰、五妄想成。

此異熟種子也。

有何籌算者。云八識恆而不審也。

此明識陰爲微細精想也。精明者。卽前文所說元以一精明。分成六和合者也。湛不搖。處卽湛若止水。指八識也。名恆常者。言汝以精明湛不搖處。爲眞常乎。若果精而不雜。眞而不妄。其體恆常。則不容其雜染妄習於六根中矣。何因汝等昔覩奇物。年久則憶忘都無。而再見時記憶不遺。宛然如昔耶。此最初記憶雖由前六熏習。而後持種不失。實第八之功能也。以前六如聚歛之臣。第七如押運之官。第八乃倉庫之使也。此湛不搖者。不過念念受熏持種。伊有何等籌算耶。此湛明熏之以眞則眞。熏之以妄則妄。然究非眞常不動之性也。喻如急流之水。因流急不見流相。非眞安閒恬靜也。以此是前四妄想根元。故受熏持種。若非妄想之元。甯受四妄之熏習耶。然此想元。非得六根互用。開合成就。無由得滅。因第八與前六根同一體性。安危共同。眞則同眞。妄則同妄。故六根銷而互用。則此妄元。亦因六根銷而返眞。如湯銷冰。應念化成無上知覺。今汝現在六根之中。串習幾微。不忘視聽者。都由精想念念受熏。故在眼能見。在耳能聽也。此精了湛不搖者。元從一念無明而有。似有如無。而非眞無。故曰罔象虛無。此識陰所以名顚倒微細精想也。言顚倒者。顚倒妙圓眞靜妙心而有也。微細者。流急不見故也。精想者。言聽精見精。皆是此一精想發潤也。此五受陰雖有粗細五種不同。然皆由五種妄想所成。非本來自有也。是以若見五陰有。卽衆生世間。若了五陰空。卽眞諦世間。若了五陰實相。卽中道第一義正覺世間。離此五陰。三世間之外。更無一法能建

五陰邊際

能立為俗為眞者。一代時教所詮。除此別無方便法門。迷此為凡。悟此為聖。聖凡唯此一心。其差別者。卽在此迷悟兩關也

汝今欲知因界淺深。唯色與空。是色邊際。唯觸及離。是受邊際。唯記與忘。是想邊際。唯滅與生。是行邊際。湛入合湛。歸識際邊。

此答前問五陰詣何為界也。因者卽五種妄想之因。界者卽五種妄想之界也。淺深者。謂五種妄想。前為淺淺。後為深深也。唯色與空是色邊際者。有分段曰色。無分段曰空。尋常但知有分段色身為色陰邊際。而不知空此分段色身。亦是色陰之邊際也。以無色界尚有微細色質故也。根境相對曰觸。根境不對曰離。尋常但知領納違順二境為受邊際。不知不領納二境亦是受之邊際也。昔梵志以不受一切為宗。如來問之曰。汝今見受否。梵志當下悟知其已受知見。遂棄所學求佛剃度。如是以觀。受因受而云一切不受。亦是受也。有念為記。無念為忘。人但知念一切法為想邊際。不知不念一切法亦是想之邊際也。如圓覺云動念息念皆歸迷悶是也。化無而有曰生。化有而無曰滅。人但知念念遷流如暴流者謂之行。不知卽不遷處化為澄水時。亦是行之邊際也。以無風尚有微細之波在也。故經云至於無生法

三相。
有流相。
欲流相。
無名流相。

追答滅除次第

忍。猶爲三相遷流是也。反還曰入。混一曰合。人但知分本湛圓覺性。爲視聽觀察。流逸奔色奔聲。爲識邊際。不知反流旋一合於圓湛。猶是識之邊際也。以欲眞已非眞眞如性故也。人但知色之爲色。而不知空亦是色。若深言之。空與色皆色也。人但知出流分湛爲識。而不知反流合湛亦識。若深言之。分湛與合湛皆識也。此五陰微細邊際。如來一一發明其深處。可謂極盡其界矣。

此五陰元、重疊生起。生因識有。滅從色除。理則頓悟、乘悟併銷。事非頓除、因次第盡。我已示汝劫波巾結。何所不明、再此詢問。汝應將此妄想根元、心得開通、傳示將來末法之中諸修行者。令識虛妄、深厭自生。知有涅槃、不戀三界。

此答前問五陰頓除漸斷也。重疊者。云一重疊一重。次第生起也。因一念不覺。而轉此覺心爲業識。業識既立。卽有所行。所謂無明緣行也。因行有想。因想有受。因受有色。此卽五陰次第生起之元也。今日解除當先滅色。次滅受。滅想。滅行。而後滅識也。生則從細至麤。猶如著衣。滅則從麤至細。猶如脫衣。此五陰以理而推。則是一念妄想而起。若能一念不生。頓絕攀緣。而悟自心。乘此心開。則五重妄想。如紅爐點雪。一併銷除。有何淺深次第之可得耶。此五陰若在事相而論。既有色心諸法。固當硏眞斷惑。自淺而深。次第而盡。佛言此等法門。我已爲汝綰巾以示其結。結解次第法喩昭然。汝等應當因彼知此。何乃略於彼而再詢於此耶。心得開通者。云了達根本。全是因妄想生起。非本性中所有者。此敎其自悟也。傳示將來者。復令其悟人也。令識虛妄者。言令一切衆生皆達此五陰虛妄也。深厭自生者。云行人若知五陰虛妄。則深厭此生之苦。便知涅槃之樂。不復留戀三界矣。修行人入門功夫。先斷分別。無分別則無造作。無造作則無諸想。無諸想則不取諸受。無諸受則不召諸色。此豈非滅從識除乎。今原其所自始者。一念無明心動。卽爲識本。此識動相。卽爲行本。動必取境。卽爲想本。能取見分。卽爲受本。所取相分。卽爲色本。是一念頓具五疊渾濁。仍是生因識有也。要其所由終者。動靜等二相了然不生。色性自滅。聞所聞盡。受性自滅。覺所覺空。想性自滅。生滅既滅。行性自滅。忽然超越。識性自滅。是一念圓超五種妄想。仍是滅從色除也。悟知生卽無生。故理則頓悟。乘悟併銷。所謂一銷一切銷。喩如巾之六結。一解一切解。此約橫喩也。若無滅而論滅。故事非頓除。因次第盡。所謂先得人空。次悟法空。然後入無生忍。喩如巾之一結。

此正宗分竟

此流通分

(一)較供佛之福

次第解除。此約豎喻也。頓悟頓除。頓悟漸除。漸悟頓除。漸悟漸除。共有四義。一頓悟頓除者。即言最利根人事理二障俱薄。始則於觀行中乘此心開。直超入金剛乾慧。又從金剛乾慧中。發圓明精心。頓超信住行向地等。入於妙覺海也。二頓悟漸除者。如阿難等。先悟藏性。頓獲法身。次復於定境中修觀。滌除根中積生虛習者是也。三漸悟頓除者。如滿慈輩所知障重。故開悟爲難。由其三緣先斷。使三因不生。則狂心頓歇。歇即菩提是也。四漸悟漸除者。二障俱重。須以聞熏漸開圓解。復依圓解而起眞修。乃至歷劫修證是也。若但頓悟而不漸除。則有解無行。執理迷事。若但漸除而不頓悟。則有行無解。執事迷理。此皆不善修眞三摩地者也。

阿難。若復有人、徧滿十方所有虛空。盈滿七寶。持以奉上微塵諸佛。承事供養、心無虛度。於意云何。是人以此施佛因緣、得福多不。阿難答言。虛空無盡、珍寶無邊。昔有衆生、施佛七錢。捨身猶獲轉輪王位。況復現前虛空既窮、佛土充徧、皆施珍寶。窮劫思議、尙不能及、是福云何更有邊際。

此明流通分。先以財施。較定供佛之福。七寶滿虛空。財施之勝也。微塵諸佛皆承事供養。顯福田之廣也。施佛七錢。尙獲轉輪王位。况盡虛寶珍寶以奉如來耶。此福實無邊際也。

佛告阿難。諸佛如來、語無虛妄。若復有人。身具四重十波羅夷。瞬息卽經此方他方阿鼻地獄。乃至窮盡十方無間、靡不經歷。能以一念將此法門、於末劫中開示未學。是人罪障、應念銷滅。變其所受地獄苦因、成安樂國。得福超越前之施人。百倍千倍、千萬億倍。如是乃至算數譬喻所不能及。

（二）歎滅罪之功

十波羅夷。殺盜婬妄四重外加五酤酒。六說在家出家人之過。七自讚毀他。八慳吝。九瞋恚。十謗三寶不信因果。

此明法施勝前財施。以歎弘經有滅惡之功也。語無虛妄者。佛語眞實也。四重者。殺盜婬妄也。波羅夷者棄也。於四重外。更加其六爲十波羅夷也。瞬息卽經謂在轉眼一息之間。卽便墮落也。十方阿鼻極惡之果報也。能以一念者。極少時間也。此法門卽經中修行種種法門也。末劫者魔強法弱之秋也。末學者初機難進易退之人也。是人者指弘經之人也。罪障者卽上所說極深之罪障也。應念者卽應弘經一念也。言此一念不但銷除罪障。並可離苦得樂。成極樂之果也。此一念微功便有此勝果者。皆由萬法唯心轉迷爲悟故也。超越前之財施百千萬倍者。言法施之功德不可思議也。行人聞此無上法門誦經持咒。功德已無量無邊。況復修三摩地依教而行者。其功德更不可思議也。故法華經云。若有聞法者無一不成佛。此云因地上有此道種。將來必成道果也。

阿難。若有衆生、能誦此經、能持此咒。如我廣說、窮劫不盡。依我教言、如教行道、直成菩提、無復魔業。

此云誦經持咒。有無量功德也。依我所言者。卽指示衆生。從耳根一門超入也。直成菩提者。云中間無有岐路也。無復魔業者。云誦經持咒之人。有諸佛護念。不遭魔處也。

佛說此經已。比丘、比丘尼、優婆塞、優婆夷。一切世間天人、阿修羅、及諸他方菩薩、二乘、聖仙童子、並初發心大力鬼神。皆大歡喜、作禮而去。

此明法會欣慶也。聖仙童子。是居仙趣而修內教。希獲童眞妙果者也。大力鬼神。同心護法者也。大歡喜者。得聞大法。慶幸非常。故踴躍作禮而去也。

楞嚴經直解卷十終

國家圖書館出版品預行編目資料

楞嚴經直解 / 孫仲霞著作. -- 1 版. -- 新北市：華夏出版有限公司, 2022.08

面；　公分. --（Sunny 文庫；239）

ISBN 978-626-7134-19-1（平裝）

1.CST：密教部

221.94　　111007054

Sunny 文庫 239

楞嚴經直解

著　作　孫仲霞居士

印　刷　百通科技股份有限公司

電話：02-86926066　傳真：02-86926016

出　版　華夏出版有限公司

220 新北市板橋區縣民大道 3 段 93 巷 30 弄 25 號 1 樓

電話：02-32343788　傳真：02-22234544

E-mail：pftwsdom@ms7.hinet.net

總 經 銷　貿騰發賣股份有限公司

新北市 235 中和區立德街 136 號 6 樓

電話：02-82275988　傳真：02-82275989

網址：www.namode.com

版　次　2022 年 8 月 1 版

特　價　新台幣 1080 元 (缺頁或破損的書，請寄回更換)

ISBN：978-626-7134-19-1